BEIHEFTE ZU

editio

Herausgegeben von Winfried Woesler

Band 30

Wege zum Text

Überlegungen zur Verfügbarkeit
mediävistischer Editionen im 21. Jahrhundert

Grazer Kolloquium 17.–19. September 2008

Herausgegeben von
Wernfried Hofmeister und Andrea Hofmeister-Winter

Max Niemeyer Verlag
Tübingen 2009

Bibliografische Information der Deutschen Bibliothek

Die Deutsche Bibliothek verzeichnet diese Publikation in der Deutschen Nationalbibliografie; detaillierte bibliografische Daten sind im Internet über *http://dnb.ddb.de* abrufbar.

ISBN 978-3-484-29530-8 ISSN 0939-5946

Ein Imprint der Walter de Gruyter GmbH & Co. KG
http://www.niemeyer.de

Printed in Germany.
Gedruckt auf alterungsbeständigem Papier.
Druck und Einband: AZ Druck und Datentechnik GmbH, Kempten

Inhalt

Vorwort

Vom 17.–19. September 2008 fand an der Karl-Franzens-Universität Graz das Kolloquium „Wege zum Text“ mit Überlegungen zur Verfügbarkeit mediävistischer Editionen im 21. Jahrhundert statt. An der dreitägigen Diskussion über Aspekte einer zukunftsorientierten Herstellung, Verteilung und Bereithaltung von Textausgaben nahmen – gezielten Einladungen und zum Teil ‚Arbeitsaufträgen‘ des Veranstalters folgend – rund 20 namhafte RepräsentantInnen aus allen relevanten Bereichen des editorischen Umfelds teil. Programmatische Eindrücke von diesem interdisziplinären Treffen mit seinen eng ineinander verzahnten problemorientierten Diskussionen vermittelt in Bild und Ton die Tagungshomepage http://www.uni-graz.at/wernfried.hofmeister/wegezumtext, denn (außer den diversen Tagungsunterlagen) werden dort Podcasts der Grazer Vorträge und Präsentationen geboten – ein noch nicht alltäglicher ‚Spezialservice‘, für dessen technische Umsetzung wir Herrn Kollegen Helmut W. Klug danken. Die schriftliche Darlegung aller Ergebnisse erfolgt nun im vorliegenden Sammelband: Seine sehr zügige Aufnahme in die ‚Beihefte zu editio‘ hat der Vorsitzende der mediävistischen Sektion der Arbeitsgemeinschaft Germanistische Edition, Thomas Bein, maßgeblich unterstützt sowie in weiterer Folge der Reihenherausgeber, Winfried Woesler, dem wir für seine ebenso wohlwollende wie sorgfältige Durchsicht der Druckvorlage danken.

Als fachstrategische Hoffnung verbindet sich mit diesem Sammelband resp. mit der gesamten Initiative, dass aus dem Zusammenwirken aller Beiträge deutlicher als bisher jene Entwicklungen erkennbar werden mögen, die das Auffinden und den Zugriff auf Editionen erleichtern, aber auch jene Veränderungen im Literatur-, Bibliotheks- und Wissenschaftsbetrieb, welche unsere alltäglichen „Wege zum Text“ zu erschweren oder gar zu verwehren drohen. Somit kreisen die Reflexionen dieses Sammelbandes um nicht mehr, aber auch nicht weniger als um eine gedeihlich vernetzte Orientierung in dem mitunter fast undurchdringlich gewordenen multimedialen ‚Dschungel‘ aller Existenzformen unserer Editionen.

Graz, im Juni 2009

Wernfried Hofmeister
Andrea Hofmeister-Winter

Klaus Amann

Verstreute Editionen in Zeitschriften[1]

Mein fahndungsartig angelegter Beitrag verheißt im Kontext der gesamten „Wege zum Text“-Initiative wohl besonders reiche, spannende und zudem leichte Beute, doch hat sich (so viel sei schon eingangs verraten) zwar Ersteres, also die ‚aufregende Materialfülle‘, weitgehend bestätigt, Letzteres aber kaum jemals, denn schon die Textmassen, die man theoretisch zutage fördern könnte, haben meine anfängliche Begeisterung über die scheinbar leicht in den Schoß fallenden Früchte meiner Recherchen allmählich der schieren Verzweiflung weichen lassen: In allzu vielen Zeitschriften, insbesondere des 19. Jahrhunderts, mit denen ich unbedarfterweise begonnen hatte, waren ein, zwei „Textproben“ oder „Abdrucke“ von Handschriften zu finden, ja, manchmal bestand eine Nummer etwa der *Zeitschrift für deutsches Alterthum* fast ausschließlich aus solchen „Proben“ mittelalterlicher Texte, die hier „mitgeteilt“ wurden. Nach und nach drängte sich mir der Verdacht auf: „Im Anfang war die verstreute Edition“. Ich musste also erkennen, dass sich mit der Sammlung, Sichtung und Auswertung von ‚kleineren‘ Editionen nicht nur ein forschungsgeschichtlich, sondern auch tatsächlich editionsphilologisch höchst interessantes und reiches Betätigungsfeld eröffnen ließe, dessen Bearbeitung jedoch, wenn man es denn mit der gebotenen philologischen Akribie und dem Anspruch auf annähernde Vollständigkeit betreiben wollte, einige Jahre intensiver Arbeit beanspruchen würde.

Es versteht sich von selbst, dass angesichts dieser allzu reichen Ernte in diesem Beitrag nur einige Beispiele solcher Editionen aufgegriffen werden können. Eine Zusammenschau oder Synthese zu versuchen, wäre mir nicht annähernd möglich gewesen, auch wenn ich mich ausschließlich dieser Fragestellung zugewandt hätte. Was im vorliegenden Beitrag präsentiert wird, ist also nichts mehr als Stückwerk und ziemlich sicher gäbe es noch sehr viele bessere Beispiele für die Fragestellung nach der verstreuten Edition. Im Laufe der Zeit stellten sich mir also folgende Fragen: „Wann ist eine Edition eines mittelalterlichen Textes ‚verstreut‘?“ bzw. „Was bedeutet ‚verstreute Edition‘ überhaupt?“ sowie „Was sind – wenn es denn überhaupt welche gibt – die gemeinsamen Merkmale solcher ‚verstreuter‘ Editionen und wie haben sie sich im Laufe der Zeit verändert?“

---

[1] In selektiver Abweichung vom Vortragstitel „Verstreute Editionen in Fest-, Zeit- und sonstigen Schriften“, den mir der Veranstaltungsleiter als eine Art Rahmenthema anvertraut hatte, fokussiert mein Beitrag nun auf die Zeitschriften, denn es würden – wie Stichproben bestätigt haben – auch fachnahe Festschriften sowie andere ‚bunte’ Sammelbände unerwartete editorische Entdeckungen in großer Zahl bieten, doch wäre für deren Erfassung eine gesonderte Nachforschungsarbeit von Nöten, welche die Grenzen des hier zur Verfügung stehenden Raumes überschritte.

Ich beginne mit der ersten Frage, der Definitionsfrage: Das Grimm'sche Wörterbuch gibt die erwartet genaue Auskunft über die Bedeutung des Wortes ‚verstreuen': „unachtsam und leichtsinnig hier und da fallen lassen, verschütten, verlieren, vergeuden"[2] lautet eine hier vielleicht zutreffende Definition. „Verstreute Editionen" wären also die einmal hier, einmal dort, nur gelegentlich und vielleicht auch manchmal mit wenig Sorgfalt publizierten „Textproben", „Abschriften", „Abdrucke" und dergleichen von Teilen mittelalterlicher Handschriften und Texten, so dass sie „unachtsam und leichtsinnig hier und da fallen" gelassen werden und so für die weitere Forschung „verloren" und mithin die Mühen der Herausgeber „vergeudet" seien. Zu überlegen, wie man Texte gerade nicht verliert, war jedoch eines der Ziele der Tagung „Wege zum Text", also stellt sich die Frage: Sind mittelalterliche Texte, die in Zeitschriften oder Sammelbänden ediert werden, wirklich ‚verloren' und ‚vergeudet'? Die Antwort ist: Nur zum Teil. In vielen Fällen ist es nämlich so, dass solche ‚kleineren' Editionen sehr oft handschriftengetreue Wiedergaben der Texte sind, durch welche zunächst einmal der Textbestand *gesichert* und zugleich den Lesern der betreffenden Zeitschrift bekannt gemacht und dadurch unter Umständen deren weiteres wissenschaftliches Interesse geweckt wurde; zudem dürften solche Textabdrucke durchwegs in später folgende kritische Editionen eingeflossen sein.

Sehen wir uns ein Fallbeispiel an: 1851 ist der achte Jahrgang der *Zeitschrift für deutsches Alterthum*, damals allgemein nach ihrem Herausgeber Moriz Haupt *Haupt's Zeitschrift* genannt, erschienen – eine Zeitschrift, die mit ihrer Rubrik ‚Handschriftenfunde zur Literatur des Mittelalters' bis heute so etwas wie das ‚Zentralorgan' für kleinere Editionen ist.[3] In diesem Jahrgang finden sich neben allerlei Miszellen Jacob Grimms, Franz Pfeiffers, Moriz Haupts und anderer auch Editionen in Fülle. Ein Blick in das Inhaltsverzeichnis zeigt, dass es sich unter 34 Einzelbeiträgen, die manchmal nicht mehr als einen Absatz ausmachen,[4] bei nicht weniger als 17 um Editionen handelt. Ein besonders fleißiger Editor war Franz Pfeiffer, auf den sechs dieser 17 Editionen zurückgehen, darunter waren in diesem (von mir mehr oder weniger willkürlich gewählten Jahr) etwa der durchaus interessante Text *Mariengrüße*, der in 12 Handschriften (teil)überliefert ist,[5] sowie das Stricker-Märe *Das heiße Eisen* und das Märe *Der Mönch und das Gänslein*, die beide fast zeitgleich, nämlich nur ein Jahr zuvor, 1850, im 2. Band des *Gesammtabenteuers* Friedrich Heinrich von der Hagens[6] ediert worden waren. Immerhin muss man Pfeiffer zugute

---

2 Jacob Grimm / Wilhelm Grimm: Deutsches Wörterbuch. Fotomechan. Nachdruck der Erstausgabe Leipzig, 1854–1971. 33 Bde. München 1984, hier Bd. 25, Sp. 1798–1800, hier Sp. 1798.

3 Die Bände 1–58 wurden bisher vom Projekt *Gallica* der Bibliothèque nationale de France digitalisiert und ins Internet gestellt. Der Band 8 findet sich unter: http://gallica.bnf.fr/ark:/12148/bpt6k924592 (Zugriff am 30.10.2008).

4 So z. B. Franz Pfeiffer: Zu Pleon (7, 458). In: ZfdA 8, 1851, S. 384.

5 Franz Pfeiffer: Mariengrüße. In: ZfdA 8, 1851, S. 274–298. Bis auf die Untersuchung von Peter Appelhans: Untersuchungen zur spätmittelalterlichen Mariendichtung. Die rhythmischen mittelhochdeutschen Mariengrüße. Heidelberg 1970, ist dieser Text in jüngerer Zeit weitgehend unbeachtet geblieben. Pfeiffer ediert den Text nach der Handschrift Cologny-Genf, Bibl. Bodmeriana, Cod. Bodm. 62, da er es „unterlassen" habe, den Text aus dem Cpg 341 (16^r–21^v) abzuschreiben (S. 275).

6 Gesammtabenteuer. Hundert altdeutsche Erzählungen: Ritter- und Pfaffen-Mären, Stadt- und Dorfgeschichten, Schwänke, Wundersagen und Legenden. Hrsg. von Friedrich Heinrich von der Hagen.

halten, dass seine Edition, die er unaufgeregt mit „Zwei alte Schwänke" betitelt, mit „Stuttgart 1848" (S. 105) gezeichnet ist, er also tatsächlich zeitgleich mit von der Hagen an der Herausgabe der beiden Schwänke gearbeitet hat. Zudem dürfte von der Hagen wohl eher den im vorliegenden Band von Armin Schlechter näher beleuchteten ‚romantischen' Editoren zuzurechnen sein, während Pfeiffer (trotz gewisser Meinungsverschiedenheiten) mehr der Schule der Brüder Grimm bzw. Karl Lachmanns verpflichtet gewesen sein dürfte, so dass die beiden Editionen von jeweils anderen Forschungsinteressen geleitet wurden.

Ich möchte mich aber genauer mit einem anderen Beitrag befassen, der besonders interessant, weil so disparat, ist. Es handelt sich um den mit „Deutsches des X–XII Jahrhunderts" überschriebenen, 50 Seiten umfassenden Beitrag Johann Andreas Schmellers (S. 106–155), der in 7 Abschnitte – A bis G – unterteilt ist und recht unterschiedliche, großteils geistliche Texte präsentiert, deren einzige sonstige Gemeinsamkeit neben der deutschen Sprache die ist, dass sie „aus Münchener Handschriften" stammen, wie Schmellers Untertitel vermerkt. Bei den Teilen A („Bruchstücke von homilien", S. 106–108) und D („Geistliche rathschläge", S. 111–114) handelt es sich um den Cgm 5248/3, der zur Überlieferung der *Althochdeutschen Predigtsammlung* gehört.[7] In den Teilen B („Aus dem lat. cod. 18937 [Tegernsee 937]", S. 108f.),[8] und C („Fragment aus Notker de IV tonis", S. 109f.)[9] werden teilweise fragmentarische Kapitel aus dem Traktat *De musica* Notkers III. von St. Gallen ediert. Diese beiden bruchstückhaften Überlieferungsträger sind später selbstverständlich von James C. King und Petrus W. Tax in ihrer Notker-Ausgabe berücksichtigt worden[10] – ebenso wie von anderen Editoren. Teil E (S. 114–119, „Benediktbeurer Ratschläge und Gebete" sowie „Benediktbeurer Gebet zum Meßopfer") enthält Proben aus dem Clm 4616, einer lateinisch-deutschen Mischhandschrift des 1. Viertels des 13. Jahrhunderts. Teil G (S. 145–155) bietet das geistliche Stück *Daz himilrîche*[11] des Clm 9513. Wir haben es also in diesem einen Beitrag eines frühen Editors mit mancherlei ‚gelegentlichen' oder ‚hier und da fallen' gelassenen Editionen zu tun, so dass man den Eindruck gewinnt (und so war es ja auch tatsächlich), dass Schmeller hier ein Florilegium aus seiner Beschäftigung mit den Handschriftenbeständen der Bayerischen Staatsbibliothek in München bietet, um die er sich große Verdienste erwarb.[12] Der Eindruck, dass deswegen seine Mühen ‚vergeudet' gewesen wären, stellt sich indes nicht ein, sämtliche spätere Editoren beziehen sich

---

Bd. 2. Stuttgart, Tübingen 1850 [Nachdruck Darmstadt ^{2}1961], S. 369–378 [‚Das heiße Eisen'] bzw. S. 37–48 [‚Der Mönch und das Gänslein' unter dem Titel ‚Das Gänselein'].

7 David R. McLintock: Art. ‚Althochdeutsche Predigtsammlung'. In: ^{2}VL 1 (1978), Sp. 305–308.

8 Clm 18937.

9 Clm 27300.

10 Die Werke Notkers des Deutschen. Begonnen von Edward H. Sehrt und Taylor Starck. Fortges. von James C. King und Petrus W. Tax. Neue Ausg. Bd. 7: Die kleineren Schriften. Tübingen 1996 (ATB. 109), S. CXVIII. Der Text des Traktats ist auf S. 330–345 ediert. Schmeller war übrigens nicht der erste Editor dieses Textes, allerdings der erste, der den nur im Clm 27300 überlieferten Abschnitt 1 bekannt machte.

11 Wiebke Freytag: Art. ‚Daz himelrîche'. In: ^{2}VL 4 (1983), Sp. 18–21.

12 Richard J. Brunner: Johann Andreas Schmeller. Sprachwissenschaftler und Philologe. Innsbruck 1971 (Innsbrucker Beiträge zur Sprachwissenschaft. 4), S. 24f.

auf Schmellers frühe Bemühungen um die jeweiligen Texte und man kann wohl mit Fug und Recht sagen, dass ohne diese so mancher Text erst sehr viel später entdeckt worden wäre. Auch die editorische Qualität lässt wenig zu wünschen übrig, nur die Beschreibung der Handschriften und vor allem der Editionsmethoden wäre heute weit ausführlicher, doch diesen Vorwurf müssten sich Schmellers Zeitgenossen ebenfalls gefallen lassen.

Teil F nun, von Seite 120–145 und mit 26 Seiten der längste Teil, führt direkt zu einer anderen Definition von ‚verstreut', die das Grimm'sche Wörterbuch ebenfalls bereithält, nämlich: „ein ganzes in seine bestandtheile auflösen".[13] Es kommt nicht selten vor, dass je nach – legitimem und jeweils zu rechtfertigendem! – Forschungsinteresse ein Text, der in der mittelalterlichen Handschrift als Einheit gemeint war, oder eine ganze solche Handschrift in seine bzw. ihre Bestandteile aufgelöst und so ‚verstreut' worden ist. Dies nun ist bei Teil F von Schmellers kleiner Sammlung der Fall; er war aber nicht schuld an dieser Situation, sondern versuchte vielmehr, Versäumnisse seiner Vorgänger, in diesem Falle diejenigen Eberhard Gottlieb Graffs, wettzumachen. Die Überschrift zu diesem Teil F lautet:

> Anhang zu den von Graff im j. 1839 herausgegebenen deutschglossierten psalmen Davids. aus cod. Germ. Monac. 17 (Windberg. 36), vom j. 1178. die deutschen anmerkungen und gebete die in dieser hs. neben den psalmtexten vorkommen hat Graff Diut. 3, 459 bis 496 abdrucken lassen.[14]

Der Reihe nach: Im dritten und letzten Band der Zeitschrift *Diutiska*, einer von Eberhard Gottlieb Graff herausgegebenen und explizit dem Abdruck von Erstеditionen verpflichteten Zeitschrift, war im Jahre 1829, also gut 20 Jahre vor Schmeller, als XIV. Beitrag eine Edition erschienen, die Graff mit „Deutsch des 12ten Jahrhunderts im Münchner Cod. germ. M. cat. p. 29" überschrieben hatte. Es handelt sich bei dieser Handschrift um den Cgm 17, den so genannten Windberger Psalter, der im dortigen Prämonstratenserkloster entstanden war und den ersten vollständig erhaltenen lateinischen Psalter mit interlinearer Verdeutschung darstellte; er wird auf das Ende des 12. Jahrhunderts, genauer auf 1174, datiert. Der Münchener Codex Cgm 17 überliefert außerdem noch nach fast jedem Psalm ein lateinisches Gebet, weiter die biblischen *Cantica*, das *Paternoster*, das *apostolische Symbolum*, den Ambrosianischen Hymnus *Te Deum laudamus* sowie 6 Gebete; alle diese Texte sind mit einer deutschen Interlinearversion versehen. Darüber hinaus findet sich auf den Blättern 1–8 ein Kalendarium mit deutschen Anmerkungen. Es handelt sich sozusagen um den paradigmatischen Fall eines Psalters, der außerdem noch wichtige liturgische und katechetische Texte für den täglichen monastischen Bedarf versammelt. Interessant wurde er für die frühen Germanisten eben durch seine deutschen Interlinearversionen dieser Texte aus dem ausgehenden 12. Jahrhundert. Aus diesem Codex nun edierte Graff sehr eklektisch, nämlich: 1. Teile des Kalendariums, und zwar jene, die mit

---

[13] Grimm 1984 (Anm. 2), Sp. 1799.

[14] Johann A. Schmeller: Deutsches des X–XII Jahrhunderts. Aus Münchener Handschriften mitgetheilt. In: ZfdA 8, 1851, S. 120.

deutschen Anmerkungen versehen sind, sowie 2. die Gebete, die nach den Psalmen stehen, ab dem Gebet zu Psalm 49 allerdings nur mehr die deutsche Interlinearversion ohne den lateinischen Grundtext, sodann 3. den ambrosianischen Hymnus *Te Deum laudamus* und schließlich 4. sechs Gebete, die am Schluss stehen.[15] Dem Hauptteil, den Psalmen, widmet er zehn Jahre später, 1839, eine eigene Buchausgabe, und zwar im 10. Band der bei Basse in Quedlinburg und Leipzig erschienenen ‚Bibliothek der gesammten deutschen National-Literatur von der ältesten bis auf die neuere Zeit'.[16] Diesen Psalmen stellt er synoptisch die fragmentarische so genannte *Trierer Interlinearversion zum Psalter* (Trier, Stadtbibl., Hs. 806/4 8°) gegenüber; die Lücken, die die Trierer Handschrift in der Synopsis lässt, füllt er großzügig mit Notker'schen Psalmenübersetzungen aus, alles das wiederum ohne den lateinischen Grundtext.

Diejenigen Teile des Cgm 17, die bis dahin noch nicht ediert worden waren, wurden nun eben im Teil F von Schmellers Auswahl aus Münchener Handschriften präsentiert, nämlich die biblischen *Cantica*, das *Paternoster* sowie das apostolische und das athanasische Glaubensbekenntnis. Schmeller bietet den Text wohl so ähnlich, wie er sich in der Handschrift präsentiert, nämlich als Interlinearversion, allerdings mit dem nicht ganz unerheblichen Unterschied, dass die Drucktype des deutschen Texts etwa doppelt so groß ist wie die des lateinischen. In der Handschrift scheinen die Größenverhältnisse genau umgekehrt zu sein, denn der deutsche Text ist in wesentlich kleinerer Schrift gehalten.[17] Die gesamte Handschrift, die sich anders als andere Sammelhandschriften inhaltlich als relativ geschlossene Einheit darstellt, wurde also in der ersten Hälfte des 19. Jahrhunderts auf 3 Editionen ‚verstreut'; das Gesamtbild wurde durch das Weglassen des lateinischen Textes im allergrößten Teil der Editionen Graffs noch weiter verzerrt. Für all das mag es seinerzeit schlagende methodische, interessensbedingte und vielleicht auch finanzielle Gründe gegeben haben, dennoch ist die gesamte Handschrift bis heute in keiner einzigen Ausgabe vollständig ediert, obwohl Klaus Kirchert 1979 den Psalter in zwei Bänden ediert, untersucht und die zahlreichen Schwächen der Graff'schen Ausgabe verbessert hat – den Zustand des ‚Verstreutseins' konnte auch er nicht ganz beheben.[18]

Graff, von der Hagen, Schmeller und andere Gelehrte ihrer Zeit hatten wohl das Problem und zugleich das Privileg des Überangebots an unedierten Texten. Praktisch jeder Bibliotheksbesuch brachte reichhaltige Ernte an neuen, noch unbekannten und damit natürlich auch unedierten Texten. Für sie musste es daher in erster Linie darum gehen, in möglichst kurzer Zeit möglichst viele dieser Texte zu transkribieren, abzu-

---

15 Eberhard Gottlieb Graff: Deutsch des 12ten Jahrhunderts im Münchner Cod. germ. M. cat. p. 29. In: Diutiska 3, 1829, S. 459–496.

16 Deutsche Interlinearversionen der Psalmen aus einer Windberger Handschrift zu München (XII. Jahrhundert) und einer Handschrift zu Trier (XIII. Jahrhundert). Hrsg. von Eberhard Gottlieb Graff. Quedlinburg 1839 (Bibliothek der gesammten deutschen National-Literatur von der ältesten Zeit bis auf die neuere Zeit. Abt. 1. 10).

17 Erich Petzet: Die deutschen Pergamenthandschriften Nr. 1–200 der Staatsbibliothek in München. Catalogus codicum manuscriptorum bibliothecae Monacensis, Tom. 5, Pars 1, Ed. altera. München 1920, S. 31.

18 Klaus Kirchert: Der Windberger Psalter. Band I: Untersuchung. Band II: Textausgabe. München 1979 (MTU. 59–60). Darin auch Abdruck des Kalendars und der komputistischen Notizen (Bd. I, S. 93, 96–110).

drucken und damit auch zu sichern. Zeitschriften wie die von Moriz Haupt oder auch die weniger erfolgreichen *Diutiska* boten dafür ebenso die Plattform wie verlegerische Unternehmen, für die mit der ‚Bibliothek der gesammten deutschen National-Literatur' von Gottfried Basse – übrigens nicht zu verwechseln mit den Berliner oder Stuttgarter Projekten ähnlichen Namens – bereits ein Beispiel gegeben wurde. Entsprechend dürr fällt das editorische ‚Rundherum' aus, also die Beschreibung der Handschriften, eine eventuelle sprachliche Analyse und natürlich auch die literar- und kulturgeschichtliche Verortung der Texte.

In meinem ersten Beispiel konnte gezeigt werden, dass Editionen, die den Umfang eines ganzen Buches beanspruchen, ‚verstreute' oder genauer ‚verstreuende' Editionen darstellen können, indem sie das, was einst zusammengehörte, nur in Auszügen bzw. – wie im Falle des fehlenden lateinischen Grundtexts bei Graff – in so verstümmelter Form präsentieren, dass heutigen Erfordernissen nicht mehr Genüge getan würde. Ein weiteres solches Beispiel ist die Sammlung „Altdeutsche Predigten und Gebete aus Handschriften", die von Wilhelm Wackernagel zum Druck vorbereitet worden und posthum 1876 in Basel erschienen ist. Es handelt sich um eine Sammlung von 72 Predigten sowie 29 Gebeten und Segenssprüchen, die Wackernagel im Laufe der Zeit zusammengetragen hatte und deren Herausgabe sich aus verschiedenen Gründen immer wieder verzögerte. Nach seinem Tod 1867 besorgte Max Rieger die Herausgabe dieser Sammlung. Insgesamt hatte Wackernagel 21 Handschriften herangezogen, die er aber zum größten Teil nur auszugsweise herausgab. Es sind die verschiedensten Handschriften darunter: Von einem Florilegium vom Ende des 12. Jahrhunderts aus Zürich (Zentralbibliothek, Cod. C 58; ‚Zürcher Predigten', die bis heute nur hier ediert sind), über völlig unbestimmte Bruchstücke wie drei fragmentarische Texte aus dem Privatbesitz von Eberhard Gottlieb Graff, ferner eine Handschrift, die heute als verschollen gilt, bis hin zur umfangreichen Handschrift A der *St. Georgener* und *Schweizer Predigten*, UB Freiburg im Breisgau, Cod. 464, vom Ende des 14. Jahrhunderts reicht die Palette der Predigthandschriften. Ein besonderes Problem in diesem Zusammenhang stellen die – nicht nur bei Wackernagel – teilweise völlig unzureichenden Handschriftenbeschreibungen dar. Man muss einige Geduld aufbringen, um die Handschriften entsprechend zuzuordnen, wie z.B. bei „Bruchstücke[n] des zwölften oder dreizehnten Jahrhunderts",[19] die Wackernagel aus dem Privatbesitz Friedrich Heinrich von der Hagens ausgeliehen und abgeschrieben hat. Über den Umweg der Staatsbibliothek Berlin,[20] Preußischer Kulturbesitz, gelangten die

---

19 Altdeutsche Predigten und Gebete aus Handschriften. Gesammelt und zur Herausgabe vorbereitet von Wilhelm Wackernagel. Mit Abhandlungen von Wilhelm Wackernagel, Max Rieger und Karl Weinhold. Mit einem Anhang von Max Rieger. Basel 1876, S. 255. Es handelt sich um die Stücke XXI–XXVI der Sammlung.

20 Karin Morvay und Dagmar Grube: Bibliographie der deutschen Predigt des Mittelalters. Veröffentlichte Predigten. Hrsg. von der Forschungsstelle für deutsche Prosa des Mittelalters am Seminar für deutsche Philologie der Universität Würzburg. München 1974, S. 29 (Sigle T 36); s. auch: Elias Steinmeyer [Rez.]: Wackernagel, Altdeutsche Predigten und Gebete. In: AfdA 2, 1876, S. 215–234, hier S. 216. Die Fragmente waren also schon 1876 in Berlin, was der Bearbeiter Max Rieger hätte angeben müssen. Steinmeyer beklagt übrigens den Umstand, dass die einzelnen Handschriften nicht „in jedem falle vollständig ausgebeutet" worden seien (S. 215).

Fragmente, die Wackernagel nicht vollständig vorlagen und die er deswegen nur teilweise veröffentlichen konnte, in die Biblioteka Jagiellońska nach Krakau, wo sie heute unter der Sigle Berol. Ms. germ. quart 1671 aufbewahrt werden.[21] Ein anderes Fragment ist zwar mit der alten Signatur der Basler Universitätsbibliothek – O III 14 – bezeichnet, doch diese wurden in der Zwischenzeit erneuert, was die Suche nach dem Dokument natürlich erschwert. Bei Morvay / Grube sowie im *Handschriftencensus* der Marburger Repertorien ist diese Handschrift nur unter der modernen Signatur Cod. N I 1 Nr. 51a.b verzeichnet.[22]

Anders als in früheren Tagen stellt der Neufund eines noch so kleinen Fragments für jeden Mediävisten heute einen besonderen Glücksfall dar – obwohl dieses schöne Ereignis gar nicht so selten vorzukommen scheint, wie die Rubrik ‚Handschriftenfunde zur Literatur des Mittelalters' der *Zeitschrift für deutsches Altertum* eindrucksvoll zeigt, die mittlerweile bei 186 Beiträgen[23] hält und das innerhalb von 40 Jahren, d. h. im Durchschnitt werden jedes Jahr mindestens vier bis fünf neue Handschriften(fragmente) gefunden und in der ZfdA publiziert, ganz abgesehen von denen, die an anderer Stelle veröffentlicht werden. Dennoch gilt es diesen Glücksfall natürlich entsprechend zu würdigen und so werden heutige ‚verstreute' Editionen sehr viel elaborierter präsentiert als die der Vergangenheit.

Wegen der Ähnlichkeit der Textsorte ziehe ich als Beispiel die Edition eines lateinischen Brevierfragments mit deutscher Interlinearglossierung von Nigel F. Palmer heran:[24] Palmer macht in seiner Edition zunächst detaillierte Angaben zur Herkunft der von ihm so genannten „Oxforder Brevierfragmente", zwei Pergamentstreifen, die Teil eines lateinischen Breviers mit mhd. Interlinearversion des 13. Jahrhunderts aus dem „bairisch-österreichischen" Raum[25] waren. Zur genauen Beschreibung dieser beiden Pergamentstreifen – Teile eines Doppelblattes – werden paläographische Fragen behandelt, die zur Beantwortung der Datierungsfrage herangezogen werden und zeigen, dass der lateinische Text älter ist als der deutsche. Ebenso werden ausführlich sprachhistorische Fragen thematisiert, um die geographische Herkunft zu erweisen. Die Edition selbst folgt nach dieser Einleitung, und sie ist – soweit das vom Benutzer

---

21 Regina D. Schiewer: Neue Predigtfragmente des 12. und 13. Jahrhunderts. Ergänzungen zu Morvay / Grubes Predigtbibliographie. In: ZfdA 137, 2008, S. 158–176, hier S. 162f. Siehe auch den *Handschriftencensus*: http://www.paderborner-repertorium.de/11792 (Zugriff 7.11.2008).

22 http://www.mr1314.de/1329 (Zugriff 31.10.2008); s. auch Morvay / Grube 1974 (Anm. 20), S. 28f. Der alte Katalog von Gustav Binz: Die deutschen Handschriften der oeffentlichen Bibliothek der Universität Basel. Bd. 1: Die Handschriften der Abteilung A. Basel 1907, ist nur bis zur Abteilung A gelangt und auch neuere Unternehmen – Gustav Meyer und Max Burckhardt: Die mittelalterlichen Handschriften der Universitätsbibliothek Basel. Beschreibendes Verzeichnis. Abteilung B: Theologische Pergamenthandschriften. 3 Bde. Basel 1960–1975, bzw. Werner Sackmann: Die Handschriften der Signatur K: Naturwissenschaften. Basel 1991 (Publikationen der Universitätsbibliothek Basel. 12) – haben die Abteilung N noch nicht erreicht.

23 Siehe die Homepage der ZfdA: http://www.zfda.de/inhalt.php?mode=hssfunde (Zugriff 31.10.2008).

24 Nigel F. Palmer: Fragmente eines lateinischen Breviers mit mittelhochdeutscher Interlinearübersetzung in der Bodleian Library, Oxford, ad Auct. 2 Q inf. 1. 18. In: Deutsche Literatur und Sprache 1050–1200. Festschrift für Ursula Hennig zum 65. Geburtstag. Hrsg. von Annegret Fiebig und Hans-Jochen Schiewer. Berlin 1995, S. 199–216.

25 Ebd., S. 202.

beurteilt werden kann, denn explizit gemacht wird es nicht – handschriftentreu: Das lange *s* ist erhalten, es erfolgt keine Interpungierung, Kürzel (auch Nasalstriche) werden nicht aufgelöst, Majuskeln erstrecken sich über mehrere Zeilen (also wie in der Handschrift), sogar die Spatienverhältnisse will Palmer in seiner Edition dem Original nachbilden. Eingriffe sind minimal: Nur bei offensichtlichen Fehlern wird eingegriffen und Ergänzungen werden in Spitzklammern geboten. Im Anschluss an die Edition wird das Fragment in literarhistorische und geistesgeschichtliche Zusammenhänge gestellt. Palmer unterscheidet in dem Brevierfragment nicht weniger als 30 kleine und kleinste liturgische Texte (Versikel, Antiphonen, kurze Gebete, Responsorien etc.) zum Weihnachtstag und zum Fest des heiligen Stephanus, wobei etwa ein Drittel des Textbestandes deutsch glossiert ist. Dem schließt sich eine Analyse der Glossierweise an, in der die zwar grundsätzlich dienende Funktion der Glossen – sie sollen, wie das bei Glossen üblich ist, den lateinischen Text verständlich machen – hervorgehoben, aber auch auf die fallweise freiere Übersetzungsweise hingewiesen wird. Es zeigt sich, dass nur diejenigen Textteile glossiert sind, die für den jeweiligen Tag, das jeweilige Fest, einmalig sind, öfter wiederholte Textpassagen (z.B. Psalmen) werden nicht glossiert. Die literarhistorische Einordung des Fundes ergibt schließlich, dass die Oxforder Fragmente womöglich im Zusammenhang mit Interlinarversionen in liturgischen Texten der Seckauer Augustiner-Chorfrauen zwischen 1150–1300 stehen.

Alles in allem ist dies eine sehr detaillierte, penible und sorgfältige kleine Edition, in der das Verhältnis von ediertem Text und „Kommentar“ etwa 1 : 6 beträgt, der Beschreibung und Interpretation also deutlich mehr Raum gewidmet wird als dem Text selbst. Diese Art von Edition leistet also schon die grundlegenden ersten Schritte für eine weitere Beschäftigung mit einem Text und versucht, erste Bahnen vorzuspuren, die dann von nachfolgenden Bemühungen breitergetreten werden können und sollen.

Ein anderes Problem, das zudem die ‚Verstreuung‘ verstärkt, tritt auf, wenn sich die Bezeichnung eines Textes ändert bzw. ein und derselbe Text in verschiedenen Nachschlagewerken unterschiedlich benannt wird. Als Beispiel dafür sei das von Rolf Bergmann in seinem „Katalog der deutschsprachigen geistlichen Spiele und Marienklagen des Mittelalters“[26] unter der Nr. 41 so bezeichnete *Feldkircher Osterspiel* (FeO) angeführt, entstanden zwischen 1560 und 1598 in Augsburg, das der Herausgeber Walther Lipphardt in seinem Verfasserlexikon-Artikel[27] nach dem Entstehungsort als *Augsburger Osterspiel* bezeichnet. Das Spiel wurde von Walther Lipphardt im *Jahrbuch des Vorarlberger Landesmuseumsvereins* 1972 (1975) ediert, also an einem nicht gerade zentralen Publikationsort.[28] Im *Handschriftencensus* ist die Edition nicht

---

[26] Rolf Bergmann: Katalog der deutschsprachigen geistlichen Spiele und Marienklagen des Mittelalters. München 1986.

[27] Walther Lipphardt: Art. ‚Augsburger Osterspiel‘. In: ^{2}VL 1 (1978), Sp. 524f.

[28] Walther Lipphardt: Ein lateinisch-deutsches Osterspiel aus Augsburg (16. Jhdt.) in der Bibliothek des Kapuzinerklosters Feldkirch. In: Jahrbuch des Vorarlberger Landesmuseumsvereins 116, 1972 (1975), S. 14–29.

erfasst,[29] wohl aber in Lipphardts Artikel im Verfasserlexikon.[30] Dafür findet sich im *Handschriftencensus* ein Hinweis auf Lipphardts Faksimile-Ausgabe der Handschrift, die neben dem Osterspiel auch noch ein Lied des Mönchs von Salzburg überliefert.[31] Die Editionsmethode wird nicht durchsichtig gemacht, was diese Edition in die Nähe der vorher besprochenen ‚Mitteilungen' von mittelalterlichen Texten in germanistischen Fachzeitschriften des 19. Jahrhunderts rückt. Lipphardt bietet aber eine detaillierte Beschreibung der Handschrift des Kapuzinerklosters Feldkirch (Signatur: Liturg 1. retr. m.), eines Prozessionale der 2. Hälfte des 16. Jh. aus Augsburg. Die Herkunft aus Augsburg wird nachgewiesen; das Prozessionale wurde demnach für den Dom erstellt, wie aus der Aufzählung der Nebenaltäre (Ablutionsprozession am Gründonnerstag) ersichtlich wird. Nach Lipphardt weist auch die Sprache nach Augsburg, allerdings „ohne daß dafür Kriterien genannt würden."[32] Das Osterspiel – und das interessiert den Musikwissenschaftler Lipphardt besonders – ist mit Melodien versehen; die Notenüberlieferung, die beispielsweise für den *Silete*-Gesang des Engels unikal ist, wird in Form einer Abbildung mitgeteilt.[33] Die Edition selbst kommt mit minimalen Eingriffen aus, der Lautstand wird bewahrt, eine Interpunktion eingeführt, die aber teilweise vielleicht schon in der Handschrift vorhanden ist. Auch die Verseinteilung war offenbar schon in der Handschrift gegeben, Kürzel werden aufgelöst, so z. B. das handschriftliche *dn̄i*, ebenso andere Nasalstriche; ab und zu begegnen Emendationen. Leider haben sich auch Versehen eingeschlichen, die in der Faksimile-Ausgabe mit Hilfe von Anmerkungen großteils berichtigt werden: Der handschriftliche Text lautet zu Beginn des Spiels:[34] *In santissima nocte paschæ*[35] *itur ad sepulchrum domini. organicen incipit. Responsorium.* Das Wort *organicen* der Handschrift ist leider versehentlich in der Edition weggelassen worden, seine Bedeutung (‚auf der Orgel gespielt', S. 17) wird im Apparat erklärt.[36] Bei lateinischen Gesängen (mit Melodie) erfolgt ein Hinweis auf andere Melodieüberlieferungen.

Das größte Problem dieser Edition ist jedoch vermutlich ihre Publikation an einem Ort, der mit Fug und Recht als ‚abgelegen' bezeichnet werden darf. Verschärft wird die Situation dadurch, dass das *Jahrbuch des Vorarlberger Landesmuseumsvereins* seit seiner Gründung im Jahr 1858 unter dem Titel „Rechenschaftsbericht des Ausschusses des Vorarlberger Museums-Vereins in Bregenz" mehrfach den Namen ge-

---

29 Nach meinem entsprechenden Hinweis an die BetreiberInnen der Website wurde die Edition umgehend aufgenommen.

30 Vgl. Anm. 27.

31 Das Lateinisch-Deutsche Augsburger Osterspiel und Das Deutsche Passionslied des Mönchs von Salzburg. In Abbildung aus dem Ms. Liturg. 1 rtr. des Kapuzinerklosters Feldkirch hrsg. von Walther Lipphardt. Göppingen 1978 (Litterae. 55). Zum Mönch von Salzburg s. Burghart Wachinger: Der Mönch von Salzburg. Zur Überlieferung geistlicher Lieder im späten Mittelalter. Tübingen 1989 (Hermaea N.F. 57), S. 37.

32 Bergmann 1986 (Anm. 26), S. 110.

33 Lipphardt 1972 (Anm. 28), S. 21; diese Stelle wird noch ausführlicher kommentiert.

34 Auflösung von Kürzeln erscheint recte.

35 Bei Lipphardt *pascha.* Die der Edition (Anm. 28) beigegebene Handschriftenabbildung auf S. 21 lässt jedoch – schwach, aber eindeutig – die Ligatur *æ* erkennen.

36 Diese Erklärung ist ebenfalls fehlerhaft und wird in den Anmerkungen der Faksimile-Ausgabe (Anm. 31) auf S. 28 berichtigt: „organicen] der Organist (Mitt. von H. J. Linke)".

wechselt hat,[37] was nicht nur Bibliothekare vor Herausforderungen stellt, sondern vor allem auch den suchenden Katalogbenutzer mit zeitraubender Recherchearbeit konfrontiert. Nur so lässt sich erklären, warum ein an sich recht interessanter Text, der die geistliche Spieltradition im alemannisch-schwäbischen Raum zu bereichern vermag, in der Forschung bislang nur sehr wenig beachtet worden ist.[38]

Ganz kurz und schlaglichtartig möchte ich noch – falls es sie denn gibt – einige gemeinsame Merkmale von ‚verstreuten' Editionen ansprechen, die indirekt schon angeklungen sind. Diese beruhen mehr auf einem subjektiven Gefühl als auf harten Fakten. Es handelt sich zunächst in der Regel um eher kurze bzw. fragmentarisch überlieferte Texte, was vielleicht als Binsenweisheit gelten mag, denn längere Texte verlangen selbstredend nach der Buchform und sind nicht mehr in einem Zeitschriften- oder Buchbeitrag unterzubringen. Es war jedoch zu sehen, dass durchaus auch Auszüge aus längeren Texten in Zeitschriften ediert worden sind, was zu den angesprochenen Problemen des ‚Verstreuens' von Texten über mehrere Editionen geführt hat. Teilweise werden durchaus auch längere Texte (die natürlich einen gewissen Rahmen nicht sprengen dürfen) in Zeitschriften ediert, wie die mit 198 bzw. 272 Versen nicht ganz kurzen Mären *Das heiße Eisen* oder *Der Mönch und das Gänslein*, die zudem beide im Rahmen *eines* Beitrags ediert wurden, allerdings, abgesehen vom Nachweis der Handschrift und einem Apparat, ohne jegliche weitere Erläuterung.

Eine weitere Gemeinsamkeit ist, dass geistliche Texte unter diesen Editionen überwiegen, weswegen ich auch meine Beispiele ausschließlich aus diesem Sektor gewählt habe. Auch das verwundert wenig, ist doch das geistliche – auch volkssprachige – Schrifttum im Mittelalter wesentlich umfangreicher als das weltliche, zudem finden sich deutschsprachige geistliche Fragmente in vielen Handschriften als Vorsatzblätter oder aber als Einzelglossen in lateinischen Texten.

Am bemerkenswertesten ist aber – und das wäre eine Gemeinsamkeit, die von außen herangetragen wurde –, dass in der weitaus überwiegenden Mehrheit dieser Editionen, die von mir eingesehen wurden, ein Editionsprinzip zu dominieren scheint, das vielleicht sehr allgemein mit ‚handschriftennaher Edition' umschrieben werden

---

37 So bis 1881. Danach erschien das Jahrbuch unter dem Titel „Jahresbericht des Ausschusses des Vorarlberger Museum-Vereins in Bregenz", ab 1889 hieß es „Jahresbericht des Vorarlberger Museum-Vereins", von 1907–1914 „Jahresbericht des Landes-Museums-Vereins für Vorarlberg" und ging dann auf in der neu gegründeten „Vierteljahrsschrift für Geschichte und Landeskunde Vorarlbergs" (1917–1926), die ihrerseits aus dem „Archiv für Geschichte und Landeskunde Vorarlbergs" (1904–1916) hervorgegangen war. Von 1928 bis 1930 hieß das Periodikum „Jahrbuch des Vorarlberger Landesmuseums in Bregenz" und seit 1940 „Jahrbuch des Vorarlberger Landesmuseumsverein(e)s", von 1965–1986 erweitert um den Untertitel „Freunde der Landeskunde". Gerade auch die Ähnlichkeit der verschiedenen Titel macht es umso schwieriger, sich in diesem Gewirr zurechtzufinden. Dass die Nummer 116 des Jahres 1972 erst 1975 erscheinen konnte, verkompliziert die Sache zusätzlich und trägt wahrscheinlich auch nicht gerade zur weiteren Verbreitung bei.

38 Als kleine Ausnahme sei genannt: Helmut Gier: Oster- und Passionsspiele in Schwaben und Tirol. In: Ausstellungskatalog Schwaben – Tirol. Historische Beziehungen zwischen Schwaben und Tirol von der Römerzeit bis zur Gegenwart (Beiträge), Augsburg 1989, S. 444–451. Allerdings geht Gier auf dieses Spiel so gut wie gar nicht ein, Lipphardts Edition (Anm. 28) erwähnt auch er nicht, sondern lediglich dessen Faksimile-Ausgabe Lipphardt 1978 (Anm. 31).

kann. Eingriffe der Editoren sind sehr behutsam, es geht in den meisten Fällen darum, die jeweilige Handschrift selbst in möglichst authentischer Form zu präsentieren. Das heißt natürlich nicht, dass in kleineren Editionen nicht auch fleißig das Normalmittelhochdeutsche gepflegt wurde, insbesondere dann, wenn mehr als eine Handschrift einen Text überliefert. Doch bei unikaler Überlieferung hielten sich offenbar auch die sonst so normalisierungsfreudigen Editoren des 19. und frühen 20. Jahrhunderts diesbezüglich eher zurück. Diese Editionen bieten also in den meisten Fällen einen recht unmittelbaren Einblick in Teile oder Fragmente von mittelalterlichen Handschriften.

Bei all den Gemeinsamkeiten gibt es aber auch Unterschiede: Der auffälligste ist wohl der, dass man einerseits von einer Art ‚integrativer' Editionen und andererseits von ‚reduzierten' oder ‚ausschließlichen' Editionen sprechen könnte. Ein Beispiel für den ersteren Typ wäre die erwähnte Edition von Brevierfragmenten von Nigel F. Palmer. Hier wird all das geboten, was auch von einer Edition in Buchform erwartet würde: die genaue Beschreibung des oder der Überlieferungsträger(s) einschließlich Datierung und Lokalisierung, literarhistorische und kulturgeschichtliche Einordnung des Textes selbst sowie dessen sprachliche Analyse, die Offenlegung der Editionsmethode und dergleichen mehr. Dem gegenüber steht der zweite Typ, für den wohl die allermeisten Editionen aus Zeitschriften des 19. Jahrhunderts als Beispiele dienen könnten: Hier steht die Edition selbst, also der überlieferte Text, im Vordergrund und will nicht mehr und nicht weniger als diesen für weitere Interpretationen und Untersuchungen *verfügbar* zu machen. Dahinter zeigt sich ein anderes Forschungs- und Erkenntnisinteresse, das sich nicht so sehr an den Bedingungen der Überlieferung von Literatur, am ‚Literaturbetrieb', orientiert, aber auch noch nicht aus der heutigen Methodenvielfalt der Editorik geschöpft hat bzw. diese erst zu entwickeln im Begriff war. Man könnte sich indes fragen, ob wir heute nicht vor einem ähnlichen Problem stehen bzw. an ähnlichen Lösungsansätzen interessiert sind wie die Gründerväter der Germanistik. Auch uns geht es verstärkt um die Verfügbarmachung bzw. Verfügbarhaltung von Texten, die, weil sie nur in sehr alten Editionen greifbar sind, oftmals von Bibliotheken unter Verschluss gehalten werden, sofern sie diese überhaupt besitzen. Und so wird auch das Internet mit Editionen ‚gefüttert', die, wie die *Bibliotheca Augustana*,[39] ähnlich dürre Informationen rund um die Texte bieten wie die kleinen Editionen des 19. Jahrhunderts, dies jedoch – und das sei hier ausdrücklich betont – in der Gewissheit tun können, dass an Sekundärliteratur gewöhnlich kein Mangel herrscht. Eine noch radikalere Möglichkeit der Bestandssicherung ist die, gleich ganze Handschriften digitalisiert ins Netz zu stellen, wie dies die Universitätsbibliothek Heidelberg oder die Stiftsbibliothek St. Gallen in so vorbildlicher Weise tun,[40] so dass sich jeder Benutzer gleich selbst – im wahrsten Sinne des Wortes – ein Bild von der handschriftlichen Überlieferung machen kann.

---

39 http://www.hs-augsburg.de/~harsch/a_summa.html (Zugriff 9.11.2008).

40 http://www.ub.uni-heidelberg.de/helios/digi/palatina-digital.html (Heidelberg) bzw. http://www.cesg.unifr.ch/de/index.htm (St. Gallen).

Damit bin ich bei der Frage nach der Verfügbarkeit von ‚verstreuten' Editionen angelangt. Auf der Suche nach einem bestimmten mittelalterlichen Text bieten die gängigen Nachschlagewerke – insbesondere das Verfasserlexikon und die *Marburger Repertorien* mit ihrem *Handschriftencensus* – meist zuverlässige Informationen darüber, welche Editionen eines Textes bisher veranstaltet worden sind, auch wenn diese relativ entlegen oder ‚verstreut' sind. Die Stärke des *Handschriftencensus* ist überdies die Möglichkeit, die Verantwortlichen auf ergänzende Literatur hinzuweisen, die – ich habe es ausprobiert – umgehend eingearbeitet wird, so dass das Nachschlagewerk sehr aktuell bleibt. Auch die Rubrik ‚Handschriftenfunde zur Literatur des Mittelalters' der ZfdA wird umgehend eingearbeitet, wie Stichproben ergeben haben. Man findet also im Allgemeinen die Nachweise zu Editionen und Sekundärliteratur relativ leicht. Schwieriger wird es, wenn – wie in den oben dargestellten Fällen – die Benennung eines Textes in der Sekundärliteratur unterschiedlich ist, sich die Bibliothekssignatur ändert[41] oder eine Edition an ‚abgelegener Stelle' erschienen ist.[42] Eine Digitalisierung aller alten Zeitschriftenjahrgänge würde hier leicht Abhilfe schaffen, wenn sich dafür ein Projekt und vor allem Geld fänden. Um Vollständigkeit anstreben zu können, wäre sehr viel an Arbeit und Finanzmitteln zu investieren, denn ein solches Projekt würde wohl mehrere Jahre in Anspruch nehmen. Vorläufig müssen wir noch mit der teilweisen Digitalisierung der ZfdA durch das *Gallica*-Projekt vorlieb nehmen, dessen Website allerdings dringend überarbeitet und benutzerfreundlicher gestaltet werden sollte. *Die* Hilfsmittel aber, die dem Suchenden den Weg auch zu verstreuten Editionen weisen, sind das „Verfasserlexikon", das zwar auch in der 2. Auflage schon in die Jahre kommt, aber die ältere Forschung sehr zuverlässig dokumentiert, sowie der *Handschriftencensus* im Internet, der vornehmlich die neuen Editionen verzeichnet, so dass sich diese beiden hervorragenden Instrumente ideal ergänzen. Dazu kommt noch die Seite *Manuscripta Mediaevalia*[43] mit der Zentralredaktion in der Staatsbibliothek zu Berlin, im Bildarchiv Foto Marburg und in der Bayerischen Staatsbibliothek München, die sich insbesondere um die Digitalisierung

---

41 Momentan scheinen im *Handschriftencensus* aus guten Gründen nur die aktuell gültigen Bibliothekssiglen auf. Eine lückenlose Dokumentation der Geschichte einer Handschrift ließe jedoch auch die Anführung alter Siglen wünschenswert erscheinen. Dies würde die Suche nach einer Handschrift mit geänderter Sigle enorm erleichtern (vgl. oben S. 9 und Anm. 22).

42 Ein weiteres Beispiel für eine solche Edition wäre die Edition der altsächsischen Interlinearversion des *Psalters* von Willy Krogmann: Die Lubliner Psalmenfragmente. In: Korrespondenzblatt des Vereins für niederdeutsche Sprachforschung 57, 1950, S. 49–58. Sie basiert auf Vorarbeiten des Entdeckers der Handschrift, Ludwik Zalewski, kann aber nach Heinrich Tiefenbach „nicht als reiner Wiederabdruck gelten" (Heinrich Tiefenbach: Die altsächsische Psalmenübersetzung im Lublin/Wittenberger Psalter. Mit einer Neuedition des Textes. In: Volkssprachig-lateinische Mischtexte und Textensembles in der althochdeutschen, altsächsischen und altenglischen Überlieferung. Mediävistisches Kolloquium des Zentrums für Mittelalterstudien der Otto-Friedrich-Universität Bamberg am 16. und 17. November 2001. Hrsg. von Rolf Bergmann. Heidelberg 2003 (Germanistische Bibliothek. 17), S. 385–465, hier S. 390, Anm. 18). Krogmanns Edition ist im *Handschriftencensus* nicht verzeichnet, wohl aber im Verfasserlexikon (Kurt Erich Schöndorf: Art. ‚Altsächsische Psalmen-Fragmente'. In: ^{2}VL 1 (1978), Sp. 318f.). Krogmann lagen nicht alle ursprünglich zur Handschrift gehörenden Fragmente vor, sondern nur die aus Krakau/Lublin, was ebenfalls wieder eine – in diesem Falle unabsichtliche – Verstreuung des Textes förderte. Weitere Verbreitung fand und findet wohl – zu Recht – die auf dem neuesten Stand der Editorik erstellte Ausgabe Tiefenbachs.

43 http://www.manuscripta-mediaevalia.de (Zugriff 10.11.2008).

von Handschriftenkatalogen verdient macht und die mittlerweile auf beachtliche Datenmengen verweisen kann. Alles in allem ist die Situation für den Benutzer, der auch abgelegene, ‚verstreute' Editionen in Zeitschriften sucht, zwar keineswegs katastrophal, aber auch nicht zufrieden stellend und sollte daher durch gemeinsame Bemühungen (z. B. durch das in Helmut Klugs Tagungsbeitrag entworfene ‚Editionsportal') à la longue verbessert werden.

Thomas Bein

Edieren und Studieren – Über neue hochschuldidaktische Anforderungen an Textausgaben

Hans Otto Horch zum 65. Geburtstag

I

Der folgende Beitrag handelt vom derzeitigen Verhältnis zwischen germanistischer Forschung und Lehre mit besonderem Blick auf die Quellen, die notwendigerweise auch in der Lehre eine zentrale Rolle spielen.

Es ist hinlänglich bekannt, dass sich durch die Einführung der BA-Studiengänge die universitäre Lehre deutlich verändert hat – insbesondere betrifft das die germanistische Mediävistik. Viel Zeit hat man nicht mehr, um Studienanfängern die sprachlichen Grundlagen zu vermitteln, die nötig sind, um einigermaßen selbstständig deutsche Texte des Mittelalters erschließen zu können.

Diese Tatsache erschwerend, kommt noch hinzu, dass ganz grundsätzlich die Voraussetzungen, die heutige Germanistikstudierende von der Schule mitbringen, immer geringer werden. Das wiederum hat seinen Grund darin, dass der gymnasiale Deutschunterricht heute ein deutlich anderer ist als noch in den 1970er bis 1990er Jahren. Deutschunterricht ist nur noch zu einem Teil – und vielleicht ist es noch nicht einmal der größte – Vermittlung von Literaturkultur und Fertigkeiten, literarische Texte zu erschließen. Nicht selten ist es so, dass Literatur zum Stichwortgeber verkommt für allerlei gruppendynamische und kreative Schüleraktivitäten.[1]

Das alles führt dazu, dass die Kluft zwischen Schule und Hochschule immer größer wird, und vielerorts wären Vorkurse nötig, damit ein gewisser Grundstandard zu Beginn des Studiums gewährleistet ist. Einige Hochschulen haben solche Kurse auch bereits installiert.[2]

---

1 Vgl. dazu etwa die folgenden fachdidaktischen Beiträge, die in der Praxis oft überzogen umgesetzt werden: Kaspar Spinner: Kreativer Deutschunterricht. Identität – Imagination – Kognition. Seelze 2001; Claudia Winter: Traditioneller Aufsatzunterricht und kreatives Schreiben. Eine empirische Vergleichsstudie. Augsburg 1998; Gerhard Haas: Handlungs- und produktionsorientierter Literaturunterricht. Theorie und Praxis eines „anderen" Literaturunterrichts für die Primar- und Sekundarstufe. Seelze 1997.

2 So auch die RWTH Aachen University; aus dem Ankündigungstext: „Der Vorkurs richtet sich an Studienanfänger im Fach Germanistische und Allgemeine Literaturwissenschaft (Bachelor/Lehramt). Er zielt auf eine allgemeine Verbesserung schriftsprachlicher Kompetenzen (Lesen, Recherchieren, Schreiben, Präsentieren) ab, die für ein erfolgreiches Studium in diesem Bereich unerlässlich sind." Zum Inhalt finden sich folgende Angaben: „1. Studienfachspezifische Wiederholung von schulischem Lehrstoff im Fach Deutsch: Wissen über literarische Gattungen und Epochen und ihre jeweils wichtigsten Autoren. 2. Vermittlung von wissenschaftspropädeutischen Standards bei: sinnerfassendem Lesen literarischer Texte, der Literaturrecherche und Benutzung einer Bibliothek, dem Umgang mit Bildschirmmedien, dem Abfassen schriftlicher Arbeiten, dem Abfassen eines Sitzungsprotokolls, der Gestaltung

Aber selbst dann, wenn Grundkenntnisse im ersten Semester vorhanden sind, hat man es derzeit immer schwerer, Studierenden ‚Wissenschaft' zu vermitteln oder sie an das, was man so ‚Wissenschaft' nennt, heranzuführen. Denn die engen Themen- und Zeitvorgaben zumindest des BA-Studiums sehen eigentlich keine wirkliche wissenschaftliche Ausbildung der Studierenden vor, sondern sind eher als eine intensive Fortsetzung des Schulbetriebes mit einem oder zwei Fächern zu betrachten. Am Ende findet sich, was das Germanistikstudium angeht, kein Berufsabschluss, sondern allenfalls ein für bestimmte Berufsfelder qualifizierender Pauschalabschluss. ‚Schlüsselqualifikationen' soll der oder die Studierende im Laufe des Studiums erworben haben – vielfach werden diese Qualifikationen mit dem ‚Medien'-Schlagwort verknüpft: Neue Medien, Medienkompetenz, mediales Handeln, Medienkritik usw.

Nicht viel anders sieht es auch in den Lehramtsstudiengängen aus, die teilweise bereits dem BA-Studium strukturell angeglichen worden sind. Die fachwissenschaftliche Ausbildung ist deutlich verkürzt auf die späteren Bedürfnisse: Der Textkanon ist eng auf das konzentriert, was die gymnasialen Deutschlehrpläne vorsehen. Viele Studierende stellen m. E. unselige Kosten-Nutzen-Rechnungen an, dergestalt, dass Lehrveranstaltungen, die keine mainstream-Themen aufgreifen, kaum besucht werden und dass gerade auch die Relevanz der germanistischen Mediävistik für Deutschlehrer/innen in Frage gestellt wird.

Man kann und muss sich heutzutage kritisch fragen: Was ist aus dem Germanistikstudium geworden, wie es im Zeitraum von etwa 1970 bis 1990 – oder eben noch früher – angeboten wurde? Und man muss sich fragen: Was sind die Ziele dieses Studiums, oder welche Ziele sollten es eigentlich sein?

Bevor ich versuche, darauf eine Antwort zu geben, will ich einen Blick auf die wissenschaftliche Entwicklung unseres Faches werfen – und nun konzentriere ich mich auf den mediävistischen Teilbereich.

II

Im Blick zurück zeigen Geisteswissenschaften oft Jahrzehntzyklen, sowohl was ihre Methoden als auch was ihre Quellenparadigmen angeht; und Methoden und Paradigmen sind meist beeinflusst von allgemeingesellschaftlichen und gesellschaftspolitischen Strömungen. Der große Boom der Literatursoziologie in den 1970er Jahren[3] ist dafür ein gutes Beispiel; aber auch die feministische Literaturwissenschaft (‚gender'-Forschung) der letzten zwei Jahrzehnte spiegelt genau das wider.[4]

---

und Präsentation von Referaten sowie der Gestaltung medialer Präsentationen (Handouts, Folien, Tafelbilder, PowerPoint)." (http://www.fb6.rwth-aachen.de/media/mathe_vorkurs_1.pdf, S. 13; 17.12.2008).

[3] Vgl. dazu Ulrich Wyss: Gibt es eine Alternative zur Literaturgeschichte als Sozialgeschichte? In: Kultureller Wandel und die Germanistik in der Bundesrepublik. Vorträge des Augsburger Germanistentags 1991. Hrsg. von Johannes Janota. Bd. 2: Germanistik und Deutschunterricht im historischen Wandel. Tübingen 1993, S. 179–191.

[4] Vgl. u. a. Klaus Weimar: Zur Geschichte der Literaturwissenschaft. Forschungsbericht. In: DVjS 50, 1976, S. 298–364; Jost Hermand: Geschichte der Germanistik. Reinbek bei Hamburg 1994; Beiträge zur Methodengeschichte der neueren Philologien. Zum 125jährigen Bestehen des Max Niemeyer Verlages. Hrsg. von Robert Harsch-Niemeyer. Tübingen 1995.

Man sah indes in den 1980er Jahren ein, dass Literatur nicht nur ein sprachlich merkwürdig codierter soziologischer Befundbericht ist und dass von daher literatursoziologische Methoden bei jedem Text auch an hermeneutische Grenzen stoßen.[5] Es gab also Gegenbewegungen, Rückzüge teilweise in die Immanenz des Kunstwerks, wie überhaupt der Kunstcharakter des literarischen Textes wieder mehr Beachtung fand.

Wo stehen wir heute? Das ist schwer mit einem Satz zu sagen. Die letzten zwei Jahrzehnte als von einem Methodenpluralismus gekennzeichnet zu betrachten, ist aber sicher nicht falsch. Ein Blick auf monographische Neuerscheinungen in unserem Teilfach zeigt das recht deutlich.[6]

Wie ein etwas ungleichmäßig schwingendes Pendel über einem unebenen Grund stellt sich mir unser Fach derzeit dar. Der Grund, das sind die Quellen, die Texte – einmal glatt und glänzend gemacht, ein andermal unbearbeitet und scheinbar fehlerhaft daliegend. Und das Pendel der Wissenschaft kreist einmal ganz nah über dem Grund, dann wieder weiter weg, je nachdem, wer die Schnur auf welche Weise in Schwingung versetzt.

Aber dieser unebene Grund, über dem das Pendel kreist und kurvt, ist natürlich Anfang und Ende von allem, ohne ihn könnte das Pendel keine Gravitationskräfte entwickeln, könnte nicht pendeln und hätte keinen Sinn. Und nun bin ich bei unserem speziellen Teilgebiet der Mediävistik, bei der Editionswissenschaft, angekommen.

III

Wie andere spezifisch hermeneutische Zugriffe hat sich auch die editionswissenschaftliche Methodik in den letzten 30 Jahren deutlich verändert. Anders aber präsentiert sich der Weg dieser Veränderungen. Er ist weniger kurvig und zackig, stattdessen deutlich geradliniger verlaufend. In den 1970er Jahren fand eine wichtige und wegweisende editionswissenschaftliche Neubesinnung statt, ins Leben gerufen vor allem von Karl Stackmann, Günther Schweikle, Hugo Moser sowie Helmut Tervooren. Sie opponierten lange vor der New Philology gegen eine zu exzessiv betriebene Lachmannianische Textkritik, die sich überdies von Lachmann schon weit entfernt hatte und deren Ergebnis Texte waren, die es wahrscheinlich nie gegeben hat.[7]

Es folgten harte, teilweise polemische Auseinandersetzungen zwischen Vertretern der ‚alten Schule‘ und solchen der neuen, handschriftenorientierten. Und in dem

---

5 Vgl. Jan-Dirk Müller: Aporien und Perspektiven einer Sozialgeschichte mittelalterlicher Literatur. Zu einigen neuen Forschungsansätzen. In: Historische und aktuelle Konzepte der Literaturgeschichtsschreibung. Zwei Königskinder? Zum Verhältnis von Literatur und Literaturwissenschaft. Hrsg. von Wilhelm Voßkamp und Eberhard Lämmert. Tübingen 1986, S. 56–66.

6 Ich verzichte hier auf explizite Nennungen und empfehle einen Blick in die Neuerscheinungslisten z. B. der ZfdPh oder ZfdA.

7 Vgl. mit vielen Hinweisen auf weiterführende Literatur Thomas Bein: Die mediävistische Edition und ihre Methoden. In: Text und Edition. Positionen und Perspektiven. Hrsg. von Rüdiger Nutt-Kofoth, Bodo Plachta, H.T.M. van Vliet und Hermann Zwerschina. Berlin 2000, S. 81–98.

Augenblick, als diese Kontroversen etwas weniger heftig geführt wurden, fachte die Rezeption des berühmten *Speculum*-Heftes[8] die Diskussion neu an.[9]

Wo stehen wir heute? Die Aufregungen haben sich gelegt. Die Berliner Tagung ‚Deutsche Texte des Mittelalters zwischen Handschriftennähe und Rekonstruktion (2004)' sowie die internationale Pariser Tagung ‚Pratiques Philologiques en Europe' (2005)[10] haben gezeigt, dass das alte Wort ‚tous les cas sont spéciaux'[11] nach wie vor Gültigkeit hat. Es hängt von der Textsorte, von der Art der Überlieferung und natürlich vom Ziel der Edition ab, wie man am besten und angemessensten verfährt.

In einem Punkt aber dürfte inzwischen bei allen Editoren Konsens herrschen – unabhängig davon, ob Normalisierungen oder auch Konjekturen und vorsichtige Rekonstruktionen für nötig erachtet werden: Der Überlieferung der Texte muss größte Beachtung geschenkt werden, ihre Filiation muss sorgfältig untersucht, Handschriften dürfen nicht vorschnell abqualifiziert werden, Textvarianten dürfen nicht mit einem Handstreich von weiterer literaturwissenschaftlicher und -historischer Analyse ausgeschlossen werden.

Zahlreiche neue Ausgaben zeigen Versuche, wie in der Praxis derartige Maximen umgesetzt werden können. Ich nenne hier stellvertretend nur drei Beispiele, etwa die Hugo von Montfort-Ausgabe von Wernfried Hofmeister, die einerseits aus einer auf einer bestimmten Editionsmethode basierenden Print-Edition besteht, andererseits aber auch Materialerweiterungen im Internet aufweist.[12]

Ganz neu ist die dreibändige Neidhart-Ausgabe des Salzburger Editorenteams um Ulrich Müller[13] – sie ist lediglich als Print-Ausgabe auf dem Markt, allerdings großformatig, sodass erstmals zahlreiche Parallelversionen von Neidhart-Liedern leicht erforscht werden können.

---

8 Speculum 65, 1990, H. 1, S. 1–108.

9 Vgl. Karl Stackmann: Neue Philologie? In: Modernes Mittelalter. Neue Bilder einer populären Epoche. Hrsg. von Joachim Heinzle. Frankfurt/M., Leipzig 1994, S. 398–427.

10 Vgl. Deutsche Texte des Mittelalters zwischen Handschriftennähe und Rekonstruktion. Berliner Fachtagung 1.–3. April 2004. Hrsg. von Martin J. Schubert. Tübingen 2005, und Pratiques Philologiques en Europe. Actes de la journée d'étude organisée à l'Ecole des chartes le 23 septembre 2005, réunis et présentés par Frédéric Duval. Paris 2006.

11 Die wahre Herkunft dieses geflügelten Wortes, das über einen Aufsatz Karl Stackmanns ‚berühmt' wurde (Mittelalterliche Texte als Aufgabe. In: Festschrift für Jost Trier zum 70. Geburtstag. Hrsg. von William Foerste und Karl Heinz Borck. Köln, Graz 1964, S. 240–267), ist unklar. Beim Versuch, die Quelle ausfindig zu machen, kam ich nicht weiter als bis zur folgenden Referenz: Alphonse Dain: Les Manuscrits. Nouvelle édition revue. Paris 1964, S. 181: «Comme le disait à ce sujet J. Bidez, ‚tous les cas sont spéciaux'». Wo J. Bidez dies gesagt haben soll, konnte ich (bislang) nicht ausforschen, bei Dain finden sich keine Hinweise.

12 Vgl. Hugo von Montfort. Das poetische Werk. Hrsg. von Wernfried Hofmeister. Mit einem Melodie-Anhang von Agnes Grond. Berlin, New York 2005; http://www-gewi.uni-graz.at/montfort-edition.

13 Vgl. Neidhart-Lieder. Texte und Melodien sämtlicher Handschriften und Drucke. Hrsg. von Ulrich Müller, Ingrid Bennewitz und Franz Viktor Spechtler unter Mitarbeit von Annemarie Eder [u. a.]. Endredaktion: Ruth Weichselbaumer. Bd. 1: Neidhart-Lieder der Pergament-Handschriften mit ihrer Parallelüberlieferung. Bd. 2: Neidhart-Lieder der Papierhandschriften mit ihrer Parallelüberlieferung. Bd. 3: Kommentare zur Überlieferung und Edition der Texte und Melodien in Band 1 und 2, Erläuterungen zur Überlieferung und Edition, Bibliographien, Diskographie, Verzeichnisse und Konkordanzen. Berlin, New York 2007.

Wie einmal die neue Parzival-Ausgabe von Michael Stolz aussehen wird, wissen wir noch nicht genau,[14] aber nach all den beeindruckenden bisherigen Arbeiten müsste es m. E. wohl eine komplett elektronisch realisierte Ausgabe sein,[15] denn in einem gedruckten Buch lässt sich die wunderbare Verlinkung von Transkriptionen, Lesarten und Handschriften nicht leisten.

Nun aber stellt sich eine entscheidende Frage: Könnte man mit einer vollständig elektronisch realisierten Textausgabe des *Parzival* ein Universitätsseminar bestreiten? Allgemeiner formuliert: Wie schaffen wir es, die guten, innovativen und richtungweisenden Neueditionen von Texten – Quellen! – in den akademischen Unterricht zu integrieren?

In der Vergangenheit sah die Praxis häufig so aus, dass es sog. ‚große', ‚wissenschaftliche' und eben auch teure Editionen gab, aus denen heraus sog. ‚Studienausgaben' oder ‚Leseausgaben' gefiltert wurden, broschiert und kostengünstig, aber meist bar jedes textkritischen Apparates oder Kommentars. ‚Letzteres braucht man in Seminaren nicht!' war grosso modo die Meinung, denn es komme ja ‚nur' auf die Vermittlung von literarischen Inhalten an.

Ich meine, dass man mit einer solchen Strategie dem aktuellen wissenschaftlichen Stand unseres Faches nicht mehr gerecht wird. Denn auf der einen Seite wird uns aufgrund der gut fortgeschrittenen Überlieferungsforschung immer klarer, in welche Turbulenzen der Textbegriff geraten ist, wie unfest und variantenreich sich Texte oft präsentieren, und auf der anderen Seite tut (oder tat) man gegenüber Studierenden so, als sei das alles kein Problem: ‚Hier ist der Text, lies und deute!'

Ich komme zurück auf meine eingangs gestellte Frage: Was sind die Ziele eines Germanistikstudiums oder welche Ziele sollten es sein?

Literaturtheoretische, mediengeschichtliche und auch sprachwissenschaftliche Forschungen der letzten zwei bis drei Jahrzehnte haben, denke ich, deutlich gezeigt, dass Literatur mehr ist als nur ein versprachlichter Inhalt. Ein Text ist sehr viel komplexer; Forschungsgegenstand darf nicht nur sein, was er als Medium transportiert, sondern auch seine Medialität selbst, die wiederum Aufschlüsse gibt über das oft feinmaschige kulturelle, kulturtechnische und soziale Netzwerk, dem eine gehörige Portion Dynamik innewohnt. Den einzelnen Text in diesem dynamischen, stets in Bewegung befindlichen Netz zu verorten, ist eine der vornehmsten Aufgaben der Literaturwissenschaft.

Natürlich ist es wichtig und interessant, darüber zu diskutieren, wann bei Tristan und Isolde die Liebe einsetzt und ob Walther von der Vogelweide ‚Mädchenlieder' gedichtet hat. Aber eigentlich macht diese Diskussion erst dann Sinn, wenn der mediale Status der Textquelle verdeutlicht worden ist, wenn dem Interpreten zumindest Ausschnitte des dynamischen Netzwerkes vor Augen geführt worden sind.

---

14 Vgl. aber den Beitrag vom Michael Stolz in diesem Band.
15 Vgl. http://www.parzival.unibe.ch/projpraes.html (17.12.2008).

Provozierend hatte Bernard Cerquiglini formuliert: „L'œuvre littéraire, au Moyen Age, est une variable".[16] Diese besondere mediale Situation mittelalterlicher Literatur muss ein fester Bestandteil des universitären Literaturunterrichts sein oder werden. Und das bedeutet, dass wir im akademischen Unterricht nicht mit abgespeckten, simplifizierten Ausgaben arbeiten dürfen, sondern mit didaktisch besonders aufbereiteten.

Einerseits bedeutet Didaktisierung das, was manche Ausgaben schon in der Vergangenheit mitbrachten: Erschließungshilfen mannigfaltiger Art. Dies kann geschehen durch dem mhd. Text synoptisch gegenübergestellte Übersetzungen (reiches Anschauungsmaterial s. im Mittelalterprogramm des Reclam-Verlages), durch Kommentare (auch hier verweise ich stellvertretend für viele andere Publikationen auf jüngere Textausgaben im Reclam-Verlag) oder durch auffällige Kontextualisierungen, wie sie vorbildlich in der Wilmanns-Michels-Edition Walthers von der Vogelweide realisiert worden sind.[17] Die einzelnen Töne und Lieder werden ‚eingerahmt' von erklärenden Zusätzen, teils den Texten vorangestellt, teils in Form ausführlicher Fußnoten. – Solche Instrumente müssen unbedingt gepflegt und weiterentwickelt werden.

Nur sehr selten finden sich bisher Hilfestellungen, was die Überlieferungssituation eines Textes angeht. Hier sind neue Konzepte zu entwickeln und zu erproben. Ein Studierender sollte von Anfang an produktiv irritiert werden, ihm sollte bereits beim Aufschlagen der Textausgabe deutlich werden, dass er seine hermeneutischen Anstrengungen immer nur auf eine bestimmte Momentaufnahme von einem Text richtet und dass sich seine Interpretationen auf die in der Überlieferung sichtbare Textdynamik einzulassen haben.

IV

Am Beispiel meiner derzeitigen Arbeit an einer neuen Walther-Ausgabe möchte ich abschließend zeigen, wie ich solche Maximen umzusetzen versuche.

1. Kurzkommentierung von Sangspruchreihen-Varianzen (Beispiel Ton 10):

Es ist durchaus nicht in allen Fällen nötig, mit Hilfe von synoptischen Texteditionen Varianz zu dokumentieren. Zuweilen würde man durch exzessiven Gebrauch dieser Editionstechnik den Benutzer mit Textmengen ‚zuschütten' und ihn überfordern, besonders dann, wenn Synopsen kaum semantische Relevanz zugrunde liegt.

Einer Entscheidung, ob verschiedene Handschriften separat ediert werden sollen, geht immer eine genaue Varianzanalyse voraus. Diese muss differenziert ausfallen, je nachdem, ob es sich um Liedlyrik oder Sangspruchlyrik handelt, denn die poetolo-

---

16 Bernard Cerquiglini: Eloge de la variante. Histoire critique de la philologie. Paris 1989, S. 57.

17 Vgl. Walther von der Vogelweide. Hrsg. von Wilhelm Wilmanns. 4., vollständig umgearbeitete Aufl. besorgt von Victor Michels. Bd. II: Lieder und Sprüche Walthers von der Vogelweide mit erklärenden Anmerkungen. Halle 1924.

gischen Rahmenbedingungen sind je andere. In einem Lied kann es semantisch stark ins Gewicht fallen, wenn in Handschriften die Strophen anders gereiht sind oder wenn Strophen fehlen oder zugefügt sind. Bei Sangspruchtönen sieht dies deutlich anders aus: Dominant ist hier die metrische Bauform; der Inhalt von Strophen und ihre Reihung sind weitgehend beliebig und semantisch wenig bedeutsam. Und wenn sich der Wortlaut von Handschrift zu Handschrift nur wenig unterscheidet, dann macht es keinen Sinn, drei, vier oder fünf Tonvarianten synoptisch zu edieren. Wohl aber ist es für einen Editionsbenutzer sinnvoll und wichtig, schnell zu sehen, welche Strophe in den verschiedenen Handschriften in welcher Position überliefert wurde, denn daraus lassen sich beispielsweise Sammelstrategien ableiten.

Ich werde in der 15. Auflage der Walther-Ausgabe in solchen Fällen mit ‚Fassungskommentaren' arbeiten, wie folgendes Beispiel verdeutlicht (Bezug ist Ton 10, Wiener Hofton, L. 20, 16ff.):

B

Wie in vielen anderen Fällen überliefert B nur eine schmale Auswahl dessen, was vor allem in C überliefert ist. Wir können hier allerdings nicht von einer gemeinsamen Quelle *BC ausgehen, weil die Textvarianten zwischen B und C recht weit gehen. Ob schon die Quelle *B nur zwei Strophen oder wenig mehr enthielt oder ob der Bestand von B ein bewusster redaktioneller Eingriff war, muss weitgehend offen bleiben. Die B-Strophen VII und IV haben gemein, dass sie keine Zeitaktualität besitzen und einen impersonalen (be-)lehrenden Ton aufweisen.

C

C überliefert die meisten Strophen. Dies und der gegenüber D ‚bessere' Text sind Grund für die editorische Entscheidung, den Ton in der C-Folge wiederzugeben. Wie in der Sangspruchdichtung üblich, bilden die 15 Strophen keine thematische Einheit. Es lassen sich lediglich Themengruppen festmachen (z. B. Weltende, Weltklage, Erziehung). Die Tatsache, dass z. B. die Strophen II, XII und XIV, die den Wiener Hof zum Thema haben, nicht beieinander stehen, zeigt, dass den C-Redaktoren nicht sehr an einer Ordnung der Strophen gelegen war.

D

D überliefert nur 13 Strophen. Einige Strophen weisen die auch in C überlieferte Reihenfolge auf. Es lassen sich vier mit C übereinstimmende Gruppen ausmachen (Strophen III, IV, V; Strophen VI und VII; Strophen VIII, IX und X; Strophen XI und XII). D stellt diese Gruppen allerdings in einer anderen Reihenfolge zusammen als C. Die D-Sammlung beginnt mit drei Strophen, die Dekadenzerscheinungen beklagen. Darauf folgt, durchaus passend, die Weltenklage III, im Anschluss Strophen, die Endzeit und Gleichheit der Menschen im Tod thematisieren. Die sich anschließenden Strophen I und VI werden über die Rede von *gotes hulde und êre* miteinander in Bezug gesetzt. Die Strophen VII und XI stehen etwas isoliert, ergänzen inhaltlich aber durchaus diesen ersten großen Komplex. XII und II bilden den zweiten, weitaus kleineren Teil und beziehen sich beide auf den Wiener Hof.

r

Der Kontext der r-Strophen (darunter Strophe XV) ist charakterisiert durch Verfalls- und Endzeitthematik. Welche Quelle r zugrunde liegt, ist unbekannt. Wenn die Strophe von Walther stammt, verwundert die Tatsache, dass sie weder in C noch in D Eingang fand.

2. Fassungsedition, Textkritischer Kommentar, Erschließungshilfen (Beispiel Ton 19)

Wenn eine Analyse der verschiedenen Varianzen zeigt, dass textsemantische Bereiche berührt sind, werde ich meist zum Mittel der synoptischen Edition greifen, um den Benutzer umfassend über den Überlieferungszustand zu informieren. Diese Grundsatzentscheidung muss freilich ebenso begründet werden wie einzelne editorische Maßnahmen (z. B. Emendationen und Konjekturen); dies geschieht in einem ‚textkritischen Kommentar'. Im Falle von Ton 19 (L. 42, 31) sieht er wie folgt aus:[18]

> Im Gegensatz zur 14. Auflage werden in der 15. zwei Fassungen ediert, eine nach den Hss. BC, eine zweite nach den Hss. EU^x. Der in der 14. Aufl. edierte Text hatte keine Stütze in der Überlieferung; die Reihenfolge orientierte sich an einem frühen Vorschlag von Wackernagel (siehe den Forschungsapparat in der 14. Aufl.). Zwar ist durchaus richtig, dass das Lied mit der konjizierten Reihenfolge in sich schlüssig ist, doch sind die überlieferten Reihenfolgen keineswegs unmöglich. Die beiden hier edierten Folgen repräsentieren handschriftlich gestützte Fassungen, die in dieser Weise von der Walther-Forschung noch nicht zur Kenntnis genommen worden sind.
>
> Fassung BC
>
> Die BC-Fassung wird auf der Basis von Hs. C ediert; die Abweichungen von B sind minimal.
> IV, 4: Der Plural *den selben* scheint nicht gut zum Singular *einem rîchen man* zu passen, doch begegnen solche Inkongruenzen im Mhd. nicht selten; vgl. auch die Pluralformen in Str. II.
>
> Fassung EU^x
>
> IV, 4: *ware*: Das Fehlen des Nasals ist möglicherweise mundartlich bedingt.
> IV, 7: *schamen/schemen* ist nur reflexiv belegt; das Reflexivpronomen ist in U^x möglicherweise nur durch mechanischen Textverlust verloren gegangen (*die* steht eng am Blattrand bzw. an der Schnittkante).

Kommentare wie diese richten sich vornehmlich an fortgeschrittenere Benutzer. Die Ausgabe soll aber auch ein wenig erfahrenes studentisches Publikum erreichen. Diesem Ziel mögen ‚Erschließungshilfen' dienlich sein. Sie sollen semantische und grammatikalische Hürden überbrücken helfen; bei den politischen Sangspruchstrophen werden kurze Hinweise auf historische Personen und Ereignisse gegeben, damit

---

[18] Aus Platzgründen verzichte ich hier auf eine Demonstration der synoptischen Fassungen, zumal es in meinem Beitrag mehr auf die erklärenden Kontexte ankommt.

der anzunehmende zeitgeschichtliche Hintergrund in Grundzügen aufgerufen ist. Das soll an zwei Beispielen gezeigt werden, das erste bezieht sich auf Ton 19, das zweite auf den Sangspruchton 10 (politischer Kontext):

Erschließungshilfe (Ton 19, L. 42, 31; Fassung BC)

I, 4f.: *gegen den vinstern tagen* bezieht sich auf den vorangehenden Satz und ist gleichzeitig präpositionale Ergänzung zu *hân ich nôt* (*apo koinu*-Konstruktion).

I, 8: Die Farbmetaphorik ‚rot' dürfte rückzubinden sein an das Heidekraut, dessen Blüten rot (rosa) sein können (anders Wi/Mi[19], Bd. II, S. 186f., deren Paraphrase der Stelle mit dem Wortlaut des Textes nicht ganz in Einklang zu bringen ist). Die gewählte Bildlichkeit ist nicht einfach zu verstehen: Das sprechende Ich will sich angesichts dunkler Zeiten wie die Heide verhalten, die sich schämt, wenn der Wald zu grünen beginnt – und dadurch rot wird, also an Farbenpracht gewinnt, was positiv besetzt ist. Wi/Mi deuten die Stelle so, dass die Heide sich ihrer düsteren Stimmung dann schämt, wenn sie den grünenden Wald bemerkt (d. h., wenn sie mit einer positiven Erscheinung konfrontiert wird oder daran denkt).

II, 1f.: ‚Will wieder jemand froh sein, sodass wir nicht mehr in Sorge leben?'

IV, 7: schriet: < schrôten, st. V.: ‚zuschneiden', ‚zuteilen' (Schneider- und Kleidermetaphorik)

Erschließungshilfe (Ton 10, L. 20, 16ff.; hier nur Ausschnitte)

II, 7: *fürst ûz Oesterrîche*: Gemeint sein dürfte Leopold VI. (1177–1230), der Herzog von Österreich und der Steiermark war. Sein Hof in Wien war ein bedeutendes Zentrum höfischer Kultur.

IV, 7: Gemeint ist eine Sonnenfinsternis als Zeichen des Weltendes, wie es in vielen Bibelstellen (*schrift*, V. 6) prophezeit wird. Vgl. LdM[20] VIII, Sp. 2168ff. Wenn Walther in V. 4 wirklich Erlebtes anspricht, dann könnte es sich um die (errechnete) Sonnenfinsternis vom 27.11.1201 gehandelt haben. Friedrich Zarncke hatte 1880 Sonnenfinsternisse im Zeitraum von 1198 bis 1206 berechnen lassen und die vom 27.11.1201 als diejenige betrachtet, die am ehesten als Reflex in Walthers Strophen in Betracht kommt (PBB VII, 1880, S. 598f.). Dieses Datum ist ein *terminus post quem*, jedoch kann die Entstehung des Textes nicht auf das Jahr 1201 fixiert werden (Wi/Mi, Bd. II, S. 118). Auch ein späterer Zeitpunkt ist denkbar.

3. Teil-Fassungsedition, Kommentar (Beispiel Ton 27)

Die Arbeit am Walther-Corpus zeigt, dass jeder Ton seine eigenen Spezifika hat und immer wieder andere Probleme birgt. Im Falle von Ton 27 etwa werde ich auf die Überlieferung zum Teil mit Editionssynopsen reagieren, zum Teil aber ‚nur' mit Fassungskommentaren. Die Begründung dafür liest sich wie folgt:

---

19 Wilmanns / Michels 1924 (Anm. 17).
20 Lexikon des Mittelalters. 9 Bde. München [u. a.] 1980–1998.

Textkritischer Kommentar (Ton 27, L. 50, 19)

Im Gegensatz zur 14. Auflage wird Ton 27 nach zwei handschriftlichen Fassungen ediert: nach Handschrift C und E. Beide überliefern vier Strophen, jedoch in abweichender Reihung, außerdem überliefert E statt der dritten C-Strophe eine eigene andere. Die Handschriften B und s bieten Kurzversionen: B nur zwei Strophen, s drei. Die Textvarianz geht nicht so weit, dass für sie eine eigene synoptische Edition nötig wäre. Die Charakteristik dieser Fassungen wird im Fassungskommentar beschrieben. Die Lesarten von B und s werden im Apparat zur C-Fassung dokumentiert.
Eine durchweg sinnvolle und verständliche Fassung bietet nur Hs. C. In E ist zweifellos ein durch Missverständnisse geprägter Rezeptionsprozess dokumentiert; insbesondere die III. und IV. E-Strophe zeigen dies deutlich. Anders als in anderen Fällen können die Fassungen hier also hierarchisiert werden. Die eigenwillige (und nur in E bezeugte) Strophe *Si beginnent alle* könnte Ergebnis eines (misslungenen?) Versuchs sein, sich mit der Motivik neuer kommunikativer Möglichkeiten (in der dritten E-Strophe) auseinander zu setzen. Auf konjekturale Eingriffe in der IV. E-Strophe wird verzichtet; s. a. verschiedene Hinweise bei Schweikle[21], Bd. 2, S. 739.

Fassungskommentar (Ton 27, L. 50, 19)

Zu den Fassungen B und s:
Die Varianz dieser Fassungen gegenüber C und E macht sich hauptsächlich auf der Strophenebene bemerkbar. Beide Fassungen sind gut lesbar und ergeben einen Sinn.
B bietet eine nur zweistrophige Liedversion (ohne Frauenpreis und Thematisierung von kommunikativen Problemen). Diese beginnt mit einer Ermahnung einer *frowe*, über ihre Beziehung zum (sprechenden) Mann nachzudenken; eine einseitige Liebe wird abgelehnt. Darauf folgt die Strophe *Bin ich dir unmaere*; sie knüpft lexikalisch über *maere – unmaere* gut an die erste an. Der Mann versichert seine Liebe zur Frau und beklagt, von ihr nicht beachtet zu werden. Die Strophe und das Lied enden in B mit der Bitte an die Frau, sie möge dem Mann helfen.
s beginnt ihre Liedversion (mit eigener Überschrift *Ich dyn byn*) mit einem Frauenpreis: Die besungene Dame wird über alle anderen erhoben. Daran schließt die Strophe mit der *huote*-Diskussion und der Thematik rund um eine in der Gesellschaft unverfängliche Kommunikation zwischen Frau und Mann an. Das s-Lied endet mit einer Ermahnung der *frowe*, über ihre Beziehung zum (sprechenden) Mann nachzudenken; die bestehende Einseitigkeit der Liebe wird abgelehnt.

4. Zukunftsprojekt: Digital realisiertes Netzwerk aus Handschriftenfaksimiles, Transkriptionen, Erschließungshilfen, sprachhistorischen Kommentaren u. v. m.

Die Zukunft der Editionswissenschaft liegt im digitalen Medium (das rasch sein materielles Aussehen verändert). Das klassische Buch wird dadurch keineswegs radikal abgelöst, man wird es vor allem im Unterricht noch lange sinnvoll verwenden können oder gar müssen. Wissenschaftliche Arbeit mit historischen Texten aber wird ohne

---

21 Walther von der Vogelweide: Werke. Gesamtausgabe. Bd. 2: Liedlyrik. Mittelhochdeutsch / Neuhochdeutsch. Hrsg., übersetzt und kommentiert von Günther Schweikle. [Nachdr. der Ausg. 1998.] Stuttgart 2006 (Universal-Bibliothek. 820).

Zweifel in absehbarer Zeit mehr und mehr mit digitalen Werkzeugen vonstatten gehen – das dynamische Medium bietet zu viele sinnvolle Vorteile gegenüber dem statischen Papierbuch.[22] Ferner dürfte es auch nur noch eine Frage der Zeit sein, bis sich kostengünstige, zuverlässige und energiesparende E-Book-Reader durchsetzen und einen breiten Massenmarkt versorgen, darunter auch den der Studierenden.[23] Mittels solcher Geräte könnten Informationsnetzwerke jederzeit und überall abgerufen werden. Mit Blick auf Walther wäre etwa Folgendes denkbar:

a) Vernetzung von normalisierten Texten mit ihren diplomatischen Vorstufen bis hin zu Faksimiles der Handschriften, Beispiel:

Normalisierter Text

Mir ist liep, daz sî mich klage
ze mâze, als ir schœne stê.
ob man ir mære von mir sage,
daz ir dâ von sî sanfte wê,
si sol iemer dur den willen mîn
ungefüege swære und ungefüege fröide lâzen sîn:
daz stêt senenden frowen wol,
als ichz meine.
daz ahtent iene vil kleine,
die sich des flîzent,
daz sî den munt sô sêre bîzent

(nach Hs. C, fol. 134rb, Zeile 8–15; Normalisierung gemäß den Regeln der Lachmann-Cormeau-Ausgabe der Lieder Walthers von der Vogelweide)

---

[22] Vgl. u. a. Mediaevistik und Neue Medien. Hrsg. von Klaus van Eickels, Ruth Weichselbaumer und Ingrid Bennewitz. Ostfildern 2004. Vgl. weiter den Tagungsbericht: „... ist nit getruckt!“ – Mediävistische Editionen als Herausforderung (auf der Internetseite des Instituts für Dokumentologie und Editorik: http://www.i-d-e.de/archiv/tagungsbericht-zur-tagung-ist-nit-getruckt-mediavistische-editionen-als-herausforderung-13-14-juli-2007-universitat-zu-koln) sowie alle Beiträge dieses Sammelbandes.

[23] Im Gespräch sind derzeit (Dezember 2008) das ‚Bebook‘ (http://mybebook.com/), der E-Book-Reader „Kindle“ von amazon und Sonys E-Book-Reader PRS-505.

Diplomatische Transkription

Mir iſt lieb dc ſi | mich klage . ze mâſſe
als ir ſchoͤne ſte . ob man ir mere vō
mir ſage . dc ir da von ſi ſanfte we . ſi
ſol iemer dvr den willen min . vngefuͤ
ge ſwere vn̄ vngefuͤge froͤide laſſen ſin .
das ſtet ſenenden frowē wol als ich s
meine . dc ahtent iene vil kleine . die ſich
des fliſſent . dc ſi den mvnt ſo ſere biſſēt.

(Cod. Manesse, fol. 134rb, Zeile 8–15)

Handschriftenfaksimile

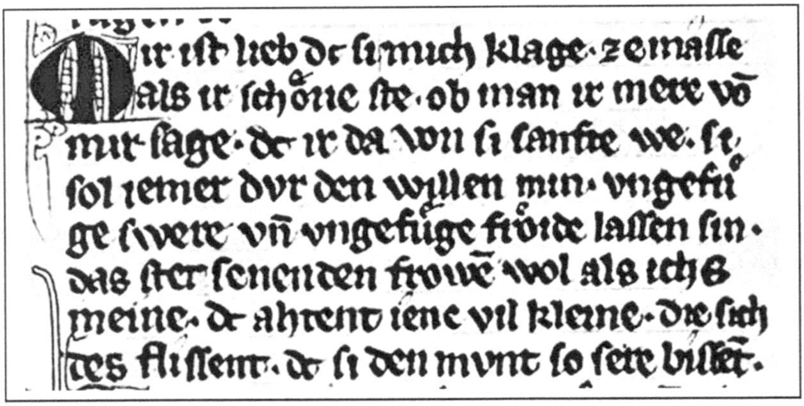
Mir iſt lieb dc ſi mich klage . ze maſſe
als ir ſchoͤne ſte . ob man ir mere vō
mir ſage . dc ir da von ſi ſanfte we . ſi
ſol iemer dvr den willen min . vngefuͤ
ge ſwere vn̄ vngefuͤge froͤide laſſen ſin .
das ſtet ſenenden frowē wol als ich s
meine . dc ahtent iene vil kleine . die ſich
des fliſſent . dc ſi den mvnt ſo ſere biſſēt .

(Cod. Manesse, fol. 134rb, Zeile 8–15)

b) Verlinkung von Lexemen mit Erläuterungen unterschiedlicher Art:

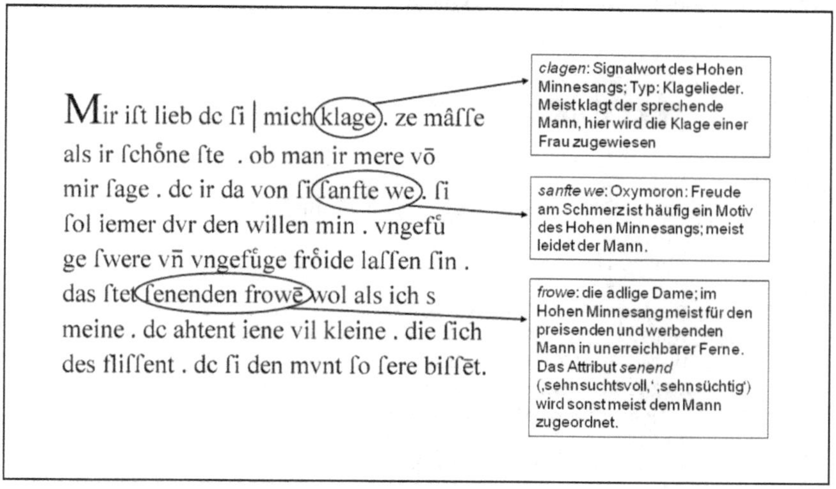

c) Verlinkung von Lexemen mit den digitalen mittelhochdeutschen Wörterbüchern[24]:

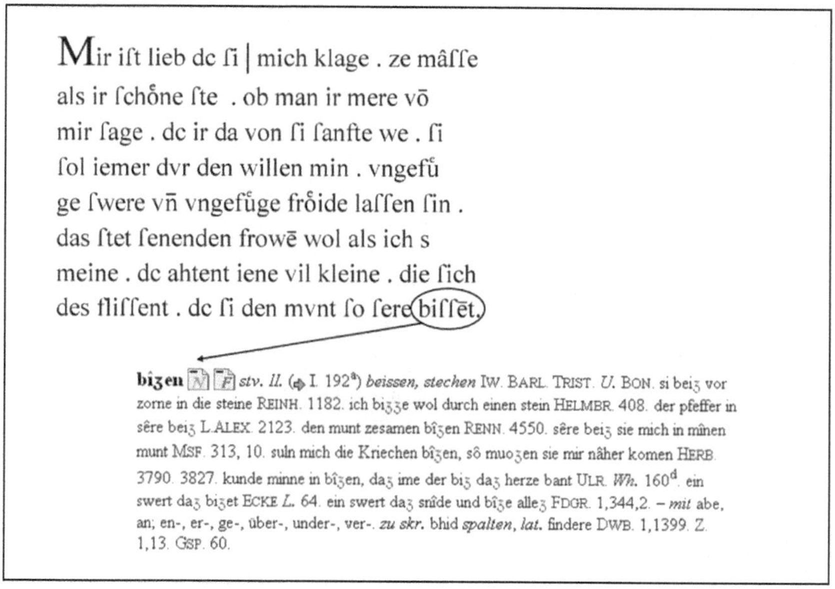

---

24 Hier: Mittelhochdeutsches Handwörterbuch von Matthias Lexer, online unter http://germazope.uni-trier.de/Projects/WBB/woerterbuecher/lexer.

d) Verlinkung von handschriftlichen Graphemen mit einschlägigen Informationen aus aktuellen Grammatiken und Sprachgeschichten:[25]

Informationen zum Verhältnis von Graphem und Phonem

Das Zeichen ⟨öu⟩ gibt es in den Hss. nicht. ⟨eu ~ ev ~ ew⟩, später auch ⟨åu ~ æu⟩ für /öü/ ist im 13. Jh. bair. (ab dem späten 13. Jh. auch ostschwäb.) belegt; im 14. Jh. findet sich ⟨eu ~ ev⟩ neben dem vorherrschenden ⟨ou⟩ gelegentlich auch in md. Hss. Im Alem. gelten dagegen nur *o*-basierte Umlautschreibungen für /öü/: ⟨oͤ ~ oͤu ~ oͤi⟩, vgl. HSS 172–175 u. Karte 80–81. – Monophthongierung von /öü/ > /ȫ/ kann im Mfrk. durch ⟨oi⟩ (das auch für andere lange oder gedehnte *o*-Laute steht) bezeichnet sein. – In den Handbüchern und Textausgaben wird /öü/ mit ⟨öu, eu, öi⟩ wiedergegeben; genauer wäre ⟨öü⟩. Statt ⟨öuw⟩ erscheint oft ⟨öw⟩. Das Zeichen ⟨oi⟩ für den Diphthong /öü/ findet sich in Entlehnungen aus dem Frz. neben ⟨oy⟩, z. B. in *vloite*, ‚Flöte', *curtois/curtoys* ‚höfisch'. Verbreitet ist mhd. *voit* ‚Vogt' aus lat. *vocatus* über ahd. *vogât*, mhd. *voget*.

[25] Hermann Paul: Mittelhochdeutsche Grammatik. 25. Aufl. neu bearb. von Thomas Klein, Hans-Joachim Solms und Klaus-Peter Wegera. Mit einer Syntax von Ingeborg Schöbler, neubearb. und erw. von Heinz-Peter Prell. Tübingen 2007 (Sammlung kurzer Grammatiken germanischer Dialekte. A.2).

Kurt Gärtner, Ralf Plate

Wörterbuchwege zum Text

Das Mittelhochdeutsche Wörterbuch und sein Internetangebot[1]

Wissenschaftliche Wörterbücher, insbesondere historisch-philologische Belegwörterbücher, stehen für Wörterbuchmacher wie für Wörterbuchnutzer in zweierlei Verbindung zu den Texteditionen ihres Quellenbereichs: Die Wörterbuchmacher beziehen aus ihnen bei der Ausarbeitung des Wörterbuchs die Instanzen des zu untersuchenden Wortgebrauchs – das ist der Weg vom Text zum Wörterbuch; und sie verweisen im ausgearbeiteten Wörterbuch mit Belegzitaten oder Stellenangaben wiederum auf solche Instanzen in den Editionen – das ist der Weg vom Wörterbuch zum Text. Für die Wörterbuchnutzer gibt es ebenfalls beide Richtungen: Sie kommen in der Regel von einer irgendwie problematischen Textstelle her, zu deren Verständnis der Abgleich mit den im Wörterbuch dargestellten Gebrauchstypen eines Wortes der betreffenden Textstelle gesucht wird – das ist der Weg vom Text ins Wörterbuch; und sie sind als mündige Wörterbuchnutzer auch eifrige Benutzer der betreffenden Quelleneditionen, denn sie sind oft nicht zufrieden mit der Interpretation der Lexikographen oder wollen es genauer wissen, insbesondere den Textzusammenhang von Belegstellen über den zitierten Ausschnitt hinaus prüfen – das ist ihr Weg vom Wörterbuch in den Text. Beide Wörterbuchwege zum Text – jener der Wörterbuchmacher wie jener der Nutzer des Wörterbuchs – können stark vereinfacht werden, wenn sich die Wörterbuchmacher bei ihrem Weg von den Texten zum Wörterbuch die heutigen Möglichkeiten der computergestützten Materialsammlung, Ausarbeitung und Publikation umfassend

---

1 Die hier vorgelegte Druckfassung unseres Beitrags ist gegenüber der Präsentation in Graz am Anfang und Ende gekürzt: Die in Graz am Anfang gebotene eingehendere Vorstellung des „Mittelhochdeutschen Wörterbuchverbundes" ist anderweit ausführlich berichtet worden, vgl. Thomas Burch / Johannes Fournier / Kurt Gärtner: Werkzeuge für Edition und Übersetzung. Mittelhochdeutsche Wörterbücher im elektronischen Verbund. Zur CD-ROM mit den wichtigsten Wörterbüchern zum Mittelhochdeutschen. In: editio 14, 2000, S. 117-129; Mittelhochdeutsche Wörterbücher im Verbund. CD-ROM und Begleitbuch. Hrsg. von Thomas Burch, Johannes Fournier und Kurt Gärtner. Stuttgart 2002, und die Homepage der Internetversion des „Mittelhochdeutschen Wörterbuchverbundes": http://www.mwv.uni-trier.de; zum Überblick am Ende der Präsentation über die Mittelhochdeutsch-Komponente des Projekts „Deutsch-Diachron-Digital" (DDD) sind nähere Informationen zugänglich unter http://www.deutsch diachrondigital.de. Die für DDD erstellte umfangreiche Textliste zum Mittelhochdeutschen mit differenzierten Angaben zu den einzelnen Editionen kann von den Autoren auf Wunsch zur Verfügung gestellt werden. Zu DDD vgl. zuletzt Alan Kirkness: Digitalisierung – Vernetzung – Europäisierung. Zur Zukunft der Historischen Lexikographie des Deutschen. In: Lexicographica 23, 2007, S. 7–38, hier S. 29f.

zunutze machen. Dies soll im folgenden Beitrag am Beispiel des neuen Mittelhochdeutschen Wörterbuchs (MWB) und seines Internetangebots (MWB Online) gezeigt werden.[2]

1. Von den Texten zum Wörterbuch

Als jüngstes der größeren Wörterbuchunternehmungen zum älteren Deutsch konnte das MWB erstmals auf den umfassenden Einsatz der EDV in allen Phasen der Wörterbucharbeit setzen. Dafür wurde zunächst ein digitales Textarchiv mit einer großen Zahl von digitalisierten Quelleneditionen benötigt, aus denen durch halbautomatische Lemmatisierung ein elektronisches Belegarchiv erzeugt werden kann. Auf die Lemmatisierungsverfahren braucht hier im Einzelnen nicht eingegangen zu werden. Bei ihnen kommt es darauf an, die einzelnen Wortformenvorkommen eines Textes ihrer Normalform, also dem Wörterbuchstichwort, zuzuordnen. Wenn diese Prozedur abgeschlossen ist, liegt ein lemmatisierter Text vor, aus dem die Belege für einen Wörterbuchartikel automatisch erhoben werden können.

Das elektronische Belegarchiv wiederum sollte in einem Artikelredaktionssystem für die Ausarbeitung des Wörterbuchs zur Verfügung gestellt werden zusammen mit allen elektronischen Werkzeugen, die dazu benötigt werden, also für die Auswahl der Belege, das Zurechtschneiden und Kommentieren der Belegzitate, ihre Anordnung nach Bedeutungsgruppen und Gebrauchstypen, für die Gliederungsbezeichnung und vieles andere mehr.[3] Hervorzuheben ist für den vorliegenden Zusammenhang, dass im gesamten lexikographischen Arbeitsprozess bis hin zur Publikation die elektronische Verbindung zu den digitalen Quellentexten nie unterbrochen werden darf. Stets muss es möglich sein, von einem Belegzitat in den Text selbst zu gehen, den weiteren Kontext zu prüfen oder auch das Zitat neu zurechtzuschneiden.

Die digitalisierten und lemmatisierten Quelleneditionen spielen also für die Ausarbeitung des Wörterbuchs eine zentrale Rolle. Es handelt sich zur Zeit um ca. 160 Quellen, die zusammen ein Belegarchiv von rund 1.300.000 Stellen für rund 25.000 Artikelstichwörter ergeben. Damit ist nach unserer Erfahrung bei der Ausarbeitung des Wörterbuchs der mittel- bis hochfrequente Kernwortschatz in seinen Hauptverwendungsweisen gut erfasst; darüber hinaus bedienen wir uns bei der Artikelarbeit einer großen Zahl weiterer elektronischer Texte, die im Redaktionssystem zur Verfügung stehen, aber nicht lemmatisiert sind, und schließlich natürlich auch gedruckter Quellen, die wir in herkömmlicher Weise exzerpieren.

---

2 Der Beitrag berührt sich in einigen Passagen eng mit einem online als PDF zugänglichen Tagungsvortrag: Ralf Plate: Digitale Editionen in der historischen Beleglexikographie. Am Beispiel des Mittelhochdeutschen Wörterbuchs. In: Digitale Editionen. Workshop der Arbeitsgruppe Elektronisches Publizieren der Akademienunion in Zusammenarbeit mit der Berlin-Brandenburgischen Akademie der Wissenschaften. Berlin, 15. bis 17. Oktober 2007 (http://www.telota.de/nachrichten/workshop-digitale-editionen). Vgl. ferner: Kurt Gärtner / Ralf Plate: Stand und Perspektiven des Mittelhochdeutschen Textarchivs. In: Sprache und Datenverarbeitung 31, 2007, H. 1/2, S. 59–65.

3 Vgl. die Beschreibung der Leistungsmerkmale des Redaktionssystems auf der folgenden Netzseite: http://www.mhdwb.uni-trier.de/TAReS/.

2. Qualitätsmerkmale der elektronischen Quellentexte

Wegen der großen Zahl der von uns benutzten Quellentexte und wegen ihrer zentralen Bedeutung für den gesamten Arbeitsprozess war es nötig, bestimmte Standards für die Einrichtung der elektronischen Texte und für ihren Überlieferungsbezug durchzuführen. Mindestens vier Qualitätsmerkmale sind allen im Artikelredaktionssystem des MWB benutzten Texten gemeinsam:

- Es handelt sich um Volltexte, nicht um Textausschnitte und – dies braucht hier nach dem zuvor Gesagten an sich nicht besonders betont zu werden – auch nicht um Imagedigitalisate, die nur ein digitales Bild (Scan) der Buchseite bieten.
- Es handelt sich um Editionstexte, nicht um Handschriftentranskriptionen; allerdings sind die zugrundegelegten Editionen in der Regel sehr überlieferungsnah angelegt (z. B. die meist nur geringfügig normalisierten Abdrucke der Reihe ‚Deutsche Texte des Mittelalters'), und die Einrichtung unserer E-Text-Versionen dieser Editionen ist wiederum so ausgabengetreu, mit allen Sonderzeichen usw., dass wir von ausgabendiplomatischen Texten sprechen. – Wenn wir den Vorzug hervorheben wollen, den gute Editionstexte vor Handschriftentranskriptionen auch für die Sprachhistoriker haben können, sprechen wir von ‚philologisch gesicherten Texten'.
- Wiedergegeben ist im E-Text nur der edierte Text selbst, nicht erfasst sind dagegen in der Regel die editorischen Paratexte wie z. B. Einleitungen, Lesartenapparate, Register, Glossare usw.
- Das letzte Merkmal betrifft den Standard der Textkodierung, der mit den Stichworten XML und TEI-Richtlinien nur kurz angedeutet sei.[4]

Für den vorliegenden Zusammenhang hervorzuheben ist der enge ‚ausgabendiplomatische' Bezug unserer elektronischen Quellentexte auf eine zugrundeliegende Edition einerseits, ihre Reduktion auf den Editionstext unter Ausblendung des editorischen Beiwerks andererseits. Darauf ist noch genauer zurückzukommen.

3. Wege zum Text in MWB Online

Weil das MWB in einem internetbasierten Artikelredaktionssystem ausgearbeitet wird, sind die Publikationsformen im Druck und im Internet nur zwei verschiedene Ausgabeformen desselben Arbeitsergebnisses. Die Ausgabe im Internet hat gegenüber jener im Druck zusätzliche Nutzungsmöglichkeiten, von denen für den vorliegenden Zusammenhang jene hervorgehoben werden sollen, die den Weg vom Wörterbuch zu den zugrundeliegenden Quellentexten betreffen. Dazu sei zunächst MWB Online selbst kurz vorgestellt, das Internetangebot des MWB, in dem nicht nur die im Druck erschienenen Teile des MWB publiziert werden, sondern auch die zugrundeliegenden

---

4 Eine Erläuterung am Beispiel eines Ausschnitts aus einem kodierten Quellentext findet sich in Plate 2007 (Anm. 1), S. 4.

Materialien, die außerdem verknüpft sind mit dem Verbund der mittelhochdeutschen Vorgängerwörterbücher im Internet (MWV).

3.1. Die Komponenten von MWB Online und ihr Textbezug

Wie die abgebildete Startseite (Abb. 1) zeigt, besteht MWB Online aus den drei Komponenten Lemmaliste/Belegarchiv, Wörterbuch und Quellenverzeichnis. In allen drei Komponenten soll auf die digitalisierten Editionstexte zugegriffen werden können; für die ersten beiden ist das bereits realisiert, für das Quellenverzeichnis weitgehend vorbereitet.

Die Komponente Lemmaliste/Belegarchiv enthält die vollständige Stichwortsammlung des MWB, rund 88.000 Einträge, die vor allem aus den Vorgängerwörterbüchern des 19. Jahrhunderts (Lexer und BMZ) und dem Trierer ‚Findebuch zum mittelhochdeutschen Wortschatz' stammen und mit einem Link auf diese Werke im ‚Mittelhochdeutschen Wörterbuchverbund' (MWV) im Internet versehen sind, der es gestattet, unmittelbar zu einem Stichwort den Artikel in diesen drei Wörterbüchern aufzuschlagen. Verbunden mit der Lemmaliste ist ferner das elektronische Belegarchiv des MWB, das für rund 25.000 dieser 88.000 Stichwörter Belege enthält, die ihrerseits mit den elektronischen Volltexten, denen sie entstammen, verknüpft sind.

Die Komponente Wörterbuch enthält die bereits publizierten Wörterbuchlieferungen, aktuell die beiden 2006 und 2007 erschienenen Doppellieferungen 1/2 und 3/4, die die Strecke *a* bis *bluotekirl* umfassen. Die Artikeltexte sind über die Quellensiglen mit dem Quellenverzeichnis verknüpft und, wenn die betreffenden Belege im elektronischen Belegarchiv vorhanden sind, zusätzlich mit den elektronischen Volltexten, denen sie entstammen.

Die Komponente Quellenverzeichnis schließlich enthält in einer alphabetischen Gesamtliste alle in den bereits online zugänglichen Wörterbuchteilen gebrauchten Siglen mit ihren bibliographischen Angaben (während im Druck in jeder neuen Lieferung Ergänzungslisten enthalten sind). Weitgehend vorbereitet, aber noch nicht realisiert ist die Bereitstellung der elektronischen Volltexte über ihre Verknüpfung mit dem Quellenverzeichnis.

3.2. Vom Belegzitat in den Text in MWB Online

Die Verknüpfung mit den Quellentexten in MWB Online sei nun exemplarisch an der Komponente Wörterbuch und den Belegzitaten eines Wörterbuchartikels vorgeführt. Als Beispiel diene der Artikel *abbet* ‚Abt', der in Abb. 2a in der gedruckten Form und in Abb. 2b in einem Bildschirmabzug der Online-Ansicht wiedergegeben ist.[5]

Wie man auf dem Bildschirmabzug in Abb. 2b sehen kann, sind in der Online-Fassung des Artikels Links gesetzt, die von den in blauer Farbe erscheinenden Quel-

---

[5] Sonderzeichen sind in der Abbildung nach TUSTEP-Konventionen dargestellt: ‚%-' steht für Nasalstrich bzw. *unde*-Kompendium, ‚#;' steht für Superskribierung des folgenden Buchstabens über den auf ihn folgenden. Mit ‚$' sind Auszeichnungen mit Lemmatisierungsfunktion kodiert, ‚$+' markiert Komposita, deren Glieder in der Handschrift bzw. im edierten Text getrennt geschrieben sind.

lensiglen und Stellenangaben ausgehen (in der Abb. durch Unterstreichung hervorgehoben). Sie führen von den Quellensiglen zu dem entsprechenden Eintrag im Quellenverzeichnis, von den Stellenangaben aber in den Volltext. Wer z. B. in dem ersten Beleg-Zitat aus dem ‚Trierer Ägidius' V. 763 (*der gebr#;oudere geistliche vater / vnd ouch appit der stete*) genauer wissen will, was mit dem Genitiv-Attribut *der stete* gemeint ist, der kann den Volltext aufschlagen (Bildschirmabzug in Abb. 3a) und findet dann bei Prüfung des Zusammenhangs (wozu sich der Bildschirmtext zurück- und vorrollen lässt), dass es sich um ein Kloster handelt (V. 750 *munstir*), das bei einem *einœte*, einer Einsiedelei, neu gegründet werden soll (V. 768); in Abb. 3b findet sich der entsprechende Abschnitt aus der zugrundeliegenden gedruckten Edition.

Die Bildschirmdarstellung des Volltextes ist in MWB Online für alle Quellen einheitlich, obwohl sie auf Editionen ganz unterschiedlicher Machart und Präsentation beruhen. Wie im Falle des ‚Trierer Ägidius' (Abb. 3a) erscheint die im Artikel zitierte Stelle stets mit einem Kontext von zehn Zeilen nach oben und unten. Am linken Rand wird in Fünferschritten die Referenz mitgeführt, jedesmal mit der Quellensigle des Wörterbuchs. Am Kopf des Textausschnitts ist die bibliographische Angabe des Quellenverzeichnisses eingeblendet. Die Pfeile oben und unten am linken Rand können zum Vorwärts- und Rückwärtsrollen im Text auf dem Bildschirm benutzt werden. Zur Veranschaulichung des Standardformats der Textausgabe in MWB Online seien zwei weitere Belegstellen des Artikels im Volltext aufgeschlagen (Bildschirmabzüge auf den Abbildungen 4 und 5a), in beiden Fällen handelt es sich um Prosatexte: *wir lesen auch von sant Benedicten, do er abt waz ze einem chloster* (aus der Oberaltaicher Predigtsammlung) und etwas weiter unten im Artikel *die äbte und äbtissinne, die gefürstet* [in den Fürstenstand erhoben] *sint* (aus dem Deutschenspiegel).

Wie die Abbildungen deutlich machen, sind Typographie und Layout der Volltextausgabe also denkbar einfach und einförmig. Sie können gegenüber der Buchseite im gedruckten Editionstext jeweils stark reduziert sein, und es können auch Inhaltselemente der Edition fehlen; so erscheint grundsätzlich nur der Text selbst, kritische Apparate und gegebenenfalls weitere Zugaben werden nicht übernommen. Alle Herausgeberzeichen und typographischen Auszeichnungen, die für das Zitat im Wörterbuchartikel unerheblich sind, sind ebenfalls nicht dargestellt. Als Beispiel seien auf den Abb. 3a und 3b die Bildschirmdarstellung in MWB Online mit dem gedruckten Text der Ägidius-Legende verglichen. Wie die Abbildungen zeigen, bietet die Druckausgabe rechts neben dem Editionstext die entsprechenden Stellen aus der lateinischen Quelle, am Fuß der Seite gibt es einen Apparat, und im Text gibt es Zeichen und typographische Auszeichnungen, die die Bildschirmausgabe in MWB Online nicht enthält: zum einen senkrechte Striche, die Zeilenwechsel in der abgedruckten Handschrift bezeichnen, zum anderen Leerzeile und Fettdruck des folgenden Anfangsbuchstabens, die einen in der Handschrift durch eine Zierinitiale ausgezeichneten Abschnittsbeginn anzeigen.

Noch stärker ist die Reduktion von Layout, Typographie und Inhaltselementen im Falle des Deutschenspiegels. Dort gibt es in der gedruckten Ausgabe (Abb. 5b) eine zusätzliche Kapitel- und Abschnittszählung, als Marginalien rechts die Angabe der Parallelstellen im Sachsenspiegel, ferner werden Kursivierung, Sperrung und verschiedene Schriftgrößen benutzt, um bestimmte textgeschichtliche Schichten und Quellenbezüge des edierten Textes zu bezeichnen.

Die Bildschirmdarstellungen können also einerseits stark reduziert sein gegenüber dem gedruckten Text, andererseits aber werden alle für das Wörterbuch relevanten typographischen Besonderheiten übernommen, im Falle des ‚Ägidius' die Kursivierungen als Zeichen für Herausgebereingriffe in den überlieferten Text; selbstverständlich ist es auch, dass die Graphien des Editionstextes genau wiedergegeben werden, im Falle des ‚Ägidius' die *vnde*-Kompendien und Superskripte, die allerdings in der Bildschirmausgabe nur in einer Ersatzdarstellung angezeigt werden können (vgl. oben Anm. 5).

3.3. Vom elektronischen Belegarchiv in den Text in MWB Online

Die in MWB Online zur Verfügung stehenden Volltexte können nicht nur aus den bereits publizierten Artikeln des MWB und von den dort zitierten Stellen dieser Texte aus aufgeschlagen werden, sondern in derselben Darstellung auch vom elektronischen Belegarchiv aus (und in Zukunft auch direkt aus dem Quellenverzeichnis). Das elektronische Belegarchiv ist, wie in der Übersicht oben schon erwähnt, über die Komponente Lemmaliste/Belegarchiv zugänglich (Abb. 6).

Dort können zu jedem Stichwort, soweit vorhanden, die Stellen im elektronischen Belegarchiv eingesehen werden, und zwar vollständig für die gesamte Stichwortliste, nicht nur für die im Wörterbuch bereits bearbeiteten Teile. Ihr Vorhandensein und ihre Anzahl wird hinter dem Stichwort und der oben bereits erwähnten Verknüpfung des Stichworts in den MWV in runden Klammern angezeigt; die Klammern sind als Links in das Belegarchiv gestaltet. Nach Anklicken wird eine Konkordanz der Belegstellen ausgegeben, zum Beispiel die 26 Stellen für *abbet* (Abb. 7).

In der Konkordanzausgabe funktionieren die Siglen- und Stellenangaben in der linken Spalte genauso wie in den elektronischen Wörterbuchartikeln: Durch Anklicken der Sigle gelangt man zu dem entsprechenden Eintrag des Quellenverzeichnisses, durch Anklicken der Stellenangabe in den Volltext.

4. Die Darstellung der Quellentexte im Digitalen Mittelhochdeutschen Textarchiv

Die Vorstellung des Zugriffs auf die digitalisierten Quellentexte in den verschiedenen Komponenten von MWB Online dürfte deutlich gemacht haben, dass die Bildschirmausgabe eines Textes in MWB Online – abgesehen von den inhaltlichen und typographischen Reduktionen gegenüber den gedruckten Quelleneditionen, auf die hingewiesen wurde – funktional und hinsichtlich des Layouts sehr schlicht gehalten ist. Es kommt eben nicht darauf an, die gedruckte Quellenedition zu ersetzen oder einen komfortablen Lesetext zu bieten, sondern alles ist auf den Hauptzweck abgestellt, nämlich auf die Ausgabe einer Belegstelle in ihrem ursprünglichen Textzusammenhang. Auch die Volltexte, die über das Quellenverzeichnis zugänglich gemacht werden sollen, wird man wohl nicht für fortlaufende Lektüre nutzen wollen, sondern für

Suchen im Volltext und punktuelle Ansicht der Fundstellen in ihrem Textzusammenhang für bestimmte Fragestellungen.

Etwas weiter in Richtung Lesbarkeit und Buchersatz geht eine andere Darstellung der Texte, die abschließend kurz vorgestellt werden soll. Sie wurde auf derselben Datengrundlage wie MWB Online im Rahmen des deutsch-amerikanischen Kooperationsprojekts ‚Digitales Mittelhochdeutsches Textarchiv'/‚Digital Middle High German Text Archive' entwickelt.[6] Dieses Projekt wurde von 2001 bis 2003 von der Trierer Arbeitsstelle des Mittelhochdeutschen Wörterbuchs gemeinsam mit dem Kompetenzzentrum für elektronische Erschließungs- und Publikationsverfahren in den Geisteswissenschaften an der Universität Trier und mit dem Electronic Text Center der University of Virginia in Charlottesville durchgeführt; auf deutscher Seite wurde es von der Deutschen Forschungsgemeinschaft gefördert, auf US-Seite von der National Science Foundation. Das Projekt musste leider trotz großer Erfolge nach zwei Jahren abgebrochen werden, weil das Förderprogramm eingestellt wurde.[7] Immerhin konnten aber für eine sehr große Zahl von mittelhochdeutschen Editionstexten hochwertige digitale Fassungen hergestellt werden, die heute sämtlich im Artikelredaktionssystem des Mittelhochdeutschen Wörterbuchs zur Verfügung stehen und demnächst auch in MWB Online über das Quellenverzeichnis. Ein Teil dieser Texte, immerhin 17 an der Zahl, darunter sehr umfangreiche und auch technisch schwierige, konnte bereits in der für das Textarchiv geplanten aufwendigen Form online zugänglich gemacht werden. Ein einfaches Beispiel dafür ist die Ausgabe der deutschen Predigten Bertholds von Regensburg (Bildschirmabzug in Abb. 8).

Wie man wohl auf den ersten Blick sieht, ist die Darstellung sehr viel lesefreundlicher als die Ausgabe in MWB Online. In der rechten Bildschirmhälfte erscheint der Editionstext, und zwar jeweils eine Buchseite, hier S. 49, wie am oberen Rand angegeben. In der linken Bildschirmhälfte findet sich ein Inhaltsverzeichnis, man kann also gezielt eine der Predigten der Sammlung aufschlagen. Dieses Inhaltsverzeichnis ist nicht aus dem Buch übernommen, sondern aus den Kolumnentiteln generiert. Im unteren Rahmen gibt es verschiedene Funktionen für das Blättern in der Edition, für das gezielte Aufschlagen einer bestimmten Seite oder auch für die Suche nach einer bestimmten Wortform im Volltext; außerdem kann die Art der Sonderzeichendarstellung bzw. Ersatzdarstellung eingestellt werden. (Im vorliegenden Fall gibt es keine Darstellungsprobleme, in anderen Fällen kann es aber wünschenswert sein, etwa Entities oder Tustep anzeigen zu lassen.)

Die Programmierung und Textauszeichnung für diese Darstellung und ihre Funktionen war im Verhältnis zu jener unter MWB-Online sehr aufwendig, und jeder einzelne Text, der hier eingestellt werden sollte, warf besondere Probleme auf. Das Projekt musste, wie schon gesagt, aus finanziellen Gründen abgebrochen werden. Es stellt sich aber unabhängig davon die Frage, ob man eine solch aufwendige Darstellung überhaupt anstreben soll. Eine völlig befriedigender Ersatz für die gedruckte

---

6 Vgl. zu diesem Projekt Ute Recker-Hamm: Das Digitale Mittelhochdeutsche Textarchiv. In: Deutsche Texte des Mittelalters zwischen Handschriftennähe und Rekonstruktion. Berliner Fachtagung 1.–3. April 2004. Hrsg. von Martin Schubert. Tübingen 2005 (Beihefte zu editio. 23), S. 311–315.

7 Vgl. den Abschlussbericht: http://www.mhgta.uni-trier.de/MHGTA_Final_Report.pdf.

Textausgabe kann ohnehin kaum erreicht werden, vor allem dann nicht, wenn diese mit komplizierten typographischen Auszeichnungen arbeitet, Spalten- oder Seitensynopsen aufweist u. Ä. mehr. Uns scheint, dass eine Verbindung aus einfacher Volltextdarstellung wie unter MWB Online und sorgfältiger Image-Digitalisierung angemessener und für die verschiedenen Benutzerzwecke die beste Lösung wäre.

5. Resümee

Wörterbuchwege zum Text, so dürfte das Beispiel des MWB und seines Internetangebots gezeigt haben, ergeben sich im elektronischen Zeitalter aus der Art und Weise, wie aus den Texten das Wörterbuch gearbeitet wird. Die Einrichtung der elektronischen Quellentexte für Wörterbuchzwecke zielt nicht darauf ab, eine Edition in all ihren Besonderheiten abzubilden, ja nicht einmal unbedingt darauf, alle ihre inhaltlichen Elemente zu reproduzieren, sondern vor allem darauf, den Editionstext selbst in philologisch sorgfältig kontrollierter Form zur Verfügung zu stellen für dessen lexikographische Auswertung (Lemmatisierung) und für dessen Benutzung als Quelle der Wörterbuchzitate und -stellenangaben. Auch den Wörterbuchnutzern, die ein Belegzitat rekontextualisieren oder eine Stellenangabe nachschlagen wollen und zu diesem Zweck aus dem Wörterbuchartikel heraus den elektronischen Volltext konsultieren, ist mit dieser vereinfachten Darstellung des Quellentextes für die meisten Fragestellungen zunächst einmal am besten gedient. Diese Maßnahme gestattet es jedenfalls, auch im Rahmen verhältnismäßig bescheiden dotierter Wörterbuchprojekte in großem Umfang elektronische Quellentexte für die Ausarbeitung des Wörterbuchs bereitzustellen und anschließend in dem ausgearbeiteten Wörterbuch in einer Online-Fassung mit den Belegzitaten verknüpft beizugeben.

Netzadressen:

http://www.mhdwb-online.de/ (Online-Angebot des MWB)

http://mhgta.uni-trier.de/ (Digitales Mittelhochdeutsches Textarchiv)

http://etext.lib.virginia.edu/german/mhg/browse/ (Digital Middle High German Text Archive)

http://www.mwv.uni-trier.de/ (Mittelhochdeutscher Wörterbuchverbund)

http://www.mhdwb.uni-trier.de/ (Homepage des MWB)

http://www.mwb.uni-trier.de (Homepage der Trierer Arbeitsstelle des MWB)

http://www.deutschdiachrondigital.de/ (Projekt Deutsch Diachron Digital)

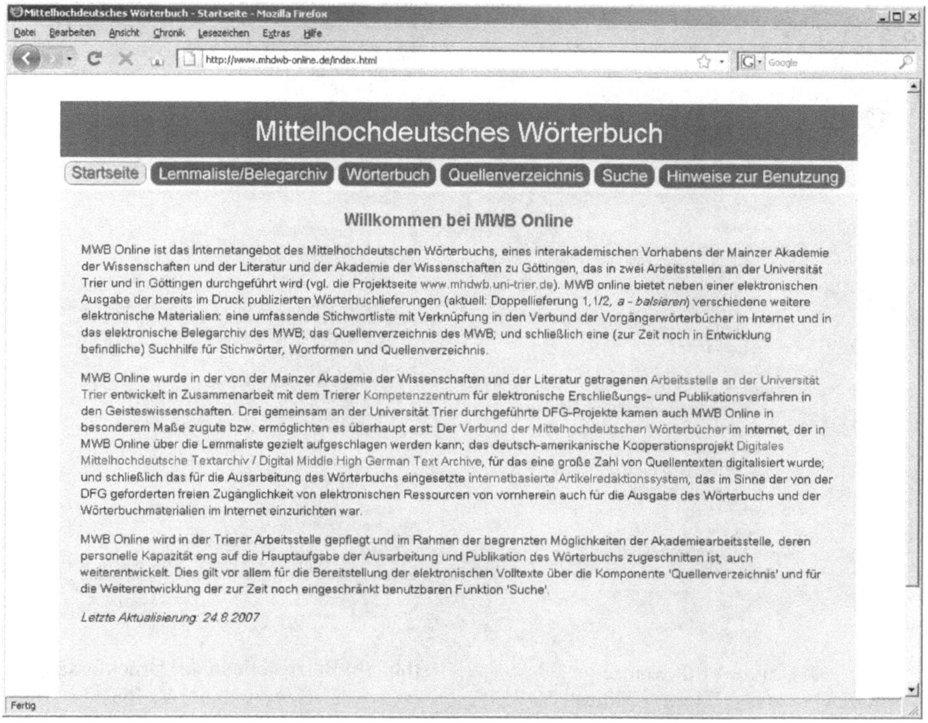

Abb. 1: Startseite von MWB Online

abbet *stM. Pl.* eb(be)te; *auch* abbât [:slât] UvZLanz 3864, abbate Konr 9,41, abte [*Akk.*] PrBerthKl 8,50; *verschoben* -p(p)- *(zu den Schreibformen s. WMU 1,13); lat.* abbas, -atis, *ahd.* abbat *(vgl. Etymol.Wb.d.Ahd. 1,19f.). 'Abt, Vorsteher einer Mönchsgemeinschaft'* der gebrůdere geistliche uater / vnd ouch appit der stete Ägidius 763; wir lesen auch von sant Benedicten, do er abt waz ze einem chloster PrOberAlt 106,29; der meister über die münche was, / daz was ein wizzic abbas UvZLanz 3832; ich han getan gehorsam ir, / reht als ein munch eim apte tut MinneB 1887; *sprichwörtl.* swâ der apt die würfel treit, / spilnt dâ die münche daz ist niht ein wunder Marner S. 160 *(vgl. TPMA 1,17f.). – als hoher Würden- und Herrschaftsträger:* die äbte und äbtissinne, die gefürstet [*in den Fürstenstand erhoben*] sint SpdtL 83,16; eines tages keiser Ott reit / mit den fürsten [...] kurzwîlen an daz velt, / [...] der abt von Vult neben im reit EnikWchr 27811; des quâmen ûzer clôstern / vil hôher ebbete in den hof / und manic werder bischof KvWHvK 29; nur die man infel tragen sach, / bischolf, ebt und cardinal Ottok 13525. – *Gebrauch als Titel in Verbindung mit Namens- und/oder Ortsangabe:* von Kapelle abbet Wîde RvEBarl 147; gedenke [...] zv vorderis [...] des abbit Engelbrechtis Litan 890; der appet sante Brandan RvEWchr 3060; *in der Anrede mit* her(re): der herzog Albreht [...] sprach: 'nû verjeht, / her abt, waz iu werre.' Ottok 36064

Abb. 2a: Artikel *abbet* (Druckfassung)

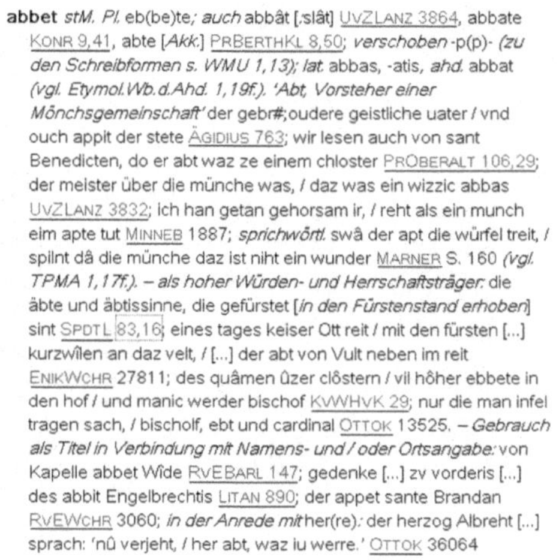
abbet *stM. Pl.* eb(be)te; *auch* abbât [:slât] UvZLanz 3864, abbate Konr 9,41, abte [*Akk.*] PrBerthKl 8,50; *verschoben* -p(p)- *(zu den Schreibformen s. WMU 1,13); lat.* abbas, -atis, *ahd.* abbat *(vgl. Etymol.Wb.d.Ahd. 1,19f.). 'Abt, Vorsteher einer Mönchsgemeinschaft'* der gebr#;oudere geistliche uater / vnd ouch appit der stete Ägidius 763; wir lesen auch von sant Benedicten, do er abt waz ze einem chloster PrOberAlt 106,29; der meister über die münche was, / daz was ein wizzic abbas UvZLanz 3832; ich han getan gehorsam ir, / reht als ein munch eim apte tut MinneB 1887; *sprichwörtl.* swâ der apt die würfel treit, / spilnt dâ die münche daz ist niht ein wunder Marner S. 160 *(vgl. TPMA 1,17f.). – als hoher Würden- und Herrschaftsträger:* die äbte und äbtissinne, die gefürstet [*in den Fürstenstand erhoben*] sint SpdtL 83,16; eines tages keiser Ott reit / mit den fürsten [...] kurzwîlen an daz velt, / [...] der abt von Vult neben im reit EnikWchr 27811; des quâmen ûzer clôstern / vil hôher ebbete in den hof / und manic werder bischof KvWHvK 29; nur die man infel tragen sach, / bischolf, ebt und cardinal Ottok 13525. – *Gebrauch als Titel in Verbindung mit Namens- und / oder Ortsangabe:* von Kapelle abbet Wîde RvEBarl 147; gedenke [...] zv vorderis [...] des abbit Engelbrechtis Litan 890; der appet sante Brandan RvEWchr 3060; *in der Anrede mit* her(re): der herzog Albreht [...] sprach: 'nû verjeht, / her abt, waz iu werre.' Ottok 36064

Abb. 2b: Artikel *abbet* (Online-Fassung)

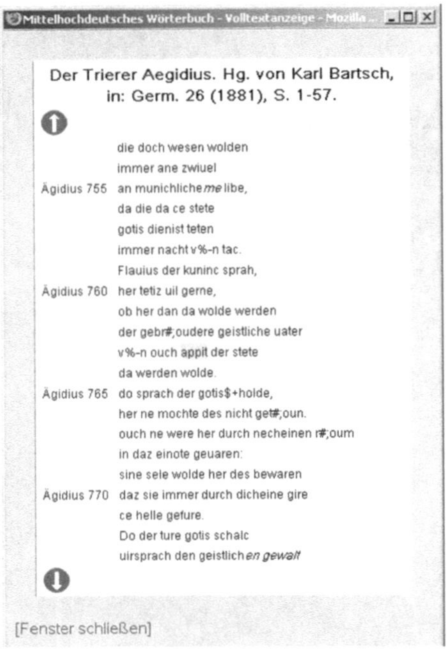
Mittelhochdeutsches Wörterbuch - Volltextanzeige - Mozilla ...

Der Trierer Aegidius. Hg. von Karl Bartsch, in: Germ. 26 (1881), S. 1-57.

die doch wesen wolden
immer ane zwiuel
Ägidius 755 an munichliche*me* libe,
da die da ce stete
gotis dienist teten
immer nacht v%-n tac.
Flauius der kuninc sprah,
Ägidius 760 her tetiz uil gerne,
ob her dan da wolde werden
der gebr#;oudere geistliche uater
v%-n ouch appit der stete
da werden wolde.
Ägidius 765 do sprach der gotis$+holde,
her ne mochte des nicht get#;oun.
ouch ne were her durch necheinen r#;oum
in daz einote geuaren:
sine sele wolde her des bewaren
Ägidius 770 daz sie immer durch dicheine gire
ce helle gefure.
Do der ture gotis schalc
uirsprach den geistlich*en gewalt*

[Fenster schließen]

Abb. 3a: Online-Volltextanzeige eines Wörterbuchbelegs (,Trierer Ägidius', V. 763)

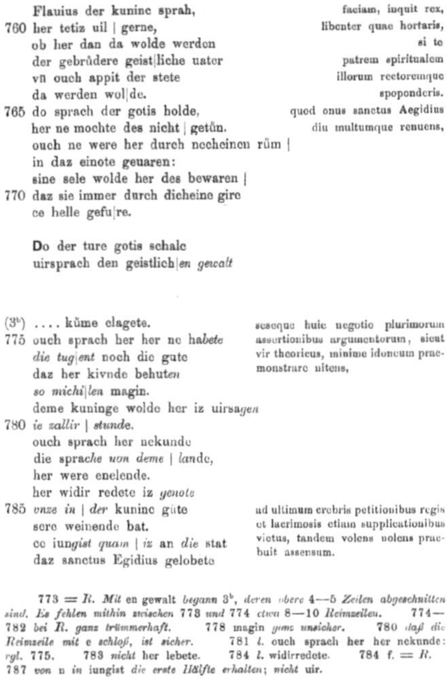
Flauius der kuninc sprah,
her tetiz uil | gerne,
ob her dan da wolde werden
der gebrůdere geist|liche uater
vñ ouch appit der stete
da werden wol|de.
do sprach der gotis holde,
her ne mochte des nicht | getůn.
ouch ne were her durch necheinen rům |
in daz einote geuaren:
sine sele wolde her des bewaren |
daz sie immer durch dicheine gire
ce helle gefu|re.

Do der ture gotis schalc
uirsprach den geistlich|*en gewalt*

faciam, inquit rex, libenter quae hortaris, si te patrem spiritualem illorum rectoremque spoponderis. quod onus sanctus Aegidius diu multumque renuens,

(3b) .... kůme clagete.
ouch sprach her her ne ha*bete*
die tug|*ent* noch die gute
daz her kivnde behut*en*
so michi|*len* magin.
deme kuninge wolde her iz uirsa*gen*
ie zallir | *stunde.*
ouch sprach her nekunde
die sprac*he von deme* | *lan*de,
her were enelende.
her widir redete iz *genote*
vnze in | *der* kuninc güte
sere weinende bat.
ce iun*gist quam* | *iz* an *die* stat
daz sanctus Egidius gelobete

seseque huic negotio plurimorum assertionibus argumentorum, sicut vir theoricus, minime idoneum praemonstrare nitens,

ad ultimum crebris petitionibus regis et lacrimosis etiam supplicationibus victus, tandem volens nolens praebuit assensum.

773 = *R. Mit* en gewalt *begann* 3b, *deren obere* 4—5 *Zeilen abgeschnitten sind. Es fehlen mithin zwischen* 773 *und* 774 *etwa* 8—10 *Reimzeilen.* 774—782 *bei R. ganz trümmerhaft.* 778 magin *ganz unsicher.* 780 *daß die Reimzeile mit* e *schloß, ist sicher.* 781 *l.* ouch sprach her her nekunde: *vgl.* 775. 783 *nicht* her lebete. 784 *l.* widirredete. 784 f. = *R.* 787 *von* n *in* iungist *die erste Hälfte erhalten; nicht* uir.

Abb. 3b: Belegstelle in der Druckfassung (,Trierer Ägidius', V. 763)

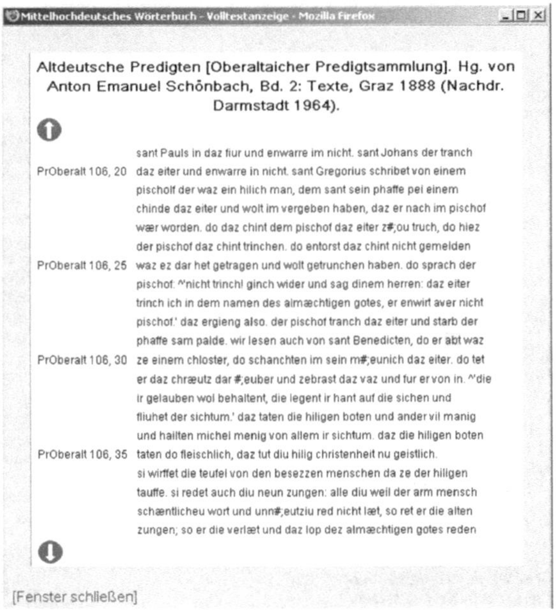
Mittelhochdeutsches Wörterbuch - Volltextanzeige - Mozilla Firefox

Altdeutsche Predigten [Oberaltaicher Predigtsammlung]. Hg. von Anton Emanuel Schönbach, Bd. 2: Texte, Graz 1888 (Nachdr. Darmstadt 1964).

sant Pauls in daz fiur und enwarre im nicht. sant Johans der tranch
PrOberalt 106, 20 daz eiter und enwarre in nicht. sant Gregorius schribet von einem
pischolf der waz ein hilich man, dem sant sein phaffe pei einem
chinde daz eiter und wolt im vergeben haben, daz er nach im pischof
wær worden. do daz chint dem pischof daz eiter z#;ou truch, do hiez
der pischof daz chint trinchen. do entorst daz chint nicht gemelden
PrOberalt 106, 25 waz ez dar het getragen und wolt getrunchen haben. do sprach der
pischof: ^'nicht trinch! ginch wider und sag dinem herren: daz eiter
trinch ich in dem namen des almæchtigen gotes, er enwirt aver nicht
pischof.' daz ergieng also. der pischof tranch daz eiter und starb der
phaffe sam palde. wir lesen auch von sant Benedicten, do er abt waz
PrOberalt 106, 30 ze einem chloster, do schanchten im sein m#;eunich daz eiter. do tet
er daz chræutz dar #;euber und zebrast daz vaz und fur er von in. ^'die
ir gelauben wol behaltent, die legent ir hant auf die sichen und
fliuhet der sichtum.' daz taten die hiligen boten und ander vil manig
und hailten michel menig von allem ir sichtum. daz die hiligen boten
PrOberalt 106, 35 taten do fleischlich, daz tut diu hilig christenheit nu geistlich.
si wirffet die teufel von den besezzen menschen da ze der hiligen
tauffe. si redet auch diu neun zungen: alle diu weil der arm mensch
schæntlicheu wort und unn#;eutziu red nicht læt, so ret er die alten
zungen; so er die verlæt und daz lop dez almæchtigen gotes reden

[Fenster schließen]

Abb. 4: Online-Volltextanzeige eines Wörterbuchbelegs (Oberaltaicher Predigtsammlung 106,29)

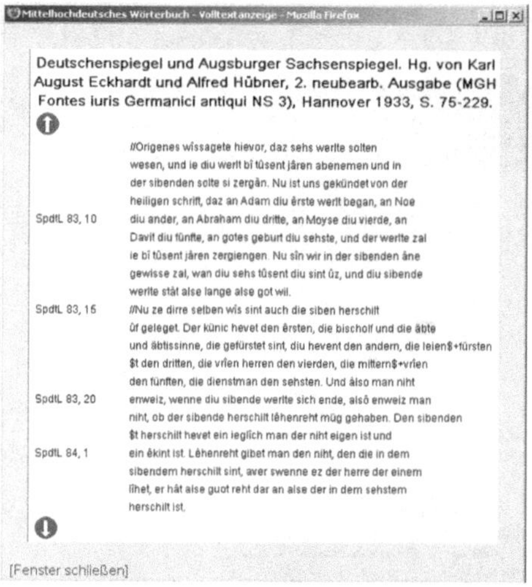
Mittelhochdeutsches Wörterbuch - Volltextanzeige - Mozilla Firefox

Deutschenspiegel und Augsburger Sachsenspiegel. Hg. von Karl August Eckhardt und Alfred Hübner, 2. neubearb. Ausgabe (MGH Fontes iuris Germanici antiqui NS 3), Hannover 1933, S. 75-229.

	//Origenes wîssagete hievor, daz sehs werlte solten
	wesen, und ie diu werlt bî tûsent jâren abenemen und in
	der sibenden solte si zergân. Nu ist uns gekündet von der
	heiligen schrift, daz an Adam diu êrste werlt began, an Noe
SpdtL 83, 10	diu ander, an Abraham diu dritte, an Moyse diu vierde, an
	Davit diu fünfte, an gotes geburt diu sehste, und der werlte zal
	ie bî tûsent jâren zergiengen. Nu sîn wir in der sibenden âne
	gewisse zal, wan diu sehs tûsent diu sint ûz, und diu sibende
	werlte stât alse lange alse got wil.
SpdtL 83, 16	//Nu ze dirre selben wîs sint auch die siben herschilt
	ûf geleget. Der künic hevet den êrsten, die bischolf und die äbte
	und äbtissinne, die gefürstet sint, diu hevent den andern, die leien$+fürsten
	$t den dritten, die vrîen herren den vierden, die mittern$+vrîen
	den fünften, die dienstman den sehsten. Und âlso man niht
SpdtL 83, 20	enweiz, wenne diu sibende werlte sich ende, alsô enweiz man
	niht, ob der sibende herschilt lêhenreht müg gehaben. Den sibenden
	$t herschilt hevet ein ieglîch man der niht eigen ist und
SpdtL 84, 1	ein êkint ist. Lêhenreht gibet man den niht, den die in dem
	sibendem herschilt sint, aver swenne ez der herre der einem
	lîhet, er hât alse guot reht dar an alse der in dem sehstem
	herschilt ist.

[Fenster schließen]

Abb. 5a: Online-Volltextanzeige eines Wörterbuchbelegs (Deutschenspiegel 83,16)

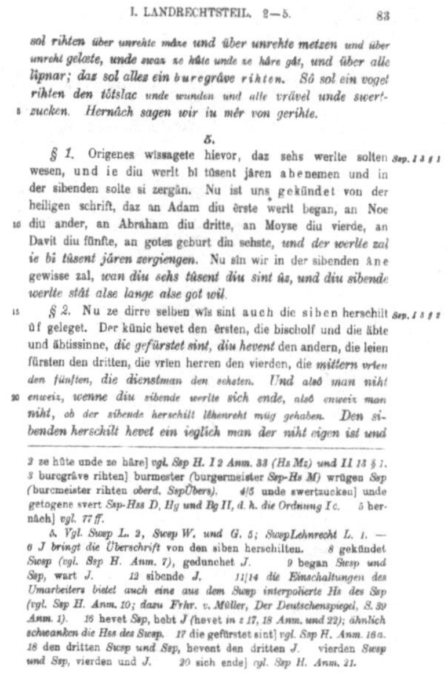
I. LANDRECHTSTEIL. 2—5. 83

sol rihten über unrehte mâze und über unrehte metzen und über unreht gelœte, unde swaz ze hûte unde ze hâre gât, und über alle lîpnar; daz sol allez ein burcgrâve rihten. Sô sol ein voget rihten den tôtslac unde wunden und alle vrävel unde swertzucken. Hernâch sagen wir iu mêr von gerihte.

5.

§ 1. Origenes wîssagete hievor, daz sehs werlte solten wesen, und ie diu werlt bî tûsent jâren abenemen und in der sibenden solte si zergân. Nu ist uns gekündet von der heiligen schrift, daz an Adam diu êrste werlt began, an Noe diu ander, an Abraham diu dritte, an Moyse diu vierde, an Davit diu fünfte, an gotes geburt diu sehste, *und der werlte zal ie bî tûsent jâren zergiengen.* Nu sîn wir in der sibenden âne gewisse zal, *wan diu sehs tûsent diu sint ûz, und diu sibende werlte stât alse lange alse got wil.* Ssp. I 3 § 1

§ 2. Nu ze dirre selben wîs sint auch die siben herschilt ûf geleget. Der künic hevet den êrsten, die bischolf und die äbte und äbtissinne, *die gefürstet sint, diu hevent* den andern, die leien fürsten den dritten, die vrîen herren den vierden, die *mittern vrîen den fünften, die dienstman den sehsten. Und alsô man niht enweiz, wenne diu sibende werlte sich ende, alsô enweiz man niht, ob der sibende herschilt lêhenreht müg gehaben. Den sibenden herschilt hevet ein ieglîch man der niht eigen ist und* Ssp. I 3 § 2

2 ze hûte unde ze hâre] *vgl. Ssp H. I 2 Anm. 33 (Hs Mz) und II 13 § 1.* 3 burcgrâve rihten] burmester (burgermeister *Ssp-Hs M)* wrügen *Ssp* (burcmeister rihten *oberd. SspÜbers).* 4/5 unde swertzucken] unde getogene svert *Ssp-Hss D, Hy und Bg II, d. h. die Ordnung I c.* 5 hernâch] *vgl. 77 ff.*

5. *Vgl. Swsp L. 2, Swsp W. und G. 5; SwspLehnrecht L. 1.* — 6 *J bringt die Überschrift* von den siben herschilten. 8 gekündet *Swsp (vgl. Ssp H. Anm. 7),* gedunchet *J.* 9 began *Swsp und Ssp,* wart *J.* 12 sibende *J.* 11/14 *die Einschaltungen des Umarbeiters bietet auch eine aus dem Swsp interpolierte Hs des Ssp (vgl. Ssp H. Anm. 10; dazu Frhr. v. Müller, Der Deutschenspiegel, S. 39 Anm. 1).* 16 hevet *Ssp,* hebt *J (hevet in z 17, 18 Anm. und 22); ähnlich schwanken die Hss des Swsp.* 17 die gefürstet sint] *vgl. Ssp H. Anm. 16 a.* 18 den dritten *Swsp und Ssp,* hevent den dritten *J.* vierden *Swsp und Ssp,* vierden und *J.* 20 sich ende] *vgl. Ssp H. Anm. 21.*

Abb. 5b: Belegstelle in der Druckfassung (Deutschenspiegel 83,16)

Abb. 6: Komponente Lemmaliste/Belegarchiv

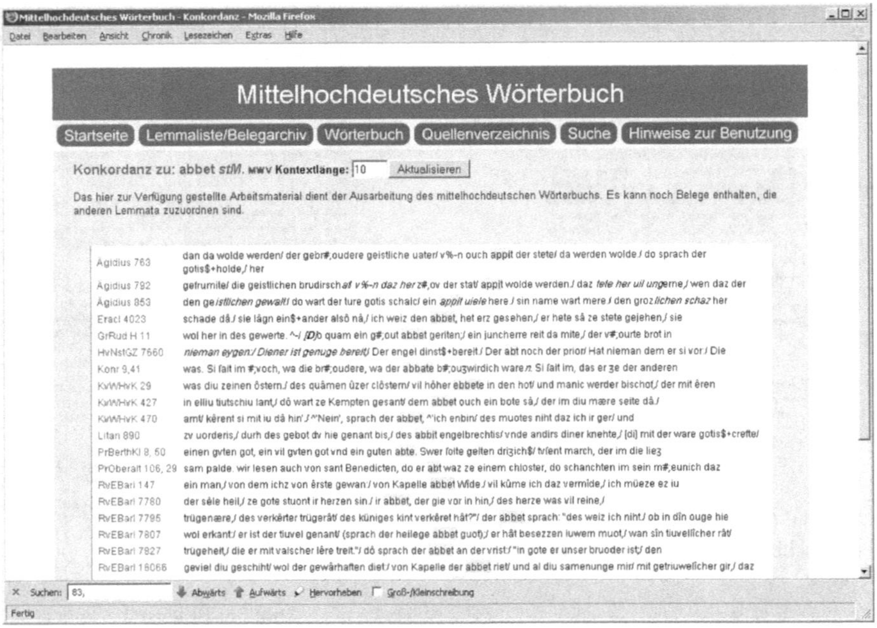

Abb. 7: Elektronisches Belegarchiv: Konkordanz der Belege für *abbet*

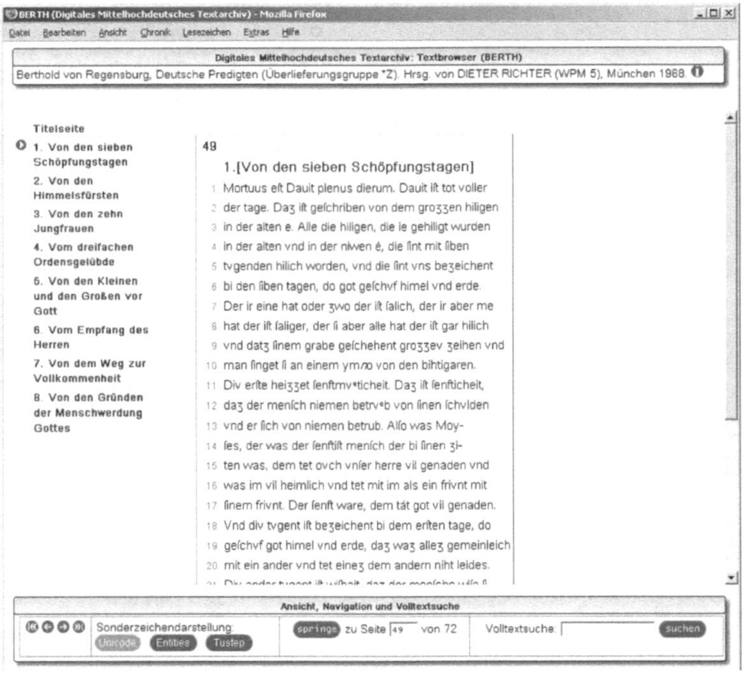

Abb. 8: Berthold von Regensburg, Predigten. Online-Darstellung im Digitalen Mittelhochdeutschen Textarchiv

Ralf Gehrke

TITUS: datenbank- und internetorientierte Konzepte

1. Das Projekt TITUS und seine Internetpräsenz

Die Ursprünge von TITUS reichen bis in das Jahr 1987 zurück, als auf der indogermanistischen Fachtagung in Leiden beraten wurde, wie man die elektronische Erfassung von indogermanistisch relevanten Texten koordinieren könnte. Noch im selben Jahr erschien in der Zeitschrift „Die Sprache" ein Aufruf zur Mitarbeit an einem „Thesaurus indogermanischer Textmaterialien auf Datenträgern" von Jost Gippert.

Seit der 3. Tagung für Computereinsatz in der Historisch-Vergleichenden Sprachwissenschaft 1994 in Dresden heißt dieses Projekt nun „Thesaurus indogermanischer Text- und Sprachmaterialien (TITUS)", ist seit demselben Jahr in Frankfurt beheimatet und unter der Homepage http://titus.uni-frankfurt.de im Internet zu erreichen.[1]

Wie aus der Entstehungsgeschichte schon deutlich wird, geht es bei TITUS nicht nur um deutschsprachige Texte, sondern um ältestüberlieferte Texte aus dem gesamten indogermanischen Bereich. Und in diesem Bereich ist die TITUS-Datenbank weitgehend vollständig. Soweit die entsprechenden Texte nicht an anderer Stelle gesammelt wurden, wie etwa Altgriechisch im TLG (Thesaurus Linguae Graecae), sind sie bis auf wenige Ausnahmen in TITUS vertreten. Zusätzlich fanden inzwischen auch jüngere Texte Aufnahme im Projekt, neben dem fast vollständigen althochdeutschen Corpus viele mittelhochdeutsche Texte.

Auch in anderer Hinsicht hat sich das Projekt erweitert und dabei den ursprünglichen Rahmen gesprengt: Viele nichtindogermanische Texte sind ebenfalls erfasst, vor allem aus dem Bereich der Kaukasus-Sprachen, darunter ein umfangreiches Korpus altgeorgischer Texte.

Der größte Teil der Texte ist frei verfügbar, es gibt aber auch eine beträchtliche Anzahl an Texten, die aus unterschiedlichen Gründen eine Zugriffsbeschränkung besitzen und nur für TITUS-Mitglieder zugänglich sind, d. h. Personen, die aktiv zur Erweiterung des TITUS-Corpus beigetragen haben oder beitragen.

---

[1] Einen Überblick über die Entwicklung von TITUS gibt Jost Gippert: TITUS. Das Projekt eines indogemanistischen Thesaurus. In: LDV-Forum. Forum der Gesellschaft für Linguistische Datenverarbeitung 12, 1995, H. 1, S. 35–47. (Im Internet verfügbar unter http://titus.fkidg1.uni-frankfurt.de/texte/titusldv.htm.)

Auf der TITUS-Homepage findet man rechts in der Rubrik ‚Textus' den Link zur ‚Textdatenbank'. Ein Klick darauf öffnet links oben den Frame mit den verfügbaren Sprachen. Dort findet man unter ‚8. Germanic' auch ‚[Old High German]'. Ein Klick hierauf listet im unteren Frame die zur Verfügung stehenden Texte des Althochdeutschen auf (Abb. 1). Ein Klick auf ‚[Middle High German]' liefert entsprechend die Liste der mittelhochdeutschen Texte im TITUS-Corpus, deren Anfang in Abb. 2 dargestellt ist. Um die zugrunde liegende Struktur zu verdeutlichen, wählen wir als Beispiel den Anfang des *Hildebrandsliedes*[2] (Abb. 3).

Neben der reinen Darstellung der Texte gibt es, soweit verfügbar, Links auf Abbildungen. Im Frame unten links sieht man die Abbildung der ersten Zeilen der Handschrift. Die Transkription kann also direkt verglichen werden. Diese Anzeige der Abbildung im unteren Frame erhält man, indem man das Handschriften-Icon oberhalb des Textbeginns anklickt. Die beiden rechten Frames bieten die Möglichkeit, innerhalb der jeweiligen Textsammlung zu navigieren.

2. Die TITUS-Datenbank

Dieser Webseiten-Darstellung liegt eine relationale Datenbank zu Grunde, die bis vor einem Jahr auf Microsoft Access basierte, seitdem aber aus Performanz-Gründen als DB2-Datenbank ausgeführt ist. Die Struktur sei an einem winzigen Ausschnitt mit dem Anfang des *Hildebrandsliedes* illustriert (Abb. 4).

Nur teilweise abgebildet sind hier die Felder, die das Wiederauffinden der Wortform im zugehörigen Text erlauben, so der Verweis auf den Text (hier unter PFADID zu sehen), den betreffenden Textabschnitt und (in Abb. 4 verdeckt) die eindeutige Wortnummer innerhalb des Textes. Wir beschränken uns im gegenwärtigen Kontext auf die folgenden Aspekte:

2.1. Normalisierung

Neben der genauen Wortform, die unter LEMMA zu sehen ist, gibt es eine ‚normalisierte' Variante, die unter PARLEMMA aufgeführt ist, soweit sie sich von der Form im Text unterscheidet. Dabei sind beispielsweise Diakritika entfernt, Groß- in Kleinbuchstaben überführt oder Ligaturen beseitigt worden. Als Grundlage dient die phonematische Analyse. Welche Normalisierungsverfahren angewendet werden, ist sprachabhängig. Das Verfahren ermöglicht die Auffindung von Wortformen unabhängig von schreiber-, text- oder kontextabhängigen Schreibungen. Gesucht wird generell in beiden Feldern. Die Suche nach der normalisierten Wortform liefert also alle Varianten, die Suche nach einer speziellen Schreibung nur die entsprechenden Fundstellen für diese Form.

---

2 http://titus.fkidg1.uni-frankfurt.de/texte/etcs/germ/ahd/hildebrd/hilde.htm

2.2. Sprachliche Trennung

Jeder Wortform im Text wird eine Codezahl für die Sprache (unter LANG) und die Sprachvarietät (unter SUBLANG) zugewiesen. In unserem Beispiel sieht man die 7 unter LANG für ‚Deutsch‘ und die 40 unter SUBLANG für ‚Althochdeutsch‘. Dies führt dann auf der Webseite zu einer unterschiedlichen Darstellung der verschiedenen Sprachen, wie im folgenden Beispiel (Abb. 5) aus dem Werk Notkers des Deutschen[3] ersichtlich, hier sind althochdeutsche und lateinische Wortformen unterschieden.

2.3. Suchfunktionen

Die HTML-Darstellung des Textes erlaubt direkt den Aufruf von Datenbankabfragen durch einen Klick. Beim Klick auf ein Wort im Text erhält man eine Übersicht über sämtliche Belegstellen des Wortes im aktuellen Text. Dabei wird, wie oben bereits ausgeführt, sowohl nach der gegebenen Wortform als auch nach ihrer normalisierten Variante gesucht. Eine separate Browser-Seite stellt die Fundstellen dar, die ersten 100 davon mit Kontext. Abb. 6 zeigt die Seite nach einem Klick auf „enti“ in der 2. Zeile. Die Suchabfrage liefert die 3 Belegstellen von „enti“ im *Hildebrandslied.*

Ein Klick in die Ergebnisdarstellung löst dann eine Suchabfrage nach der Wortform innerhalb der Sprachvarietät im gesamten Korpus aus. Klickt man hier auf „enti“, so erhält man die 471 Fundstellen für „enti“ und „énti“ im althochdeutschen Teil des TITUS-Korpus. Am Ende der Liste (dargestellt in Abb. 7) findet sich auch die Gesamtanzahl der Belegstellen.

Alternativ zur Suche direkt aus dem Text oder aus Suchabfragen heraus gibt es auch ein Webformular (unter http://titus.fkidg1.uni-frankfurt.de/database/titusinx/titusinx.htm), das eine genaue Festlegung der Suchparameter und die direkte Eingabe eines oder mehrerer Suchbegriffe (auch mit Wildcards) ermöglicht.

3. Darstellungsformate und Tagging

Die Erstellung einer solchen Datenbank setzt das Tagging des Textes voraus, also das Setzen von Markern beispielsweise für Sprachwechsel, aber auch für Textstrukturen wie hierarchische Abschnitte (als textinhärente Struktur) oder Seiten- und Zeilenwechsel (als editionsspezifische bzw. handschriftenspezifische Struktur). Dieses Tagging erfolgt sinnvollerweise schon bei der elektronischen Erfassung des Textes und lässt sich in der Regel nicht automatisieren. Danach ist der Text allerdings vorbereitet für automatische Weiterverarbeitungen.

Schon seit der Frühzeit von TITUS gibt es klare Vorgaben für die Codierung der Textstruktur und der Sprachvarietäten. Ursprünglich wurden die Texte dann für die Verwendung des Programms WordCruncher aufbereitet. Die stagnierende Entwicklung dieses Programms, die Weiterentwicklung von HTML und die erweiterte Funk-

---

[3] Notker der Deutsche / Boethius: *De consolatione philosophiae.* Dieser Text ist derzeit nur für TITUS-Mitglieder zugänglich. http://titus.fkidg1.uni-frankfurt.de/texte/etcc/germ/ahd/notker/notke.htm

tionalität der Internetbrowser (wie etwa die Darstellung in Unicode) haben dann den Übergang zur HTML-Darstellung ausgelöst und ermöglicht. Abb. 8 zeigt die oben in Abb. 5 dargestellte Notker-Stelle im HTML-Quellcode.

Mittlerweile ist allerdings die Zeit gekommen, von den Möglichkeiten von XML Gebrauch zu machen, das sich in den letzten Jahren als allgemeines Speicherformat für die unterschiedlichsten Dokumenttypen durchgesetzt hat und in dem sich die Markerstruktur der TITUS-Texte vollständig abbilden lässt. Die Umwandlung der vorhandenen TITUS-Texte in eine XML-konforme Struktur ist Teil des aktuellen Projekts D-SPIN (Deutsche Sprachressourcen-Infrastruktur) des deutschen Bundesministeriums für Bildung und Forschung (BMBF) und wird derzeit in Frankfurt vorgenommen. Als Beispiel zeigt Abb. 9 dieselbe Stelle aus Notker in XML-Stuktur.

Das XML-Format bietet auch die Möglichkeit, weitere Textinformationsebenen abzubilden. Für TITUS eröffnen sich damit erweiterte Möglichkeiten der Annotierung und der Informationsabfrage, doch was sich davon auch tatsächlich wird umsetzen lassen, muss die Zukunft zeigen.

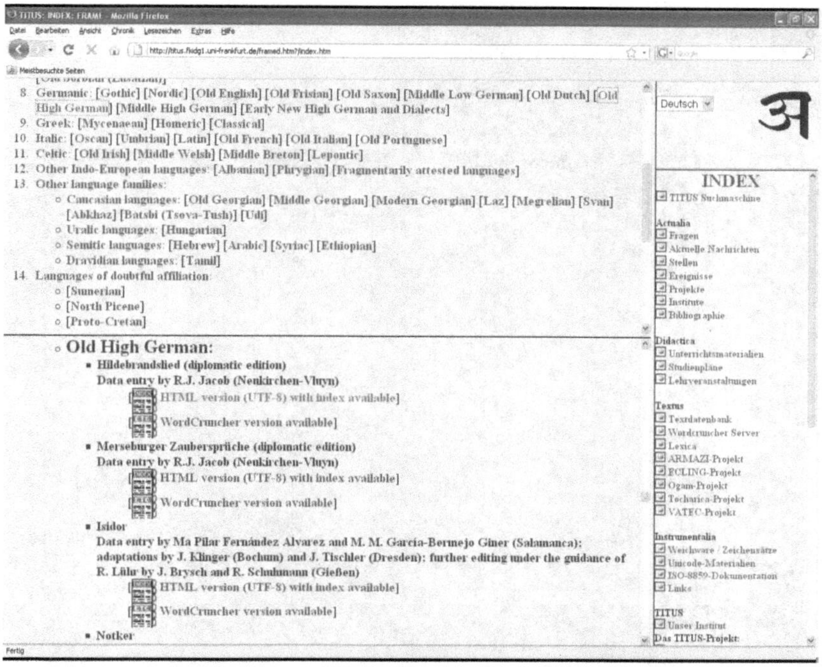

Abb. 1: Althochdeutsche Texte in TITUS

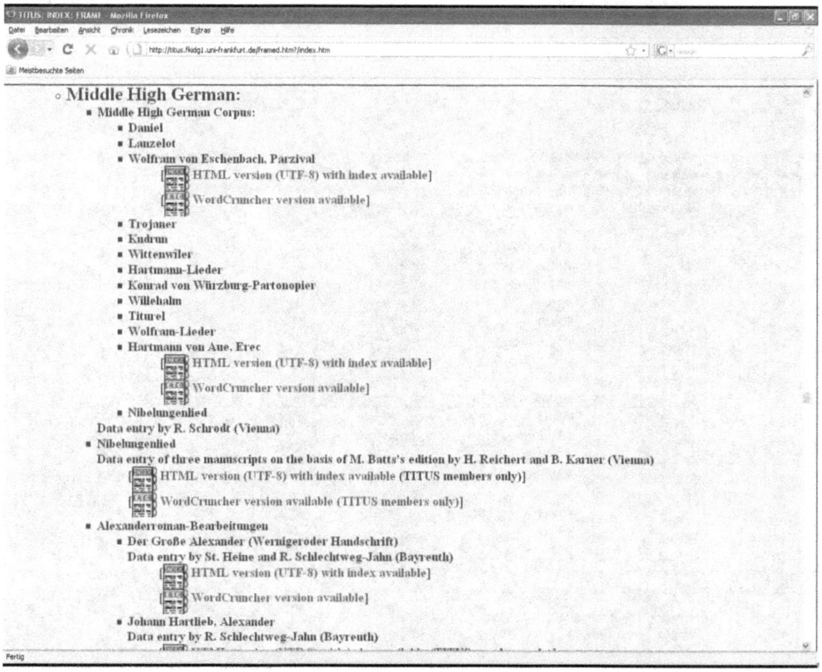

Abb. 2: Mittelhochdeutsche Texte in TITUS

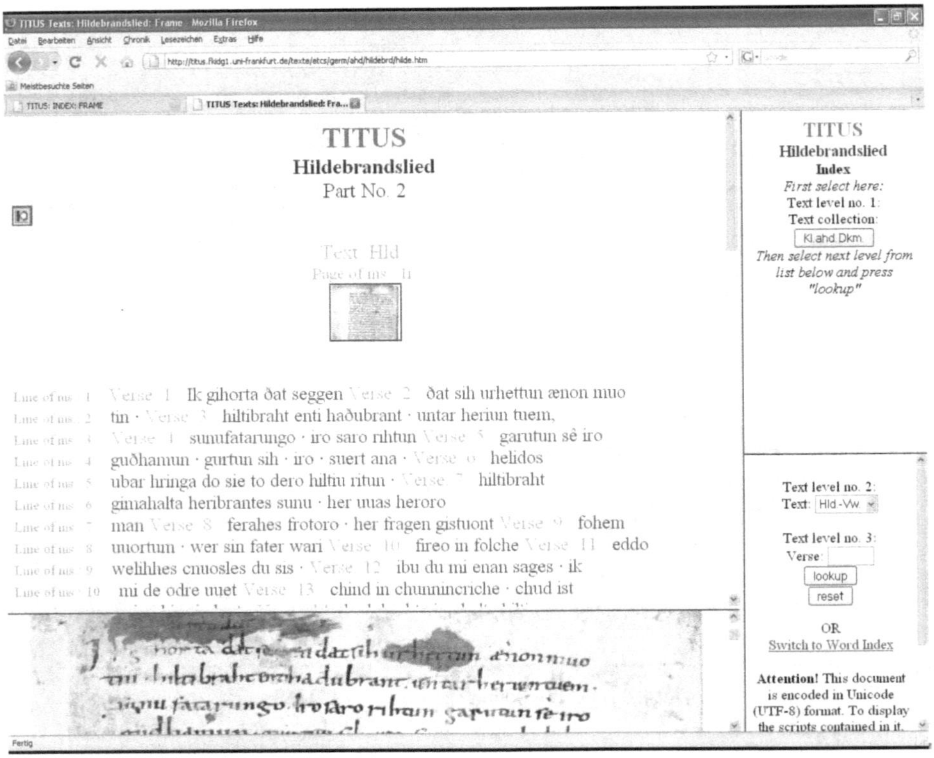

Abb. 3: Die ersten Zeilen des *Hildebrandsliedes*

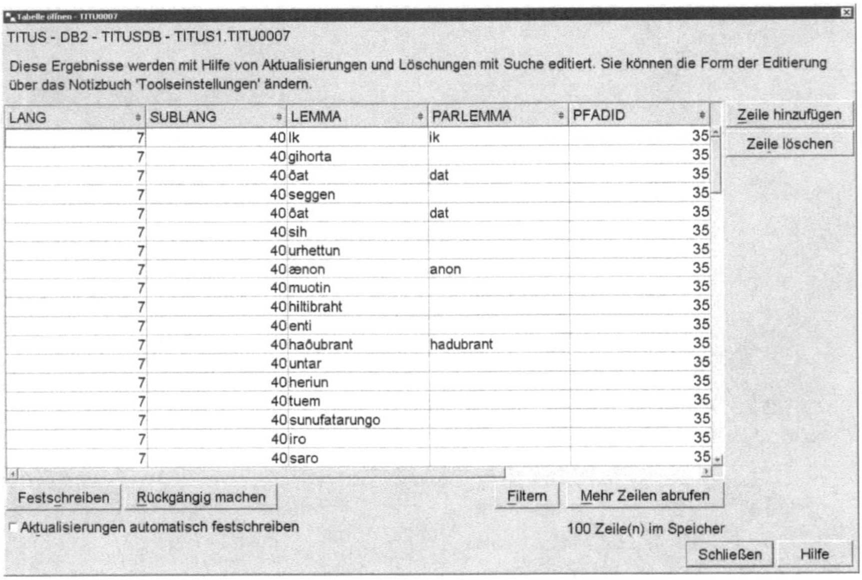
Tabelle öffnen - TITU0007

TITUS - DB2 - TITUSDB - TITUS1.TITU0007

Diese Ergebnisse werden mit Hilfe von Aktualisierungen und Löschungen mit Suche editiert. Sie können die Form der Editierung über das Notizbuch 'Toolseinstellungen' ändern.

LANG	SUBLANG	LEMMA	PARLEMMA	PFADID
7	40	Ik	ik	35
7	40	gihorta		35
7	40	ðat	dat	35
7	40	seggen		35
7	40	ðat	dat	35
7	40	sih		35
7	40	urhettun		35
7	40	ænon	anon	35
7	40	muotin		35
7	40	hiltibraht		35
7	40	enti		35
7	40	haðubrant	hadubrant	35
7	40	untar		35
7	40	heriun		35
7	40	tuem		35
7	40	sunufatarungo		35
7	40	iro		35
7	40	saro		35

Zeile hinzufügen | Zeile löschen

Festschreiben | Rückgängig machen | Filtern | Mehr Zeilen abrufen

Aktualisierungen automatisch festschreiben — 100 Zeile(n) im Speicher

Schließen | Hilfe

Abb. 4: DB2-Tabelle mit dem Anfang des *Hildebrandsliedes*

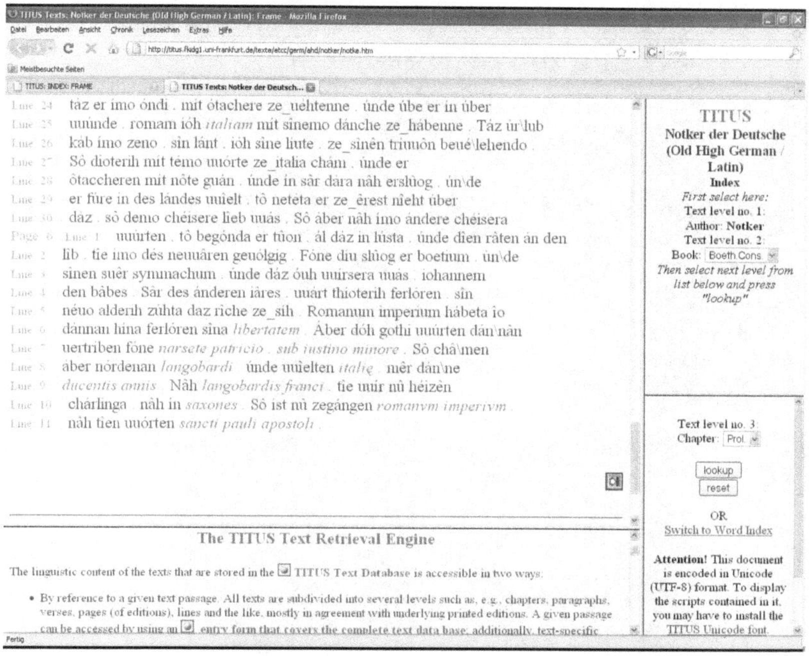

Abb. 5: Ende des Prologs aus: Notker der Deutsche / Boethius: *De consolatione philosophiae*

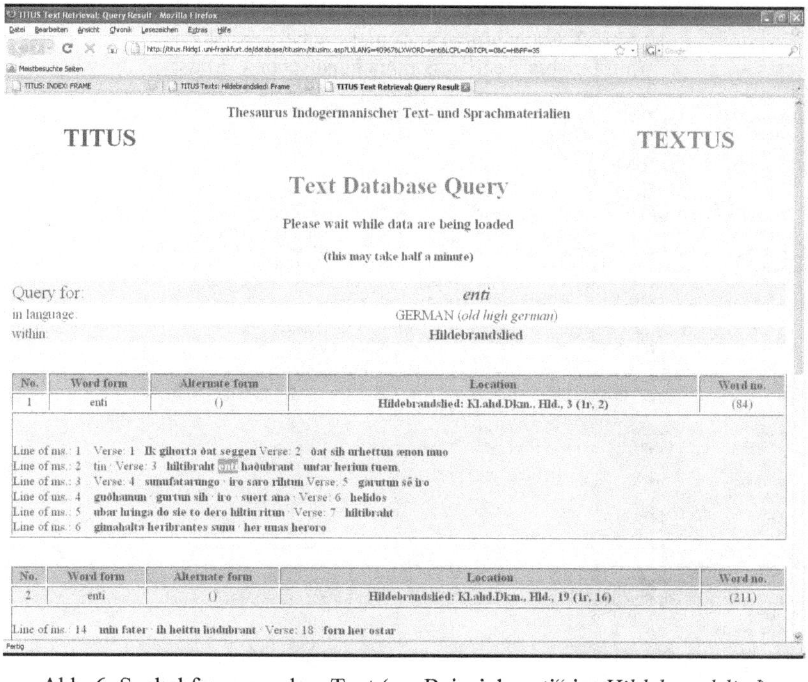

Abb. 6: Suchabfrage aus dem Text (am Beispiel „enti“ im *Hildebrandslied*)

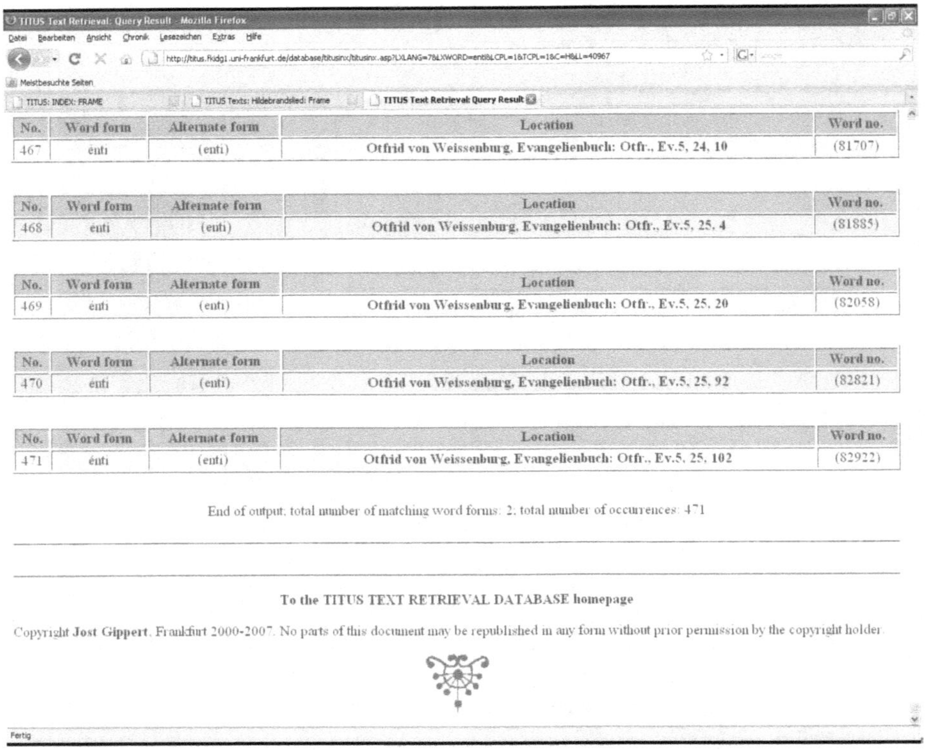

Abb. 7: Suchabfrage aus einer Suchergebnisliste
(am Beispiel „enti“ im althochdeutschen Corpus)

```
<br><span id="h5">
        <!--XLevel 5-->Line: 6<a name="Notker_Boeth.Cons._Prol._6_6"> </a></span>   </span>
    <span id="wead16">
        <a id="wead16" href="javascript:ci(40967,'dannan')">dánnan</a>
        <a id="wead16" href="javascript:ci(40967,'hina')">hína</a>
        <a id="wead16" href="javascript:ci(40967,'ferloren')">ferlóren</a>
        <a id="wead16" href="javascript:ci(40967,'sina')">sîna</a> </span>
    <span id="welal16">
        <a id="welal16" href="javascript:ci(519,'libertatem')">libertatem</a> . </span>
    <span id="wead16">
        <a id="wead16" href="javascript:ci(40967,'aber')">Âber</a>
        <a id="wead16" href="javascript:ci(40967,'doh')">dóh</a>
        <a id="wead16" href="javascript:ci(40967,'gothi')">gothi</a>
        <a id="wead16" href="javascript:ci(40967,'uuurten')">uuúrten</a>
        <a id="wead16" href="javascript:ci(40967,'dannan')">dán\nân</a></span>
    <span id="n16">
<br><span id="h5">
        <!--XLevel 5-->Line: 7<a name="Notker_Boeth.Cons._Prol._6_7"> </a></span>   </span>
    <span id="wead16">
        <a id="wead16" href="javascript:ci(40967,'uertriben')">uertríben</a>
        <a id="wead16" href="javascript:ci(40967,'fone')">fóne</a> </span>
    <span id="welal16">
        <a id="welal16" href="javascript:ci(519,'narsete')">narsete</a>
        <a id="welal16" href="javascript:ci(519,'patricio')">patricio</a> .
        <a id="welal16" href="javascript:ci(519,'sub')">sub</a>
        <a id="welal16" href="javascript:ci(519,'iustino')">iustino</a>
        <a id="welal16" href="javascript:ci(519,'minore')">minore</a> . </span>
    <span id="wead16">
        <a id="wead16" href="javascript:ci(40967,'so')">Sô</a>
        <a id="wead16" href="javascript:ci(40967,'chamen')">châ\men</a></span>
    <span id="n16">
<br><span id="h5">
        <!--XLevel 5-->Line: 8<a name="Notker_Boeth.Cons._Prol._6_8"> </a></span>   </span>
```

Abb. 8: HTML-Quellcode in Unicode-Codierung (UTF-8)

```xml
<anchor type="div3" xml:id="Notker_Boeth.Cons._Prol._6_6" level1="Notker" level2="Boeth.Cons." level3="Prol." level4="6" level5="6" n="Line 6" />
<w copy="dánnan" standard="dannan" function="wead16" wordcruncher="40967" xml:lang="goh-Latn">dánnan</w>
<seg function="wead16" wordcruncher="40967" xml:lang="goh-Latn" />
<w copy="hína" standard="hina" function="wead16" wordcruncher="40967" xml:lang="goh-Latn">hína</w>
<seg function="wead16" wordcruncher="40967" xml:lang="goh-Latn" />
<w copy="ferlóren" standard="ferloren" function="wead16" wordcruncher="40967" xml:lang="goh-Latn">ferlóren</w>
<seg function="wead16" wordcruncher="40967" xml:lang="goh-Latn" />
<w copy="sîna" standard="sina" function="wead16" wordcruncher="40967" xml:lang="goh-Latn">sîna</w>
<seg function="wead16" wordcruncher="40967" xml:lang="goh-Latn" />
<w copy="libertatem" standard="libertatem" function="welal16" wordcruncher="519" xml:lang="lat-Latn">libertatem</w>
<seg function="welal16" wordcruncher="519" xml:lang="lat-Latn">.</seg>
<w copy="Áber" standard="aber" function="wead16" wordcruncher="40967" xml:lang="goh-Latn">Áber</w>
<seg function="wead16" wordcruncher="40967" xml:lang="goh-Latn" />
<w copy="dóh" standard="doh" function="wead16" wordcruncher="40967" xml:lang="goh-Latn">dóh</w>
<seg function="wead16" wordcruncher="40967" xml:lang="goh-Latn" />
<w copy="gothi" standard="gothi" function="wead16" wordcruncher="40967" xml:lang="goh-Latn">gothi</w>
<seg function="wead16" wordcruncher="40967" xml:lang="goh-Latn" />
<w copy="uuúrten" standard="uuurten" function="wead16" wordcruncher="40967" xml:lang="goh-Latn">uuúrten</w>
<seg function="wead16" wordcruncher="40967" xml:lang="goh-Latn" />
<w copy="dán\nân" standard="dannan" function="wead16" wordcruncher="40967" xml:lang="goh-Latn">dán\nân</w>
<anchor type="div3" xml:id="Notker_Boeth.Cons._Prol._6_7" level1="Notker" level2="Boeth.Cons." level3="Prol." level4="6" level5="7" n="Line 7" />
<w copy="uertríben" standard="uertriben" function="wead16" wordcruncher="40967" xml:lang="goh-Latn">uertríben</w>
<seg function="wead16" wordcruncher="40967" xml:lang="goh-Latn" />
<w copy="fóne" standard="fone" function="wead16" wordcruncher="40967" xml:lang="goh-Latn">fóne</w>
<seg function="wead16" wordcruncher="40967" xml:lang="goh-Latn" />
<w copy="narsete" standard="narsete" function="welal16" wordcruncher="519" xml:lang="lat-Latn">narsete</w>
<seg function="welal16" wordcruncher="519" xml:lang="lat-Latn" />
<w copy="patricio" standard="patricio" function="welal16" wordcruncher="519" xml:lang="lat-Latn">patricio</w>
<seg function="welal16" wordcruncher="519" xml:lang="lat-Latn">.</seg>
<w copy="sub" standard="sub" function="welal16" wordcruncher="519" xml:lang="lat-Latn">sub</w>
<seg function="welal16" wordcruncher="519" xml:lang="lat-Latn" />
<w copy="iustino" standard="iustino" function="welal16" wordcruncher="519" xml:lang="lat-Latn">iustino</w>
```


Abb. 9: XML-Struktur für dieselbe Stelle

Thomas Gloning

Digitale Textcorpora und Sprachforschung

Ältere Koch- und Kräuterbücher

I. Einleitung

Im Internet ist ein kleines Programm verfügbar (www.wordle.net), das die Frequenzverhältnisse im Wortgebrauch von Texten mit Hilfe von größer oder kleiner gedruckten Wortformen visualisiert. Füttert man dieses Spielzeug mit dem Text des ersten in Österreich gedruckten Kochbuchs (*Ein Koch- und Artzney-Buch*, Graz 1686), erhält man je nach gewählter Vorgabe z. B. folgende Graphik:

Die Abbildung veranschaulicht, dass im Wortschatz der älteren Kochbücher die für das Kochen thematisch spezifischen Wörter wie *Butter*, *Suppe*, *Milch*, *Pfeffer*, *bachen*, *sieden* oder *Schüssel* zwar eine nicht unwichtige Rolle spielen – die Graphik zeigt einige Spitzenreiter in der Frequenzliste[1] –, sie verdeutlicht darüber hinaus aber

[1] Die wahren Spitzenreiter aller deutschsprachigen Texte, die Konjunktion „und", bestimmte und unbestimmte Artikel sowie Präpositionen, werden vom Programm Wordle bei der Erstellung der statisti-

auch, dass der Wortgebrauch in Rezepten zu einem wesentlichen Teil auch von textfunktionalen Gesichtspunkten bestimmt ist, das zeigen etwa Wörter, deren Funktion es ist, die zeitliche Organisation der Arbeiten zu spezifizieren (*darnach, hernach, alsdann, biß*), räumliche Bezüge klar zu machen (*auff, herauß, darunter*), Eigenschaften (*klein, dick*) oder Mengen bzw. Ausprägungsgrade (*vil, schön, fein*) zu bestimmen. Fragen des Wortgebrauchs sind nur ein einziger Sektor, in dem die sprachwissenschaftliche Forschung von digitalisierten Textcorpora Nutzen ziehen kann.

Im folgenden Kurzbeitrag möchte ich Arbeiten und Planungen zu einem integrierten Digitalisierungs- und Forschungsvorhaben zu älteren Fach- und Gebrauchstexten vorstellen, das sich in einem ersten Schritt zunächst auf ältere deutschsprachige Kochbücher und Kräuternbücher beziehen soll. Zuvor aber stelle ich einige Überlegungen zu gegenwärtigen Tendenzen der Quellendigitalisierung an.

II. Tendenzen der Bild- und Textdigitalisierung

Die gegenwärtige Landschaft der Digitalisierung textueller Quellen ist geprägt von einer Vielfalt von Erscheinungsformen historischer Texte im digitalen Medium. Ein deutliches Übergewicht haben derzeit Formen der Bild-Digitalisierung von Primär-Quellen, wie sie zum Beispiel bei den beiden großen deutschen Digitalisierungszentren in München und Göttingen oder bei einzelnen Bibliotheken bzw. Institutionen betrieben wird (Beispiele: SICD in Straßburg, ALO in Graz, UB Heidelberg, UB Kiel, Medizinische Universität Wien, Warburg Institute, Observatorium Wien, JALB in Emden, BIUM in Paris, BVH in Tours, SCETI und viele andere). Auch Großanbieter wie Gallica, archive.org oder books.google haben zahlreiche, heute nur schwer überschaubare Quellendigitalisate in ihren Beständen.

Hier finden sich daneben auch zahlreiche Beispiele für einen zweiten Typ: Retrodigitalisierungen (von Anteilen) gedruckter Editionen historischer Texte. So findet man etwa bei Google zahlreiche ältere Ausgaben der ‚Bibliothek des Litterarischen Vereins' als PDF-Dateien, man findet Urkundenbücher, Urbar-Editionen, Streitschriften usw. und natürlich auch zahlreiche ältere Editionen literarischer Texte. Die Tatsache, dass es sich aus Gründen der Urheber- und Leistungsschutzrechte nur um *ältere* Editionen handelt, hat sehr unterschiedliche Folgen: In manchen Fällen sind die älteren Ausgaben nach wie vor die maßgeblichen und unüberholten Ausgaben, in anderen Fällen gibt es neuere Ausgaben, die aber in digitaler Form nicht öffentlich verfügbar sind (z. B. Konrads von Megenberg *Buch der Natur* oder die Predigten Meister Eckharts).

Weit seltener, weil sehr viel aufwändiger, sind Anstrengungen, ältere Primär-Texte bzw. Editionen als zuverlässig durchsuchbare und anderweitig nutzbare Text-Dateien verfügbar zu machen, so z. B. in der öffentlich zugänglichen ‚Bibliotheca Augustana' oder bei ‚Wikisource', während im Rahmen von Forschungsprojekten erstellte digitale Texte in der Regel nicht frei verfügbar sind. Diese Anstrengungen waren bisher

---

schen Graphiken offenbar nicht berücksichtigt, um zu vermeiden, dass die ‚künstlerischen' Produkte zu monoton ausfallen. Wenn die Präpositionen *biß* und *auff* in unserer Graphik trotzdem aufscheinen, liegt das daran, dass Wordle nicht auf die frnhd. Graphie eingestellt ist.

geprägt von einer gewissen Heterogenität in den Formen der Einrichtung, der Erschließung und der Anreicherung mit Metadaten.

Schließlich finden sich darüber hinaus auch neue digitale Editionen älterer Texte einschließlich der darauf bezogenen editorischen Erschließungselemente. Hierzu gehören unter anderem das neue ‚Parzival-Projekt'[2] und das ‚Hartmann von Aue-Portal'[3]. Hinzu kommen Sammlungen von historischen Texten zu bestimmten Themen bzw. Sachgebieten (z. B. Fechtbücher: www.thearma.org, meine eigene *Monumenta culinaria*-Sammlung) und Textcorpora zu Sprachstadien, wie sie z. B. bei TITUS in Frankfurt oder beim ‚Mittelhochdeutschen Textarchiv' in Trier bereitgestellt werden.

Zuletzt sei die Vielfalt einzelner, mehr oder weniger verstreuter E-Texte genannt, die man im Netz in großer Zahl finden kann, wenn man mit einer Suchmaschine nach einschlägigen Schreibweisen wie z. B. „vnndt" oder „visitiren" sucht. Zu dieser Gruppe gehört auch der Text des mittelniederdeutschen *Promptuarium medicinae* (1483), eines Kräuterbuchs, das Peter Seidensticker in gedruckter und digitaler Form herausgegeben hat und das nun auch im Internet für die Nutzung zur Verfügung steht. Auch für die E-Text-Landschaft gilt, dass es große Unterschiede gibt hinsichtlich der Grade der philologischen Zuverlässigkeit und der Dokumentation von Texteigenschaften und Bearbeitungsprinzipien.

Die Vielfalt der Unternehmungen spiegelt unterschiedliche Zwecke, Zielsetzungen und methodische Orientierungen. Insgesamt lassen sich zwei Pole unterscheiden: die Editionsmethodik und die Corpusmethodik. Im Vordergrund der Editions-Methode steht die Erschließung eines einzelnen Texts, seiner Sprache, seiner Überlieferungszusammenhänge, seines Gehalts usw. Ziel ist ein kritisch gesicherter Text, auf den die einschlägigen editorischen Beigaben bezogen sind (Praefatio, Apparate, Glossar usw.). Bei der Corpus-Methode steht die Beantwortung einer oder mehrerer Forschungsfrage(n) im Vordergrund, zu deren Bearbeitung einzelne Texte bzw. Textgruppen herangezogen werden. Die Einrichtung und Aufbereitung der Texte sind hier wesentlich mitbestimmt von der Natur der Forschungsfragen, um die es geht. In der gegenwärtigen Lage sind aus meiner Sicht folgende Tendenzen bzw. offene Fragen erkennbar:

- Es besteht derzeit ein gewisses Ungleichgewicht zwischen den Formen der Bilddigitalisierung, der Textdigitalisierung und der forschungsgeleiteten Annotation von öffentlich verfügbaren Texten bzw. Text-Corpora. So sehr die gewaltigen Anstrengungen im Bereich der Bild-Digitalisierung zu begrüßen sind, so sind doch in Zukunft verstärkte Anstrengungen wünschenswert im Text-Bereich, zum Beispiel auch für zuverlässigere OCR-Verfahren für ältere Drucke. Auch die Tatsache, dass die digitalen Texte, die den aktuellen gedruckten Editionen zugrundeliegen, dem öffentlichen gelehrten ‚Stoffwechsel' durch Urheber- und Leistungsschutzrechte weitgehend entzogen und vielfach nur eingeschränkt im

---

[2] www.parzival.unibe.ch/

[3] www.HVA.uni-trier.de und www.fgcu.edu/rboggs/hartmann/HvAMain/HvAHome.htm

Zwielicht des persönlichen Austausches nutzbar sind, bleibt eine klaffende Wunde.

- Allgemeine und öffentliche Zugänglichkeit von Kulturgütern ist ein hoher Wert in sich, der durch Formen der Digitalisierung in höherem Maße eingelöst wird als über die traditionellen Elemente des Versorgungssystems (Bibliotheken, Archive, Museen usw.). Es ist derzeit eine offene Frage, inwiefern und in welchem Maße die Anstrengungen in den genannten Bereichen der Digitalisierung sich über die reine Zugänglichkeit hinaus bereits in erkennbar veränderten Forschungsergebnissen niedergeschlagen haben, ob und inwiefern also bestimmte Forschungsarbeiten dadurch verbessert, erst ermöglicht oder immerhin erleichtert bzw. beschleunigt wurden. Man könnte also fragen: Worin bestehen die mehrfach beschworenen ‚Mehrwerte' der Digitalisierung zum gegenwärtigen Zeitpunkt? Und was ist/war ggf. ihr Preis (in Euro, in Lebenszeit)?
- Die Vielgestaltigkeit der Digitalisierungsbemühungen bringt zahlreiche Probleme und Aufgaben mit sich. Hierzu gehören unter anderem (a) das Problem der Auffindbarkeit von digitalen Texten und die Frage nach kalkulierbaren Such- und Ermittlungsweisen, (b) die Frage nach Formen der Standardisierung (z. B. nach den TEI-Vorgaben) und nach leicht handhabbaren Arbeits-, Auswertungs- und Nutzungs-Werkzeugen dafür, (c) die Frage nach den Werkzeugen für Formen der Mehrfachnutzung und der koordinierten Bearbeitung von digitalen Textmaterialien. – Diese und andere Fragen machen derzeit eine stärkere Koordination der Arbeiten vordringlich. Es bleibt zu wünschen, dass sich Initiativen wie ‚TextGrid' (www.textgrid.de) oder bereits vorhandene Zentraleinrichtungen (z. B. www.deutsches-textarchiv.de) zu Kristallisationspunkten der Koordination in Bezug auf die genannten Fragen und Problemzonen entwickeln.

III. Ein integriertes Digitalisierungs- und Forschungsprojekt zu älteren Fach- und Gebrauchstexten: Ältere Koch- und Kräuterbücher

Die nun vorzustellenden Arbeiten zu Kochbüchern und zu Kräuterbüchern sind zum einen jeweils Untersuchungen eigenen Rechts, sie sind zum anderen aber auch Versuchsfelder, auf denen ich neue Formen der integrierten Edition und sprachwissenschaftlichen Erschließung für den gegenüber literarischen Texten quantitativ umfangreicheren Bereich der Fach- und Gebrauchstexte erprobe. Meine eigenen Forschungen zu unterschiedlichen Fach- und Gebrauchstexten des Mittelalters, der Frühen Neuzeit und neuerdings auch der Neuzeit, an die ich hier anknüpfe, bezogen sich unter anderem auf Zeitungstexte unterschiedlicher Art, polemische Texte, Kochbücher, Kräuterbücher, medizinische Texte und andere Fach- und Gebrauchstexte. Derzeit sind zahlreiche Erweiterungen bzw. Vertiefungen in Arbeit, u. a. in den Gebieten Balneologie, Geburtshilfe, Bergbau/Probierwesen, Alchemie/Chemie, Chirurgie, Astronomie/Astrologie/Kosmologie, Tierkunde etc. Es ist kaum möglich, die Forschungslandschaft zu Fach- und Gebrauchstexten des Mittelalters und der Neuzeit auch nur grob zu charakterisieren, denn sie bietet ein überaus heterogenes Bild.

Der Forschungsstand zu den mittelalterlichen Fach- und Gebrauchstexten ist insgesamt sehr erfreulich: Das ‚Verfasserlexikon' und die insgesamt doch gut gebündelten Aktivitäten im Rahmen der sog. altdeutschen Fachprosaforschung und der Germanistik haben einen guten Forschungsstand hervorgebracht; wo es Lücken und Desiderate gibt, sind die Aufgaben immerhin benannt, in Bezug auf die Kräuterbücher z. B. durch die Arbeiten von Bernhard Schnell. Darüber hinaus liegt ein Kanon von Forschungsfragen und -methoden vor, der von Aspekten der fachlichen Terminologie und Begriffsbildung über Fragen der Textlinguistik (z. B. Gattungen, Darstellungsformen, Text/Bild-Gebrauch, fachliche Syntax) bis hin zu Aspekten der Textgeschichte (z. B. Formen der Umbildung, Quellenanalyse) und zum Zusammenhang von Sprachgebrauch und fachlicher Theoriebildung reicht.

Sehr viel schlechter steht es insgesamt um den weiten Bereich der Fach- und Gebrauchstexte der Neuzeit. Da gibt es kein zentrales Werk, das dem ‚Verfasserlexikon' entspräche und das als zentraler Anlagerungspunkt für den Stand der Kenntnisse und für die Bestimmung von Aufgaben zur Weiterarbeit gelten könnte. Da sind viele Texte noch gar nicht ediert, nicht textgeschichtlich untersucht, nicht sprachwissenschaftlich kommentiert, nicht bio-bibliographisch erschlossen. Da sind ganze Fachtraditionen, die für die Lebenswelt vergangener Zeiten von zentraler Bedeutung waren, in sprachlicher und textueller Hinsicht nicht oder nur in Ansätzen untersucht. Für den gesamten Bereich der Medizin und ihrer Teilgebiete gilt: Während Juristen, Rechtshistoriker und Germanisten die sprachliche Seite des Rechts, der textuellen Verfassung und der praktischen Umsetzung des Rechts sehr gut gepflegt haben, kann man dies vom nicht minder wichtigen Bereich der Medizin und ihrer Teilgebiete keineswegs sagen. Aber auch in Bereichen wie z. B. Astronomie, Astrologie und Kalenderwesen, in Bergbau und Probierkunst – Grundpfeilern der frühneuzeitlichen Wirtschaft –, in vielen Bereichen der Technik, des Handwerks, des Handels usw., vor allem aber bei den Gebrauchstexten des Alltags liegen noch gewaltige Aufgaben vor uns. Auch im Hinblick auf Personen gilt, dass bisher vor allem hochkarätige Autoren im Blick waren, aber dennoch selbst Autoren der ersten Reihe wie Kepler oder Leibniz in sprachlicher Hinsicht keineswegs zureichend erforscht sind. Zu den noch unerledigten Aufgaben gehört nicht zuletzt auch die Erforschung und Dokumentation der Verwendung von Fach- und Gebrauchstexten durch Frauen.

Insgesamt findet man also im Hinblick auf die unterschiedlichen Fach- und Gebrauchstext-Traditionen einen sehr heterogenen Forschungsstand vor. Sprachliche Forschungen zu diesen Gegenständen werden auch dadurch erschwert, dass es nicht leicht ist, die Arbeiten zu einem Gebiet überhaupt zu überschauen. Wer sich z. B. für deutschsprachige Texte im Bereich der Tiermedizin, etwa zur Rossarznei, interessiert, muss zum einen germanistische, zum anderen historisch orientierte veterinärmedizinische Veröffentlichungen überschauen. Für den Zeitraum bis zum Spätmittelalter sind hier im Rahmen der Überblickswerke zur Fachprosaforschung wertvolle Beiträge geleistet, für die Neuzeit fehlen geeignete Übersichten bislang. Ginge man die unterschiedlichen Fach- und Gebrauchstextbereiche im Einzelnen durch, ergäbe sich dabei sicherlich ein manchmal besserer, manchmal schlechterer Stand der Erforschung und der Dokumentation, den man jeweils gesondert besprechen müsste, insgesamt aber glaube ich folgende allgemeine Kurzcharakteristik vertreten zu können: Die zahlreichen Fach- und Gebrauchstexte der Neuzeit sind insgesamt schlecht erforscht. Ihre sprachlichen Eigenschaften sind insgesamt mangelhaft erforscht und dokumentiert. Die entsprechende Textlandschaft selbst und auch ihre Erforschung ist nur äußerst schwer überschaubar.

Soweit ich sehe, ist eine zeitgemäße Darstellungs- und Dokumentationsform als systematisch angelegtes Forschungsportal zu denken, in dem die Texte selbst, die Befunde sprachwissenschaftlicher Forschungen, die lexikalische Einzeldokumentation, der Stand des Wissens über sozialgeschichtliche Aspekte der Textnutzung und bio-bibliographische Informationen verbunden und aufeinander bezogen sind.

Am Beispiel der Projekte zu den Koch- und Kräuterbüchern erläutere ich nun zunächst, um welche Texte es geht, welche sprachwissenschaftlichen Forschungsaspekte hierbei im Vordergrund stehen (Abschnitt III.1) und welche Formen der integrierten Dokumentation zunächst vorgesehen sind (Abschnitt III.2).

III.1. Text-Dokumentation und Forschungsfragestellungen

Grundlage der Text-Dokumentation sind in allen Fach- und Gebrauchstextbereichen, in denen wir bisher Texte digitalisiert haben, bereinigte Transkriptionen von wichtigen Textzeugen. Bei den Kräuterbüchern dient hierzu etwa die jeweils wichtigste Druckausgabe; bei den Kochbüchern nutzen wir dafür in der Regel eine einzelne Handschrift, bei den Drucken jeweils die erste oder eine sonstwie prominente Druckausgabe. Bei Texten mit einer langen Druckgeschichte haben wir teilweise auch mehrere Textfassungen digitalisiert, um eine Grundlage für die Dokumentation sprachlicher Anpassungen im zeitlichen Längsschnitt zu besitzen.

Die Texte sind in der Regel seiten- und zeilengetreu erfasst, die Seiten- und Zeilenreferenz dient als Grundlage der Textvermessung und der digitalen Verweisung auf Textstellen. Die Silbentrennung haben wir aufgehoben, um Suchvorgänge nicht zu komplizieren, Sonderzeichen wurden auf eindeutige Weise kodiert. Insgesamt liegen die meisten Texte derzeit noch nicht in einer TEI-konformen Fassung vor, die Prinzipien der Erfassung sind aber TEI-kompatibel.

Im Bereich der Kräuterbücher sind bislang folgende Werke transkribiert: das mittelniederdeutsche *Promptuarium medicinae*[4] (1483; bearbeitet von Peter Seidensticker), der *Gart der gesuntheit*[5] (1485; Peter Seidensticker), der mittelniederdeutsche *Gaerde der suntheit*[6] (1492; Peter Seidensticker), Hieronymus Bocks *New Kreütter Buoch*[7] (1539–1546; Peter Seidensticker; Gloning und Mitarbeiter), das *New*

---

4 Das Promptuarium medicinae. Magdeburg, Bartholomäus Ghotan 1483. Hrsg. von Peter Seidensticker. Lahr 1990 (Corpus herbariorum. 1).

5 Gart der gesuntheit. Mainz: Peter Schöffer 1485. Nachdruck München-Allach: Kölbl 1966.

6 Gaerde der suntheit – Hiir heuet an de lustighe vnde nochlighe Gaerde der suntheit. Lübeck 1492.

7 Hieronymus Bock: New Kreütter Buoch [...]. Teil I. Straßburg: Wendel Rihel 1539. – Das ander theyl der kreüter sampt jren namen vnd vermögen [...]. Straßburg: Wendel Rihel 1539. – Kreüter Buochs dritte Theile [...]. Straßburg: Wendel Rihel 1546.

Kreüterbuoch des Leonhart Fuchs[8] (1543; Gloning und Mitarbeiter). Diese Texte umfassen jeweils mehrere hundert Druckseiten. Im Bereich der Kochbücher kann ich nur einige Beispiele für Transkriptionen nennen: *Rheinfränkisches Kochbuch*[9] (um 1445), drei *Küchenmeisterei*-Fassungen (1490[10], 1566, 1690), den ganzen Marx Rumpolt (*New Kochbuch*, 1581)[11], das Grazer Kochbuch von 1686[12] (siehe Abb. 1 im Anhang), das Molsheimer Kochbuch von 1671[13], das *Vollständige kleine niedersächsische Kochbuch* (um 1800)[14], vom monumentalen Conrad Hagger-Kochbuch von 1719[15] haben wir eine Erstfassung, die noch einen Korrekturgang erwartet, zahlreiche andere Transkriptionen sind noch in Bearbeitung. Einige dieser Texte sind auf der *Monumenta culinaria*-Seite als einfache HTML-Dateien bereits verfügbar, naturgemäß sind die Nutzungsmöglichkeiten dieser Dokumente beschränkt: Man kann sie lesen, darin suchen, sie ggf. natürlich auch weiter verarbeiten (Indizes, Konkordanzen, Frequenzrechnungen etc.).

Die nächsten Arbeitsschritte bestehen in der stufenweisen Auswertung und ggf. Annotation der Texte im Hinblick auf die im Folgenden genannten Forschungs- und Fragenbereiche, ihre Konkretisierungen und auch ihre Zusammenhänge.[16]

Im Hinblick auf die Forschungsfragen zu Fach- und Gebrauchstexten stehen drei Bereiche im Vordergrund unseres Interesses: (a) Fragen des Wortgebrauchs, der Wortschatzorganisation und der Wortschatzentwicklung, (b) Gesichtspunkte des Textaufbaus, der Textorganisation und der Entwicklung von Textmustern, (c) Aspekte der syntaktischen Organisation mit den Perspektiven auf Besonderheiten des jeweiligen Sprachstadiums einerseits und auf die Rolle von syntaktischen Mustern für

---

8 Leonhart Fuchs: The new herbal of 1543 (New Kreüterbuch). Complete coloured edition. Kommentierung von Werner Dobat und Werner Dressendörfer. Köln u. a.: Taschen 2001.

9 Thomas Gloning: Rheinfränkisches Kochbuch (um 1445). Edition der Rezepte, Übersetzung, Anmerkungen, Schriftdialekt, Glossar. In: Rheinfränkisches Kochbuch (um 1445). Faksimileausgabe. Frankfurt a. M. und Donauwörth 1998, S. 26–120.

10 Küchenmeisterei. Nürnberg um 1490. Faksimile nach dem Exemplar der Herzog-August-Bibliothek in Wolfenbüttel. Hrsg. von Hans Wegener. Leipzig 1939.

11 Marx Rumpolt: Ein new Kochbuch: Frankfurt a. M. 1581.

12 Ein Koch- Und Artzney-Buch. Gedruckt zu Grätz/ Bey denen Widmanstetterischen Erben 1686, S. 1–118 [Kochbuch-Teil]. – Online als komplettes Textdokument über die *Monumenta-culinaria*-Website: http://www.uni-giessen.de/gloning/kobu.htm.

13 Koch-buch So wol Für Geistliche als auch weltliche grosse und geringe Hausßhaltungen/ [...] Durch Einen Geistlichen Kuchen-Meister deß Gotteshauses Lützel beschrieben und practicirt. Molsheim: Straubhaar 1671.

14 Vollständiges kleines Niedersächsisches Kochbuch [...]. Neue Auflage. Hamburg und Altona, bei Gottfried Vollmer [o. J.; um 1800; einziges bisher bekanntes Exemplar in der UB Gießen].

15 Hagger, Conrad: Neues Saltzburgisches Koch-Buch. Augsburg 1719. Nachdruck in zwei Bänden und einem Begleitheft. Nachwort und Glossar von M. Lemmer. Leipzig 1977.

16 Vgl. hierzu ausführlicher die beiden längeren Aufsätze des Verf. zur sprachlichen Gestalt von Kochbüchern bzw. von Kräuterbüchern und die Arbeit zum deutschen Wortschatz um 1600: Thomas Gloning: Textgebrauch und sprachliche Gestalt älterer deutscher Kochrezepte (1350–1800). Ergebnisse und Aufgaben. In: Textsorten deutscher Prosa vom 12./13. bis 18. Jahrhundert und ihre Merkmale. Hrsg. von Franz Simmler. Bern u. a. 2002, S. 517–550. – Thomas Gloning: Deutsche Kräuterbücher des 12. bis 18. Jahrhunderts. Textorganisation, Wortgebrauch, funktionale Syntax. In: Gesund und krank im Mittelalters. Hrsg. von Andreas Meyer und Jürgen Schulz-Grobert. Leipzig 2007, S. 9–88. – Thomas Gloning: Organisation und Entwicklung historischer Wortschätze. Lexikologische Konzeption und exemplarische Untersuchungen zum deutschen Wortschatz um 1600. Tübingen 2003. Weitere Hinweise, u. a. zu Zeitungen und Streitschriften, finden sich unter http://www.uni-giessen.de/gloning.

textuelle Aufgaben andererseits. Letztere kann man als die Perspektive einer funktionalen Syntax bezeichnen.

Im Hinblick auf Fragen des Wortgebrauchs, der Wortschatzorganisation und der Wortschatzentwicklung im Bereich der Kräuterbücher konzentrieren wir uns etwa auf die Untersuchung und Auszeichnung von Pflanzenbezeichnungen, Krankheitsbezeichnungen, Farbbezeichnungen und andere deskriptive Wortschatzsektoren. Im Bereich der Kochbücher werden Elemente der unterschiedlichen kulinarischen Wortschatz-Sektoren markiert, ausgewertet und dokumentiert. In beiden Bereichen werden darüber hinaus funktionale Wortschatzsektoren wie z. B. der Wortschatz der Querverweisausdrücke (*obgemelt* usw.), der Konnektoren, der Graduierungsmittel usw. gekennzeichnet und weitere lexikologische Fragestellungen, etwa Fragen der Entlehnung, der Wortbildung, der Fachlichkeit usw. bearbeitet.

Zu den Untersuchungsgesichtspunkten, die sich auf Fragestellungen zum Textaufbau und zur Textorganisation beziehen, gehören u. a. die Entwicklung unterschiedlicher Darstellungsformen und Genres, die systematische Untersuchung ausgewählter funktionaler Textelemente, z. B. Beschreibungen von Pflanzen und Pflanzenteilen, Quellenkennzeichnungen oder Angaben zu medizinischen Indikationen in Kräuterbüchern, in den Kochbüchern z. B. Formulierungen von Arbeitsschritten, in beiden Bereichen Spielarten der Themenangabe und des Themenmanagements und viele andere textfunktionale Teilaspekte mehr.

Zu den Fragestellungen und Auszeichnungsgesichtspunkten im Gebiet der Syntax gehören zum einen die syntaktischen Muster für die einzelnen funktionalen Textbausteine (z. B. syntaktische Muster für die Realisierung von Quellenkennzeichnungen), aber auch ausgewählte Erscheinungen der historischen Syntax des Deutschen, bezogen auf den jeweiligen Texttyp (z. B. die Entwicklung von Nominalgruppen in den Texttypen ‚Pflanzenmonographie' bzw. ‚Kochrezept' oder die Formen der syntaktischen Realisierung von Heilanzeigen von Pflanzen).

Zwischen diesen Untersuchungsbereichen gibt es teilweise enge Zusammenhänge. So kommen z. B. bestimmte deskriptive Wortschatzelemente wie etwa Farbbezeichnungen besonders häufig im Textbaustein Pflanzenbeschreibung der Kräuterbücher vor, der Textbaustein Begründung wird vielfach durch eigene lexikalische Elemente signalisiert, z. B. frnhd. *dann, damit, deßhalb, darumb dass* usw. Oder: Einzelne Textbausteine weisen nicht selten stereotype syntaktische Realisierungsmuster auf, und innerhalb von syntaktischen Mustern sind z. T. *slots* für Wortschatzelemente eines bestimmten Typs zu erkennen, z. B. redekennzeichnende Verben im Rahmen von Quellenkennzeichnungen des Typs Quellennennung (*Avicenna, ein meister* o. Ä.) plus Verb (*sagt, spricht* o. Ä.). Fachliches Schreiben ist in vielfacher Hinsicht bestimmt durch Konstruktionen mit einer jeweils eigenen lexikalischen und syntaktischen Prägung.

In technischer Hinsicht ist es unabdingbar, Zusammenhänge dieser Art systematisch zu erfassen und zu annotieren. Viele Detailfragen der technischen Realisierung eines solchen Systems der Mehrfach-Auszeichnung sind derzeit allerdings noch offen. Immerhin sind die Anforderungen deutlich: Zum Beispiel muss es möglich sein, Texte stufenweise mit Auszeichnungen für weitere Gesichtspunkte anzureichern und die jeweils vorhandenen Auszeichnungen bei der Auswertung zu kombinieren (z. B. Kreuzklassifikationen wie funktionaler Textbaustein/syntaktische Muster).

Ich veranschauliche die genannten Fragestellungen nun mit einigen Textbeispielen, zunächst mit einer der kürzeren Pflanzenmonographien aus Leonhart Fuchsens *New Kreüterbuoch* (1543, Kap. 182; siehe Abb. 2 im Anhang). Pflanzenmonographien sind die zentralen textuellen Einheiten von Kräuterbüchern. In einer Pflanzenmonographie wird eine bestimmte Pflanze und ggf. unterscheidbare Typen entlang einem mehr oder weniger festen Schema thematischer Aspekte beschrieben. Während die frühen Kräuterbücher vorwiegend medizinische Aspekte von Pflanzen behandeln, kommen seit der ersten Hälfte des 16. Jahrhunderts verstärkt auch botanische Aspekte hinzu, z. B. der Habitus, Aspekte des Wachstumszyklus, des Standorts usw. Diese Entwicklung hatte weitreichende Folgen für die sprachliche Gestalt von Pflanzenmonographien, vor allem für den Ausbau des deskriptiven Wortschatzsektors. Der Text des Kapitels 182, zu dem es bei Fuchs auch eine Abbildung gibt, lautet (mit den Kodierungen für übergeschriebene Zeichen und aufgelöste Abbreviaturen):[17]

Von Beinho:eltzlin. Cap. CLXXXII.

Namen.

||A| BEinho:eltzlin würt mit andern namen auch genent/ dann ettlich
nennens Mundholtz/ ettlich Rein oder Schu:olweiden/ die
andern Hartrigel. Zu:o Latein ist es Ligustrum genent. Den Apoteckern
ist es gantz vnbekant.

Gestalt.

Beinho:eltzlin ist ein klein bo:eumlin/ welches bletter des o:elbaums oder Weiden
blettern gleich seind/ allzeit zwey gegen einander. Die blu:omen seind schneeweiß/
vnd eins starcken geruchs/ die steen getrungen bey einander als die
trauben. So sie abfallen gewindt es beer die seind inn der erste gru:en/ nachfolgends
werden sie schwartz/ aller gestalt fast den trauben gleich.

||B| Statt seiner wachsung.

Beinho:eltzlin ist gantz gemein in vnserm Teütschen land/ dan{n} es in allen
hecken wechßt/ vnd derhalben vera:echtlich gehalten würdt. Das Virgilius recht
daruon geschriben hat/ wie niemands seine scho:ene weissen wolriechenden blu:omen
auff la:ese/ sonder man laß sie abfallen/ vnd la:eß doch vleissig auff die Brombeer/
die do schwartz seind.

---

17 Bild-Digitalisate online über SICD, Strasbourg: http://imgbase-scd-ulp.u-strasbg.fr/displayimage.php?album=24&pos=0. Zwei weitere Exemplare sind online verfügbar über die Seiten des Münchner Digitalisierungszentrums (http://daten.digitale-sammlungen.de/~db/0001/bsb00017437/images/) und der Universität Tübingen (http://tobias-lib.ub.uni-tuebingen.de/volltexte/2001/237/). Eine Volltext-Transkription wird demnächst das *Corpus herbariorum*-Projekt bieten: http://www.uni-giessen.de/gloning/ch/ch.htm.

Zeit.

Blüet im Meyen vn{d} Brachmonat/ im Herbst aber werden seine beer zeitig.

Die natur vnd complexion.

Beinho:eltzlin hat ein vermischte natur vnnd complexion/ dann sie zum teyl warm vnd feücht/ zum teyl auch kalt vnd trucken ist/ wie wir so:elchs weitleüffiger in vnserm Lateinischen kreüterbu:och haben angezeygt.

||C| Die krafft vnd würckung.

Der safft vom Beinho:eltzlin ist nützlich den neruen/ gleychen/ vnnd zu:o dem frost. Gedachter safft heylet fürnemlich die geschwa:er des munds/ vnnd der gemechten. Gleiche krafft haben auch die bletter inn wein gesotten/ oder gekewet. Die beer sollen die leüß vertreiben. Sie heylen den zipff der hennen vnd hu:ener. Die bletter zerstossen vnd übergelegt/ heylen den brandt.

Im Bereich des Wortgebrauchs sind in diesem kurzen Textstück mehrere Pflanzenbezeichnungen zu dokumentieren (*Beinhöltzlin, Mundholtz, Reinweide, Schuolweide, Hartrigel, Ligustrum, Brombeer*). Zum deskriptiven Wortschatz, der für die Pflanzenbeschreibung gebraucht wird, gehören zum einen Ausdrücke für Teile von Pflanzen (*Blatt*, *Bluome* ‚Blüte', *Beere*), für Eigenschaften wie Größe oder Farbe (*klein, schneeweiß, grün, schwarz*), für Kategorien der Beschreibung (*geruch*), hinzu kommen Bewertungsausdrücke (*wohlriechend, schön, verächtlich*), Graduierungsmittel (*stark, ganz*), elementare und komplexe Ausdrücke zur Bestimmung von Zeitpunkten (*in der erste* ‚anfangs', *nachfolgends, im Meyen*), für Aspekte der zeitlichen Dynamik bzw. der Entwicklung von Pflanzen (*blüen, zeitig werden*), mit Konnektoren wie *derhalben* werden Zusammenhänge zwischen den sprachlichen Handlungen, die mit Äußerungsteilen realisiert werden, signalisiert. Die letzten beiden Abschnitte sind den medizinischen Eigenschaften der Pflanze gewidmet, entsprechend enthalten sie zahlreiche Ausdrücke, die sich auf medizinische Aspekte und Überzeugungen der Zeit beziehen, die damals geprägt waren vom System der medizinischen Vier-Säfte-Lehre. Zu den Grundbegriffen der Vier-Säfte-Lehre gehören etwa *natur, complexion, warm, feucht, kalt, trocken*, Bezeichnungen für anatomische Einheiten sind etwa *nerv, gemächt, gleiche* ‚Gelenk', zu den Krankheitsbezeichnungen gehören z. B. *brand, geschwär, zipf.* Die Beschreibung vieler dieser Wortschatzelemente und ihrer Verwendungsweisen erfordert in der Regel weitläufige Darlegungen des jeweiligen fachlichen Hintergrundes und der Denkweisen der betreffenden Zeit. Was man um 1540 mit dem Ausdruck *Nerv* meinte, unterschied sich z. B. erheblich von dem, was man um 1840 darunter verstand.

Über die Bedeutungsbeschreibung hinaus werden die einzelnen Verwendungsweisen auch lexikologisch markiert, d. h., die hier vorliegende medizinische Verwendungsweise von *complexion* wird zusätzlich explizit markiert als zum Bereich der Medizin/Teilbereich Säftelehre gehörig, hinzu kommen Markierungen der Wortart, des Fremdwortstatus, ggf. des Wortbildungstyps usw. Die mehrdimensionale lexikologische Markierung der einzelnen Ausdrücke und ihrer Verwendungsweisen wird es erlauben, einzelne lexikologische Aspekte und ihre Kombinatorik gezielt abzufragen, z. B. „Zeige alle Bezeichnungen bzw. Verwendungsweisen, die sich (1) auf anatomische Einheiten beziehen und (2) für die es Belege im Zeitraum zwischen 1500 und 1580 gibt".[18]

Im Hinblick auf Möglichkeiten der Markierung und der Annotation dieser Beschreibungsaspekte zeigt es sich, dass das Kategoriendesign von den Forschungsfragen einerseits und von den Eigenschaften des zu untersuchenden Textes andererseits mitbestimmt wird. Man kann sich hier einen Diskussionsstrang aus dem Streit um das Hallig/von Wartburg'sche Kategoriensystem[19] in der nicht-alphabetischen Lexikographie vergegenwärtigen. Eines der Argumente gegen das System bzw. gegen seinen universellen und unmodifizierten Einsatz war, dass zeitliche, regionale und kulturelle Prägungen im weitesten Sinne auch mit Besonderheiten im Wortschatz und im Wortgebrauch einhergehen, die sich nicht mit einem universellen und ein für alle Male festgeschriebenen Kategorienschema erfassen lassen. Hinzu kommen Fragen der Feinkörnigkeit der Beschreibung, die sich ja nicht selten im Verlauf von Untersuchungen verändert. Wird man zu Beginn der Untersuchung möglicherweise nur grob einzelne Textbausteine als *Quellenkennzeichnung* markieren, so wird sich mit zunehmender Übersicht über die Realisierungsformen und Spielarten dieses Bausteins das Bedürfnis einstellen, die Markierungsmöglichkeiten zu erweitern und ggf. auch zu verändern. Man könnte einwenden, dass es doch besser sei, mit der Kodierung von Eigenschaften zu warten, bis eine vollständige Übersicht über das Spektrum der Erscheinungen gewonnen ist, und dann erst ein darauf bezogenes Kategoriensystem zu entwickeln. Dagegen spricht zweierlei: Zum einen ist auch eine erste, noch grobkörnige Markierung ein wertvolles Hilfsmittel, um die dadurch gekennzeichneten Belege einer verfeinernden Analyse zuzuführen. Will man etwa die Spielarten der Quellenkennzeichnung, des Vergleichs oder der Farbausdrücke genauer beschreiben, dann ist es äußerst wertvoll, wenn die betreffenden Textstellen, die Quellenkennzeichnungen, Vergleiche oder Farbausdrücke enthalten, bereits markiert sind. Zum anderen bestehen im Hinblick auf unsere zentralen Forschungsfragen zum Teil erhebliche Unterschiede in einzelnen Kommunikationsbereichen und Texttypen, so z. B. im Bereich der Quellenkennzeichnung zwischen literarischen, naturkundlichen, theologischen und juristischen Texten. Wer mit der Corpus-Arbeit warten will, bis alle Gesichtspunkte, Kommunikationsbereiche, Texttypen usw. zu überschauen sind, wird vermutlich nie anfangen können. Es liegt nahe, in dieser Lage eine gemischte Strategie zu wählen. Einerseits empfiehlt es sich, durch gezielte Voruntersuchungen ein Kategorien- und Markierungssystem zu entwickeln, das der Vielfalt der Erscheinungen und dem gewählten Grad der Feinkörnigkeit der Untersuchung angemessen ist, andererseits muss man dennoch die Beschreibungsmittel dynamisch halten:

---

18 Ausführlicher zur Idee der mehrdimensionalen Auszeichnung in meinem Buch zum deutschen Wortschatz um 1600 (Gloning 2003, Anm. 16).

19 Vgl. Rudolf Hallig / Walter von Wartburg: Begriffssystem als Grundlage für die Lexikographie: Versuch eines Ordnungsschemas. 2., neu bearb. u. erw. Aufl. Berlin 1963 (Veröffentlichungen des Instituts für Romanische Sprachwissenschaften. Deutsche Akademie der Wissenschaften zu Berlin. 19).

Sie müssen erweiterbar sein und ggf. auch veränderbar in einer Lage, in der bereits größere Datenmengen bearbeitet sind.

Ein zweites Textbeispiel aus der *Küchenmeisterei* von 1490 soll die Frage nach dem Repertoire syntaktischer Muster in einzelnen Fach- bzw. Sachgebieten verdeutlichen, hier die Formulierungsweisen für Arbeitsschritte im Rahmen von Rezepten, die im Beispiel unterstrichen sind.

> v. § Jtem wiltu machen dreyerley essen von eine*m* visch dz doch der visch noch gedunncke*n* gantz pleib. Schlach einen hecht oder sunst ein andern visch schon bereit in drey od*er* in vier teyl. Das erst teyl leg auf eine*n* rost vn*d* brat das. Dz ander teyl seu:ed mit wein ab vn*d* wurtz. Das drit gesultzt. Das vierd der schwantz gebache*n* vnd der visch sol zusamen gelegt werden yedes stu:eck nach ein ander alß er gantz sey. Das haupt zu dem ersten. darnach das mittel stu:eck. Darnach de*n* schwantz gerad an ein ander vnd mit gehacktem peterling wol bestreu:et vn*d* dar gesetzt. Dar bey soll gesetzt werden gut salssen od*er* essig in vil kleine schu:essellein so ysset ein gast anders dan der ander vnd ist seltzam.[20]

In diesem Rezept sind vier Typen der Formulierung von Arbeitsschritten belegt: (a) der Gebrauch von Imperativformen (*schlach, leg*), (b) der selbstständige Gebrauch des Partizips (*gesultzt, gebachen, bestreüet, dar gesetzt*), (c) passivische Ausdrucksweisen, z. T. in Kombination mit Modalverben (*der visch sol zusamen gelegt werden*) und (d) Partizipien, die als Attribute im Rahmen von Nominalgruppen gebraucht werden (*gehackter Peterling*). Solche syntaktischen Ausdrucksmuster und ihr Gebrauchsprofil sind z. T. spezifisch für bestimmte fachliche Texttraditionen. Ihr Gebrauchs- und Frequenzprofil kann sich im historischen Längsschnitt verändern: In den frühen Kochbüchern findet man Partizipialattribute zur Formulierung von Arbeitsschritten nur selten und von geringer Komplexität, wie das Beispiel *mit gehacktem peterling* zeigt. Vierhundert Jahre später, in Rottenhöfers *Anweisung in der feinern Kochkunst* (um 1890) finden sich komplexe, mehrfach koordinierte Partizipialattribute in der Funktion, Arbeitsschritte zu formulieren:

> [Die in der Marinade weich gekochten, halb darin ausgekühlten und sodann rein ausgebeinten, 6 Centimeter lang geschnittenen Kalbsschweifstücke] werden [...][21]

Solche Befunde dienen zum einen der Charakterisierung des jeweiligen Texttyps, sie sind zum anderen aber auch Beiträge zu bestimmten sprachlichen Erscheinungen – seien sie nun lexikalischer, textueller oder syntaktischer Art –, deren jeweilige Ausprägung in einem Sprachstadium und im Rahmen eines bestimmten Fach- bzw.

---

20 Küchenmeisterei, 1490 (Anm. 10).

21 Julius Rottenhöfer: Neue vollständige theoretisch-praktische Anweisung in der feinern Kochkunst mit besonderer Berücksichtigung der herrschaftlichen und bürgerlichen Küche. [Vorsatz: Jllustrirtes Kochbuch.] 6. Aufl. München o. J. [um 1890]. Nachdruck Augsburg 1997, S. 287.

Gebrauchstexttyps beschrieben wird. Die Beschreibung der sprachlichen Charakteristik von Texttypen ist damit gleichzeitig ein Beitrag zur Beschreibung des Varietätenspektrums und seiner Entwicklungen.

Ich breche die Erläuterung von Forschungsfragestellungen hier ab und verweise für ausführlichere Beispiele und erste Befunde auf die beiden längeren Aufsätze zu den Kochrezepten (2002) und Kräuterbüchern (2007).[22]

III.2. Integrative Darstellung und Dokumentation

Anhand von Kochbüchern des 14. bis 19. Jahrhunderts und anhand von deutschsprachigen Kräuterbüchern des 15. bis 18. Jahrhunderts[23] soll auch erprobt werden, wie eine integrierte Umgebung für die digitale Dokumentation von Texten und für die Präsentation von Ergebnissen ihrer Erforschung aussehen könnte. Der Programmpunkt der Integration bezieht sich auf folgende Zielsetzung: Im Bereich der *Text-Digitalisierung* beabsichtigen wir, zentrale Texte eines bestimmten Fach- bzw. Gebrauchstextsektors allgemein zugänglich zu machen bzw. anderweitig bereits vorhandene E-Texte und Digitalisate mit einzubinden. Diese Texte dienen in z. T. aufbereiteter und annotierter Form zugleich als Grundlage für die Bearbeitung von sprachwissenschaftlichen Forschungsfragen, deren Ergebnisse dann gleichermaßen in digitaler Form vorgelegt und mit den Quellen-Texten verknüpft werden. Man kann sich solche integrierten Darstellungsformen fürs Erste als komplexere, interaktiv und dynamisch angelegte Gegenstücke zu traditionellen Veröffentlichungen vorstellen, in denen „Untersuchungen“, eine „Textedition“ und im besten Fall ein ausführliches „Glossar“ aufeinander bezogen waren. Zu den besonderen Herausforderungen eines solchen Projekts gehören sicherlich die damit verbundenen Probleme der Komplexität des Gegenstandes und die davon abhängenden Fragen der System-Architektur und der Vernetzung, ferner die neuen Formen der dynamischen Darstellung und der interaktiven Nutzungsmöglichkeiten, die modulare Schreib- und Vertextungsweisen auch bei der Darstellung von Forschungsergebnissen erfordern.

An einem Textbeispiel aus der *Küchenmeisterei* (um 1490) möchte ich nun unterschiedliche Elemente und mögliche Richtungen der Integration verdeutlichen. Im Kern geht es hierbei zunächst um eine Vernetzung von (a) digitalen Quellentexten, (b) den Ergebnissen der sprachlichen Untersuchungen und (c) der Wortgebrauchs-Dokumentation, die ihrerseits in der Beschreibung der einzelnen Verwendungsweisen in lexikographischer Manier besteht, zusätzlich aber mit Markierungen für unterschiedliche lexikologische Eigenschaften angereichert ist. Die kurze Textstelle lautet:

---

[22] Wie Anm. 16.

[23] Die einzelnen Fach- und Gebrauchstexttraditionen erfordern jeweils auch eigene chronologische Entscheidungen, die z. T. unabhängig sind von herkömmlichen Periodisierungen von Sprachstadien. Bestimmend sind hierbei unter anderem die einzelnen fachlichen Traditionen, Gesichtspunkte der Überlieferung, fach- bzw. textgeschichtliche Zäsuren und Umbrüche, aber auch rein forschungspraktische Gesichtspunkte. Die Entscheidung, bei den Kräuterbüchern schwerpunktmäßig mit der Drucküberlieferung zu beginnen, ist rein forschungspraktisch motiviert, überlieferungsgeschichtlich wäre eine Dokumentation, die mit dem 12. Jahrhundert beginnt und die Zusammenhänge der handschriftlichen und der Drucküberlieferung mit berücksichtigt, auch sehr gut zu rechtfertigen.

Jtem visch krebs vnd allerley obs das do ist kalter natur. auch milch vnd wasser muß man mit wurtzen ab temperieren (*Küchenmeisterei* 1490, A4r). Diese Passage enthält drei Wörter, deren hier vorliegende Verwendungsweisen unterschiedlichen Bereichen der Vier-Säfte-Lehre zugehören: *kalt*, *natur* und *abtemperieren.*

<id="A4r.09"> xvi. § Jtem visch krebs vnd allerley obs das do ist kalter natur.

<id="A4r.10"> auch milch vnd wasser muß man mit wurtzen ab temperieren</n>

Eine erste, sehr elementare Art der Verknüpfung wird zunächst darin bestehen, die Textstelle in der Funktion eines Belegs mit einer lexikographischen Beschreibung der entsprechenden Verwendungsweise zu koppeln. Der folgende Baustein ist ein Beispiel für die Beschreibung einer Verwendungsweise, an die zusätzliche lexikologische Markierungen angehängt sind:

<vw>

<vwid>abtemperieren_1</vwid>

<sem>'die humoralen Primär-Qualitäten einer Substanz durch Beifügung einer anderen Substanz mildern'. Beispiel: die humorale Primärqualität der Kälte eines Fisches mildern mit Hilfe von Essig, der als humoral trocken und heiß gilt.</sem>

<mark>ws:sl-eag wobi:pvb fre:lat</mark>

<vw>

Mit dem Eintrag *abtemperieren_1* wird die Verwendungsweise identifiziert, der Eintrag im sem-Feld ist eine semantische Paraphrase mit Erläuterung, die den spezifischen Gebrauch von *abtemperieren* im Rahmen der Vier-Säfte-Lehre in gebotener Kürze beschreiben soll. Im mark-Feld sind exemplarisch unterschiedliche weitere Eigenschaften des Wortes bzw. der Verwendungsweise charakterisiert, z. B. die Zugehörigkeit zum Bereich der Säftelehre, zu einer bestimmten Wortbildungskategorie oder zu den Fremdwörtern einer bestimmten Herkunft. Einträge wie „ws:sl-eag" verbinden also eine lexikologische Beschreibungsdimension (*ws* für Wortschatzorganisation) mit einem entsprechenden Parameterwert, der für die Verwendungsweise zutrifft (*sl-eag* für eine Ereignisbezeichnung, die dem Bereich der Säftelehre zuzuordnen ist).

Die Verbindung zwischen der Verwendungsweise und der Textstelle leistet ein Beleg-Baustein, der etwa folgende Gestalt haben kann und den man folgendermaßen umschreiben kann: Zur Verwendungsweise *abtemperieren_1* findet man einen Beleg in der *Küchenmeisterei* 1490 auf Seite A4r, Zeile 10:

<bel>

<vwid>abtemperieren_1</vwid>

<bst><q>1490 Küchenmeisterei</q> <st>A4r.10</st><bst>

</bel>

Da nicht damit zu rechnen ist, dass alle Texte, die Gegenstand der Untersuchung sind, zum Zeitpunkt der Auswertung auch vollständig digitalisiert vorliegen, werden zusätzlich Belege in traditioneller Form aufgenommen, die dann ebenfalls der entsprechenden Verwendungsweise zugeordnet werden, die aber zusätzlich zur Belegstellenangabe auch noch einen Textauszug mit einem traditionellen lexikographischen Belegschnitt enthalten.

Als dritte Komponente sind modulare Darstellungselemente mit Forschungsergebnissen einzubinden, also beispielsweise Textbausteine (thematisch markierte ‚Kapitel') zum Wortschatz der Säftelehre, zur Rolle von Fremdwörtern, Wortbildungen, Ereignisbezeichnungen usw. in Kochbüchern, von wo aus dann u. a. auf die Beschreibung zu *abtemperieren_1* verwiesen wird. Wie vergleichbare Verknüpfungen im Bereich der syntaktischen und textuellen Muster genau aussehen können, ist derzeit noch offen, klar ist aber, dass sie mindestens einen typologischen Aspekt (welche Muster sind belegt?) und einen Frequenzaspekt haben. In einem solchermaßen vernetzten System gibt es unterschiedliche Bewegungsmöglichkeiten: (a) von einer Textstelle zu einem Glossareintrag mit der Erläuterung der vorliegenden Verwendungsweise, (b) von einer Textstelle zu einer systematischen Teildarstellung, in der die betreffende Erscheinung in einem größeren Zusammenhang behandelt wird, (c) von einem Glossareintrag zu einer Textstelle, (d) von einem Glossareintrag zu anderen Glossareinträgen mit derselben oder einer verwandten Markierung (also z. B. von *abtemperieren_1* zu anderen Verben, die ebenfalls die Markierung „sl:eag" haben), (e) von einem Glossareintrag zu einer systematischen Darstellung, in der ein Teilgebiet behandelt wird, auf das sich eine Markierung bezieht, und schließlich (f) von den systematischen Teildarstellungen zu einzelnen Verwendungsweisen-Einträgen der lexikologischen Komponente und von dort aus weiter zu einzelnen Textstellen.

Diese Art der Integration von Textdarbietung, lexikologischer Dokumentation und Untersuchungsergebnissen ist überschaubar, wenn es sich zunächst um einzelne Texte handelt. Offen ist derzeit die Frage, wie sich der kontinuierliche Ausbau eines solchen integrierten Forschungs- und Dokumentationssystems mit neuen Texten, Textgruppen und ganzen fachlichen Sektoren in der Praxis und in technischer Hinsicht genau gestalten kann. Hier wird es zunächst darum gehen, einzelne Sektoren anhand von klug ausgewählten Texten parallel zu beschreiben, in Grundzügen zu dokumentieren und die einzelnen Teile aufeinander zu beziehen. In Vorbereitung sind – neben den Koch- und Kräuterbüchern – derzeit Texte bzw. Textgruppen aus den Bereichen Bergbau, Balneologie und Geburtshilfe.

Zum Schluss noch einige Teilantworten auf die Sinnfrage: Warum machen wir das alles und was sind mögliche Nutzungsperspektiven?

- Für die Dokumentation unterschiedlicher fachlicher Verwendungsweisen gibt es zunächst forschungsinterne Gesichtspunkte. Fachlicher Sprachgebrauch wird in den großen sprachhistorischen Wörterbuchunternehmen nicht breit erschlossen, die lexikographische Komponente kann somit eine Ergänzung zu den Wörterbüchern darstellen.

- Mit der lexikologischen Komponente, also den Markierungen, wird die Dokumentation zusätzlich um Aspekte der Wortschatzgliederung erweitert. Viele dieser Aspekte hängen sehr eng zusammen mit Fragen der kulturellen Entwicklung, mit der Dynamik von Lebensformen und bestimmten kulturellen Praktiken. So spiegeln sich im Sprachgebrauch der Kochbücher z. B. unterschiedliche Ernährungsformen, Aspekte der festlichen Repräsentation und auch die materielle Lebenswelt, in den Kräuterbüchern unter anderem medizinische Praktiken und Vorstellungen, Ansichten über die Natur sowie Umbrüche im Wissenschaftsverständnis (von der Autoritätenwissenschaft zur empirischen Wissenschaft). Lexikologische Markierungen verbessern aber auch unsere Übersicht über Gliederungsaspekte des Wortschatzes, sie ermöglichen darüber hinaus den Zugriff auf bestimmte Teilwortschätze (in bestimmten Sprachstadien, für bestimmte Texttypen).
- Einzelne Typen von Gebrauchstexten wie beispielsweise Zeitungen oder Streitschriften dokumentieren besonders zeitnah den Wortschatz für bestimmte Themen oder Diskurse, die in einer Zeit aktuell waren. Dieser Ausschnitt des Wortgebrauchs wurde bislang in der herkömmlichen lexikographischen Praxis kaum dokumentiert, weil die entsprechenden Einheiten gar nicht ‚lexikalisiert' waren, sondern nur eine zeitlich begrenzte Gebrauchsgeschichte im Deutschen hatten. Wenn man demgegenüber eine kommunikative Perspektive auf den Wortgebrauch einnimmt, dann müssen auch sprachliche ‚Eintagsfliegen' und Mittel mit eingeschränkten Etablierungsgraden dokumentiert werden, denn sie sind ebenfalls wichtige Werkzeuge, mit denen der kommunikative Alltag bestritten wird. In sprachtheoretischer Hinsicht werden wir auf diese Weise mehr erfahren über die unterschiedlichen Rollen etablierter und ad hoc verwendeter Mittel für die sprachliche Verständigung.
- Ein Gegenstand eigenen Rechts, der im Rahmen der historischen Textlinguistik erst in jüngster Zeit aufgegriffen wurde, sind die textuellen Praktiken und ihre Entwicklung. Hierzu gehören u. a. die Frage nach eigenen fachlichen Texttypen und Darstellungsformen, nach einzelnen Textbausteinen und ihrer Entwicklung sowie nach zentralen textuellen Praktiken wie z. B. der Themenorganisation. Während wir mehrere historische Grammatiken des Deutschen besitzen, gibt es derzeit noch keine Geschichte der Textorganisation im Deutschen. Die Befunde zu Fach- und Gebrauchstexten leisten hier wichtige Beiträge.
- Einzelne sprachliche Erscheinungen kommen überhaupt erst in den Blick, wenn man bestimmte Texttraditionen berücksichtigt. So hatte das Deutsche Wörterbuch den Gebrauch von *sollen* als Mittel der Quellenkennzeichnung erst für die Zeit um 1700 als stabil angesetzt, wenn man dagegen Fach- und Gebrauchstexte (z. B. Zeitungen, Kräuterbücher) mit heranzieht und Textfunktionen wie die Quellenkennzeichnung mit berücksichtigt, dann sind die entsprechenden sprachlichen Mittel früher und mit einiger Systematik zu belegen. Auch im Bereich der Grammatik findet man textsortenspezifische Erscheinungen, z. B. den Gebrauch von Partizipien für die Formulierung von Arbeitsschritten in Rezepten. Diese Befunde haben einerseits eine empirische Detail-Komponente, sie verweisen aber

auch auf weitreichende sprachtheoretische Zusammenhänge zwischen Texttypen bzw. kommunikativen Gepflogenheiten in der sprachlichen Gestaltung bestimmter Kommunikationsbereiche. Texttypen kann man somit als Steuerungseinheiten ansehen, welche die sprachliche Gestaltung in weitreichender Weise mitbestimmen.

- Auch zwischen den soeben genannten Gesichtspunkten gibt es vielfältige Zusammenhänge und wechselseitige Abhängigkeiten. So spiegeln sich etwa die Umbrüche im Wissenschaftsverständnis der Neuzeit auf einer textuellen Ebene in Veränderungen bei der Quellenkennzeichnung oder in einem veränderten Gebrauch von Begründungen. Wenn die Autoritäten nicht mehr wesentliche Grundlage der Wissenschaft sind, dann verändert sich die textuelle Praxis der Quellenkennzeichnung und Begründungen bekommen einen ganz anderen Stellenwert.
- Schließlich stellt auch die konzeptionelle und die handwerkliche Seite des Informationsdesigns eine Herausforderung eigenen Rechts dar. Eine Leitfrage, mit der diese Aufgabe umrissen wird, könnte etwa so lauten: Inwiefern können digitale Umgebungen helfen, einen komplexen Gegenstand bzw. komplexe wissenschaftliche Ergebnisse zusammenhängend darzustellen und in Abhängigkeit von Nutzerinteressen dynamisch und interaktiv verfügbar zu machen?

Mit dieser Leitfrage will ich die Nutzungsperspektiven und die Vorstellung der laufenden Arbeiten an einer integrativen Darstellungs- und Dokumentationsumgebung für Fach- und Gebrauchstexte am Beispiel von Koch- und Kräuterbüchern beenden und eine kurze Zusammenfassung versuchen.

IV. Zusammenfassung und Ausblick

Ziel dieses Beitrags war es, einen ersten Einblick zu geben in den Stand unserer Arbeiten zu älteren Fach- und Gebrauchstexten, zunächst im Bereich der Koch- und Kräuterbücher, dann aber auch mit der Perspektive, schrittweise weitere Fach- und Gebrauchstextbereiche zu erschließen und zu dokumentieren. Die Grundidee ist es, in paralleler Weise digitale Fach- und Gebrauchstexte zu präparieren und diese zugleich sprachwissenschaftlich in drei Richtungen zu untersuchen: Wortgebrauch, Textorganisation, syntaktische Muster. Bereits jetzt liegen umfangreiche Transkriptionen älterer Kochbücher, Kräuterbücher und weiterer Arten von Fach- und Gebrauchstexten vor, deren Bestand schrittweise erweitert und deren Auswertung laufend vertieft wird. Zu den weiterführenden Perspektiven gehört insbesondere die Entwicklung und Erprobung integrativer Darstellungs- und Dokumentationsverfahren, mit denen Quellentexte, sprachwissenschaftliche Untersuchungen und Formen der Wortgebrauchsdokumentation systematisch aufeinander bezogen werden können. Wie das bei laufenden Arbeiten so ist: Ein Teil der Arbeit liegt hinter uns, ein anderer, nicht weniger spannender Teil aber noch vor uns. „Iuvat vivere!“

Ein
Koch-
Und
Artzney-Buch.

Gedruckt zu Grätz/
Bey denen Widmanstetterischen Erben. 1686.

Abb. 1: Ein Koch- Und Artzney-Buch, Graz 1686.

Von Beinhöltzlin. Cap. CLXXXII.

Namen.

A BEinhöltzlin würt mit andern namen auch genent / dann ettlich nennens Mundholtz / ettlich Rein oder Schůlweiden / die andern Hartrigel. Zů Latein ist es Ligustrum genent. Den Apotekern ist es gantz vnbekant.

Gestalt.

Beinhöltzlin ist ein klein bŏumlin / welches bletter des ölbaums oder Weiden blettern gleich seind / allzeit zwey gegen einander. Die blůmen seind schneeweiß / vnd eins starcken geruchs / die steen getrungen bey einander als die trauben. So sie abfallen gewindt es beer die seind inn der erste grůn / nachfolgends werden sie schwartz / aller gestalt fast den trauben gleich.

Statt seiner wachsung.

B Beinhöltzlin ist gantz gemein in vnserm Teütschen land / dañ es in allen hecken wechßt / vnd derhalben verăchtlich gehalten würdt. Das Virgilius recht daruon geschriben hat / wie niemands seine schöne weissen wolriechenden blůmen auff lăse / sonder man laß sie abfallen / vnd lăß doch vleissig auff die Brombeer / die do schwartz seind.

Zeit.

Blüet im Meyen vñ Brachmonat / im Herbst aber werden seine beer zeitig.

Die natur vnd complexion.

Beinhöltzlin hat ein vermischte natur vnnd complexion / dann sie zum teyl warm vnd feücht / zum teyl auch kalt vnd trucken ist / wie wir sölchs weitleüffiger in vnserm Lateinischen kreüterbůch haben angezeygt.

Die krafft vnd würckung.

C Der safft vom Beinhöltzlin ist nützlich den neruen / gleychen / vnnd zů dem frost. Gedachter safft heylet fürnemlich die geschwăr des munds / vnnd der gemechten. Gleiche krafft haben auch die bletter inn weiñ gesotten / oder gekewet. Die beer sollen die leüß vertreiben. Sie heylen den zipff der hennen vnd hůner. Die bletter zerstossen vnd übergelegt / heylen den brandt.

Abb. 2: Leonhart Fuchs, *New Kreüterbuoch*, Basel 1543, Kap. 182

Wernfried Hofmeister

Wege zum Text: Problemaufriss zum Stellenwert von Editionen und ihrer Verfügbarkeit

Ohne Primär- keine Sekundärliteratur. In Bewahrheitung dieser banalen, aber von Zeit zu Zeit notwendigen Feststellung verdanken sich sämtliche Werkinterpretationen letztlich den Textausgaben: So stehen auch in der germanistischen Mediävistik Editionen am Anfang aller weiteren Forschung und verdienen deshalb unsere besondere Aufmerksamkeit, und zwar nicht nur in Hinblick auf ihre Erstellung, sondern auch später, wenn es darum geht, sie für ihr Zielpublikum verfügbar zu halten. Ersteres, also das Bemühen um eine sorgfältige Einrichtung von Textausgaben, gilt als selbstverständlich und erhellt u. a. aus der Existenz sogar eigener Gesellschaften wie der Arbeitsgemeinschaft für Germanistische Edition, die sich – mit einer speziellen Sektion für mediävistisches Edieren – erfolgreich für einen verbindlich hohen Standard bei editorischen Unternehmungen einsetzt.[1] Letzteres, nämlich die kontinuierliche Bereitstellung aller Facheditionen, wird man für nicht weniger wichtig halten, doch gerade hier vollzieht sich dieser Tage ein dramatischer Wandel, der speziell die Mittelalter-Editorik zunehmend vor Probleme stellt. So wird etwa jemand, der im universitären Umfeld editionskritische Lehrveranstaltungen anbietet, feststellen, dass es – von Bibliothek zu Bibliothek sicher verschieden, aber der Tendenz nach gleich – immer schwieriger wird, wie gewohnt auf alle relevanten Textausgaben unserer knapp 200-jährigen Editionswissenschaft zurückzugreifen, sei es, dass diese Bücher ob ihres Alters in geschützte Sammlungen gebracht werden mussten, wo sie naturgemäß nur mehr eingeschränkt zugänglich sind, oder dass ältere, vermeintlich entbehrliche Auflagen aus Platzgründen von den begehrten Stellflächen diverser Präsenzbibliotheken zu weichen hatten – alles verständliche und meist zwingende Maßnahmen, doch dann fatal, wenn es (noch) keinen Ersatz für die entfernten Editionen gibt, etwa in Form von Reprints oder Kopien in papierener oder elektronischer Form. Lebendige Diskussionen über die spannende Entwicklung der Editorik können aber nur im Lichte sämtlicher Auflagen eines Textes erfolgen: Erst in deren lückenloser Präsenz spiegelt sich die Vielfalt unserer Editionstechnik und -ethik wider, lassen sich aus dem minuziösen Vergleich diverser Veränderungen von einer zur nächsten Auflage das editorische Fach- sowie Textverständnis erkennen und können darauf aufbauend für künftige Ausgaben neue Richtungen entwickelt werden; nur um eine dieser spannenden Neuausrichtungen zu illustrieren, sei der zunehmende Wert einzelner Überlieferungsvarianten genannt, welche in früheren Editionen im textkritischen Apparat eingeschlossen

---

1 Näheres dazu unter www.ag-edition.org.

blieben, nun aber vermehrt eigenständige Ausgaben erhalten bzw. in hybriden Ausgaben gesondert zur Geltung kommen (wie das soeben für die ebenso komplexe wie aufschlussreiche „Parzival“-Überlieferung in die Tat umgesetzt wird).[2] Und ganz allgemein abrundend seien als ‚klassische‘ Beispiele für mediävistische Ausgaben mit besonders hohen, dabei immer wieder veränderten und deshalb editionskritisch äußerst erhellenden Auflagen noch folgende zwei Editionen kurz genannt: Von der Referenzausgabe zu Walther von der Vogelweide sind seit Karl Lachmann 1827 bis zu Christoph Cormeau 1996 mittlerweile 14 Auflagen erschienen, und für das 3. Jahrtausend wird soeben die 15. vorbereitet.[3] Nicht weniger als 38 Auflagen mit zuletzt revolutionären editorischen Neuansätzen hat die Sammlung von „Des Minnesangs Frühling“ bis heute erfahren, also seit der Erstauflage von Moriz Haupt 1857 (aus Lachmanns Nachlass) bis herauf zu Helmut Tervooren 1988.[4]

Wie ein editorischer Ruhepol wirkte dagegen bis vor kurzem die Textgestalt der Lieder Neidharts. Seit ihrer Erstausgabe von 1858 war sie durch alle Auflagen bis in die Zeichensetzung hinein unangetastet geblieben: Dieses trügerische Bild des editionswissenschaftlichen Stillstandes wurde aber 2007 durch das Erscheinen der radikal veränderten Neidhart-Neuausgabe von Ulrich Müller umso grundlegender verwandelt.[5]

Bereits erwähnt habe ich den Wunsch nach digitalen Kopien diverser Editionen. Im Zuge solcher Retrodigitalisierungen, wie sie seit einigen Jahren erfreulicherweise vielerorts von textverwaltenden Einrichtungen zur Rettung bzw. neuen Erschließung von fast allem Gedruckten unternommen werden, wird die Editionswissenschaft wohl noch viel stärker als bisher ihre sehr spezifischen Wünsche zum Ausdruck bringen müssen, will sie erreichen, dass eben für jedes Werk bzw. jeden Text immer die gesamte Editionskette ab der Erstausgabe erfasst wird. Demgemäß wäre es für unser Fach sehr ungünstig, wenn beim Digitalisieren nur die zufällig vor Ort greifbaren Auflagen eines Werkes eingescannt würden oder gar nur eine einzige Auflage, denn dann blieben sehr schmerzliche Lücken offen. Und daher wird man sich seitens der Editorik zwar spontan über jede groß angelegte Digitalisierungsinitiative freuen, aber sie mit gewisser Sorge beobachten, wenn ihre Erfassungsstrategien auf editions-

---

2 Näheres zu diesem editorischen Großunternehmen von Michael Stolz findet sich online unter www.parzival.unibe.ch, aber auch in seinem Beitrag für diesen Sammelband.

3 Vgl. dazu den Beitrag von Thomas Bein in diesem Band.

4 Nachsatz dazu: So sehr sich dieses besondere Minnesang-Konglomerat mittlerweile im Grunde überlebt hat, da es einerseits wohl immer schwieriger wird, für all die so verschiedenen Texte ein einheitliches Editionskozept zugrunde zu legen und andererseits schon viele der hier versammelten Texte ihre eigenen Ausgaben erfahren haben, zumindest aus editionskritischer Sicht wird man für „Des Minnesangs Frühling“ sicher auf noch viele weitere Neuauflagen hoffen. Dass diese altehrwürdige Edition mittlerweile den Sprung auch in die elektronische Moderne geschafft hat, zeigt die folgende Internetseite der Universitätsbibliothek von Virginia: http://etext.virginia.edu/german/ (14.11.2008); hier kann (neben einer kleinen Auswahl anderer mhd. Texte) „Des Minnesangs Frühling“ als Textdatenbank ausgewählt werden.

5 Neidhart-Lieder: Texte und Melodien sämtlicher Handschriften und Drucke. Hrsg. von Ulrich Müller, Ingrid Bennewitz und Franz Viktor Spechtler. 3 Bde. Berlin, New York 2007 (Salzburger Neidhart-Edition. 1–3).

historische Interessen keine Rücksicht zu nehmen scheinen. Mit dieser wohlwollend-kritischen Einstellung hat man u. a. dem erst jüngst in der europäischen Öffentlichkeit stärker hervorgetretenen ‚Internetarchiv' von Brewster Kahle[6] zu begegnen, einem in den USA angesiedelten, aber global orientierten Unternehmen zur Rettung von nicht weniger als unserem gesamten medialen Weltwissen einschließlich Texten:[7] Unterstützt von Microsoft gelang es Kahle u. a. das Gutenberg-Projekt zu integrieren und seit 2006 täglich rund 1000 Bücher pro Tag aufnehmen zu lassen. Um die Relevanz des „Internetarchivs" für die germanistische Mediävistik einschätzen zu können, habe ich mich als User registriert und am 27. August 2008 das Teststichwort „Walther von der Vogelweide" eingegeben: Erzielen konnte ich damit bloß einen einzigen Treffer, und den nicht aus der Primär-, sondern aus der Sekundärliteratur: Edmund Gosse: Studies in the literature of Northern Europe. 1879.[8] Vermutlich fehlt hier bislang also eine mediävistische oder noch besser eine editorische Lobby.

Substanziellere Ergebnisse liefert da schon das in Europa seit langem bekannte und für einfaches Nachschlagen auch ohne eine Registrierung auskommende Mega-Unternehmen von books.google:[9] Über 2500 Walther-Einträge wurden mir am selben Tag (s. o.) bei derselben Suchanfrage ausgeworfen, darunter z. B. eine historische Werkübersetzung, die auch OCR-gelesen und daher durchsuchbar ist, das allerdings nur in der Online-Version, wogegen sie als heruntergeladenes pdf-Dokument diese wichtige Funktionalität verliert.[10] Lediglich bzw. immerhin gelistet, jedoch offenbar noch nicht digitalisiert (oder als Digitalisat freigegeben) wurde bei books.google Lachmanns Erstausgabe zu Walther: Hier führt leider auch der dazu angebotene Link zu einem Bibliotheksverbund letztlich ins Leere; er zeitigt allerdings zuverlässig ein kommerzielles Popup-Fenster mit einer Kundenbefragung, und per Linkhinweis sieht man sich eingeladen, zu dieser altehrwürdigen Erstausgabe eine Rezension zu verfassen – es wäre übrigens auf dieser Seite die erste.

Die soeben angeschnittenen Problematiken bei der Bereitstellung wissenschaftlicher Textausgaben gelten im Grunde für alle unsere Philologien, einerlei welcher Sprache oder Zeit sie verpflichtet sind. Ein spezielles Problem historischer und insbesondere mediävistischer Philologien stellen jedoch unsere alten und dadurch besonders kostbaren, schutzbedürftigen Überlieferungsquellen dar. Längst vorbei ist die Zeit, als man sich – wie in den Pioniertagen unseres Faches noch möglich – einen dringend benötigten Kodex aus einer Universitäts- oder Klosterbibliothek einfach hatte ‚kommen lassen', um ihn auf dem eigenen Schreibtisch monatelang in aller Ruhe zu betrachten und ihm so seine letzten Geheimnisse zu entlocken. Nein, einen derartigen ‚Weg zum Text' würde sich heute ein Editor wohl gar nicht mehr wünschen, zu sehr

---

6 www.archive.org.
7 www.archive.org/details/texts.
8 www.archive.org/details/studiesinliterat00gossuoft (27.8.2008).
9 http://books.google.de.
10 Friedrich Koch: Die Gedichte Walthers von der Vogelweide in vier Büchern nach der Lachmann'schen Ausgabe des Urtextes vollständig übersetzt und erläutert. Halle 1848. Erfasst unter http://books.google.de/books?id=GO4PAAAAYAAJ&printsec=frontcover&dq=vogelweide&rview=1.

sind wir uns der heiklen Aufbewahrungsbedingungen für alte Handschriften bewusst geworden. Unverändert stark spüren wir aber die Notwendigkeit, uns mit den papierenen oder pergamentenen Textüberlieferungen weiterhin (und im wahrsten Sinne des Wortes) ‚hautnah' auseinanderzusetzen, ja diese Notwendigkeit wächst sogar angesichts der Erkenntnis, dass z. B. für neue, graphetisch detailliertere Editionen oder grammatikologisch-schriftanalytische Projekte von praktisch allen Handschriften neue Transliterationen anzufertigen wären.[11]

Daneben sehe ich aber noch einen weiteren, ganz prinzipiellen Aspekt, der unsere Editorik nachgerade dazu verpflichtet, den mittelalterlichen Textquellen immer wieder volle Aufmerksamkeit zu schenken: Unsere Handschriften stellen nämlich – umfassender betrachtet – nicht bloß ein rohes, editorisch vermeintlich noch völlig unbearbeitetes Ausgangsmaterial für unsere wissenschaftlichen Ausgaben dar, nein, schon viele der alten Textaufzeichnungen sind bereits in mancher Hinsicht selbst als ‚Ur-Editionen' zu betrachten! Das zeigt sich schlagend dort, wo in den Skriptorien nicht nur möglichst gleichförmige Kopien einer Vorlage angefertigt wurden, sondern eine Art Redaktion zwischen mehreren Vorlagen auswählte und dabei eine neue, für das Publikum bzw. den Vortragenden geeignet scheinende Textbasis schuf.[12] Solche ‚präphilologische' Herausgeberschaft kann man zumindest punktuell für den gesamten europäischen Kulturraum nachweisen, denn als ein quasi Neu-Aneignen von Texten war sie Teil einer literarischen Textteilhabe auf Basis der sehr offenen Werkkultur des Mittelalters.

Ohne jetzt weitere Ähnlichkeiten, aber natürlich auch wichtige Unterschiede zwischen dieser frühen und unserer neuzeitlichen, wissenschaftlichen Editorik hervorzukehren, rufe ich nur nochmals die Konsequenz aus einer solchen ‚kollegialeren' Sicht auf unser frühes Texterbe in Erinnerung: Wir müssen in der Tat mit Nachdruck danach streben, weiterhin mit diesen unseren Fachquellen arbeiten zu können. Freilich: Nicht immer wird gleich eine mehrtägige ‚invasive' Autopsie am Original erforderlich sein, sondern für die meisten Zwecke (wie etwa die grobe Schrifterfassung) genügen jene hoch auflösenden Digitalisate, welche uns engagierte Techniker dank ihrer modernen, oft mit viel Erfindergeist in Eigenregie optimierten Reprotische herzustellen vermögen; die weithin geschätzte Digitalisierungsstelle der Grazer Universitätsbibliothek bietet dafür ein leuchtendes Beispiel. Für die edierende Forschergemeinschaft kritisch werden können aber sehr leicht die Kosten von ‚virtualisierten' Überlieferungsträgern: Ohne Chance auf Einnahmen durch eine Edition

---

11 Diese Einschätzung wird u. a. von meinem Projekt DAmalS („Datenbank zur Authentifizierung mittelalterlicher Schreiberhände") bestätigt, weil sich darin erweist, dass nur graphetisch äußerst detailreiche und dabei über den bisher üblichen Zeichenvorrat hinausgreifende Transliterationen zu neuen sprachanalytischen Erkenntnissen führen können. Siehe dazu www.uni-graz.at/wernfried.hofmeister/damals.

12 Vgl. Wernfried Hofmeister: Der Mut zur Lücke: Auf den Spuren von Textnachträgen in der Manessischen Liederhandschrift. Ein Beitrag zu einer ‚Überlieferungs-Philologie' des Mittelalters. In: Entstehung und Typen mittelalterlicher Lyrikhandschriften. Akten des Grazer Symposiums, 13.–17. Oktober 1999. Hrsg. von Anton Schwob und András Vizkelety unter Mitarbeit von Andrea Hofmeister-Winter. Bern [u.a.] 2001 (Jahrbuch für Internationale Germanistik. Reihe A. 52), S. 79–106. Dazu ergänzend: Martin Schubert: Sprechende Leere. Lücke, Loch und Freiraum in der Großen Heidelberger Liederhandschrift. In: editio 22, 2008, S. 118–138.

und bei gleichzeitigem Fehlen entsprechender Fördergelder gerät auch das ambitionierteste Projekt rasch an die Grenzen seiner Ressourcen, besonders schnell, wenn (und hier ist nicht mehr die UB Graz gemeint) pro digitalisierter Seite rund 70 Euro verlangt werden (natürlich ohne Papierabzug und allfällige Veröffentlichungsrechte). Gedeihlicher wäre dagegen jene altbewährte symbiotische Synergie, bei der die Mediävistik als eine Partnerdisziplin begriffen wird, deren Vertreterinnen und Vertreter es auf einer reinen Selbstkostendeckungsbasis in die diversen Bemühungen um eine optimale Bereitstellung unserer Überlieferungsträger einzubinden gilt.

Aber zurück zum engeren Tagungsthema und dessen strategischer Ausrichtung: Das Verfügen über edierte Texte ist von einer komplexen Kette textproduzierender wie auch -anbietender und -verwaltender Instanzen abhängig, deren Kräftespiel wiederum von unterschiedlichen Interessen gesteuert wird, und es geht dabei längst nicht mehr nur um das gedruckte Opus, sondern auch um das genuin elektronische. Um nun einen einstimmenden Überblick über die wesentlichsten Einrichtungen zum Zwecke der Verfügbarkeit unserer Facheditionen zu gewinnen, seien diese Institutionen kurz erwähnt, beginnend mit den Verlagen, die ja für die initiale Textverbreitung verantwortlich sind.

Im Idealfall sorgen Verlage und deren Druckanstalten für eine umsichtige Erst-Distribuierung unserer Editionen. Wie wichtig es dabei für einen Editor ist, schon am Beginn der Vertragsverhandlungen auf den Kostenfaktor zu achten, um nicht am Ende sein Zielpublikum rein preisstrategisch zu verfehlen, indem man etwa die viel zitierten ‚interessierten Laien‘ mit einer mehr als 100,– € teuren Ausgabe überfordert, sei nur nebenbei erwähnt (doch niemals vergessen). Für die germanistisch-mediävistische Editorik hat sich mittlerweile das Verlagshaus Walter de Gruyter eine Art Exklusiv-Stellung erarbeitet: Es ist seit wenigen Jahren mit dem Verlag Niemeyer verschmolzen und daher nunmehr praktisch ohne Konkurrenz für alle unsere Facheditionen verantwortlich, denn nur mehr von hier gehen alle nennenswerten neuen gedruckten Editionsprojekte aus. Zwar versorgt auch der Reclam-Verlag unseren ‚altdeutschen‘ Editionsmarkt mit Ausgaben, aber kaum jemals mit Erstausgaben, sondern bloß mit Abdrucken oder ‚Nachbauten‘ älterer (rechtefrei gewordener) Editionen.

Im Editionskontext nehmen ferner die Faksimile-Verlage eine eigene, für unser Fach wichtige Position ein. Sie sind es, die uns viele der eingangs genannten und von mir schon als ‚historische Erstausgaben‘ gewürdigten Handschriften zugänglich machen. Dem Genius Loci des Tagungsortes Graz folgend darf dafür hier die ADEVA, die Akademische Druck- und Verlagsanstalt, genannt werden: Mit ihrem jahrzehntelangen Bemühen um immer bessere Reproduktionstechniken hat dieser Verlag weit über den äußersten Süden des deutschen Sprachraums hinauswirkend auch für die Editorik Bahnbrechendes geleistet. Und wüsste man als Editor nicht um die strengen Gesetze des doch recht elitären Faksimilemarktes, der vornehmlich an den ‚Rosinen‘ des riesigen ‚Überlieferungskuchens‘ interessiert ist, also am Bildschmuck repräsentativ ausgestatteter Handschriften, man würde sich von diesem und allen anderen Faksimileverlagen ernsthaft eine rasche Wiedergabe aller deutschsprachigen Überlieferungsträger wünschen, einerlei ob bebildert oder nicht.

Eine Art ‚Nachsorge' für bereits vergriffene Editionen betreiben die Antiquariate: Das sei zumindest erwähnt. Ihre Secondhand-Ware bedient auch so manche öffentliche Einrichtung, in der es die eine oder andere Ausgabe zu ersetzen und zu ergänzen gilt. Details zum Leistungsspektrum diverser Altbuchhandlungen verraten uns deren sicher allseits bekannte Bücherlisten.

Sobald aber eine Edition völlig vom Buchmarkt verschwunden ist, liegt es nur mehr an den Bibliotheken, für den weiteren öffentlichen Werk-Zugang zu sorgen. Um ihn gewährleisten zu können, haben sich – so weit ich sehe, bislang meist erfolgreich – alle größeren Landes- und/oder Universitätsbibliotheken stets darum bemüht, gemäß ihrem Sammelauftrag auch von sämtlichen Editionen wenigstens je ein Exemplar anzukaufen. Allerdings mochten dabei teure mehrbändige Ausgaben die Grenzen des Leistbaren aufzeigen, etwa Horst Brunners gewaltiges Meistersang-Repertorium[13] oder erst recht diverse Prachtfaksimiles (Stichwort Codex Manesse); um dazu jedoch gleich wieder den Lokalgeist gebührend zur Geltung zu bringen, sei in einem Atemzug darauf hingewiesen, dass beide genannten Beispiele für die Grazer UB positiv abgehakt werden dürfen, ihre Erwerbungsstelle also schon lange alle 16 Meistersang-Bände gekauft hat (im Gesamtwert von rund 2.500,– €) und dazu – unterstützt durch die sog. ‚Handschriftenabteilung' – einen außergewöhnlich reichen Fundus an Faksimiles, mit eingeschlossen ein prächtiges Exemplar des Codex Manesse in Farbe (zum vielfachen Preis der Meistersang-Reihe).

Aber nicht nur Druckwerke finden sich etwa in Universitätsbibliotheken und vergleichbaren öffentlichen Textsammlungen, sondern auch Ablichtungen auf Mikrofilmen und Mikrofiches, darunter beachtliche Sammlungen an Schwarzweiß-Faksimiles, die für Editionen durchaus heute noch von Bedeutung sein können. Ist schon der Zugriff auf diese noch relativ einfachen, aber sehr raumgreifenden und keineswegs wartungsfreien Medien nicht mehr allerorts möglich, konfrontieren uns die sie ablösenden elektronischen Medien mit noch tückischeren Herausforderungen an die Datenpflege: Es bedarf nämlich schon ‚datenarchäologischer' Unterstützung durch ein EDV-Zentrum, um heute noch eine 5 1/4″-Floppy-Disk auszulesen, und auch die jüngeren 3,5″-Disketten sind auf modernen PCs und Notebooks nicht mehr verwendbar, ganz zu schweigen von den Kompatibilitäts-Problemen, die sich aus dem raschen Kommen und Vergehen unserer Programm- und Betriebssystem-Welten ergeben. Zudem war, was die reine Materialität betrifft, bislang keines der gängigen elektronischen Speichermedien ‚für die Ewigkeit gemacht' worden oder darf auch nur annähernd auf ein ähnlich langes Leben hoffen, wie sie der Druckerschwärze auf säurefreiem Papier beschieden ist oder gar einer glücklichen Tintenmischung auf Pergament. Für die Datenträgerschicht unserer CDs oder DVDs verspricht nämlich keine Firma eine längere Haltbarkeit als etwa bescheidene 20 oder 30 Jahre, selbst bei absoluter Schonung des Mediums! Also muss hier für alle digitalen Datenträger, auf denen ja auch so manche Edition oder Verskonkordanz ihren Niederschlag gefunden

---

[13] Repertorium der Sangsprüche und Meisterlieder des 12. bis 18. Jahrhunderts. 16 Bde. Hrsg. v. Horst Brunner und Burkhard Wachinger. Berlin 1986–2002.

hat, eine ständige Datenmigration auf das jeweils aktuelle Speichermedium erfolgen, will man nicht den Text für immer verlieren.

Das Stichwort ‚Migration' leitet über zu den Internet-Angeboten aus unserer und für unsere Text-Zunft.[14] Diese Angebote lassen sich an die Seite der schon vorhin erwähnten Digitalisierungs-Initiativen stellen, wobei diesmal vornehmlich Festplatten zum Einsatz kommen – ein zwar relativ stabiles Medium, jedoch durchpulst von einer sich nach Inhalten und Adressen unablässig ändernden Datenflut. Positiv betrachtet, bedeutet dieses Pulsieren freilich auch eine Chance auf ständige Verbesserungen und Erweiterungen. So wuchs im Laufe der Jahre die Zahl der online verfügbaren Textdokumente und es stieg parallel dazu deren Benutzungsqualität. An komplette Texte in Gestalt neu eingegebener Editionen führen hoch spezialisierte Institutionen wie das semi-öffentliche Unternehmen TITUS heran,[15] eine Fundgrube für seinen engagierten Beiträger- und BenutzerInnenkreis. Voll öffentlich zugänglich präsentiert sich das schon genannte Projekt Gutenberg, doch es bietet für die germanistische Mediävistik nur wenig Brauchbares.[16] Wertvoll ergänzt wird die vielgestaltige http-Editionslandschaft durch diverse weitere Anbieter, darunter an vorderster Stelle das „Digitale Mittelhochdeutsche Textarchiv"[17] der Universität Trier sowie weitere Texterfassungs-Initiativen, wie sie zahlreich auf unserer mediävistischen ‚Schlüsselhomepage' mediaevum.de zu finden sind.[18]

Und da gerade die Mediävistik seit jeher ein besonders experimentierfreudiges Fach war, aufgeschlossen für alle neuen, interdisziplinär Erfolg versprechenden Techniken, wurden auch im etwas weiteren Umfeld der mediävistischen Editorik schon früh wichtige Hilfsmittel ersonnen und in die Tat umgesetzt: Dazu zählt etwa das hochverdiente Trierer Wörterbuch-Projekt[19] sowie die „Mittelhochdeutsche Begriffsdatenbank"[20], beides professionelle Recherche-Medien im Dienste einer lemmatisierten Textsuche.

Speziell um Orientierung im Dickicht unserer deutschsprachigen Überlieferungsträger und deren schillernder Signaturen-Nomenklatur bemüht sich seit vielen Jahren sehr eindrucksvoll der „Handschriftencensus"[21]: Hilfreich sind hier nicht zuletzt die zahlreich verlinkten Faksimiles, weil sie unsere editorischen Urquellen erschließen.

Gleichsam in die editorische Zukunft der germanistischen Mediävistik zu schauen vermag der „Editionsbericht" der Berlin Brandenburgischen Akademie der Wissenschaften, ein Service, der an die Betreuung der Buchreihe zu den „Deutschen Texten

---

[14] Einen fachkritischen Überblick dazu bietet im vorliegenden Band Andrea Hofmeister-Winter.
[15] http://titus.uni-frankfurt.de; vgl. dazu den Beitrag von Ralph Gehrke in diesem Band.
[16] www.gutenberg.org/wiki/Main_Page.
[17] http://mhgta.uni-trier.de/.
[18] www.mediaevum.de/ (mit der Rubrik „Literatur im Internet").
[19] http://gaer27.uni-trier.de/MWV-online/MWV-online.html; Näheres darüber bietet der Beitrag von Kurt Gärtner in diesem Sammelband.
[20] http://mhdbdb.sbg.ac.at:8000/index.de.html; siehe dazu den Bericht von Margarete Springeth im vorliegenden Band.
[21] www.handschriftencensus.de; siehe dazu die Ausführungen von Klaus Klein in diesem Band.

des Mittelalters“ angekoppelt ist. Basierend auf regelmäßigen Umfragen erteilt diese Meldestelle online Auskunft über viele geplante Editionsvorhaben.[22]

Damit endet mein Überblick zur Verfügbarkeit mediävistischer Textausgaben. mitten im medialen Umbruch vom 2. zum 3. Jahrtausend (‚westlicher‘ Zeitrechnung). Wie dieser exemplarische Aufriss verdeutlichen sollte, gilt es für unser historisches Fach einerseits die direkte Verbindung mit den schon geschaffenen Editionen zu erhalten und andererseits zu erkennen, wo und in welcher Form neue Textausgaben zu initiieren und zum Wohle aller BenutzerInnen bereitzuhalten wären.

---

22 http://dtm.bbaw.de/E_Bericht/Editionsbericht-internet.html; siehe den Bericht von Jürgen Wolf in diesem Band.

Andrea Hofmeister-Winter

Editionssuche in der wissenschaftlichen Praxis: Gedanken zur Auffindbarkeit von Textausgaben im Internet

Auch die Philologie hat in den letzten rund 20 Jahren das Internet für sich als Archivmedium sowie als Recherche- und Forschungswerkzeug erobert. Außer elektronischen Parallelversionen zentraler Nachschlagewerke (‚Wörterbuchnetz', ‚Lexikon des Mittelalters' etc.) erfreuen sich auch elektronische Editionen der mediävistischen Primärtexte zunehmender Beliebtheit. Alle Bibliotheken von wissenschaftlichem Rang haben ihre Zettelkataloge mittlerweile digitalisiert und wickeln ihre Bücherverwaltung online ab. Für die BenützerInnen ist damit eine neue Ära angebrochen: Jeder Einzelne ist nunmehr in der Lage, weltweit nach Büchern und anderen Informationsträgern zu recherchieren, und zwar selbstständig, in den meisten Fällen ohne auf die Hilfe von bibliothekarisch geschulten Fachleuten oder auf Öffnungszeiten diverser Servicestellen angewiesen zu sein.

Längst ist auch bekannt, dass im Internet jede Menge wissenschaftlicher Materialien in digitaler Form lagern, darunter nicht nur komplette Handschriftenarchive, sondern sogar der Inhalt ganzer Bibliotheken, denn derzeit wird die Sicherung des Kulturerbes im großen Stil betrieben, und dieses Kulturerbe besteht in unserer westlichen Welt zu einem Gutteil aus Texten.

Texte, genauer gesagt Primärtexte, sind die wichtigste Forschungsgrundlage von PhilologInnen. Sie stehen uns heute immer öfter nicht nur in gedruckter, sondern auch in elektronischer Form zur Verfügung. Das Internet wimmelt förmlich davon, jedoch ist es nicht so einfach, an wissenschaftlich akzeptable Texte heranzukommen.

Wie immer in Zeiten des Umbruchs, in denen sich neue technische Errungenschaften erst etablieren müssen, herrscht hinsichtlich der Terminologie noch große Unsicherheit und Verwirrung. Nicht nur, dass die Adjektive ‚elektronisch' und ‚digital' gemeinhin synonym verwendet werden, es wird auch kaum ein terminologischer Unterschied zwischen ‚Text' (einem gerade im Bereich der mediävistischen Philologien sehr heiklen Begriff für alle sprachgebundenen – schriftlichen oder mündlichen – ‚Quellen') und ‚Edition' (dem wissenschaftlich aufbereiteten und zur Publikation freigegebenen Text) gemacht. Die Kreativität der Wortschöpfungen in diesem Bereich (computergestützte oder computerunterstützte Edition, Hypertext-Edition, Internet-Edition, virtuelle Edition, dynamische Edition etc.) bringt das Ringen um präzise und dabei allgemein verständliche, vor allem aber kurze und einprägsame Bezeichnungen für neue Editionsformen deutlich zum Ausdruck.

Zu einem Allerweltsausdruck ist der Begriff ‚Digitalisierung' geworden: Er meint ursprünglich den Vorgang der Umwandlung analoger in digitale Daten, wird aber auch für die Ersterfassung von Objekten (Text, Grafik, Bild, Audio, Video etc.) mittels digitaler Verfahren verwendet. Das sorgt vielfach für Unklarheit, worum es sich bei einem digital verfügbaren Text nun wirklich handelt, was schließlich für die Beurteilung der Zuverlässigkeit und für die wissenschaftlichen Nutzungsmöglichkeiten nicht unerheblich ist. Zu unterscheiden ist grundsätzlich zwischen retro(spektiver) und genuiner Digitalisierung: Im ersten Fall einer ‚Retro-Digitalisierung' werden analoge in digitale Daten umgewandelt, im zweiten Fall werden digitale Bild- und Textdokumente mittels digitaler Fotografie oder durch simples Eintippen via Computer (neu) erstellt.

Bei der Herstellung von digitalen Texten ‚aus zweiter Hand' (sprich: nach einer Druckpublikation) sollte ferner angegeben werden, mit welchem Verfahren der Text gewonnen wurde. Zwar ist bei OCR-Scans, der maschinellen Umwandlung von statisch abgebildeten Schriftzeichen mittels einer Texterkennungssoftware, wie bei der manuellen Texteingabe gleichermaßen mit einer mehr oder weniger hohen Fehlerrate zu rechnen – entscheidend ist aber, wie sorgfältig anschließend versucht wurde, diese durch Kollationierung zu minimieren, eine völlige Übereinstimmung mit der Druckvorlage ist ohne zeit- und kostenintensiven Einsatz von ‚(wo)man-power' nicht zu erreichen. Ziel für eine wissenschaftliche Nutzung sollte es jedenfalls sein, dass der retro-digitalisierte Text der gedruckten Referenzausgabe qualitativ ebenbürtig ist![1] Der technischen Art der Textherstellung kommt also größte Bedeutung hinsichtlich der Qualität zu und sollte daher in wissenschaftlich seriösen E-Text-Angeboten verbindlicher Bestandteil der Metadaten sein.

Bei der Herstellung von E-Texten aus gedruckten Vorlagen liegt übrigens speziell bei Druckvorlagen jüngeren Datums oft der paradoxe Umstand vor, dass es sich nicht nur um eine Retro-Digitalisierung, sondern eigentlich um eine Re-Digitalisierung handelt, wenn – wie das seit geraumer Zeit üblich ist – bereits das Druckmanuskript digital erstellt und mit elektronischen Satzprogrammen bearbeitet worden war. Oftmals sind die digitalen Satzdaten aber nicht aufbewahrt worden, so dass bei einer allfälligen Retro-Digitalisierung die oben beschriebenen mühsamen und fehleranfälligen Umwege gegangen werden müssen.[2]

Die Vorteile elektronischer Texte sind unbestritten: Im Gegensatz zu ‚statischen' gedruckten Texten sind E-Texte mit Recht als ‚dynamisch' zu bezeichnen. Maschinell les- und verarbeitbare Texte haben nicht nur in der Sprachwissenschaft völlig neue Dimensionen der Analyse von Texten eröffnet wie z. B. die automatische Indizierung, die Herstellung von Konkordanzen und rückläufigen Wortformenverzeichnissen, aber

---

1 Dass auch diese Druckfehler enthalten können, steht außer Frage, aber bei wissenschaftlichen Publikationen geht man allgemein davon aus, dass das Typoskript bis zur Veröffentlichung mehrere strenge Kontrollinstanzen durchlaufen hat. Dasselbe Maß an Sorgfalt sollte man daher auch bei der Retro-Digitalisierung voraussetzen dürfen.

2 Vgl. Kurt Gärtner (Universität Trier): Texte im Netz – Perspektiven Digitaler Bibliotheken. (Vortrag auf der Internationalen Tagung der Handschriftenbearbeiter, 23.–25. September 2003 in Marburg.) Online nachzulesen unter www.dfg.de/forschungsfoerderung/wissenschaftliche_infrastruktur/lis/veroeffent lichungen/dokumentationen/download/vortrag_gaertner.pdf. Dieser und alle weiteren in diesem Beitrag zitierten URLs wurden am 25.1.2009 zuletzt überprüft.

auch breit angelegte Einzeltextanalysen etwa zur Wortbildung oder zur Graphieforschung, die manuell nicht mehr zu bewältigen wären. Und in größerem Rahmen gedacht, als ‚dynamisches Textarchiv', hat auf der Basis von maschinenlesbaren Editionen längst eine neue Ära der Lexikographie und Grammatikschreibung eingesetzt. Aber auch die Literaturwissenschaft macht sich die maschinelle Verarbeitbarkeit von Texten zunutze, und ihre Methoden haben dadurch eine völlig neue Qualität erlangt – ich meine hier keineswegs nur das gegenüber früher wesentlich bequemere und fehlerärmere Zitieren von Primärtexten! E-Texte stellen per se ‚latente Register' dar; ihr Nutzen vervielfacht sich sprunghaft mit der Verknüpfung untereinander und mit anderen digitalen Ressourcen. Es sei hier an vorderster Stelle auf die ‚Mittelhochdeutschen Wörterbücher im Verbund'[3] und auf die ‚Mittelhochdeutsche Begriffsdatenbank'[4] verwiesen, die uns bisher nicht gekannte Recherche- und Analysemöglichkeiten eröffnet haben.

Dass gegen elektronische Texte in der Philologie dennoch gewisse Vorbehalte existieren, liegt außer an der mitunter kritikwürdigen Qualität so mancher Text-Digitalisate nicht zuletzt an den Schwierigkeiten, E-Texte überhaupt aufzufinden. Das gilt natürlich nicht für Editionen auf elektronischen Datenträgern wie CD-ROM oder DVD. Diese sind im Vertrieb und in den Archiven Büchern vergleichbar und über Kataloge recht unkompliziert aufzufinden, zu kaufen und zu entlehnen. Probleme bei der Suche bereiten vielmehr E-Texte und digitale Editionen, die über das gesamte Internet verstreut, aber nicht klassifiziert und nirgends zentral verzeichnet sind.

Ich möchte nun anhand von zwei praktischen Recherchebeispielen die gegenwärtige Situation der Auffindbarkeit von elektronischen Texten im Internet exemplarisch untersuchen und – da sich (wie vorweggenommen werden darf) das Ergebnis als unbefriedigend herausstellen wird –, dazu anregen, über Lösungsstrategien zu diskutieren. Als einfache Userin werde ich mich dabei auf die Artikulation von Wünschen beschränken, die Beurteilung der Realisierbarkeit überlasse ich besser IT-SpezialistInnen.[5] Einige konkrete Vorschläge hat Helmut Klug in seinem Beitrag formuliert.

Da das Internet bekanntlich kein Inhaltsverzeichnis, kein Register und keinen Katalog besitzt, ist man bei der Recherche nach E-Texten im Internet auf die Hilfe von raffiniert programmierten Suchwerkzeugen angewiesen, deren Aufgabe es ist, für uns die sprichwörtlichen Nadeln im Heuhaufen aufzustöbern. Trotzdem kann sich die Recherche sehr mühevoll und zeitraubend gestalten, wie die beiden Beispielfälle zeigen

---

3 Jetzt Teil des noch weit umfangreicheren ‚Wörterbuch-Netzes' (http://germazope.uni-trier.de/Projects/WBB/start).

4 http://mhdbdb.sbg.ac.at:8000.

5 Meinen Level als Internet-Userin würde ich selbst als ‚advanced' einstufen (also weiter fortgeschritten als ein ‚casual user', aber noch ein Stück weit entfernt von einem ‚expert user') und ich darf mich damit wohl zur Mehrheit jener FachkollegInnen zählen, die mit Recherchestrategien und Ressourcen zwar einigermaßen vertraut sind und die Entwicklung Letzterer auch mit Interesse verfolgen, aber keineswegs behaupten dürfen, in der Fülle der Angebote noch einigermaßen den Überblick zu bewahren, geschweige denn auf dem neuesten Stand zu sein. Eine ausgewogene Auswahl an fachspezifischen und fachrelevanten Web-Angeboten und technischen Neuerungen konnte allerdings die Tagung ‚Wege zum Text' bieten.

werden. Gesucht wurde jeweils nach ungekürzten Versionen von mediävistischen Texten, die zunächst zur Groborientierung und Lektüre dienen, aber in Hinblick auf eine erweiterte Nutzung unbedingt auch wissenschaftlichen Ansprüchen genügen sollten.

Beispiel 1: Hugo von Trimberg: *Der Renner*

An einem Sonntagnachmittag vor ungefähr 3 oder 4 Jahren finde ich die nötige Muße, für eine mediävistische Literatur-Überblicksvorlesung einen repräsentativen Textausschnitt aus Hugos von Trimberg moraldidaktischem Werk *Der Renner* auszuwählen. Die 4-bändige Referenzausgabe von Gustav Ehrismann besitze ich leider nicht, die Bibliothek meines Instituts liegt weit weg, und wer weiß, ob das dort aufgestellte Exemplar nicht ohnehin gerade entlehnt ist. Also fahre ich meinen PC hoch und überlege kurz, wo ich mit der Suche sinnvollerweise beginnen soll:

Es gibt mehrere digitale Textarchive, aus deren Fundus sich auch die Mediävistik hin und wieder gerne bedient (mit der uneinheitlichen Qualität der Angebote werde ich mich hier nicht befassen – das haben bereits andere eingehend getan;[6] ich konzentriere mich zunächst auf das Suchen und Finden, wohingegen die Beurteilung des Gefundenen erst nach der Autopsie erfolgen kann): ‚TITUS'[7], ‚Bibliotheca Augustana'[8], Das ‚Digitale Mittelhochdeutsche Textarchiv' der Universität Trier[9] und einige weitere virtuelle Archive, die in allen einschlägigen Linklisten verzeichnet sind, bringen kein Ergebnis.

Die ‚Google Buchsuche'[10] wirft zwar den perfekten Treffer aus, nämlich die Edition von Gustav Ehrismann,[11] dennoch erweist sich der Treffer leider als ‚Niete', weil für die Digitalisate ‚Keine Vorschau verfügbar' ist. Die wissenschaftlichen Publikationen von Gustav Ehrismann unterliegen nämlich noch bis 2011 dem Copyright – so lange kann und will ich nicht warten.

---

6 Vgl. Thomas Bein: PC und Internet in altgermanistischer Forschung und Lehre. Erfahrungen und Desiderate. In: Jahrbuch für Computerphilologie 3, 2001, S. 9–17, online: http://computerphilologie.uni-muenchen.de/jg01/bein2.html; ders.: Anmerkungen zu digitalen Editionen alt- und mittelhochdeutscher Texte. In: Mediaevistik und Neue Medien. Hrsg. von Klaus van Eickels, Ruth Weichselbaumer und Ingrid Bennewitz. Ostfildern 2004, S. 29–40. – Die Aufstellung von ‚Bewertungskriterien für elektronische Editionen' ist besonders Fotis Jannidis ein ernsthaftes Anliegen, vgl. seinen ‚Problemaufriss' 1999 im IASL-Forum: www.iasl.uni-muenchen.de/discuss/lisforen/jannidis.htm und die seiner Anregung folgende Bewertung einiger Online-Archive durch Alexandra Hildebrandt / Nadine Landeck / Ursula Rautenberg / Agnes Rie / Susanne Starnes: Literaturwissenschaft online – offline. Primärliteratur im Internet, elektronische Editionen und Hybrideditionen, Lern- und Literatur-CD-ROMs. Überblick und Sammelrezension [6. April 2000] in besagtem Diskussionsforum: www.iasl.uni-muenchen.de/discuss/lisforen/erlangen.htm. Für eine erste oberflächliche Prüfung mag auch die ‚Checkliste für E-Texte' unter http://wiki.netbib.de/coma/GermanistikTexte genügen.

7 http://titus.uni-frankfurt.de/indexd.htm.

8 www.hs-augsburg.de/~harsch/augustana.html.

9 www.mhgta.uni-trier.de/.

10 http://books.google.de.

11 Gustav Ehrismann: Der Renner von Hugo von Trimberg. Band I–IV. Tübingen 1908–1911 (Bibliothek des Litterarischen Vereins Stuttgart. 247, 248, 252, 256). – Nachdruck: Der Renner: Hugo von Trimberg. Hrsg. von Gustav Ehrismann. Photomechan. Nachdruck. Mit einem Nachwort und Ergänzungen von Günther Schweikle. Berlin 1970 (Deutsche Neudrucke: Reihe Texte des Mittelalters).

Es bleibt mir also nichts anderes übrig, als nach ‚Hugo von Trimberg' und ‚Renner' zu ‚googeln' – und siehe da, schon einer der ersten Treffer führt mich auf die Homepage des Tübinger Instituts für Germanistik, wo Henrike Lähnemann 2004 zu Unterrichtszwecken den vollständigen Text (über 24 000 Verse!) in elektronischer Form bereitgestellt hat, noch dazu in web-gerechter Aufmachung, übersichtlich gegliedert nach dem ‚Registrum' Michaels de Leone in der Würzburger Handschrift, daher auch kapitelweise gezielt zugänglich; durch diese Aufbereitung wurden das Digitalisat und die beigegebenen Ergebnisse der Studierenden sogar zu einem Hypertext aufgewertet.[12]

Internet-Angebote müssen vor der Verwendung stets sorgfältig auf ihre Vertrauenswürdigkeit geprüft werden, schärfen wir unseren Studierenden ein. Da mir im konkreten Fall die originale Druckvorlage nicht zur Verfügung steht – ‚Google Buchsuche' gibt nicht einmal den Blick auf Stichproben frei –, bin ich auf andere Bewertungskriterien angewiesen: Henrike Lähnemann ist mir als sehr sorgfältige Wissenschaftlerin bekannt; ihrem Ruf entsprechend macht sie präzise Angaben zur gedruckten Vorlage, auf deren Basis sie gemeinsam mit zwei Fachkollegen (Rudolf Weigand und Max Grosse) den elektronischen Text hergestellt hat – es handelt sich um die besagte Referenzausgabe von Gustav Ehrismann.[13] Alle Beteiligten haben in ihrer bisherigen Forschung zu Hugo von Trimberg bzw. zum *Renner* gearbeitet, Weigand und Lähnemann sogar editorisch.[14] Auch der Zweck der Unternehmung ist angeführt: Demnach wurde die Digitalisierung für die ‚Mittelhochdeutsche Begriffsdatenbank' (MHDBDB) vorgenommen.[15]

Ich komme für mich damit zu dem Schluss, dass dieser E-Text vertrauenswürdig[16] und für meine Zwecke optimal geeignet ist, und mache mich ans Bildschirm-Schmökern. Schließlich entscheide ich mich für eine Textpassage über die tückischen

---

12 www.uni-tuebingen.de/mediaevistik/materialien/renner/index.html. Dieser Link ist inzwischen nicht mehr gültig.

13 Vgl. Anm. 11.

14 Henrike Lähnemann: Der ‚Renner' des Johannes Vorster. Edition und Untersuchung des cpg 471. Tübingen und Basel 1998 (Bibliotheca Germanica. 39). – Rudolf Kilian Weigand: Der ‚Renner' des Hugo von Trimberg: Überlieferung, Quellenabhängigkeit und Struktur einer spätmittelalterlichen Lehrdichtung. Wiesbaden 2000 (Wissensliteratur im Mittelalter. 35); Weigand plant ferner die Edition einer gekürzten Version des Textes (Hugo von Trimberg: Der Renner, Ausgabe der gekürzten und illustrierten bairischen Fassung (Bz, Ehrismann ε), nach Klosterneuburg, Stiftsbibl., Cod. 750, mit einer Dokumentation des Abbildungszyklus [in Vorbereitung]; vgl. http://dtm.bbaw.de/E_Bericht/E_Weigand 1.html). – Max Grosse: Hugo von Trimberg. In: A New History of German Literature. Hrsg. von David E. Wellbery u. a. Cambridge/USA und London 2004, S. 136–140.

15 Diese Angabe findet sich dort in der Erläuterung zur elektronischen Textbasis bestätigt: „Die Rohfassung der Transkription wurde von Rudolf Weigand erstellt, von Max Grosse für die Verwendung bei der Mittelhochdeutschen Begriffsdatenbank korrigiert und wird von Henrike Lähnemann redigiert." (http://mhdbdb.sbg.ac.at:8000/mhdbdb/App?action=TextInfoEdit&text=HTR)

16 Für die Druckfassung dieses Beitrags habe ich der Vollständigkeit halber doch auch die ‚Vorlagentreue' noch streng überprüft: Die Texteingabe folgt tatsächlich in allen Details exakt dem gedruckten Editionstext von Ehrismann, und zwar von den Längenzeichen und der Interpunktion bis zu der Eigenheit, alle Versanfänge groß zu schreiben. Das ist in diesem Fall möglich, weil Ehrismanns Text die übliche normalmittelhochdeutsche Graphie aufweist; ansonsten sehen die internen Textaufnahmekonventionen der MHDBDB vor, bestimmte Sonderzeichen und Superskripte zu vernachlässigen, um eine graphisch einigermaßen homogene Textbasis zu erhalten. (Vgl. den Beitrag von Margarete Springeth in diesem Band.)

Gefahren der Minne, und mit Hilfe von ‚Copy and Paste' ist im Nu ein adrettes Handout für meine Zuhörerschaft gezaubert.

Da ich jedoch der dauerhaften Verfügbarkeit des Mediums Internet nicht traue und zudem eine leidenschaftliche Sammlerin bin, lade ich mir den elektronischen Text, den Henrike Lähnemann so sorgfältig in Abschnitte aufgeteilt hat, Stück um Stück von der Website herunter und vereinige ihn in einer einzigen Datei, um diese meinem kleinen digitalen Privatarchiv einzuverleiben.

Meine Vorsicht war berechtigt, wie ich vor wenigen Monaten erfahren musste: Als ich nämlich bei der Vorbereitung auf meinen Tagungsvortrag den unter meinen Favoriten abgelegten Direkt-Link zum Renner-Text auf der Homepage von Henrike Lähnemann wieder aufrufen wollte, war der Link nämlich ‚tot'.[17] Auch die Web-Adresse der Tübinger Germanistik war inzwischen geändert worden, und von der neuen Institutshomepage führte kein Link mehr zur Mitarbeiterhomepage von Frau Lähnemann. Über Google gelang es mir irgendwie doch noch, ihre alte Tübinger Homepage aufzuspüren. Hier prangte nun in roten Lettern ein Hinweis, dass Frau Lähnemann 2006 mitsamt ihrer Homepage nach Newcastle übersiedelt sei; auf Wunsch würde man gleich zur neuen Adresse weitergeleitet.[18] Aber anscheinend hatte man nicht die gesamte Website transferiert, denn namhafte Reste (z. B. E-Texte des Älteren und Jüngeren *Hildebrandsliedes* samt Übersetzung[19]) waren zurückgelassen worden und sind nur mehr über die ursprünglichen Direkt-Links, die (zufällig?) noch aktiv geblieben sind, erreichbar. Auf der Tübinger Homepage von Frau Lähnemann findet sich – gut versteckt – ein weiterer elektronischer Text, und zwar die *Renner*-Fassung des Johannes Vorster im Heidelberger Codex cpg 471,[20] die Frau Lähnemann 1998 mit ausführlichen Kommentaren ediert hat.[21] Da ihre gedruckte Edition durch die Verwertungsrechte des Verlages gebunden ist, stellt die Editorin eine „ältere Arbeitsversion" als Forschungsmaterial zur Verfügung, vor geistigem Diebstahl äußerst dürftig geschützt durch den beinahe paradox anmutenden Hinweis: „Die durchsuchbare pdf-Version darf nur für private wissenschaftliche Benutzung heruntergeladen werden."[22] Auf ihrer neuen Homepage findet sich gar nur mehr ein kryptischer Hinweis auf die Verfügbarkeit dieses E-Textes,[23] der dazugehörige Link führt aber auf ‚geschütztes Terrain', das nur mit einem Passwort zugänglich wäre, so dass der einzige Weg zu diesem Dokument über den kaum mehr auffindbaren Tübinger Direkt-URL führt.

Das ernüchternde Fazit lautet: Die alte Homepage ist nur mehr eine Ruine, die neue noch Baustelle, und spätestens bei der nächsten ‚Entrümpelungsaktion' des

---

17 Vgl. Anm. 12. Auch die Mitarbeiterhomepage von Frau Lähnemann entpuppte sich als Sackgasse: http://homepages.uni-tuebingen.de/henrike.laehnemann/.

18 www.staff.ncl.ac.uk/henrike.laehnemann/.

19 http://homepages.uni-tuebingen.de/henrike.laehnemann/hildebrandslieder.htm – dieser Link funktionierte im Jänner 2009 noch!

20 http://homepages.uni-tuebingen.de/henrike.laehnemann/Cpg471.pdf – auch dieser Direktlink funktionierte im Jänner 2009 noch.

21 Vgl. Anm. 14.

22 URL wie Anm. 20.

23 URL wie Anm. 18, auf der Startseite unter ‚Projects / Wissenschaftliche Interessen'.

Tübinger Servers werden vermutlich alle alten Materialien der ehemaligen Mitarbeiterin eliminiert werden!

Frau Lähnemann hat ihre kleine Textsammlung selbst an das Portal ‚Mediaevum'[24] gemeldet und damit zum Ausdruck gebracht, dass sie ihre Materialien über den universitären Unterricht hinaus KollegInnen und anderen Interessierten zur Nutzung überlässt. Da sie jedoch vergessen hat, die spätere Link-Änderungen bekannt zu geben, und ‚Mediaevum' als ehrenamtliche Initiative einer Gruppe engagierter MediävistInnen nicht die Kapazitäten besitzt, die Linksammlung ständig zu überwachen, sind die wertvollen Ressourcen mehr oder weniger verschüttet; die einzige Chance, die Schätze noch aufzuspüren, bildet die Volltextsuche im Internet.[25]

Beim angeführten Beispiel handelte es sich um Materialien, die ausdrücklich zur allgemeinen Nutzung freigegeben wurden. Es gibt aber auch eine quantitativ schwer einzuschätzende Menge von ‚versteckten' E-Texten, die selbst von Suchmaschinen nicht aufgespürt werden. Rüdiger Brandt, ein bekannter Mediävist an der Uni Essen, hält ebenfalls eine Materialsammlung (pdf) für den universitären Unterricht bereit,[26] die unter dem Titel ‚Grundkurs I' u. a. Strickers Erzählung *Der nackte Ritter* enthält.[27] Obwohl die Website an sich völlig frei zugänglich ist, lässt sich dieser Text über Google nicht auffinden,[28] weil in diesem Fall durch die spezielle Konstruktionsweise der Website (Frame-Struktur, fehlende Beschlagwortung im Header des HTML-Dokuments) der Zugriff von Suchmaschinen auf die Einzeltexte verhindert wird – ob dies dem Betreiber der Website bewusst oder von ihm gar beabsichtigt ist, sei dahingestellt. Wenn man von Zufallsentdeckungen absieht, wie sie beim Surfen im Internet allenthalben passieren, kann in einem solchen Fall nur fündig werden, wer die verborgenen Schätze bereits kennt und den Pfad dorthin z. B. in seinem Browserprogramm ‚auf Vorrat' unter den persönlichen Favoriten abgelegt hat. Das bietet zwar – wie schon das Beispiel des *Renner*-Textes gezeigt hat –, noch keine Garantie, dass man die Seite zu einem späteren Zeitpunkt wieder aufsuchen kann, aber immerhin hat man so eventuell die Chance, einen abgerissenen Link mit Hilfe eines speziellen Tools für Archivrecherchen wieder zu finden.[29]

---

24 www.mediaevum.de.

25 Ich möchte an dieser Stelle ausdrücklich betonen, dass dieses Fallbeispiel willkürlich gewählt wurde und dass es mir fernliegt, eine außerordentlich engagierte Kollegin kritisieren zu wollen. Das Beispiel soll lediglich allgemeine Probleme des Umgangs mit dem neuen Medium aufzeigen und uns dazu anregen, im jeweils eigenen Verantwortungsbereich strategische Verbesserungen vorzunehmen.

26 www.uni-due.de/mediae/materialien.shtml.

27 www.uni-due.de/imperia/md/content/mediae/grammatik1.pdf. Geboten wird ein offenbar normalisierter Text, aber leider ohne jegliche Quellenangabe, was dieses Beispiel bei einer kritischen Bewertung nach Kriterien der Wissenschaftlichkeit entsprechend abwerten würde!

28 Ausprobierte Volltext-Suchbegriffe: <Stricker „Der nackte Ritter"> oder <Stricker Ritter>; selbst die Suche nach einer konkreten Textzeile als Phrase (z. B. *der schadet mêre, denne er vrumt*, V. 100) führt nicht zum Ziel!

29 Hilfe bietet z. B. die ‚Internet Archive Wayback Machine' (www.archive.org/web/web.php), die seit 1996 von unzähligen Websites ‚Snapshots' erstellt und archiviert hat. Dieser Hinweis stammt von einem ‚expert user' in der Diskussion. Die Tübinger Homepage von Frau Lähnemann wurde seit ihrem Bestehen mehrfach gescannt, zuletzt am 15.1.2008 (Status vom 12.11.2004); diese Spiegelung ist einsehbar unter http://web.archive.org/web/20080115051735/http://www.uni-tuebingen.de/mediaevistik/materialien/renner/index.html.

Diese Erfahrungen rund um das erste Beispiel einer online gestellten Edition haben durchaus exemplarischen Charakter, den ich wie folgt in einem Zwischenresümee verdeutlichen möchte:

- Viele WissenschaftlerInnen sind im Besitz von E-Texten für den eigenen Gebrauch, die sie sich oft mit viel Mühe selbst konvertiert und eingerichtet haben, und sie sind auch bereit, ihr Material für Lehr- und Forschungszwecke zur Verfügung zu stellen. Allerdings nützt dies wenig, wenn es versteckt geschieht, also ohne auf das Angebot ausreichend aufmerksam zu machen.
- Websites erfordern eine kontinuierliche und sorgfältige Pflege, um Links und den daran geknüpften Content nicht verloren gehen zu lassen. Der damit verbundene Aufwand wird oft unterschätzt. Es scheint, dass die Gefahr der Labilität besonders kleine Homepages betrifft, wogegen die Lage bei Websites renommierter Institutionen besser ist. Eine Garantie auf Kontinuität gibt es aber nicht.
- Elektronische Materialien sollten nicht (bzw. nicht nur) auf der eigenen oder einer semi-privaten Forschungs-Homepage zur Verfügung gestellt werden. Stattdessen sollten sie lieber einem ‚eingesessenen' virtuellen Archiv (z. B. ‚TITUS') anvertraut werden, das bessere Möglichkeiten der Datenpflege hat und über längere Zeit den Zugang zu den Materialien gewährleisten kann. Daher sollte man sich als Textanbieter rechtzeitig Gedanken darüber machen, was mit den wertvollen Materialien nach dem aktiven Berufsleben bzw. nach dem eigenen Ableben passieren soll.
- E-Books sollten, wenn sie schon aus Urheberrechtsgründen nicht frei angeboten werden dürfen, wenigstens per Registrierung oder auch gegen Bezahlung zugänglich sein! Bücher wahl- und planlos zu digitalisieren, in die Digitalisate aber nur durch ein ‚Guckloch' Einsicht zu gewähren bzw. sie wegen rechtlicher Bedenken ganz wegzusperren, wie die ‚Google Buchsuche' es tut, nützt niemandem.
- E-Texte, die in einem wissenschaftlichen Internet-Projekt als Hypertext eingebunden sind, sollten der Forschung auch isoliert zur Verfügung stehen: Genau das ist beim Projekt des ‚Deutschen Rechtswörterbuchs'[30] in vorbildlicher Weise der Fall. Dieser Wunsch richtet sich z. B. an die ‚Mittelhochdeutsche Begriffsdatenbank', die über 250 literarische Texte des mittelhochdeutschen Kanons enthält, welche zwar in vielfältiger Weise durchsucht, aber nicht – auch nicht per spezieller Registrierung – als Ganztexte eingesehen werden können.[31]

---

30 www.rzuser.uni-heidelberg.de/~cd2/drw/.

31 Einblick in die Philosophie der MHDBDB gewährt der Beitrag von Margarete Springeth in diesem Band.

Beispiel 2: Caspar Goltwurm: *Wunderwerck und Wunderzeichen*

Mein zweites Recherchebeispiel betrifft einen Frühdruck aus dem 16. Jahrhundert. Von Caspar Goltwurm (1524–1559) stammt neben mehreren anderen ein umfangreiches Werk mit dem Titel *Wunderwerck und Wunderzeichen*[32], das ich (diesmal an meinem Dienst-Arbeitsplatz sitzend) gerne kennen lernen möchte. Das Problem ist in diesem Fall, dass in ganz Österreich kein Exemplar des Drucks vorhanden ist. Der Karlsruher Virtuelle Katalog[33] liefert den Bestandsnachweis für rund 10 Exemplare in Deutschland, die selbstverständlich nicht entlehnbar sind. Ich müsste also zumindest nach München reisen, um in ein originales Exemplar Einsicht zu nehmen.

Ein Kollege aus Innsbruck, der – wie ich weiß – gerade ein Symposium aus Anlass des 450. Todestages dieses Südtiroler Autors vorbereitet,[34] hat einen Tipp für mich: Das Werk sei im Internet digital verfügbar – die Web-Adresse wisse er zwar nicht auswendig, aber über Google sei der Text leicht zu finden. Unverzüglich mache ich mich auf die Suche im Netz:

Die Google-Recherche führt ganz zuoberst (wie in vielen Fällen!) zum oft (und meist vorschnell) geschmähten Portal ‚Wikipedia', wo am Ende des biographischen Artikels ‚Kasper Goltwurm'[35] unter den Links auch die Adresse einer Bibliothek in São Paulo angeführt ist,[36] allein, der Link funktioniert nicht, zumindest an jenem Tag im Juni 2008, so dass keine Chance besteht, das Werk einzusehen. Wie wir schon im ersten Beispiel gesehen haben, muss ein ‚toter' Link nicht automatisch bedeuten, dass der dazugehörige Inhalt gelöscht worden ist. Oft wurde nur der URL geändert. So versuche ich über Umwege zum gewünschten Content zu gelangen und stoße dabei auf ‚Wikimedia commons'. Dort – welche Überraschung – wird das Werk als Volldigitalisat des Frühdrucks bereitgehalten, und zwar ‚zufällig' die Abbildungen des brasilianischen Exemplars, wie der Besitzerstempel verrät.[37] Ganz augenscheinlich handelt es sich um ein Duplikat. Ob die Veröffentlichung bei ‚Wikimedia Commons' rechtens ist, wage ich nicht zu beurteilen – dass das Copyright des Drucks aus dem Jahr 1557 längst abgelaufen ist, zumindest darüber besteht kein Zweifel.

Das digitale Faksimile ist von mäßiger Qualität. Die Auflösung der Abbildungen reicht zwar aus, um den Text auf dem Bildschirm vergrößert zu lesen, eignet sich kaum für einen brauchbaren Papierausdruck und schon gar nicht für eine digitale Weiterverarbeitung (OCR), die den umfangreichen Text erst zu einer zeitgemäßen elektronischen Arbeitsbasis machen würde. Aber als behelfsmäßiger Ersatz für ein

---

32 Caspar Goltwurm Athesinus: Wunderwerck vnd Wunderzeichen Buch. Darinne alle fuernemste Goettliche/ Geistliche/ Himlische/ Elementische/ Irdische vnd Teuflische wunderwerck/ so sich in solchem allem von anfang der Welt schoepfung biß auff vnser jetzige zeit/ zugetragen vnd begeben haben/ kuertzlich vnnd ordentlich verfasset sein/ Der gestalt vor nie gedruckt worden. Frankfurt am Main: David Zephelius 1557.

33 www.ubka.uni-karlsruhe.de/kvk.html.

34 Max Siller (Institut für Germanistik/Universität Innsbruck): ‚Kaspar Goldwurm Athesinus (1524–1559)', 6. Symposium der Sterzinger Osterspiele, Sterzing, 6.–8. April 2009.

35 http://de.wikipedia.org/wiki/Kasper_Goltwurm.

36 www.obrasraras.usp.br/obras/000154/.

37 http://commons.wikimedia.org/wiki/Special:Search?search=goltwurm.

physisches Buchexemplar kann das Image-Digitalisat einwandfrei dienen und ist daher bereits in dieser einfachen Form von unschätzbarem Wert.

Selbstverständlich habe ich die rund 600 Abbildungen unverzüglich heruntergeladen. Wohl drei Stunden hat meine Fahndung im Netz gedauert,[38] gut noch einmal so lange dauerte es, bis ich alle Bilder einzeln heruntergeladen hatte;[39] nach den mühevollen Recherchen wollte ich nicht riskieren, meine wertvolle Beute wieder zu verlieren. Wenige Tage später funktionierte der brasilianische Link übrigens wieder einwandfrei und er tat dies auch noch bei Redaktionsschluss für meinen Beitrag.

Meine Recherchen habe ich wie erwähnt auch in diesem Fall zunächst über die Volltextsuchmaschine Google betrieben und nebenbei eine Menge Informationen über und rund um das gesuchte Werk erhalten: Hinweise auf Bibliotheksbestände, auf Digitalisierungsvorhaben etc., die in jenen Fällen, in denen noch kein Digitalisat im Netz verfügbar ist, höchst willkommen sind, denn sie weisen uns wenigstens den mühsameren herkömmlichen Weg zu den gesuchten Objekten. Ich möchte beim Recherchefall ‚Goltwurm' noch ein paar Bemerkungen zur Online-Recherche mit Hilfe von ‚Spezialwerkzeugen' anschließen: Unseren Studierenden predigen wir ja eindringlich, für die wissenschaftliche Recherche seien Google und andere frei verfügbare Volltextsuchmaschinen nicht das geeignete Mittel. Mangelnde Spezifizierungsmöglichkeiten führten zu unüberschaubaren Trefferlisten, deren ‚händische' Sichtung unökonomisch sei. Daher solle man lieber fachspezifische Spezialsuchmaschinen bzw. Datenbanken und Online-Kataloge konsultieren.[40] In der Tat gibt es mittlerweile für die Recherche nach Frühdrucken mehrere Spezial-Datenbanken – das Problem ist aber, wie der User davon Kenntnis erlangen und aus diesen Hilfsmitteln brauchbare Informationen schöpfen kann.[41] Ich habe zum Fall Goltwurm einige

---

38 Der Surfausflug erbrachte nebenbei auch allerlei Funde zur Person Caspar Goltwurms, die natürlich gleich entsprechend archiviert werden mussten. – Man beachte, dass sich dieser Suchanlass Ende Mai 2008 ereignete; 3 Monate später förderte derselbe Suchstring (‚Goltwurm Wunderwerck') bei Google augenblicklich die relevanten Links zutage. Möglicherweise ist das auf das veränderte Nutzerverhalten zurückzuführen: Je häufiger nämlich auf eine Webadresse zugegriffen wird, umso höher wird sie von Suchmaschinen beim Ranking der Ergebnislisten gereiht (vgl. www.suchfibel.de/5technik/ranking.htm). Es werden freilich nicht allein meine wiederholten Suchanfragen den Ausschlag gegeben haben, sondern aufgrund der geplanten Tagung (vgl. Anm. 34) dürften potenzielle TeilnehmerInnen vermehrt nach Texten von und Informationen über Caspar Goltwurm im Netz gesucht haben.

39 Ich hatte schon vor dem entsprechenden Hinweis in der Diskussion davon gehört, dass es technische Möglichkeiten gibt, mit Hilfe von Makros ganze Bilderserien auf einmal aus dem Netz herunterzuladen, aber als durchschnittliche Userin hatte ich weder das dazu nötige Programm zur Hand noch wollte ich die Sicherung meines Fundes ‚vertagen', um erst technische Ratschläge einzuholen – zu unsicher erschien mir die Kontinuität des Angebots.

40 Meta-Linksammlungen für die wissenschaftliche Recherche im Internet bieten z. B. www.wissenschaftliche-suchmaschinen.de/index.html und http://wiki.netbib.de, aber auch gedruckte ‚Leitfäden' wie z. B. Germanistik im Internet. Eine Orientierungshilfe / Deutsches Bibliotheksinstitut. Hrsg. von Frank Simon-Ritz. Berlin 1998 (Informationsmittel für Bibliotheken. 8). – Hartmut Schönherr, Paul Tiedemann: Internet für Germanisten. Eine praxisorientierte Einführung. Darmstadt 1999. – Ruth Weichselbaumer: Mittelalter virtuell. Mediävistik im Internet. Stuttgart 2005.

41 Sehr differenziert ist z. B. die Linksammlung http://wiki.netbib.de/coma/DigiMisc (Digitalisierungsprojekte und -bestände nach Fachgebieten geordnet) mit der Unterseite für Deutschland http://wiki.netbib.de/coma/AlteDruckeDigital, die aber den User angesichts der Fülle schier verzweifeln lässt: Der Zeitaufwand allein für ein oberflächliches Durchkämmen des Angebots wäre beträchtlich!

Spezialdatenbanken (auf die ich im Zuge meiner eingehenden Recherchen mehr oder weniger zufällig gestoßen bin) auf ihre Leistungsfähigkeit getestet:

EROMM (European Register Of Microform And Digital Masters / Europäisches Register der Mikroformmaster und digitalen Master) hat sich zum Ziel gesetzt, alle bereits existierenden und geplanten Mikroverfilmungen und Digitalisate von gedruckten Publikationen zu erfassen, um einerseits Mehrfach-Digitalisierungen vermeiden zu helfen und andererseits Usern den Weg zu verfügbaren Digitalisaten zu weisen.[42] Noch Ende August brachte die Sucheingabe ‚Goltwurm' (auch in diversen Schreibvarianten) null Treffer, auch nicht, als ich alle möglichen Schreibweisen des Autornamens durchprobierte: Caspar, Kaspar, Casper, Kasper, Goldwurm ... Da die Datenbank als ‚black box' konstruiert ist, der vorhandene Datenbestand also nicht – etwa in Form von Indizes oder eines Katalogs – einsehbar ist, fehlt dem User jegliche Orientierungsmöglichkeit. Daraus ergab sich zwangsläufig der Schluss, dass das Projekt entweder keine *Früh*drucke umfasse oder dass mit der Eingabe von Daten (deren Existenz mir zu dem Zeitpunkt schon bekannt war!) noch gar nicht begonnen worden sei. – Einige Tage später, als ich den Link für die Vortragsfassung noch einmal prüfte, brachte der Suchbegriff ‚Goltwurm' zwar weiterhin keinen Treffer, die alternative Schreibung ‚Goldwurm' hingegen sieben, nur das ‚Wunderwerck' war leider nicht darunter. Das brasilianische digitale Faksimile – so folgere ich – fällt wohl nicht in den Zuständigkeitsbereich dieser europäischen Initiative zur Sicherung des Kulturerbes.[43]

Ebenfalls nicht verzeichnet ist in EROMM das Digitalisierungsvorhaben des *Wunderwercks* durch die Bayerische Staatsbibliothek München im Rahmen des DFG-Projekts DV 16 (‚Digitalisierung der im deutschen Sprachbereich erschienenen Drucke des 16. Jahrhunderts', Laufzeit 2006–2009).[44] (Ein entsprechender Vermerk ist in DV 16 im bibliographischen Datensatz mit der Signatur G 2602 bereits enthalten.[45]) Dieser Umstand müsste einen Eintrag in EROMM erhalten – aber offenbar ist diese Information noch nicht bis zu diesem noch jungen Datenbank-Unternehmen durchgedrungen, was auch auf mangelnde Vernetzung hindeuten könnte. Auch die in einer umfangreichen und kostspieligen Microfiche-Edition des Verlags Saur[46] publizierten Aufnahmen einiger anderer Werke Caspar Goltwurms sind in EROMM nicht ver-

---

42 www.eromm.org/.

43 An dieser Stelle sei auf die Problematik der graphischen Varianz bei historischen Namen hingewiesen; im Fall Caspar Goltwurms scheint sich soeben eine Änderung der Namensansetzung zu vollziehen: Während vor einem halben Jahr die einschlägigen Internet-Ressourcen noch eher die Graphie ‚Goltwurm' bevorzugten, scheint neuerdings die Schreibung ‚Goldwurm' im Vormarsch zu sein. Da dieser Autor ins 16. Jh. fällt, kann hier auch das fachinterne Regulativ der Germanistischen Mediävistik, das ‚Verfasserlexikon', keine Auskunft erteilen.

44 http://gateway-bayern.bib-bvb.de/aleph-cgi/bvb_suche?sid=VD16.

45 http://bvba2.bib-bvb.de/V/LBYEHK6SHQRXG9NGM8DIFME1LM12CKMYX7JRGU8PCLIUMJ81MQ-06905?func=full&set_number=029987&set_entry=000001&format=999.

46 Bibliotheca Palatina. Druckschriften. Hrsg. v. Leonard Boyle und Elmar Mittler. [Mikrofiche-Ausgabe.] München: Saur 1989–1995. [www.degruyter.de/cont/imp/saur/saur.cfm]. Preis: 35.600,- €. (Der Preis ist als relativ zu betrachten, denn bei insgesamt 12.116 Werken, die die Mikrofiche-Ausgabe umfasst, kommt ein einzelnes Werk im Durchschnitt auf 3,- €. Faktum ist, dass keine österreichische und nur ein halbes Dutzend deutsche Bibliotheken diese Microfiche-Ausgabe in ihrem Bestand führen.

zeichnet – der Grund dafür ist nicht nachvollziehbar, steht doch in den Zieldefinitionen zu lesen: „Mikroformen kommerzieller Anbieter werden eingeschlossen, soweit sie den vereinbarten Standards gerecht werden und auch Einzelwerke als Lesekopie verfügbar sind.“[47]

Nicht anders ergeht es mir bei der Recherche im ‚Zentralen Verzeichnis digitalisierter Drucke‘ (zvdd), obwohl in dieser Datenbank „grundsätzlich alle vollständig digitalisierten Druckwerke aus[gewiesen sein sollten], die frei über das Internet zur Verfügung gestellt werden und einem gewissen wissenschaftlichen Qualitätsstandard genügen.“[48] Aber auch hier bleibt die Suche nach Goltwurms *Wunderwerck* erfolglos.

Die Ausbeute bei der Recherche in Spezialdatenbanken ist also mehr als dürftig.[49] Das betrifft insbesondere die Frage, die den recherchierenden Internetnutzer am meisten interessiert: Wo finde ich Volldigitalisate von Drucken frei im Internet? – Aus Unzufriedenheit mit dem gegenwärtigen Zustand schritt der Freiburger Historiker Klaus Graf, vielen bekannt als rühriger Verfechter eines freien Zugangs zu allen Online-Ressourcen für die Wissenschaft,[50] zur Selbsthilfe und legte im Alleingang ein „Verzeichnis deutschsprachiger Drucke des 16. Jahrhunderts als frei zugängliche Faksimiles im Netz“ an.[51] Graf nennt beide Web-‚Standorte‘ des *Wunderwerck*-Digitalisates, also sowohl den Link zur brasilianischen Universitätsbibliothek als auch jenen zu ‚Wikimedia commons‘. Allerdings findet sich in seiner Datensammlung keinerlei Hinweis auf das Datum der letzten Aktualisierung und ich habe eindeutige Indizien dafür entdeckt, dass die Liste nicht auf dem allerneuesten Stand ist,[52] was dem unermüdlichen Einzelkämpfer selbstverständlich nicht zum Vorwurf gemacht werden kann, aber den Wert seiner Sisyphus-Arbeit sehr wohl schmälert.

Es gibt jedoch unmittelbar vor Redaktionsschluss für meinen Beitrag auch Positives zu berichten: Angeregt durch die Innsbrucker Initiative zum oben erwähnten Goltwurm-Symposium hat das ‚Münchener Digitalisierungszentrum‘ jüngst weitere 6 komplette Image-Digitalisate von Goltwurm-Texten im Netz freigegeben,[53] die nun von den TeilnehmerInnen des Symposiums als Arbeitsgrundlage für die Vorbereitung ihrer Vorträge genützt werden können. Das zeigt die Entwicklungskapazität des Internet auf, deren treibende Kraft wir, die UserInnen selbst, sind!

Was wird aus diesem zweiten Beispiel ersichtlich? Folgendes, in Ergänzung meines Zwischenresümees für das erste Beispiel:

---

47 www.eromm.org/database.htm.

48 Vgl. www.zvdd.de/.

49 Jedenfalls zum gegenwärtigen Zeitpunkt; vieles dürfte aber gerade im Entstehen sein!

50 Vgl. z. B. Graf, Klaus: Open Access und Edition (Vortrag, gehalten 2004 beim Wiener Kolloquium ‚Vom Nutzen des Edierens‘ am IÖG, Vorabdruck online unter http://archiv.twoday.net/stories/230198/).

51 http://archiv.twoday.net/stories/113113/ – leider ohne Erstellungs- und Aktualisierungsdatum.

52 Im Datensatz ‚Caspar Goltwurm, Wunderwerck und Wunderzeichen‘ wird angegeben, in VD 16 sei der Druck noch nicht verzeichnet. Vgl. hingegen oben Anm. 45.

53 Die Texte sind frei zugänglich unter www.digitale-sammlungen.de/index.html?c=autoren_index&l=de&ab=Goldwurm%2C+Caspar.

- Die Erreichbarkeit von Websites ist störungsanfällig. Da der User keinen Einblick in die Ursachen hat, kommt es zwangsläufig zu Frustrationen.
- Meine Recherche war zum Zeitpunkt der Störung des brasilianischen Servers nur durch einen glücklichen Zufall doch noch erfolgreich, weil vom gesuchten Dokument an anderer Stelle im Netz ein Duplikat existiert. Ob es technisch sinnvoll wäre, derartige ‚Sicherungskopien' standardmäßig und institutionalisiert anzulegen, darüber müsste man nachdenken. Prinzipiell ist es aber nicht gutzuheißen, wenn Metadaten zu Digitalisaten einzig bei der bestanderhaltenden Institution verzeichnet sind, so dass ein temporärer Netzausfall nicht nur den Zugang zu den virtuellen Objekten, sondern auch zu sämtlichen Meta-Informationen abschneidet.
- Linksammlungen mögen gut gemeint sein, aber wenn sie nicht ständig gewartet werden, ist ihr praktischer Nutzen meist gering: Entweder sind sie nicht aktuell oder nicht ausreichend bekannt. Da sie in der Regel redundant sind, die einzelnen Link-Tipps jedoch manchmal unter verschiedenen Namen angepriesen werden, stiften sie häufig Verwirrung und bereiten oft zusätzliche Mühe, statt den Suchvorgang zu verkürzen.
- Im Rahmen der Tagung ‚Wege zum Text' wurde mehrfach das Problem angesprochen, dass Datenbanken (wie übrigens auch gedruckte Nachschlagewerke und Bibliothekskataloge) nicht immer einheitliche Schreibungen von Autorennamen verwenden, obwohl mittlerweile internationale Richtlinien für standardisierte Namensschreibungen existieren:[54] Eine einheitliche Vorgangsweise aller betroffenen Institutionen wäre in der Tat die Vorbedingung für eine Vernetzung untereinander!
- Spezialdatenbanken – sofern sie sich überhaupt finden lassen – zeigen häufig einen Mangel an Transparenz. Um dies zu vermeiden, sollten die Inhalte einer Datenbank auf der Startseite möglichst klar beschrieben sein. Erst das gewährleistet eine zielstrebige Recherche. Des Weiteren sollte das Benutzer-Interface über Indizes und Kataloge Einblick in die Datensammlung geben.
- Es ist mittlerweile allgemein üblich, auf Websites das Datum der letzten Aktualisierung anzugeben. Jedoch sollte in Datenbanken nicht nur die Hauptseite standardmäßig mit einem Aktualisierungsdatum versehen werden, sondern auch die einzelnen Datensätze.
- Das Medium Internet lebt vom Engagement seiner Nutzerschaft. Wir alle haben die Möglichkeit, den ‚Informationspool' Internet mitzugestalten und damit unsere Arbeitsbedingungen zu optimieren. Davon profitieren nicht nur andere, sondern letztlich wir selbst, weil sich unsere ‚virtuelle Bibliothek' auf diese Weise unbegrenzt erweitern lässt.

---

[54] Hingewiesen wurde von Armin Schlechter speziell auf die von Claudia Fabian herausgegebenen ‚Regeln für die alphabetische Katalogisierung' von Personennamen der Antike (RAK-PAN) und des Mittelalters (RAK-PMA) sowie die ‚Normdateien' der Deutschen Nationalbibliothek, insbesondere die ‚Personennamendatei' (PND). Weiterführende Informationen dazu finden sich unter www.spezialbibliothek.de/Spezialbibliothekare/Infoagentur/Erschlieszung/Formal/regelwerke.html und www.d-nb.de/standardisierung/normdateien/pnd.htm.

Welche Konsequenzen sind aus den hier geschilderten und ähnlichen Erfahrungen zu ziehen? Das Internet zu ignorieren, ist praktisch nicht mehr möglich – zu stark ist seine Präsenz in allen Bereichen unserer Gesellschaft geworden, zu sehr ist es auch im wissenschaftlichen Betrieb bereits zur unverzichtbaren Realität geworden. Es kommt somit darauf an, *wie* wir das Internet für unsere Bedürfnisse instrumentalisieren.

In der Kommunikation haben sich die neuen, schnelleren Formen des schriftlichen Austauschs per E-Mail in relativ kurzer Zeit allgemein durchgesetzt; dagegen wird die Möglichkeit des fachlichen Informationsaustausch über Internetforen nur von einem Teil der Scientific community angenommen, während sie von der Mehrheit abgelehnt wird. Ähnlich sieht es im Bereich der Informationsverbreitung über das Internet aus: Während die einen hier die Chance sehen und nutzen, ihre wissenschaftlichen Leistungen rasch, ja sogar tagesaktuell[55] und kostengünstig zu präsentieren und damit möglichst weite Rezipientenkreise anzusprechen, wird vor allem in den Geisteswissenschaften die Dokumentation von Forschungsleistungen im virtuellen Raum nicht oder nur schwach zur Kenntnis genommen, und akademische Qualifikationsarbeiten müssen immer noch als Bücher getarnt eingereicht werden; allenfalls versteckt sich auf der Innenseite des hinteren Buchdeckels verschämt eine CD-ROM, auf der ergänzend jene Forschungsergebnisse hinzugefügt werden, die sich nicht linear ausdrucken lassen, oder es wird eine publikationsbegleitende Website zur Distribution wertvoller Vorarbeiten und ergänzender Materialien eingerichtet, die aber in der Flut der Web-Angebote unterzugehen droht.[56]

Die neuen Medien berühren ganz vehement unser traditionelles Methodenbewusstsein: Die Art, Texte zu rezipieren, Informationen zu recherchieren, sprachliches Material zu analysieren und zu taxieren und vieles mehr – alle diese Tätigkeiten orientierten sich jahrhundertelang an der linearen Form des gedruckten Textes. Der Umgang mit der Multifunktionalität von Hypertexten, die schlichtweg irreversibel ist, der Umgang mit komplexen Datenbankstrukturen, die den guten alten Zettelkasten abgelöst haben, der Umgang mit offenen Informationssystemen, die durch keinen Redaktionsschluss mehr begrenzt werden, und weitere Entwicklungen in dieser Art geraten zur echten Herausforderung, der es sich jedoch zu stellen gilt, wenn die Geisteswissenschaften im 21. Jahrhundert mit den Naturwissenschaften mithalten wollen.

Da darf auch der philologische Wissenschaftsbegriff kein Tabu sein, sondern muss im Lichte der neuen methodischen Möglichkeiten ohne Vorbehalte zur Diskussion stehen dürfen. Diskussionsbedürftig sind z. B. die Fragen der Stabilität und Referenzierbarkeit von wissenschaftlichen Inhalten – Grundaxiome der Wissenschaft – im virtuellen Raum: Das Hauptproblem ist ganz sicher die Labilität des Mediums, die

---

[55] Z. B. IASL online (www.iaslonline.de/).

[56] Z. B. die Forschungshomepage der Verf. mit elektronischen Materialien zur gedruckten Edition des ‚Brixner Dommesnerbuches' (www.uni-graz.at/~hofmeisa/) und die von Wernfried Hofmeister eingerichtete editionsbegleitende Plattform zur neuen Hugo von Montfort-Ausgabe (www-gewi.uni-graz.at/montfort-edition/). Größerer Aufmerksamkeit erfreut sich hingegen die Website des Parzival-Projekts (www.parzival.unibe.ch/), das den umgekehrten Weg geht, indem es zuerst und in erster Linie rein webbasiert war und erst sekundär den Weg zu Druckpublikationen eröffnet.

ausgerechnet aus dessen bedeutendstem Vorzug resultiert, der uneingeschränkten Interaktivität. Inhalte können nach Belieben publiziert, an einen anderen Ort verschoben, aber auch wieder entfernt werden, sie können ergänzt, korrigiert und aktualisiert werden. Wie aber sollen wir mit inhaltlich derart ‚unfesten' Materialien umgehen? Und wie sollen wir mit der Tatsache umgehen, dass elektronische Materialien in immer kürzeren Abständen durch den technischen Fortschritt unbenützbar werden? Um mit Materialien, die über das Internet distribuiert werden, wissenschaftlich arbeiten und sich auf sie beziehen, sie *zitieren* zu können, braucht es zu allererst die Sicherheit, dass das Dargebotene kontinuierlich verfügbar ist, und zwar in exakt jener Form, in der es zu einem bestimmten Zeitpunkt eingesehen und benützt wurde. Es bedarf weiters einer gewissen Stabilität der technischen Rahmenbedingungen, damit unsere elektronischen Daten auch nach Jahrzehnten noch problemlos ausgelesen und weiterverarbeitet werden können.

Wenn wir das Internet verstärkt für geisteswissenschaftliche Belange zu nutzen und die geisteswissenschaftliche Forschung an den technischen Standard des beginnenden 21. Jahrhunderts heranzuführen beabsichtigen, werden wir uns in manchen Dingen an die neuen Medien anpassen, unsere gewohnten Arbeitsweisen umstellen müssen. Statt über die chaotischen Zustände im Internet zu klagen und frustriert den Rückzug anzutreten, müssen wir wohl in die Offensive gehen und Ideen entwickeln, wie wir jene Informationen und Materialien, die wir TextwissenschaftlerInnen benötigen, gesichert archivieren und zuverlässig wiederfinden können. Insbesondere müssen wir ‚TextforscherInnen' uns besser organisieren und vernetzen: Was wir dazu brauchen, ist nicht weniger und nicht mehr als eine weitere Meta-Datenbank, um darin z. B. Informationen über die Verfügbarkeit und Auffindbarkeit sowie über die Qualität von elektronischen Primärtext-Editionen zu sammeln, und zwar ‚viribus unitis'.

Gregor Horstkemper, Karl Märker

Digitalisierung von Handschriften und Drucken der Bayerischen Staatsbibliothek: Strukturierung und Präsentation mittels XML

Altbestand und neue Technologien

Vor allem ihr Altbestand an Handschriften, Inkunabeln, Drucken des 16. bis 19. Jahrhunderts, Karten oder Musikalien macht die Bayerische Staatsbibliothek zu einem Schatzhaus des kulturellen Erbes und zu einer internationalen Forschungsbibliothek mit weltweiter Anziehungskraft. Dieser wertvolle Altbestand soll nicht nur mit Hilfe moderner konservatorischer Maßnahmen für die Nachwelt erhalten, sondern auch auf möglichst komfortable Art und Weise für Zwecke der Forschung und Lehre zugänglich gemacht werden. Mit dem Aufkommen des Internets und der Entwicklung leistungsfähiger Digitalisierungstechniken haben sich ganz neue Möglichkeiten zur Erschließung und Bereitstellung von Informationen über den Altbestand ergeben. So hat sich die Erschließungssituation etwa im Bereich der Handschriften durch die Bereitstellung von jederzeit verfügbaren Online-Katalogen sowie von umfangreichen Fachdatenbanken enorm verbessert. Die Bayerische Staatsbibliothek erstellt nicht nur eigene Kataloge und eine datenbankgestützte Forschungsdokumentation,[1] sondern beteiligt sich auch an kooperativen Erschließungsvorhaben wie dem Handschriften-Informationssystem „Manuscripta Mediaevalia".[2]

Aber nicht nur im Bereich der Erschließung konnten dank der technischen Entwicklungen der letzten beiden Jahrzehnte große Fortschritte erzielt werden. Für die Aufgabe der Bereitstellung eröffnete die Entwicklung leistungsfähiger und zugleich konservatorisch unbedenklicher Retrodigitalisierungsverfahren ganz neue Optionen. Mit der Gründung des Münchener Digitalisierungszentrums im Jahre 1997 hat sich die Bayerische Staatsbibliothek schon früh in diesem Bereich engagiert, um durch die Erstellung digitaler Reproduktionen vor allem von Altbestandsobjekten die Zugänglichkeit des von ihr bewahrten kulturellen Erbes weiter zu verbessern.[3] Auch wenn

---

1 Die bis ins 19. Jahrhundert zurückreichende „Forschungsdokumentation Handschriften" zu Beständen der Bayerischen Staatsbibliothek ist erreichbar unter der Adresse: www.bsb-muenchen.de/Forschungs dokumentation.172.0.html. Sie enthält u. a. mehr als 13.000 Nachweise zu den deutschen Handschriften. Siehe dazu Brigitte Gullath: Die Forschungsdokumentation zu Handschriften und Seltenen Drucken der Bayerischen Staatsbibliothek. In: Zeitschrift für deutsches Altertum und deutsche Literatur 133, 2004, S. 550f.

2 Näheres findet sich auf der Homepage: www.manuscripta-mediaevalia.de.

3 Zu den Zielsetzungen und Aktivitäten des Münchener Digitalisierungszentrums (MDZ) siehe Markus Brantl: Die Digitalen Sammlungen der Bayerischen Staatsbibliothek. In: Jahrbuch der historischen Forschung in der Bundesrepublik Deutschland, 2006, S. 31–37, online unter www.ahf-muenchen.de/Forschungsberichte/Jahrbuch2006/AHF_Jb2006_FB_A2_Brantl.pdf.

der Zugriff auf digitale Reproduktionen den Umgang mit den Objekten selbst nicht in allen Fällen vollständig ersetzen kann, so stellen qualitätvolle Digitalisate dennoch ein sehr wichtiges Hilfsmittel für die Bearbeitung wissenschaftlicher Fragestellungen dar.

Angesichts des großen Nutzens von frei zugänglichen digitalen Sammlungen für Zwecke von Forschung und Lehre ist die Bayerische Staatsbibliothek bemüht, ihr Angebot an retrodigitalisierten Altbeständen kontinuierlich zu erweitern und zu verbessern. Als langfristiges Ziel wird die möglichst vollständige Bereitstellung des gesamten Altbestandes an Handschriften und Druckwerken angestrebt. Zur Erreichung dieses Ziels werden verschiedene Wege beschritten. Einer dieser Wege besteht in der Digitalisierung ausgewählter Bestandsgruppen im Zuge kooperativer Projekte. Die Altbestände der Staatsbibliothek stellen für viele Forscherinnen und Forscher aus dem Bereich der Geisteswissenschaften ein sehr interessantes Quellencorpus dar, an dessen Erschließung, Aufbereitung und Auswertung Bibliothek und Forschung gemeinsam arbeiten können.[4]

Die Rolle von Bibliotheken muss sich im Rahmen solcher Projekte nicht allein auf die Produktion und komfortable Bereitstellung von Retrodigitalisaten beschränken. In diesem Beitrag soll unter anderem verdeutlicht werden, dass moderne Forschungsbibliotheken auch Dienstleistungen zur Aufbereitung von Quellenmaterialien anbieten, die mit Hilfe der Auszeichnungssprache XML eine gezielt durchsuchbare, flexibel gestaltbare Präsentation von Text-, Bild- und Multimediamaterialien ermöglichen. Durch den Aufbau einer integrierten Infrastruktur für die Unterstützung des elektronischen Publizierens können moderne Forschungsbibliotheken darüber hinaus über weltweit vernetzte Publikationsplattformen die Veröffentlichung von Forschungsbeiträgen und wissenschaftlichen Editionen anbieten. Nicht zu vernachlässigen ist dabei der Aspekt der dauerhaften Verfügbarkeit digitaler Publikationen. Durch den Aufbau zuverlässiger Systeme für die Langzeitarchivierung digitaler Inhalte stellt ein Netzwerk leistungsfähiger Bibliotheken diese dauerhafte Verfügbarkeit sicher. Die Bayerische Staatsbibliothek ist Partnerin des Nestor-Verbundes (Kompetenznetzwerk Langzeitarchivierung) und hat in Zusammenarbeit mit dem Leibniz-Rechenzentrum München das „Bibliothekarische Archivierungs- und Bereitstellungssystem“ (BABS) aufgebaut, mit dessen Hilfe Retrodigitalisate und genuin elektronische Publikationen dauerhaft gesichert und für die Nachwelt zugänglich gehalten werden können.[5]

---

4 Den Bedarf an solchen kooperativen Vorhaben dokumentiert beispielsweise die im Jahr 2006 von der Deutschen Forschungsgemeinschaft ausgeschriebene Aktionslinie „Bibliotheken und Archive im Verbund mit der Forschung“ (Deutsche Forschungsgemeinschaft: Kulturelle Überlieferung, DFG-Vordruck 12.153 – 11/06 – II 21), abrufbar unter der Adresse: www.dfg.de/forschungsfoerderung/formulare/download/12_153.pdf.

5 Zum Nestor-Netzwerk siehe www.langzeitarchivierung.de. Informationen über BABS sind abrufbar über www.muenchener-digitalisierungszentrum.de.

Digitalisierung von Druckwerken

Seit der Etablierung des Münchener Digitalisierungszentrums lag der Schwerpunkt der Aktivitäten im Bereich der alten Drucke, die keinen urheberrechtlichen Beschränkungen unterliegen und daher ohne Probleme im Internet bereitgestellt werden können. In den ersten zehn Jahren seines Bestehens führte das MDZ rund 75 Projekte durch und erzeugte Retrodigitalisate mit einem Datenvolumen von über 36 Terabyte. Als Sondersammelgebietsbibliothek für Geschichte, Altertumswissenschaften, Musikwissenschaft und Osteuropaforschung führte die Bayerische Staatsbibliothek viele dieser Projekte gemeinsam mit Partnern aus den genannten Fachdisziplinen durch.[6] Obwohl es sich bei den 2007 aufgebauten Beständen an retrodigitalisierten Werken bereits um die größte digitale Sammlung einer deutschen Bibliothek handelte, konnte bis dahin trotzdem noch nicht vom Einstieg in die echte Massendigitalisierung gesprochen werden. Einen ersten Schritt in diese Richtung stellten zwei zeitlich aneinander anknüpfende Projekte zur Digitalisierung sämtlicher im 16. Jahrhundert im deutschen Sprachraum erschienenen Drucke dar, die sich im Besitz der Bayerischen Staatsbibliothek befinden.[7] Ein weiteres Projekt betrifft den Bereich der Inkunabeln: Auch hier ist beabsichtigt, mit Unterstützung der Deutschen Forschungsgemeinschaft die gesamte Wiegendrucksammlung der Bayerischen Staatsbibliothek und damit den weltweit reichsten Inkunabelbestand in überschaubarer Zeit vollständig zu digitalisieren.[8] Für die Sammlungen des 15. und 16. Jahrhunderts ist damit der Übergang zur flächendeckenden Digitalisierung vollzogen, bei der keine Materialauswahl nach bestimmten fachlichen oder geographischen Kriterien mehr vorgenommen wird.

Da im Laufe des Jahres 2008 die Massenproduktion mit Hilfe von Scanrobotern aufgenommen wurde, steht im Herbst 2008 bereits eine fünfstellige Zahl an retrodigitalisierten Werken des 16. Jahrhunderts zur Verfügung. Aus der Perspektive der germanistischen Philologie findet sich unter den umfangreichen Beständen an deutschsprachigen Predigten, konfessioneller Kontroversliteratur, religiösen Erbauungsschriften oder Theaterstücken sicherlich viel Interessantes. Die Bandbreite der Autoren, von denen bereits retrodigitalisierte Werke vorliegen, reicht von Martin Luther, Philipp Melanchthon und Johannes Eck über Ulrich von Hutten, Hans Sachs und Jörg Wickram bis hin zu Paul Rebhun und Nicodemus Frischlin. Der laufende Fortschritt der Digitalisierungsaktivitäten kann mit Hilfe von RSS-Feeds verfolgt werden, die auf den Webseiten des MDZ abonniert werden können.[9] Nach dem in

---

6 Siehe Brantl 2006 (Anm. 3), S. 31.

7 Die beiden Projekte VD-16 I und VD-16 II werden mit Förderung der Deutschen Forschungsgemeinschaft durchgeführt und decken die Erscheinungsjahre 1501–1517 bzw. 1518–1600 ab. Nach Abschluss des Projekts sollen ca. 40.000 Drucke in digitaler Form verfügbar sein. Zum „Verzeichnis der im deutschen Sprachbereich erschienenen Drucke des 16. Jahrhunderts“ (VD16) siehe auch www.vd16.de.

8 Angesichts des besonderen Interesses germanistischer Projekte werden die deutschen Handschriften bei der Bearbeitung priorisiert, siehe dazu Bettina Wagner: Das Second Life der Wiegendrucke – Die Inkunabelsammlung der Bayerischen Staatsbibliothek im Internet. In: Information – Innovation – Inspiration. 450 Jahre Bayerische Staatsbibliothek. Hrsg. von Rolf Griebel und Klaus Ceynowa. München 2008, S. 207–224, hier S. 222.

9 Das Angebot an RSS-Feeds kann über die Adresse http://www.digitale-sammlungen.de erreicht werden. Als weiteres Instrument für die Orientierung über das verfügbare Angebot steht ein „Browsing Index“

wenigen Jahren zu erwartenden Abschluss der genannten Digitalisierungsprojekte wird der gesamte in der Bayerischen Staatsbibliothek vorhandene Bestand an Drucken des 15. und 16. Jahrhunderts online verfügbar sein. Die digitalisierten Werke werden als grafische Reproduktionen im Netz bereitgestellt, die ein Blättern und gezieltes Springen zwischen einzelnen Seiten ermöglichen. Selbst leistungsfähige OCR-Texterkennungsprogramme haben immer noch Probleme mit der Erkennung frühneuzeitlicher Fraktur. Daher können zunächst keine durchsuchbaren Volltexte bereitgestellt werden. Eine vertiefte Erschließung der Materialien wird im Interesse der möglichst schnellen und flächendeckenden Verfügbarkeit der Reproduktionen ggf. zu einem späteren Zeitpunkt vorgenommen werden.[10]

Die Bayerische Staatsbibliothek möchte jedoch nicht nur ihren Bestand an Druckwerken des 15. und 16. Jahrhunderts, sondern möglichst ihren gesamten Altbestand flächendeckend digitalisieren und zugänglich machen. Angesichts der Tatsache, dass dieser Altbestand mehr als 1 Million Werke umfasst, fiel im Jahr 2007 die Entscheidung, eine Public-Private-Partnership mit dem Suchmaschinenbetreiber Google einzugehen.[11] Im Rahmen dieser Partnerschaft werden Werke des 17. bis 19. Jahrhunderts digitalisiert, so dass nach Abschluss des auf ein gutes halbes Jahrzehnt ausgelegten Vorhabens der gesamte urheberrechtsfreie Bestand an Druckwerken in digitaler Form vorliegen wird. Die Bayerische Staatsbibliothek erhält für jedes von Google digitalisierte Werk eine so genannte „Library Digital Copy", die sie ihrerseits im Rahmen ihrer Webangebote im Internet zur Verfügung stellen kann.[12]

Die flächendeckende Bereitstellung urheberrechtsfreier Sammlungen an Druckwerken wird sicherlich einen wichtigen Fortschritt für die an Altbeständen interessierten Wissenschaften, insbesondere die Geisteswissenschaften darstellen. Eine qualitätvolle Versorgung mit digitalen Ressourcen wurde in den letzten Jahren auch im Bereich der Fachzeitschriften geschaffen, die – teilweise beschränkt auf aktuelle Jahrgänge, teilweise über ihre gesamte Laufzeit – als E-Journals genutzt werden können. Ein Problem stellen für Verlage wie für Bibliotheken jedoch die von urheberrechtlichen Ansprüchen betroffenen Monographien und Sammelwerke dar. Das Angebot an retrodigitalisierten Werken dieser Art ist noch sehr überschaubar, so dass

---

zur Verfügung, mit dessen Hilfe beispielsweise sämtliche in einem bestimmten Jahr gedruckten Werke aufgelistet werden können.

10 Auch beim vorläufigen Verzicht auf eine vertiefte Erschließung jedes einzelnen Werks ist es jedoch notwendig, ein möglichst flexibles Instrument für die Datenhaltung zu nutzen. Hierfür spielt u. a. eine Rolle, dass in den erwähnten 75 Projekten aus den ersten zehn Jahren des MDZ bereits umfangreiche, teilweise recht heterogene Datenbestände vorliegen. Dass sich XML als Instrument für die Bewältigung des Heterogenitätsproblems eignet, soll weiter unten am Beispiel der Inkunabeldigitalisierung aufgezeigt werden.

11 Für nähere Informationen zu dieser Public-Private-Partnership siehe Klaus Ceynowa: Massendigitalisierung für die Wissenschaft – Zur Digitalisierungsstrategie der Bayerischen Staatsbibliothek. In: Information – Innovation – Inspiration. 450 Jahre Bayerische Staatsbibliothek. Hrsg. von Rolf Griebel und Klaus Ceynowa. München 2008, S. 241–252.

12 Für künftige Digitalisierungsvorhaben anderer deutscher Bibliotheken kann von Seiten der Deutschen Forschungsgemeinschaft der Vorbehalt eines Bestandsabgleichs mit den BSB-Beständen gemacht werden, die im Rahmen der Google-Partnerschaft digitalisiert werden. Über die Adresse www.bsb-muenchen.de/Informationen_fuer_Antragsstel.1844.0.html stellt die Bayerische Staatsbibliothek entsprechende Informationen für DFG-Antragsteller zur Verfügung.

sich hier eine Versorgungslücke abzeichnet. Um hier Abhilfe zu schaffen, hat die Deutsche Forschungsgemeinschaft eine Aktionslinie etabliert, die der „Digitalisierung der DFG-Sondersammelgebiete" gewidmet ist.[13] Sollten sich im Rahmen dieser Aktionslinie geeignete Modelle finden, bei denen die Interessen von Wissenschaft, Verlagen und Bibliotheken zum Ausgleich kommen, könnte sich die Informationsversorgung auch im Hinblick auf Publikationen des 20. Jahrhunderts bald deutlich verbessern lassen. Für den Bereich der Germanistik wäre beispielsweise sehr zu begrüßen, wenn moderne Editionen aus dem genannten Publikationszeitraum möglichst bald in digitaler Form zur Verfügung stünden.

Digitalisierung von Handschriften

Die Digitalisierungsaktivitäten im Bereich der Handschriften unterscheiden sich deutlich von der Massendigitalisierung, die bei den Druckwerken umgesetzt wird. Während es bei den alten Drucken vor allem darum geht, möglichst schnell einen möglichst großen Bestand für Forschung und Lehre bereitzustellen, werden Handschriftenbestände ganz überwiegend nach dem Bedarfsprinzip digitalisiert. Auch in das Google-Projekt werden keine Handschriften einbezogen. Wer sich für eine bestimmte Handschrift oder eine Gruppe von Handschriften interessiert, kann vielmehr eine „Digitization on Demand" anstoßen, wobei für die teilweise recht aufwändigen Reproduktionsarbeiten ein Entgelt entrichtet werden muss. Die im Rahmen solcher Bedarfsdigitalisierungen erstellten Reproduktionen bleiben jedoch nicht dem Auftraggeber vorbehalten, sondern werden nach Auslieferung der Digitalisate an den Auftraggeber auch anderen Nutzern im Internet frei zur Verfügung gestellt. Die Beauftragung solcher Bedarfsdigitalisierungen kann über die „Dokumentlieferung Altes Buch" angestoßen werden, die über die Homepage der Bayerischen Staatsbibliothek erreichbar ist.[14]

Neben der Durchführung von Einzelfalldigitalisierungen ist es aber prinzipiell auch möglich, im Rahmen von Projekten größere Bestände zu digitalisieren und im Netz bereitzustellen. Für die Realisierung solcher Projekte ist die Bayerische Staatsbibliothek an der Kooperation mit Forscherinnen und Forschern interessiert, die mit bestimmten Bestandsgruppen arbeiten und eine Online-Bereitstellung sowie ggf. eine wissenschaftliche Edition und eine Tiefenerschließung der Materialien anstreben. Als Beispiel für ein kooperatives Vorhaben kann das 2008 von der Deutschen Forschungsgemeinschaft bewilligte Verbundprojekt „Schriftlichkeit in süddeutschen Frauenklöstern" genannt werden, das von der Bayerischen Staatsbibliothek, dem Bayerischen Hauptstaatsarchiv und der Westfälischen Wilhelms-Universität Münster gemeinsam durchgeführt wird.[15] Der Mehrwert eines Projektes, bei dem die Digi-

---

13 Das DFG-Merkblatt (www.dfg.de/forschungsfoerderung/formulare/download/12_154.pdf) zu dieser Aktionslinie enthält weiterführende Informationen.

14 Siehe www.bsb-muenchen.de/Dokumentlieferung_Altes_Buch.1470.0.html. Zu den Dienstleistungsangeboten für die Retrodigitalisierung einzelner Objekte siehe auch Brantl 2006 (Anm. 3), S. 36.

15 Zur Thematik siehe z. B. Eva Schlotheuber: Bücher und Bildung in den Frauengemeinschaften der Bettelorden. In: Nonnen, Kanonissen und Mystikerinnen. Frauengemeinschaften in Süddeutschland.

talisierung von Handschriften eine zentrale Rolle spielt, zeigt sich exemplarisch im Fall der „Codices iconographici", die mit Hilfe von XML-Techniken im Internet zugänglich gemacht werden.[16] Neben der auf einzelne Objekte bezogenen „Digitization on Demand" kann die Durchführung von kooperativen Projekten zwischen Bibliothek und Forschungsinstitutionen als ein weiterer Fall von bedarfsbezogener Digitalisierung betrachtet werden. Wenn aus der Wissenschaft Interesse an bestimmten Beständen und an einer Zusammenarbeit zur Aufbereitung und Tiefenerschließung dieser Bestände geäußert wird, ist die Bayerische Staatsbibliothek stets für Gespräche über die gemeinsame Entwicklung von Projektvorhaben offen. Von Seiten der Bibliothek kann dabei neben der Digitalisierung vor allem die Erfahrung mit Verfahren der Tiefenerschließung eingebracht werden, die als Grundlage für weiterführende Forschungsarbeiten dienen können.[17] Angesichts der Tatsache, dass es im Bereich der Handschriften nicht um eine Massendigitalisierung, sondern um die jeweils optimale Bereitstellung von häufig sehr speziellen Objekten geht, ist die kooperative Durchführung von Digitalisierungs- und Tiefenerschließungsvorhaben der beste Weg, um von Seiten der Forschungsbibliothek bedarfsgerechte Angebote für die Nutzung der reichhaltigen Schätze des kulturellen Erbes in Forschung und Lehre erarbeiten zu können.

Elektronisches Publizieren

Im Zuge seiner Retrodigitalisierungsaktivitäten hat das Münchener Digitalisierungszentrum Verfahren der Tiefenerschließung und der Nutzung bibliothekarischer Normdaten entwickelt, die sicherstellen, dass gegenüber den ursprünglichen Druckwerken ein deutlicher Mehrwert der digitalen Fassung erzielt werden kann. Bei tiefenerschlossenen Digitalisaten kann daher im Grunde häufig von einer digitalen Neupublikation gesprochen werden.[18] Ein weiterer Schritt hin zu genuin elektronischen Publikationen ist in der Ergänzung von retrodigitalisierten Materialien um wissenschaftliche Kommentare und Einführungstexte zu sehen.[19] Schließlich werden an der Bayerischen Staatsbibliothek seit einiger Zeit auch Projekte betrieben, die unabhängig von retrodigitalisierten Beständen ausschließlich dem genuin elektronischen Publizieren von Inhalten für Forschung und Lehre dienen. Durch die Entwicklung von

---

Hrsg. von Eva Schlotheuber, Helmut Flachenecker und Ingrid Gardill. Göttingen 2008, S. 241–262. Das Projekt wurde im Rahmen der DFG-Aktionslinie „Bibliotheken und Archive im Verbund mit der Forschung" bewilligt (siehe oben Anm. 4).

16 Nähere Informationen zum Projekt finden sich unter http://codicon.digitale-Sammlungen.de. Zu Details der XML-Aufbereitung siehe weiter unten.

17 Siehe auch Claudia Fabian: Die Handschriftenerschließung im Wandel – Modernste Methoden für ältestes Kulturgut. In: Information – Innovation – Inspiration. 450 Jahre Bayerische Staatsbibliothek. Hrsg. von Rolf Griebel und Klaus Ceynowa. München 2008, S. 167–190, hier S. 189.

18 Als Beispiel seien die Stenographischen Berichte über die Verhandlungen des Reichstages für die Jahre 1867 bis 1939 genannt, bei denen durch die Volltexterfassung von Sach- und Sprechregistern sowie durch die Erarbeitung einer Datenbank der Reichstagsabgeordneten übergreifende Auswertungsmöglichkeiten geschaffen wurden, die mit einer reinen Printpublikation nur unter hohem Zeitaufwand realisierbar wären (siehe http://www.reichstagsprotokolle.de).

19 Siehe beispielsweise die „100(0) Schlüsseldokumente zur russischen und sowjetischen Geschichte (1917–1991)", erreichbar unter http://1000dok.digitale-sammlungen.de.

Publikationsplattformen für die Geisteswissenschaften werden Infrastrukturangebote aufgebaut, die der komfortablen und langzeitgesicherten Bereitstellung wissenschaftlicher Veröffentlichungen im Internet dienen. In Anbetracht der gestiegenen Bedeutung solcher genuin digitalen Publikationen hat die Bayerische Staatsbibliothek im Frühjahr 2008 ein Zentrum für Elektronisches Publizieren (ZEP) gegründet, in dem Kooperationsprojekte zwischen Bibliothek und Wissenschaft angesiedelt werden können.[20]

Ein Bereich, in dem das ZEP künftig Unterstützung anbieten wird, ist die Erarbeitung und Bereitstellung von Editionen. Auch wenn die Aktivitäten der Bayerischen Staatsbibliothek im Bereich des elektronischen Publizierens bislang auf diejenigen Gebiete fokussiert sind, für die sie im Auftrag der Deutschen Forschungsgemeinschaft als Sondersammelgebietsbibliothek die überregionale Informationsversorgung sicherstellt, so ist für die Zukunft eine Ausweitung auf die gesamten Geisteswissenschaften beabsichtigt. Durch den Einsatz von XML-basierten Arbeitsinstrumenten wird dabei ein möglichst großes Maß an Flexibilität bei der Materialaufbereitung mit einer großen Bandbreite an Präsentationsoptionen verknüpft. Die Bayerische Staatsbibliothek gehört zu den Gründungsinstitutionen des im Juni 2008 eingerichteten Münchener Zentrums für Editionswissenschaften (MüZE), in dem sie gemeinsam mit der Ludwig-Maximilians-Universität München, der Bayerischen Akademie der Wissenschaften, der Historischen Kommission bei der Bayerischen Akademie der Wissenschaften, dem Institut für Zeitgeschichte sowie den Monumenta Germaniae Historica an der Weiterentwicklung moderner Editionsmethoden und -instrumente arbeitet.[21] Von Seiten des ZEP werden diese Aktivitäten durch technisch-organisatorische Dienstleistungen für Editionsprojekte unterstützt werden.

Aus der Praxis der Digitalisierung

Die praktischen Aufgaben lassen sich in vier Schlagworten zusammenfassen: Daten erstellen, zusammenführen, präsentieren und bewahren.[22] Zur Erstellung der Daten nur wenige Worte: Hier ist zu unterscheiden zwischen Standardabläufen – etwa im Rahmen eines allgemeinen Digitalisierungsgeschäftsgangs – und projektspezifischen Erfordernissen wie beispielsweise einer Tiefenerschließung von Volltexten. Ein Beispiel für Erstere ist die Zuordnung von Dateinamen zu einem Werk (eventuell verbunden mit der Zuordnung von Seitenzahlen und Kapitelüberschriften), für Letztere die Strukturierung von Katalogdaten nach Autor, Titel, Erscheinungsdaten und Einband samt Vorbesitzer nebst Literaturhinweisen.

---

20 Zu den Zielsetzungen siehe auch Klaus Kempf und Gregor Horstkemper: Online-Publikationen für Wissenschaft und Verwaltung. Eröffnung des Zentrums für Elektronisches Publizieren (ZEP) der Bayerischen Staatsbibliothek. In: Bibliotheksmagazin. Mitteilungen aus den Staatsbibliotheken in Berlin und München, 2008, H. 3, S. 68–71.

21 Siehe Marc-Aeilko Aris: Stärkung der Editionswissenschaft. In: Akademie aktuell. Zeitschrift der Bayerischen Akademie der Wissenschaften 3, 2008, H. 26, S. 4f.; online unter www.badw.de/aktuell/akademie_aktuell/2008/heft3/02_Aris.pdf.

22 Auf die Langzeitarchivierung werden wir in diesem Beitrag nicht eingehen; die Vorteile von XML in diesem Zusammenhang werden aber deutlich werden.

Der wesentliche Punkt bei der Zusammenführung der Daten ist deren Heterogenität. Die Verschiedenheit hat ihre Ursache einerseits im Inhalt der Daten: So haben wir es sowohl mit reinen Bilddateien zu tun als auch mit Metadaten – von Strukturdaten bis hin zum Volltext – und der Einbindung von Verweisen. Die Unterschiede sind aber andererseits auch durch ihre Entstehung begründet: Die Daten können aus dem allgemeinen Katalog oder Spezialkatalogen, wissenschaftlichen Projekten, der Standardretrodigitalisierung oder als ‚Abfallprodukt' aus anderen Quellen stammen.

Die Kernpunkte für die Präsentation ergeben sich aus den unterschiedlichen Interessen der Nutzer. So sind vielfältige Suchmöglichkeiten genauso vorzusehen wie interne und externe Verknüpfungen oder die Präsentation desselben Materials auf mehrere Arten. Beispiele für Suchmöglichkeiten sind die einfache Suche im gesamten Text oder nach bestimmten Fragestellungen wie Autoren oder Vorbesitzern, die verknüpfte Suche in mehreren Kategorien oder die Indexsuche, bei der die Nutzer aus den vorhandenen Einträgen auswählen können. Interne Verknüpfungen können etwa als Verweise auf andere Beschreibungen innerhalb des Katalogs auftreten, während externe Verknüpfungen beispielsweise Links auf einen OPAC oder andere Angebote darstellen können. Zur Verdeutlichung der unterschiedlichen Präsentation sei auf die Inkunabeln verwiesen. Bei deren Beschreibungen gibt es eigene Abschnitte zu den Ausgaben-, Exemplar- bzw. Seiteninformationen, die dann auch nur im jeweiligen Kontext angezeigt werden.

Was nützen die schönsten Daten, wenn sie sich in fünf oder zehn Jahren nicht mehr nutzen lassen? Die Präsentation wird mit ziemlicher Sicherheit innerhalb dieser Zeitspanne erneuert werden, aber die Daten selbst müssen eine sehr viel längere Bestandsgarantie besitzen. Daher ist es besonders wichtig, dass die Art und die Struktur der gewonnenen Daten unabhängig von der aktuellen Darbietung langfristig die Grundlage für die Nutzung bieten. Im Folgenden wollen wir anhand zweier konkreter Beispiele zeigen, warum XML zur Bewältigung dieser Problematik besonders geeignet ist. Punktuell wird auch auf die Art und Weise der konkreten Umsetzung eingegangen.

Zwei Beispiele: BSB-Ink und Codices iconographici monacenses

Betrachten wir zuerst den BSB-Ink-Online, den Internetzugang zu den Inkunabeln der Bayerischen Staatsbibliothek (Abb. 1 und 2).[23] Die Basis bildet ein mehrbändiger Katalog, der mit Unterstützung der DFG in den Jahren 1971 bis 2003 erarbeitet wurde und seit 1988 gedruckt wird.[24] Diese Daten wurden mit Zwischenschritten nach XML

---

[23] Vgl. dazu Bettina Wagner: Vom Print zur elektronischen Ressource: Der Inkunabelkatalog der Bayerischen Staatsbibliothek im Internet. In: Bibliotheksforum Bayern 32, 2004, S. 254–267. Allgemein zu den Inkunabeln der BSB: Bettina Wagner: Collecting, Cataloguing, and Digitizing Incunabula at the Bayerische Staatsbibliothek Munich. In: Papers of the Bibliographical Society of America 101, 2007, H. 4, S. 451–479.

[24] Elmar Hertrich, Günter Mayer und Bettina Wagner (Red.): Bayerische Staatsbibliothek: Inkunabelkatalog (BSB-Ink). 6 Bde. Wiesbaden 1988–2005. In Vorbereitung befindet sich Bd. 7: Register der Beiträger, Provenienzen, Buchbinder.

umgewandelt, wobei die Umwandlung gemäß den Richtlinien der „Text Encoding Initiative" erfolgte, eines international renommierten Standardisierungskonsortiums für Textkodierung.[25] Das bereits erwähnte DFG-Projekt zur Massendigitalisierung aller Inkunabelausgaben in Einzelexemplaren – etwa 9.000 – wird bis 2012 umfangreiche Daten liefern.[26] Es soll unter anderem das Angebot um die in dem Katalog fehlenden Bilddaten und um Informationen zu den Illustrationen ergänzen, die nach dem Klassifizierungssystem IconClass erschlossen werden. Dabei kann auf die Erfahrungen eines früheren Projektes zurückgegriffen werden, dessen Ergebnisse schon vollständig in das Netzangebot integriert sind.[27]

Auch in einem von 2000 bis 2004 durchgeführten Projekt zur Beschreibung und Digitalisierung frühneuzeitlicher Einblattdrucke finden sich mehr als 600 Inkunabeln. Die Scans wurden bereits eingebunden, weitere Daten, insbesondere die ausführliche ikonographische Erschließung nach IconClass werden demnächst folgen. Hinzu kommen Daten aus der Digitalisierung auf Nutzerwunsch (Digitization-on-Demand – DoD) sowie aus dem VD 16-Projekt.[28] Neuerwerbungen – bisher etwa 130 – werden ebenso einbezogen wie ein erst jüngst erschlossener Dublettenbestand mit rund 2.500 Exemplaren. Die Neuerwerbungen sind großteils schon integriert, die Dubletten sollen demnächst folgen. Auch durch Kooperationen mit externen Partnern kommen Digitalisate besonderer Objekte hinzu, etwa bei der Gutenberg-Bibel.[29]

Der Spezialbestand „Codices iconographici monacenses" wurde von Johann Andreas Schmeller 1835 im Zuge der Neuordnung der Münchener Hofbibliothek für „Bilderhandschriften mit keinem oder bloß erklärendem Text" eingerichtet und umfasst gegenwärtig etwa 550 Objekte. Schmeller legte auch ein Repertorium an, das bis 2002 fortgeführt wurde.[30] Im Rahmen eines DFG-geförderten Projektes wurde 2003 bis 2007 in einem ersten Schritt dieses handschriftliche Findbuch in elektronische Form übertragen und allgemein im Internet zugänglich gemacht. In einem zweiten Schritt wurden fast 130 der Objekte neu beschrieben und – soweit aus konservatorischer Sicht möglich – auch digitalisiert. Zusätzlich wurden und werden einzelne Objekte im Rahmen von Digitization-on-Demand digitalisiert. Zur Verbesserung der

---

25 Zur TEI siehe www.tei-c.org, insbesondere die „Guidelines for Electronic Text Encoding and Interchange". Bei der Umwandlung kamen die Richtlinien in der Version TEI P4 mit zusätzlichen Elementen der speziell für die Handschriftenbearbeitung entwickelten MASTER-Regeln zur Anwendung. Da die wichtigsten Ergebnisse des MASTER-Projekts in TEI P5 aufgenommen wurden, finden sich zum EU-Projekt MASTER (Manuscript Access through Standards for Electronic Records) nur noch historische Seiten im Internet, etwa http://xml.coverpages.org/master.html.

26 Zum Projekt siehe Anm. 23. Die ersten Ergebnisse sind schon sichtbar, vgl. etwa die ikonographische Erschließung von http://inkunabeln.digitale-sammlungen.de/Seite_A-955,1,a1.html oder http://inkunabeln.digitale-sammlungen.de/Exemplar_A-69,1.html.

27 Druckgraphische Buchillustrationen des 15. Jahrhunderts: Aus 76 meist deutschsprachigen Inkunabeln der Bayerischen Staatsbibliothek wurden fast 6.400 Seiten mit Illustrationen digitalisiert und nach IconClass erschlossen. Zu IconClass siehe die Homepage: www.iconclass.nl.

28 Zum einen werden ganze Bindeeinheiten digitalisiert, die auch bekannte Inkunabeln enthalten, zum anderen finden sich bei der genauen Durchsicht vereinzelt auch neue Inkunabeln.

29 Vgl. Bettina Wagner: Gutenberg goes East. Die Digitalisierung der Gutenberg-Bibel. In: Bibliotheksforum Bayern 1, 2007, S. 27–31.

30 Weitere Neuerwerbungen werden nur noch elektronisch erfasst.

Erschließung werden WissenschaftlerInnen, die intensiv an einzelnen Objekten arbeiten, um die Erstellung von Katalogisaten gebeten.

Bei der Präsentation wurde neben der Integration von Repertorium (dieses liefert knappe Informationen zu allen Objekten) und Neubeschreibungen (der ausführlichen Behandlung eines Teilbestands) vor allem auf die seitengenaue Verknüpfung des Digitalisats (sofern vorhanden) mit der Beschreibung geachtet. Auch wurden die vorkommenden Personen identifiziert, so dass entsprechende Zusatzinformationen angeboten werden können (Abb. 3 und 4). Zusätzlich wird die „Forschungsdokumentation Handschriften" verlinkt (siehe Anm. 1).

Umsetzung: XML und XSLT

Alle anfallenden Aufgaben erfordern den Umgang mit strukturierten Daten. In diesen Fällen hat sich zu Recht XML als Mittel der Wahl durchgesetzt.[31] Es erlaubt nicht nur die flexible und insbesondere programmunabhängige Strukturierung der Daten, sondern bietet mit XSLT auch ein gut angepasstes Werkzeug zur Transformation.[32] Dieses ist unerlässlich: Schon für die Integration der verschiedenen Ausgangsdaten ist ein leistungsfähiges Transformationswerkzeug wichtig, noch mehr aber bei der Präsentation, da die Struktur einer Bildschirm- oder Druckseite ganz anders aussieht als die der Ausgangsdaten. Zusätzlich gibt es mit TEI einen etablierten Standard zur Erschließung von Texten. Die aktuelle Fassung P5 ist Ende 2008 in der Version 1.2 erschienen.

Ein weiterer wesentlicher Pluspunkt ist die Nachhaltigkeit. Sie wird nicht nur durch die bereits erwähnte Programmunabhängigkeit erreicht, sondern auch durch die Tatsache, dass der Quelltext nicht nur für Maschinen, sondern – zumindest prinzipiell – auch für Menschen lesbar ist. Zwar können die Auszeichnungen eines tief erschlossenen Textes etwas unübersichtlich werden, aber bei sinnvoller Wahl der Tags sind sie auch ohne umfangreiche Dokumentation durch reines Lesen verständlich (und können dann via XSLT leicht in eine neue Form transformiert werden).[33] Damit sind die fünf wesentlichen Vorteile von XML genannt: Programmunabhängigkeit, flexible Strukturierbarkeit, einfache Transformation, verbreitete Standards und gute Nachhaltigkeit.

---

[31] Dass für „Hardcore-Programmierer" damit auch Schwierigkeiten verbunden sind – Stichwort Baumstruktur und DOM – sei hier zumindest am Rande erwähnt. Wir glauben aber nicht, dass diese Probleme in programmiertechnischen Details in der Praxis einen Rückgang der Verwendung von XML nach sich ziehen werden.

[32] Dies gilt insbesondere für Strukturänderungen. Erst in XSLT 2 wurde auch die Bearbeitung von Zeichenketten stark verbessert. Zu dieser aktuellen Version von XSLT (Extensible Stylesheet Language Transformation) siehe www.w3.org/TR/xslt20/.

[33] Nur nebenbei sei erwähnt, dass die eindeutige Erkennbarkeit der Dateikodierung, die XML erzwingt, in der praktischen Arbeit mit alten Daten viel Zeit spart. Wer schon einmal das ‚Vergnügen' hatte, herausfinden zu müssen, ob die Kodierung nach Codepage 437, 850, 1252, Latin-1, Latin-9 oder Latin-15 erfolgte – von exotischeren Kodierungssystemen ganz zu schweigen –, um dann feststellen zu müssen, dass eine bunte Mischung vorliegt, weiß, was wir meinen.

Greifen wir als eine konkrete Anwendung die Einbindung der Daten des Massendigitalisierungsprojekts in das Webangebot BSB-Ink-Online heraus. Einerseits stehen viele Daten bereits zur Verfügung, andererseits wird nur ein Teil davon benötigt und ein anderer Teil neu erfasst. Diese Umstände legen folgendes Vorgehen nahe: Für die Neuerfassung wird eine maßgeschneiderte neue Struktur geschaffen, die soweit möglich mit den bereits vorhandenen Daten per XSLT-Skript gefüllt wird.[34] Zur Anknüpfung an die bereits vorhandenen Daten ist darin neben BSB-Ink- und Exemplarnummer auch die Signatur enthalten. Neu eingegeben werden die Einzeltexte und die ikonographische Erschließung der Illustrationen einschließlich der Dateinamen der Scans und des Locus.[35] Anschließend werden die neuen Daten wieder per Skript den Gesamtdaten hinzugefügt. Entsprechend wird bei der Digitalisierung verfahren: Monatlich wird als Teil des üblichen Digitalisierungsvorgangs automatisch eine XML-Datei erstellt, die die Signaturen und die Scan-IDs aller digitalisierten Inkunabeln enthält. Diese Datei wird dann per Skript zu den Hauptdaten hinzugefügt.

Als weiteres Beispiel sei die Anzeige der in der Personennamendatei (PND) enthaltenen Informationen zu einzelnen Personen beim CodIcon-Auftritt genannt. Bei den Personen wird in einem Attribut die ID der PND aufgenommen. Bevor das Dokument nun angezeigt wird, werden über eine OAI-Schnittstelle, die XML-Daten liefert, die aktuellen Einträge zu dieser Person abgefragt, eingebunden und angezeigt, wenn man die Maus über den Namen bewegt.[36]

Dabei ist es ein nicht zu unterschätzender Vorteil, dass für die Präsentation das XML-Publishing-System Cocoon aus dem Hause Apache eingesetzt wird. Die Integration unterschiedlichster Datenquellen und die Transformation in ein beliebiges Zielformat ist dadurch mittels XSLT auch für Nichtprogrammierer besonders einfach.[37]

Ausblick

Die anstehenden Aufgaben lassen sich alle unter dem Schlagwort ‚Weiterentwicklung' subsumieren. Da gilt es zum einen, mit der Entwicklung der TEI-Richtlinien Schritt zu halten bzw. deren Möglichkeiten auszuschöpfen. Das bedeutet sicherlich nicht, jede kleine Änderung zu übernehmen, aber bei größeren Einschnitten, insbesondere wenn bisher vermisste Möglichkeiten hinzukommen, ist es in der Regel der einfachere Weg, die benutzten Umwege durch die Neuerungen zu ersetzen. Dies gilt vor allem dann, wenn der ursprüngliche Ansatz mehr eine Machbarkeitsstudie als eine bis ins Letzte ausgefeilte umfassende Lösung darstellte. So wurde beispielsweise in

---

[34] Aus praktischen Gründen wird gruppenweise alphabetisch nach den BSB-Ink-Nummern vorgegangen.

[35] Je nach Vorlage kann Letzteres eine Lagen-, Blatt- oder Seitenangabe sein.

[36] Es wird direkt auf die Daten der Deutschen Nationalbibliothek zugegriffen. Näheres zur PND siehe www.d-nb.de/standardisierung/normdateien/pnd.htm.

[37] Siehe http://cocoon.apache.org. Cocoon kann natürlich auch andere Quellen – etwa relationale Datenbanken – einbinden und außer XSLT auch andere Hilfsmittel für Transformationen verwenden. Aus dem Apache-Projekt, das freie Software entwickelt (über den Freiheitsbegriff in diesem Zusammenhang gibt es endlose Debatten, die hier nicht aufgegriffen werden sollen), stammt auch der am häufigsten verwendete Webserver.

TEI P5 neu ein Modul zur Handschriftenbeschreibung aufgenommen, das die Ergebnisse eines EU-Projekts integriert.

In eine ähnliche Richtung geht die Erfassung weiterer Daten. Je mehr Daten in vergleichbarer Auszeichnung vorliegen, desto leichter sind sie miteinander zu verknüpfen, was dem Nutzer einen spürbaren Mehrwert bringt. Weitere Verbindungen zu anderen Daten, beispielsweise OPACs,[38] Normdaten[39] oder externen Quellen[40] sind anzustreben.

Auch bei den Suchfunktionalitäten sollte eine Weiterentwicklung stattfinden. Neben der feineren Erschließung und der entsprechend sich verfeinernden Suche ist hier insbesondere an die benutzerfreundliche Verwendung von Filtern zu denken.[41] Hierbei ist zu überlegen, inwieweit neuere Cocoon-Versionen oder ein Wechsel der Suchmaschine hilfreich sein könnten.[42]

Erfreulich und durchaus positiv sind auch die Perspektiven, die sich in Hinblick auf künftige Kooperationen zwischen den zahlreichen Initiativen der Bayerischen Staatsbibliothek mit anderen Institutionen im nationalen und internationalen Kontext eröffnen: Finden sich weitere Projekte, die ihre Daten in vergleichbarer Form erschließen und über das Internet verfügbar machen, lassen sich diese Ressourcen nicht nur in einem Sammelportal gut zusammenfassen, sondern auch direkte Verlinkungen einzelner Aspekte und damit eine gezielte Vernetzung der angebotenen Informationen erreichen.

---

38 Dies kann etwa über die PND erfolgen (vgl. Anm. 36).

39 In CodIcon sind die IDs der Personennamendatei bereits integriert, für die Autoren des BSB-Ink liegen sie vor, müssen aber noch eingepflegt werden.

40 So ließe sich bei Handschriften an eine Verlinkung zu gedruckten Quellensammlungen wie die ‚Monumenta Germaniae Historica' denken, die auch in digitaler Form vorliegen.

41 „Facetted search" und „drill down" sind hier die aktuellen Schlagworte.

42 In Cocoon integriert ist Lucene (http://lucene.apache.org). Darauf baut Solr (http://lucene.apache.org/solr/) auf, das einige wichtige Zusatzfunktionen wie einfache Konfigurierbarkeit oder Filtermöglichkeiten bietet.

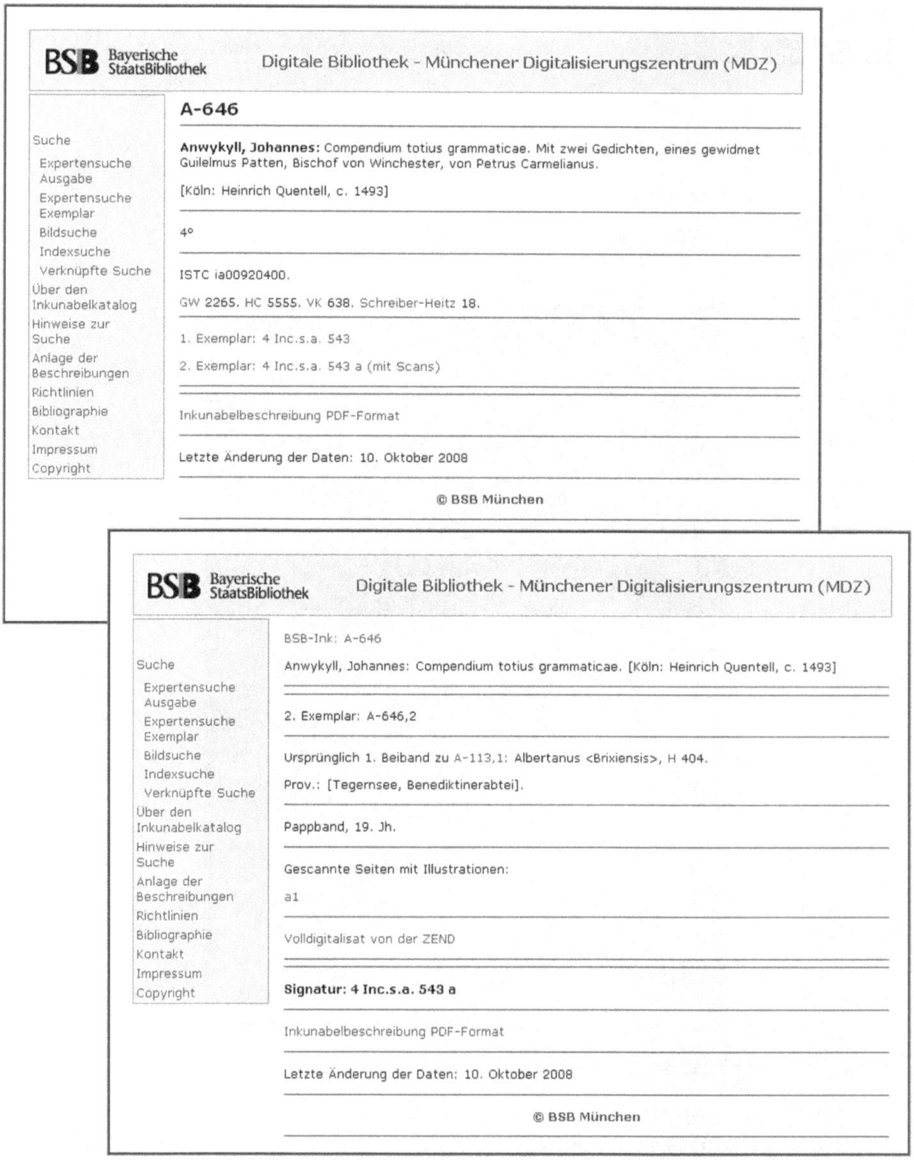

Abb. 1: Der obere Screenshot zeigt die Präsentation einer Ausgabe, der untere Screenshot die Präsentation eines Exemplars von Johannes Anwykylls *Compendium totius grammaticae*. Es werden vielfältige Verlinkungen zu anderen Einheiten, zum Beiband, zu Literatur und zu einer druckfähigen PDF-Ausgabe der verfügbaren Informationen angeboten.

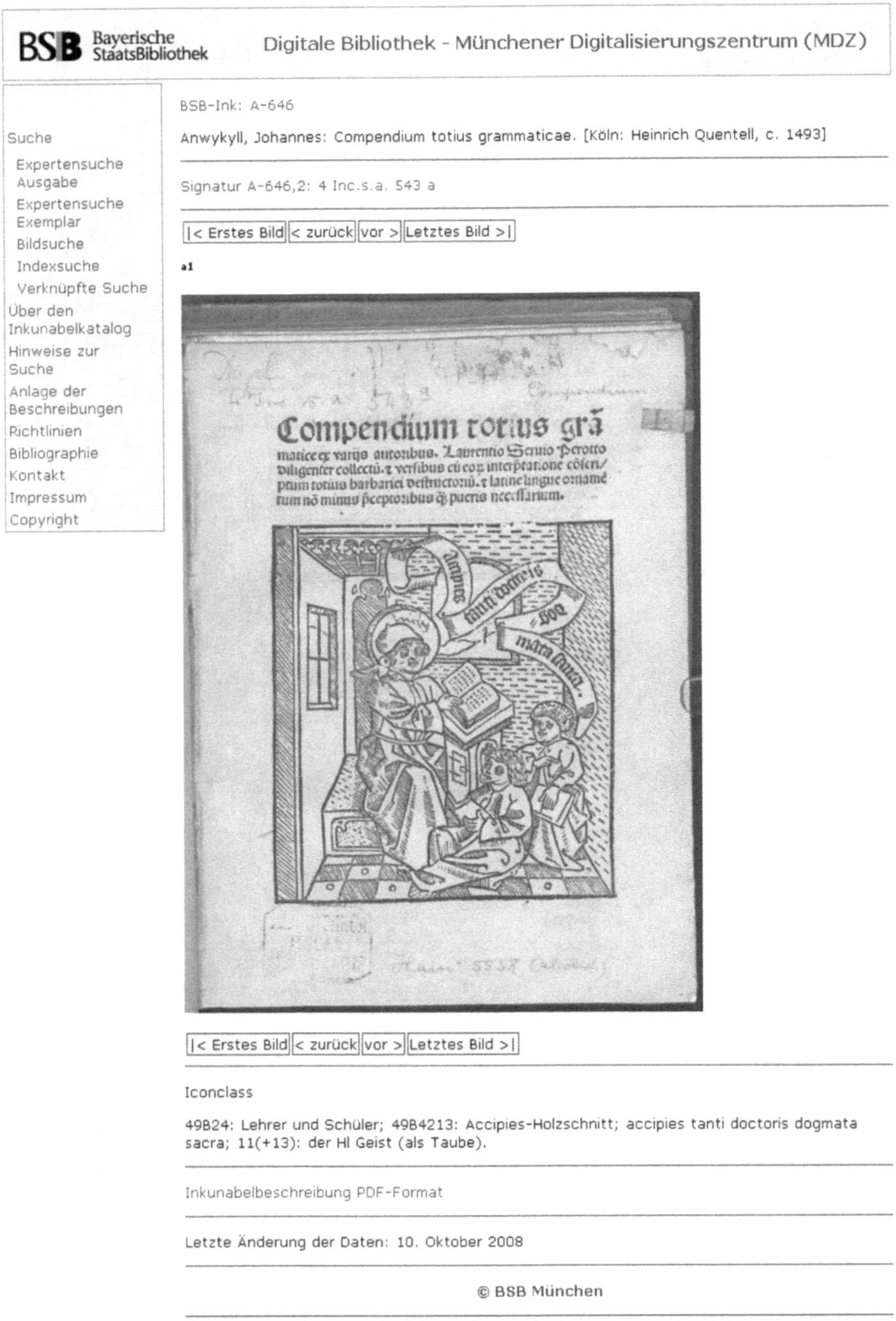

Abb. 2: Die Bereitstellung der Digitalisate mit Hilfe einer Blätterlösung wird um Angaben zur ikonographischen Klassifikation ergänzt.

Münchener DigitalisierungsZentrum
Digitale Bibliothek

BSB Bayerische StaatsBibliothek

BSB-CodIcon Online Gefördert durch DFG

Suche
- Bildsuche
- Expertensuche
- Indexsuche
- Kombinierte Suche

Blättern
CodIcon Online
- Geschichte
- DFG-Projekt
- Datenmodell
- Umfang
- Suchhinweise

Bibliographie
Kontakt
Impressum
Copyright

Cod.icon. 420 (Tresorhandschrift) – Katalog

Spätgotisches Musterbuch des Stephan Schriber

30 Bl – Urach, Um 1494

Sachgruppe: Varii

Sprache: Deutsch

Besonderheiten: Ein Einzelblatt dieser Handschrift mit der alten Blattzahl *33* 1901 aus Privatbesitz in Paris erworben und als letztes Blatt der schon früh geteilten Handschrift beigebunden.

Einband: Helles Kalbleder auf Pappe, nach Roosen-Runge 1981 : Bd. 2, S. 7f. wohl älter als das auf die 1. Hälfte 18. Jh. datierbare und nach München lokalisierbare Vorsatzpapier. 1987 restauriert, dabei ein Fragment der originalen Einbandmakulatur aus marmoriertem Buchbinderpapier als Nachsatz Bl. III am Buchende eingeheftet..

Provenienz und Geschichte: Der in der Literatur auch als beliebiges Schriftmuster vorgeschlagene Widmungseintrag Bl. 1r *Eberharde Graven zu Wirtemberg und Mimpeliart* wurde durch die stilistisch verwandte Hs Chantilly, Musée Condé: Ms. 680 zuletzt von Cermann 1997 : S. 45-46 als Provenienznachweis gesichert; vgl. auch Cod.icon. 394 a .

Literatur zur Handschrift: Faksimile Roosen-Runge 1981 .

Forschungsdokumentation Handschriften

Kodikologie: Pergament. 18-19,5 × 13,5-14 cm. Leer sind Bl. 2v , Bl. 6r , Bl. 15 , Bl. 25v . 27 gez. Bl, nicht gezählt ein leeres Papiervor- und zwei Nachsatzbl

Ausstattung: Musterbuch. Bl. 1v – 27v 48 Seiten mit Mustervorlagen von Zierbuchstaben und -seiten, Rankenornamentik und Miniaturmalerei.

Bl. 4 Kalligraphische Schriftmuster,

Bl. 3v Lombarden.

Bl. 7v , Bl. 11v – 12v , Bl. 13v – 14v , Bl. 17v , Bl. 18v , Bl. 21v Initialen, meist mit Rankenausläufern.

Bl. 8r , Bl. 18r Rankeninitialen.

Bl. 9r , Bl. 10r , Bl. 17r , Bl. 19v , Bl. 20v historisierte Initialen.

Bl. 7r , Bl. 8r , Bl. 10r , Bl. 18r , Bl. 19r Initialseiten.

Bl. 19v und Bl. 21r Initiumseite.

Außerdem skizzierte und koloriert ausgeführte Randornamentik: Bl. 8v Fleuronné, Bl. 5r , Bl. 16r , Bl. 22v , Bl. 24v , Bl. 27r florales Rankenwerk und Laubwerk, Bl. 9v , Bl. 17r bewohnte Ranken) und Muster von einzelnen bemerkenswert differenziert gemalten Vögeln: Bl. 1v – 3r und Bl. 25r phantastischem Getier, Bl. 19r Drôlerie, Bl. 8v , Bl. 11r , Bl. 13r , Bl. 21v Bordürenleisten.

Die Miniaturmalerei zeigt Bl. 3v Landschaftsgründe, Bl. 5v Christus zwischen Heiligen, Bl. 6v Gnadenstuhl, Bl. 16v Evangelist Lukas, Bl. 20r Marienanbetung mit Stifterfigur, Bl. 22r Marienanbetung, Bl. 23r – 24r Evangelist Markus, Totenmesse, Madonna mit Kind.

Bl. 4v Schriftmuster mit Namensnennung des Buchmalers *Stephan Schriber in ... Urach* .

Federzeichnung und Deckfarbenmalerei mit Bl. 1v – 3r und Bl. 25r Muschel-, überwiegend aber Blattgold und Silber.

Beschreibung: Ursprünglich ein wohl aus einzelnen Lagen bestehendes in zufälliger Gruppierung zusammengewachsenes Kompendium von Mustervorlagen für Buchmaler. Das läßt sich aus der originalen Blattzählung ableiten, die auch bei nahe beieinanderliegenden Blättern keine inhaltliche Ordnung erkennen läßt. Das Werk umfaßte ursprünglich nach der Zählung mindesten das Dreifache des heutigen Umfanges, bestand aber schon seit langem in dezimiertem Zustand, wie aus dem auf diesen Umfang zugeschnittenen Einband des frühen 18. Jh. zu schließen ist.

Der von der frühen Forschung als Schriftprobe gewertete Eintrag Bl. 4v *Unsern lieben getrwen Stephan Schriber in unserer Stadt Urach* wird in Anknüpfung an Wattenbach, Schriftwesen : S. 368 heute einstimmig als Künstlersignatur gewertet.

Die Hs ist durch umfangreiche Literatur und das ausführlich kommentierte Faksimile Roosen-Runge 1981 gut erschlossen und bekannt.

Enthaltener Text: Bl. 1r Widmung.

Empfohlene Zitierweise: Marianne Reuter, Beschreibung der Handschrift Cod.icon. 420 Tresorhandschrift, in: BSB-CodIcon Online. Elektronischer Katalog der Codices iconographici monacenses der Bayerischen Staatsbibliothek München (Mon Dec 01 18:20:41 CET 2008).

Letzte Änderung der Daten: 7. März 2008.

Katalogisat im PDF-Format

Eintrag im Kurzverzeichnis

© BSB München

Abb. 3: Zum Musterbuch des Stephan Schriber werden u. a. umfangreiche Informationen zu Einband, Provenienz, kodikologischen Merkmalen und Ausstattung angeboten. Literatur, Forschungsdokumentation, PDF-Ausgabe der bereitgestellten Informationen sowie Scans der referenzierten Seiten sind direkt verlinkt.

Abb. 4: Bei den Images der einzelnen Seiten finden sich Links zur Beschreibung und zum Inhaltsverzeichnis, verschiedene Navigationsoptionen sowie die Option zur Wahl zwischen zwei verschiedenen Auflösungen.

Klaus Klein

Grundlagen auf dem Weg zum Text: www.handschriftencensus.de

I

Wer sich mit der Überlieferung von mittelalterlichen deutschsprachigen Texten beschäftigt, sieht sich häufig mit zwei Fragen konfrontiert: 1) Welche Texte verbergen sich hinter einer bestimmten Bibliothekssignatur? und 2) Wie umfangreich ist die Überlieferung eines bestimmten Werkes? Diese beiden Fragen sollen zunächst – illustriert durch konkrete Beispiele – mit den üblichen Hilfsmitteln beantwortet werden:

Die Frage, welche Texte beispielsweise die drei Handschriften (a) Berlin, Staatsbibl., mgq 1496, (b) Dresden, Landesbibl., App. 186, Nr. 7 sowie (c) München, Staatsbibl., Cgm 7269 überliefern und welche weiterführenden Informationen zu diesen Handschriften existieren, führt auf ‚konventionellem' Weg zu folgenden Ergebnissen: Zum Berliner Textzeugen wird man auf Degerings Handschriftenkatalog der Quart-Reihe aus dem Jahr 1926 zurückgreifen und dort die Information erhalten, dass unter dieser Signatur ein Pergamentblatt eines niederdeutschen mystischen Traktats „enthaltend geistliche Ermahnungen an die liebhabende Seele" aus dem 15. Jahrhundert aufbewahrt wird.[1] – Im 1986 erschienenen 5. Band des Kataloges der Handschriften der Sächsischen Landesbibliothek zu Dresden wird man unter der vorgegebenen Signatur die Auskunft finden, dass es sich bei Beispiel b um zwei Pergamentblätter eines „mhd. Lehrgedichts" vom Ende des 14. Jahrhunderts aus einem Peniger Lehnbuch von 1533 handelt.[2] – Informationen zum Münchener Cgm 7269 sind zunächst nicht greifbar, da die Katalogisierung der deutschsprachigen Handschriften der Bayerischen Staatsbibliothek diese Signatur noch nicht erreicht hat. Über die in ihrem Nutzen nicht zu unterschätzende Handschriftendokumentation der Bayerischen Staatsbibliothek, die seit ca. drei Jahren auch im Internet für alle Benutzer frei zugänglich ist,[3] erhält man aber den weiterführenden Hinweis, dass über diese Handschrift im ‚Katalog der deutschsprachigen illustrierten Handschriften des Mittelalters' (Bd. 1, Nr. 11.4.33) gehandelt wird; dort kann man schließlich feststellen, dass es sich

---

1 Hermann Degering: Kurzes Verzeichnis der germanischen Handschriften der Preußischen Staatsbibliothek. Bd. II: Die Handschriften in Quartformat. Leipzig 1926 [Nachdruck Graz 1970] (Mitteilungen aus der Preußischen Staatsbibliothek. VIII), S. 247.

2 Katalog der Handschriften der Sächsischen Landesbibliothek zu Dresden. Bd. V. Dresden 1986, S. 7.

3 „Forschungsdokumentation zu den Beständen der Handschriftenabteilung bis ins 19. Jahrhundert zurück"; vgl. www.bsb-muenchen.de/Forschungsdokumentation.172.0.html. Vgl. auch Brigitte Gullath: Die Forschungsdokumentation zu Handschriften und Seltenen Drucken der Bayerischen Staatsbibliothek. In: ZfdA 133, 2004, S. 550f.

beim Cgm 7269 um eine illustrierte astrologisch-astronomische Sammelhandschrift aus dem Jahr 1463 handelt.

Wer wissen will, wie es um die Überlieferung bestimmter deutschsprachiger Texte bestellt ist, wird im Regelfall auf die Angaben in der 2. Auflage des nunmehr abgeschlossenen ‚Verfasserlexikons' zurückgreifen. Dort erfährt man beispielsweise unter dem Stichwort ‚Jüngere deutsche Habichtslehre' (Bd. 4 [1983], Sp. 916–918), dass von diesem Text fünf Handschriften (in Basel, Berlin [2x], Karlsruhe und München) bekannt sind; beim ‚Passionstraktat *Do der minnenklich got*' (Bd. 7 [1989], Sp. 353–355) finden sich sechs erhaltene (in Berlin, Frankfurt, Göttingen und Karlsruhe [3x]) sowie zwei verschollene Handschriften (ehemals in Cheltenham und Sigmaringen) verzeichnet; bei Texten mit umfangreicher Überlieferung wie z. B. Wolframs *Parzival* (Bd. 10 [1999], Sp. 1376–1418), von dem „mehr als 80 Textzeugen bekannt" sind, wird – den Richtlinien des ‚Verfasserlexikons' entsprechend – nur auf die einschlägige Sekundärliteratur verwiesen.

II

Als Ende des Jahres 2000 begonnen wurde, die Ergebnisse des ‚Marburger Repertoriums deutschsprachiger Handschriften des 13. Jahrhunderts' nicht in Buchform, sondern kostenfrei im Internet zu veröffentlichen, stand vor allem der Gedanke im Vordergrund, das mit erheblichem Aufwand erhobene Material ständig aktualisieren zu können. Niemand dachte damals daran, welch weitreichende Folgen diese Internet-Publikation haben sollte. Das in den 90er-Jahren des vergangenen Jahrhunderts unter der Leitung von Helmut Lomnitzer († 1997) und Joachim Heinzle begonnene und mit Unterstützung der DFG geförderte Projekt hatte sich zum Ziel gesetzt, ein beschreibendes Verzeichnis aller deutschsprachigen Handschriften des 13. Jahrhunderts zu erarbeiten. Von den ca. 1.400 in der einschlägigen Forschungsliteratur für das 13. Jahrhundert reklamierten Textzeugen musste allerdings – nicht zuletzt dank der fortgeschrittenen Datierungsmöglichkeiten infolge der Arbeiten von Karin Schneider[4] – etwa ein Drittel ausgeschieden werden, da sie aufgrund paläographischer Kriterien nunmehr zweifelsfrei dem 14. oder in Einzelfällen gar dem 15. Jahrhundert zuzuweisen waren; am Ende verblieb für das 13. Jahrhundert eine Zahl von ca. 850 heute noch nachweisbaren deutschsprachigen Textzeugen. Die Ergebnisse wurden – dem damaligen Zeitgeist und den vorhandenen Möglichkeiten entsprechend – im Internet in Form von html-Dateien publiziert. Vor allem im Zusammenhang mit der Erstellung des Autoren- und Werkregisters stellte sich bald die Frage, warum in einem solchen Register nur die Textzeugen des 13. Jahrhunderts aufgenommen werden sollten, zumal, wie sich im Rahmen der Arbeiten herausstellte, in der Zeit um 1300 eine deutliche Zunahme der Handschriftenproduktion festzustellen war; außerdem war bei einer nicht unerheblichen Anzahl der Textzeugen eine eindeutige Zuweisung ins ausgehende 13. oder beginnende 14. Jahrhundert nicht möglich.

---

4 Vgl. Karin Schneider: Gotische Schriften in deutscher Sprache. Bd. I: Vom späten 12. Jahrhundert bis um 1300. Text- und Tafelband. Wiesbaden 1987.

Einen Quantensprung in der Präsentation und – nicht zu vergessen – in der Pflege der Daten brachte die von Tobias Müllerleile besorgte Umsetzung der ‚alten' html-Dateien mit den Einzelbeschreibungen der Textzeugen in eine leistungsfähige Datenbank. Diese Neuorganisation erlaubte es schließlich, das Projekt ‚Handschriftencensus' offensiv in Angriff zu nehmen, das seit Ende 2006 von einem an Akademien, Bibliotheken und Universitäten verankerten Team ‚nebenamtlich' betreut wird. Dieses Team setzt sich zusammen aus Christine Glaßner (Wien), Rudolf Gamper (St. Gallen), Klaus Klein (Marburg), Bettina Wagner (München), Jürgen Wolf (Berlin), Karin Zimmermann (Heidelberg) sowie Tobias Müllerleile (Marburg).

Der ‚Handschriftencensus', der sich eine Bestandsaufnahme *aller* mittelalterlichen Handschriften mit deutschsprachigen Texten zum Ziel setzt, gibt inzwischen (Stand: Dezember 2008) in unterschiedlich ausgeprägter Erschließungstiefe Auskunft und weiterführende Hinweise zur Überlieferung von mehr als 4100 Autoren bzw. Werken aus knapp 20.000 deutschsprachigen Handschriften (bzw. lateinischen Handschriften mit nennenswertem deutschsprachigen Anteil), die weltweit in über 1200 Institutionen (Bibliotheken, Archive, Museen) an knapp 700 Orten aufbewahrt werden.

Die Zusammensetzung des erfassten Bestandes stellt sich folgendermaßen dar:[5]

1. Chronologisch am Anfang stehen die Textzeugen aus dem 8. bis 12. Jahrhundert, die seit etwa einem Jahr ausführlich im ‚Paderborner Repertorium der deutschsprachigen Textüberlieferung des 8.–12. Jahrhunderts' unter der Leitung von Stephan Müller, Ernst Hellgardt und Elke Krotz und mit Unterstützung der Fritz-Thyssen-Stiftung erfasst und beschrieben werden (ca. 230 Textzeugen).[6]
2. Es folgt das ehemalige ‚Marburger Repertorium deutschsprachiger Handschriften des 13. Jahrhunderts', das inzwischen mit finanzieller Förderung durch die DFG und unter der Leitung von Joachim Heinzle zum ‚Marburger Repertorium deutschsprachiger Handschriften des 13. und 14. Jahrhunderts' angewachsen ist.[7] Von den ca. 4.500 deutschsprachigen Textzeugen aus diesem zeitlichen Segment sind inzwischen knapp 2.800 den Richtlinien des Repertoriums entsprechend erfasst und ausführlich beschrieben worden.
3. Der ‚Handschriftencensus' umfasst neben den Textzeugen des ‚Paderborner Repertoriums' und jenen des ‚Marburger Repertoriums' auch Informationen zu über 15.000 deutschsprachigen Handschriften aus dem 15. und beginnenden 16. Jahrhundert sowie Kurzeinträge zu solchen Textzeugen, die im ‚Paderborner Repertorium' und im ‚Marburger Repertorium' derzeit noch nicht ausführlich beschrieben sind.

---

5 Vgl. dazu die Graphik auf S. 116.

6 Vgl. Elke Krotz und Stephan Müller: Das Paderborner Repertorium der deutschsprachigen Textüberlieferung des 8. bis 12. Jahrhunderts. In: ZfdA 137, 2008, S. 274f.

7 Vgl. Joachim Heinzle, Manuel Bauer, Klaus Klein und Daniel Könitz: Zum aktuellen Stand der ‚Marburger Repertorien'. In: ZfdA 137, 2008, S. 134–136.

Aufgrund der bisherigen Erfahrungen kann die Prognose gewagt werden, dass sich heute weltweit noch ca. 25.000 deutschsprachige (literarische) Handschriften (bzw. lateinische Handschriften mit einem nennenswerten deutschsprachigen Anteil) aus dem Mittelalter nachweisen lassen.

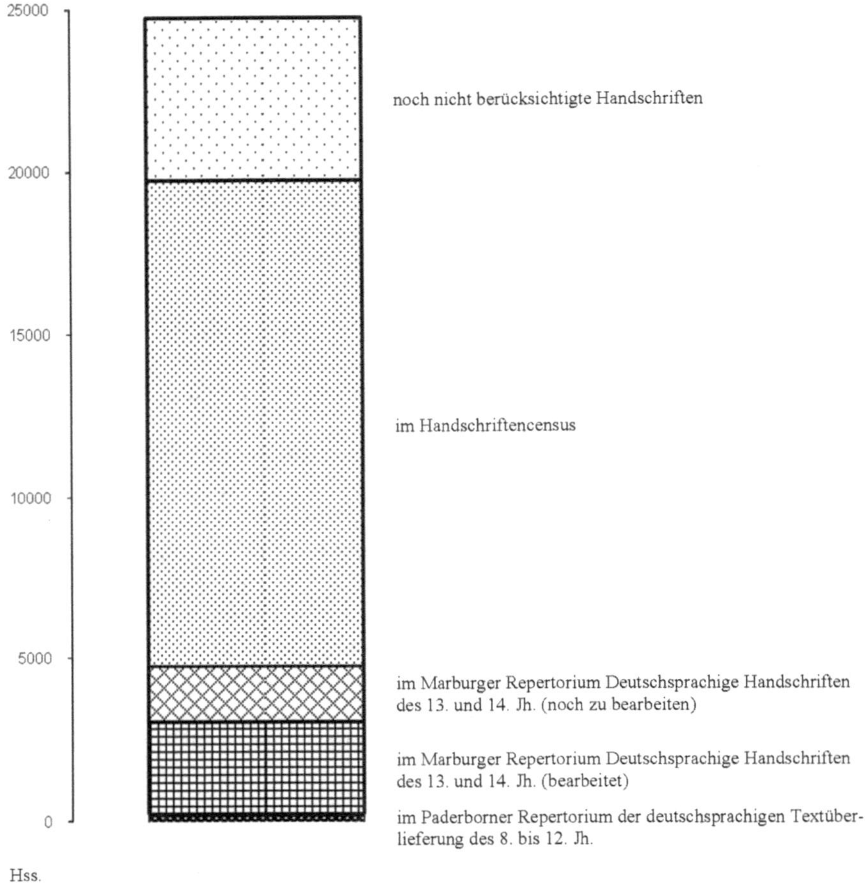

Die Startseite des ‚Handschriftencensus' ist über die leicht zu merkende Webadresse www.handschriftencensus.de zu erreichen und bietet dort auch Zugriff auf einige ‚Beigaben':

1. ‚Zur Auswertung eingegangene Literatur':[8] Um den Benutzern des ‚Handschriftencensus' möglichst aktuelle Angaben zu bieten, werden seit knapp zwei Jahren Verlage, in denen einschlägige altgermanistische Veröffentlichungen und Handschriftenkataloge publiziert werden, bei Neuerscheinungen um die Überlassung

---

8 www.handschriftencensus.de/eingegangeneliteratur.

eines Exemplars gebeten. Diese Publikationen werden sodann in einer eigenen Rubrik verzeichnet, gegebenenfalls mit der Verlags-Info verlinkt und für den ‚Handschriftencensus' ausgewertet.

2. ‚Forschungsliteratur zu deutschsprachigen Handschriften des Mittelalters':[9] Da bestimmte Literaturangaben bei einer Vielzahl von Handschrifteneinträgen zu zitieren sind, wurden in den vergangenen Monaten sämtliche bibliographischen Angaben, die bei den knapp 20.000 Handschrifteneinträgen (d. h. im ‚Handschriftencensus' sowie im ‚Paderborner Repertorium' und im ‚Marburger Repertorium') aufgeführt werden, in einer separaten Datenbank kumuliert. Diese Datenbank, die nur nach bestimmten Richtlinien vereinheitlichte und in Autopsie überprüfte Einträgen enthält, umfasst momentan über 12.000 bibliographische Einheiten.[10] In einem nächsten Schritt, der bis Mitte 2009 abgeschlossen sein soll, werden alle bibliographischen Einträge in der Literaturdatenbank mit den entsprechenden Handschriftenbeschreibungen verknüpft, so dass künftig bei bibliographischen Angaben alle Änderungen und Ergänzungen nur noch an einer zentralen Stelle vorgenommen werden müssen. Dann wird es auch möglich sein, sich in der Literaturdatenbank anzeigen zu lassen, bei welchem Handschrifteneintrag eine bestimmte bibliographische Angabe verzeichnet ist.[11]
3. ‚Neuigkeiten':[12] In dieser Rubrik wird in unregelmäßigen Abständen u. a. auf solche Funde oder Entdeckungen hingewiesen, die zwar durchaus von Interesse, im Regelfall aber nicht so bedeutend sind, als dass daraus eine eigene Publikation oder eine Zeitschriftenmiszelle entstehen müsste; auf diese Weise soll verhindert werden, dass interessante Informationen in der Datenbank von der Materialfülle zugedeckt werden.

III

Da die Mediävistik mit dem abgeschlossenen ‚Verfasserlexikon' eine ‚normgebende' Instanz für Autoren- und Werkbezeichnungen besitzt und da außerdem alle Handschriften und Fragmente an ihrem heutigen Aufbewahrungsort im Regelfall eine feststehende Benennung (Signatur) haben, gibt es im Handschriftencensus keine Suchfunktion. Der Zugang zu den verfügbaren Informationen erfolgt grundsätzlich entweder über das ‚Gesamtverzeichnis: Handschriften' oder über das ‚Gesamtverzeichnis: Autoren/Werke'. Man muss als Benutzer also nicht wissen, ob es beispielsweise bei einer Berliner Signatur „mgf" oder „ms. germ. fol.", ob es bei einer Heidelberger Signatur „Cpg" oder „Cod. pal. germ." heißt oder ob eine Bibliothek ein „Hs.", ein „Cod." oder ein „Ms." verwendet. Die Autorennamen und Werkbezeichnungen orientieren sich prinzipiell an den bei den Germanisten eingebürgerten (wenn auch in

---

9 www.handschriftencensus.de/forschungsliteratur.

10 Falls Publikationen auch im Internet frei zugänglich sind, wird eine Verlinkung („online") vorgenommen.

11 Vor allem bei der Identifizierung und Zuweisung von im 19. Jahrhundert ohne Angabe von Aufbewahrungsort publizierten Textzeugen verspricht dieser Zugang einen erheblichen Gewinn.

12 www.handschriftencensus.de/news.

Einzelfällen nicht immer glücklichen) Benennungen des ‚Verfasserlexikons'; es gibt also im ‚Handschriftencensus' z. B. keinen „Bertholdus Ratisbonensis" und keinen „Conradus <de Megenberg>", sondern nur einen Berthold von Regensburg und einen Konrad von Megenberg usw. Die Folgen für die Benutzer sind offenkundig: Es müssen zwar vermutlich zwei oder drei Mausklicks mehr durchgeführt werden, aber in jedem Fall wird man schnell wissen, ob eine Information vorhanden ist oder nicht.

In der Datenbank werden kodikologisch zusammengehörige Textzeugen grundsätzlich zu einem Eintrag zusammengefasst[13] wie beispielsweise die beiden heute in Krakau und Nürnberg aufbewahrten Fragmente von Reinbots von Durne *Georg*, die im Mittelalter zu einer Handschrift gehörten. Da die genannten Bruchstücke in der älteren einschlägigen Literatur auch als Besitz der Berliner Staatsbibliothek und als Eigentum von Franz Joseph Mone in Heidelberg bzw. von Karl Roth in München bezeichnet werden, sind diese früheren Besitzer zusätzlich im ‚Gesamtverzeichnis: Handschriften' angezeigt. Wer daher nur einen der älteren Aufbewahrungsorte oder einen früheren Besitzer kennt, wird automatisch zum gesuchten Eintrag geführt, dem einzigen, den es zu diesem Textzeugen gibt.[14]

Alle vollständigen Einträge sind nach einem festen Muster aufgebaut: Heutiger bzw. zuletzt bekannter Aufbewahrungsort, Beschaffenheit (Codex/Fragment), Umfang, Material, Inhalt, Blattgröße, Schriftraum, Spaltenzahl, Zeilenzahl, Gestaltung der Strophen und Verse, Informationen zu kodikologischen Besonderheiten wie Schreibernennungen, Musiknotation, Illustrationen usw., Datierung, Lokalisierung, Abbildungsnachweise, Sekundärliteratur und Angaben zu den vor allem in der ersten Hälfte des 20. Jahrhunderts im Auftrag der damaligen Preußischen Akademie der Wissenschaften angefertigten Archivbeschreibungen. Sofern Informationen online zugänglich sind, wurden Links zu diesen Informationen eingerichtet. Dies betrifft vor allem über Google zugängliche ältere Literatur, die von ‚Manuscripta Mediaevalia' digitalisierten Handschriftenkataloge, die in zunehmendem Maße digitalisierten Archivbeschreibungen der Berlin-Brandenburgischen Akademie der Wissenschaften sowie Abbildungen von Handschriften, die nach Rücksprache mit den besitzenden Bibliotheken und mit deren ausdrücklicher Zustimmung auch ins Netz gestellt werden. Gerade kleinere Bibliotheken machen von diesem Angebot regen Gebrauch, da auf diese Weise ihre Bestände einem breiteren Publikum kostenfrei zugänglich gemacht werden können.[15] Jeder Handschrifteneintrag bietet den Benutzern schließlich noch die Möglichkeit, über die Option „Mitteilung (Ergänzung/Korrektur)" an die zuständigen Betreuer bisher noch nicht erfasste Informationen zu übermitteln, die von diesen möglichst zeitnah überprüft, vereinheitlicht und öffentlich gemacht werden.

---

[13] Das hat natürlich Auswirkungen auf die anfänglich genannten Zahlen: Wegen der Codices discissi sowie Orts- bzw. Signaturenveränderungen einzelner Textzeugen beanspruchen die derzeit knapp 20.000 verzeichneten Textzeugen über 22.000 Einträge im ‚Gesamtverzeichnis: Handschriften'.

[14] Vgl. www.mr1314.de/2244.

[15] Handschriftenabbildungen werden im ‚Handschriftencensus' und in den beiden ‚Repertorien' nur unter drei Bedingungen online gestellt: 1) Die Zustimmung der Bibliothek muss vorliegen. 2) Es muss eine korrekte Bildbeschriftung (besitzende Institution, Signatur und Inhalt) beigegeben werden. 3) Die Auflösung muss niedrig sein, damit einerseits die Ladezeit auf dem Bildschirm nicht überstrapaziert wird, andererseits ein Missbrauch weitgehend ausgeschlossen werden kann.

IV

Die Beantwortung der eingangs gestellten Fragen zum Inhalt der drei angeführten Handschriften sowie zur Überlieferung der drei genannten Werke führt mit Hilfe des ‚Handschriftencensus' (Stand: Dezember 2008) in den meisten Fällen zu aktuelleren Ergebnissen: Das Berliner Bruchstück mgq 1496 („geistliche Ermahnungen an die liebhabende Seele") entpuppt sich als ein bereits 1938 von Wieland Schmidt identifiziertes Fragment aus den *24 Alten* Ottos von Passau.[16] Hinter der Dresdener Signatur App. 186, Nr. 7 („mhd. Lehrgedicht") verbirgt sich ein von Werner J. Hoffmann kürzlich identifiziertes und bislang unbekanntes Fragment von *Der König im Bad*.[17] – Von der *Jüngeren deutschen Habichtslehre* kennt der ‚Handschriftencensus' außer den fünf im Verfasserlexikon genannten Handschriften noch zwei weitere Textzeugen in Prag und St. Florian.[18] Beim Passionstraktat *Do der minnenklich got* konnten im ‚Handschriftencensus' nicht nur die aktuellen Aufbewahrungsorte der ehemals verschollenen Codices aus Cheltenham und Sigmaringen ermittelt und verzeichnet,[19] sondern noch drei weitere Textzeugen in Augsburg, Porrentruy und Sarnen hinzugefügt werden, so dass jetzt elf Handschriften dieses spätmittelalterlichen Traktates bekannt sind.[20] Und da in einer Datenbank (im Gegensatz zu Buchpublikationen) Raumprobleme so gut wie keine Rolle spielen, ist es im ‚Handschriftencensus' möglich, alle Codices und Codices discissi von Wolframs *Parzival* einzeln aufzuführen: Aus den „mehr als 80 Textzeugen" des ‚Verfasserlexikons' sind so exakt 85 Textzeugen geworden.[21]

Da die Zugriffszahlen auf den ‚Handschriftencensus' den Bedarf nach einem solchen Informationsmedium deutlich signalisieren, bleibt zu hoffen, dass die in manchen Teilbereichen nicht unerheblichen Lücken auch weiterhin – nicht zuletzt dank der Hilfe der Benutzer – ergänzt und die Informationen auf den neuesten Stand gebracht werden können.

---

16 Vgl. www.handschriftencensus.de/4535.

17 Vgl. www.mr1314.de/18920.

18 Prag, Nationalbibl., Cod. XI.E.9 und St. Florian, Stiftsbibl., Cod. XI 653; zur Gesamtüberlieferung s. www.handschriftencensus.de/werke/4087.

19 Bern, Burgerbibl., Cod. 729 (ehemals Cheltenham), und Beuron, Bibl. der Erzabtei, 4° Ms. 1 (ehemals Sigmaringen).

20 Zusätzlich: Augsburg, Universitätsbibliothek, Cod. III.1.4° 14; Porrentruy, Bibliothèque cantonale jurasienne, Ms. 29; Sarnen, Bibliothek des Benediktinerkollegiums, Cod. chart. 105; zur Gesamtüberlieferung s. www.handschriftencensus.de/werke/848.

21 Einschließlich der späteren Neufunde im Staatsarchiv Solothurn und der Wiederentdeckung eines zu Beginn des 20. Jahrhunderts im Besitz des Freiburger Gelehrten Ernst Fischer befindlichen und zuletzt verschollenen Fragments (heute München, Staatsbibliothek, Cgm 9342); zur Gesamtüberlieferung s. www.handschriftencensus.de/werke/437.

Helmut W. Klug

Grundsätzliche Überlegungen rund um ein künftiges mediävistisches Text-Portal

Im Zuge der Recherchen wurde rasch klar, dass sich mein Beitrag auf eine Grundsatzdiskussion beschränken wird müssen. Bevor ich aber dazu komme, will ich die Idee eines ‚mediävistischen Textportals' aus meiner Sicht definieren: Ich verstehe darunter nicht einfach eine online frei zugängliche Sammlung von editionsrelevanten Materialien, die sowohl editionstheoretische Texte als auch elektronische Versionen von Editionen und selbstverständlich qualitativ hochwertige Handschriftenabbildungen einschließlich aller dazugehörigen Meta-Informationen umfasst; ein solches Textportal sollte vielmehr in erster Linie als ‚Wegweiser' zu bereits existierenden oder in Entstehung begriffenen Textbasen fungieren. Nicht die Bereitstellung von elektronischen Primärtexten und Bildmaterial sehe ich als vorrangige Aufgabe eines mediävistischen Textportals (wenngleich es natürlich auch das leisten können sollte), sondern vielmehr, dass es Auskunft über die Verfügbarkeit der verschiedenen Materialien im *World Wide Web* und in diversen Archiven erteilt und darüber hinaus eventuell auch einführende Informationen bietet, die zur Lösung spezieller (editorischer u. a.) Fragen beitragen können. Die Zielgruppe einer solchen Plattform reicht von Studierenden über ForscherInnen aller mediävistischen Fächer bis hin zu aktiven EditorInnen. Wünschenswert wäre natürlich, wenn die Plattform auch dem interessierten Laien einen Zugang zum Thema ermöglicht: Der Bildungsauftrag sollte nicht an der Hörsaaltür enden.

Das Argument, dass diese Informationen und Materialien schon zur Genüge im Netz vorhanden sind, kann und will ich nicht entkräften. Das erledigt sich von selbst durch den Umstand, dass diese Informationen über das gesamte *World Wide Web* verstreut sind. Weder die elaboriertesten Suchbegriffe noch der intelligenteste Algorithmus der Suchmaschinen kann alle relevanten Daten auf einen Blick zu Tage fördern. Das kann allein schon daran scheitern, dass die Daten nicht entsprechend beschlagwortet sind und daher nicht den Weg in die Datenbanken der Suchmaschinen finden. Ein Beispiel dafür ist die Website *Digitales Mittelhochdeutsches Textarchiv / Digital Middle High German Text Archive*,[1] dessen Inhalte laut Sonja Glauch einen Teil des so genannten ‚deep web' darstellen und somit über Suchmaschinen nicht erfassbar sind.[2] Sollte dies von den Betreibern der Website beabsichtigt sein, stellt sich mir als

---

1 Digitales Mittelhochdeutsches Textarchiv. 22.11.2004. URL: http://mhgta.uni-trier.de/ [07.10.2008].

2 Sonja Glauch: Neue Medien, alte Texte? Überlegungen zum Ertrag digitaler Ressourcen für die Altgermanistik. [Publiziert im Oktober 2005.] S. 11. URL: http://www.germanistik.ch/publikation.php?id=neue_medien_alte_texte [07.10.2008].

aktivem Gestalter und Benutzer des Internets die Frage der Sinnhaftigkeit dieser Vorgehensweise: Um nicht gefunden zu werden, wäre es einfacher, die Inhalte erst gar nicht zu veröffentlichen oder nur in einem Intranet zur Verfügung zu stellen. Allerdings lassen andere Probleme dieser Seite, die teilweise bedenkliche Sicherheitslücken offenbaren, einfach auf eine mangelhafte Administration des Internetauftrittes schließen.[3] In diesem Zusammenhang möchte ich auch im Hinblick auf andere geisteswissenschaftliche Webauftritte darauf hinweisen, dass es durchaus lohnend ist, einen großzügigen Etat für die professionelle technische Planung und Realisierung der Internetpräsenz zu reservieren: Neben der Gestaltung und der Benutzbarkeit der Seiten werden dadurch auch die Sicherheit und die Auffindbarkeit der zur Verfügung gestellten Daten profitieren.

Auf der Suche nach einprägsamen Schlagwörtern, die meine Anliegen prägnant zusammenfassen könnten, sind neben ‚Vernetzung', einem Begriff, der ohnehin die primäre Funktionalität des Internets zusammenfasst, die ‚neudeutschen' Begriffsprägungen ‚Information-Pooling' und ‚Information-Sharing' meine erste Wahl. Dabei denke ich allerdings nicht an Linklisten im Stile der *Erlanger Liste*[4] oder von *Mediaevum.de*,[5] die, so sehr man das Engagement der Betreiber hervorheben muss, für unseren Zweck nicht mehr hergeben, als dass sie in einer Mußestunde zum thematischen Surfen einladen. Die gewünschte Vernetzung sollte selbstverständlich zwischen online verfügbaren Ressourcen stattfinden, aber zusätzlich muss auch eine Brücke zu Offline-Material geschlagen werden, das heißt, eine Auflistung aller verfügbaren Materialien in Buchform oder auf Microfiche oder einfach nur als Privatkopie, sollte einsehbar sein. Anbindungen an Bibliothekskataloge, zu Buchhändlern oder zu Antiquariaten müssen realisiert werden. Diese Informationen müssen alle im Sinne von *information-pooling* zentral gesammelt werden und im Sinne von *information-sharing* uneingeschränkt verfügbar sein.

Betrachtet man das gegenwärtige Angebot, wäre schon der kleinste und einfachste Schritt in diese Richtung eine enorme Verbesserung. Man sollte aber auf keinen Fall übereilte Lösungen akzeptieren, sondern unbedingt alle Parameter prüfen, die eine effiziente Nutzung der aktuellen Technik für User und Publisher gewährleisten. Neben der Funktionalität sollte es oberste Priorität sein, eine für den Fachbereich richtungweisende Plattform zu gründen – mit einem derartigen Engagement hat man auch bedeutenden Einfluss auf die öffentliche Akzeptanz, und die öffentliche Hand ist letztendlich der Geldgeber.

---

3 So kann man z. B. ganz leicht, ohne über spezielle Hacker-Erfahrung zu verfügen, die mit Schreibrechten ausgestatteten Zugangsdaten zur Datenbank auslesen.

4 Erlanger Liste: Literatur, Malerei, Graphik, Fotografie. Hrsg. von Ernst Rohmer und Gunther Witting. 05.06.2006. URL: http://www.erlangerliste.de/ [07.10.2008].

5 Mediaevum.de. Das Internetportal zur deutschen und lateinischen Literatur im Mittelalter. Hrsg. von Sonja Glauch, Joachim Hamm und Michael Rupp. 1999–2008. URL: http://www.mediaevum.de [07.10.2008].

Um meine Bedenken und in weiterer Folge meine Vorschläge näher ausführen zu können, möchte ich kurz zusammenfassen, wie sich mir die momentane Situation darstellt:

2001 fasst Thomas Bein den Einsatz der Neuen Medien prägnant zusammen:[6] Der PC und die angeschlossene Hardware seien zum Schreibmaschinenersatz geworden. Die neuen Kommunikationsmittel oder die Möglichkeiten des E-Learnings, welche durch die neue Technik unterstützt werden, würden kaum bis gar nicht genutzt. Das Angebot an elektronischen Materialien, also E-Texten, Online-Magazinen oder auch digitalen Editionen sei mehr als bescheiden und würde von der Forschercommunity nicht angenommen. Das Online-Angebot im Bereich der Mediävistik sei vernachlässigbar. – So trist stellt sich die Situation 2008 nicht mehr dar, aber gravierende Verbesserungen kann ich leider auch nicht feststellen.

2003 fordert Kurt Gärtner die Schaffung ‚Digitaler Bibliotheken',[7] also das systematische Digitalisieren von Bibliotheksbeständen und den dazugehörigen Materialien wie Katalogen und Registern. Diese Digitalisierung bedeutet für ihn die Bereitstellung eines frei verfügbaren, maschinenlesbaren Textes in bester Qualität, für mich beinhaltet das zusätzlich die Wahrung des Originallayouts. Die aktuellen Volltextangebote von Projekten wie *alo* (*austrian literature online*),[8] *Google Books*[9] oder *Gallica*[10] tendieren zwar, die in diese Richtung, aber jedes weist gravierende Mängel in Bezug auf die Benutzbarkeit auf, und alle haben das überdurchschnittlich hohe Alter der digitalisierten Texte gemeinsam – ein schwerwiegendes Problem, das weiter unten eingehender diskutiert werden soll.

2005 meint Sonja Glauch in Bezug auf die Verwendung der Neuen Medien in der Altgermanistik:

> [Ein] Dubletten-Archiv ist sinnvoll nur an seinem instrumentellen Wert für die Wissenschaft zu messen: seiner Zugänglichkeit und Stabilität, seiner Zuverlässigkeit, seinem praktischen Nutzen. Ein eigener Erkenntniswert kommt ihm nicht zu, und insofern muss man der kritischen Reserve vieler Fachkollegen Recht geben, die die Aufgabe der Altgermanistik nicht im Aufbau und der Unterhaltung eines solchen Sekundärarchivs sehen.[11]

Das ist ein Gedanke, der bei der Planung eines mediävistischen Textportals einen zentralen Stellenwert haben muss: Es geht nicht darum, das Internet als Erweiterung der lokalen Festplatte zu verwenden, sondern es muss als eigener Arbeitsplatz definiert

---

6 Vgl. Thomas Bein: PC und Internet in altgermanistischer Forschung und Lehre. Erfahrungen und Desiderate. 26.11 2001. In: Jahrbuch für Computerphilologie – online. 3. URL: http://computerphilologie.tu-darmstadt.de/jg01/bein2.html [07.10.2008].

7 Vgl. Kurt Gärtner: Texte im Netz – Perspektiven digitaler Bibliotheken. Vortrag auf der Internationalen Tagung der Handschriftenbearbeiter, 23.–25. September 2002 in Marburg. S. 4ff. URL: http://www.dfg.de/forschungsfoerderung/wissenschaftliche_infrastruktur/lis/veroeffentlichungen/dokumentationen/download/vortrag_gaertner.pdf [07.10.2008].

8 alo. austrian literature online. URL: http://www.literature.at/ [07.10.2008].

9 Google Buchsuche. 2008. URL: http://books.google.de/ [07.10.2008].

10 Gallica. Bibliothèque numérique de la Bibliothèque nationale de France. URL: http://gallica.bnf.fr/ [07.10.2008].

11 Glauch 2005 (Anm. 2), S. 2.

werden. Einige Projekte, wie die *Mittelhochdeutschen Wörterbücher Online*,[12] *TITUS*,[13] die *Mittelhochdeutsche Begriffsdatenbank*[14] oder auch das *Deutsche Rechtswörterbuch*[15] zeigen, dass man auch andere zukunftsweisende Wege beschreiten kann, wobei aber jedes dieser Projekte auf verschiedenen Ebenen verbessert werden könnte.[16]

Eine extreme, aber durchaus verständliche Position vertritt Klaus Graf, indem er ‚Open Access' für Kulturgut in Archiven, Bibliotheken und Museen fordert[17] – eine Idee, die ich uneingeschränkt unterstütze. In konsequenter Weiterentwicklung dieses Gedankens fordert er auch die freie Verfügbarkeit wissenschaftlicher Forschungsergebnisse.[18] Dass er mit dieser Ansicht nicht alleine steht, zeigt zum Beispiel die kürzlich aufgestellte ‚Open Access Policy' des FWF, des Österreichischen Forschungsfonds, welche die uneingeschränkt zugängliche Veröffentlichung von Projektergebnissen vorschreibt.[19] Der Schutz des eigenen Gedankenguts und die damit einhergehenden Rechte und Einschränkungen bleiben natürlich auch bei dieser Art der Publikation bestehen, daher regt Graf die Freigabe der wissenschaftlichen Publikationen auf Basis von *Creative Commons* Lizenzen an, die ausgehend vom automatisch geltenden Urheberrecht in verschiedenen Abstufungen den Benutzern immer mehr Rechte bis hin zur freien Verwendung der geistigen Inhalte gewähren.[20]

Zusammenfassend ist festzuhalten, dass alle Probleme, die in der Literatur der letzten Jahre diskutiert werden, nach wie vor bestehen. Eine adäquate Lösung ist meines Erachtens nicht in Sicht. Bevor also an die Konzeption eines mediävistischen Textportals gegangen werden kann, muss zuerst Grundlagenarbeit geleistet werden:

- zum einen Grundlagenarbeit in den Bereichen ‚Copyrightbestimmungen', und zwar zu den Themen ‚bestehendes Copyright', ‚Open Access', ‚Creative Commons' und ‚Internetpublikationen',

---

12 Mittelhochdeutsche Wörterbücher Online. In: Das Wörterbuch-Netz. Ein Projekt des Kompetenzzentrums für elektronische Erschließungs- und Publikationsverfahren in den Geisteswissenschaften an der Universität Trier. 2007. URL: http://germazope.uni-trier.de/Projects/WBB/woerterbuecher/ [07.10.2008].

13 Thesaurus Indogermanischer Text- und Sprachmaterialien. TITUS. URL: http://titus.uni-frankfurt.de [07.10.2008].

14 Mittelhochdeutsche Begriffsdatenbank / Middle-High German Conceptual Database. 10.09.2007. URL: http://www. uni-salzburg.at/mhdbdb [07.10.2008].

15 Deutsches Rechtswörterbuch online. Ein Projekt der Forschungsstelle Deutsches Rechtswörterbuch der Heidelberger Akademie der Wissenschaften. URL: www.deutsches-rechtswoerterbuch.de/ [07.10.2008].

16 Kritikpunkte, die auf alle genannten Beispiele zutreffen, sind Mängel im Bereich Usability und Design: Qualitativ hochwertige germanistische Internetanwendungen sollten nicht primär durch einen undurchschaubar komplexen Aufbau oder eine wenig gelungene optische Gestaltung hervorstechen.

17 Klaus Graf: Open Access und Editionen. Vorabversion des Beitrags [...] zum Wiener Kolloquium „Vom Nutzen des Edierens" am IÖG. URL: http://archiv.twoday.net/stories/230198/ [07.10.2008].

18 Vgl. ebda.

19 Open Access Policy bei FWF-Projekten. Hrsg. vom Fonds zur Förderung der wissenschaftlichen Forschung (FWF). URL: http://www.fwf.ac.at/de/public_relations/oai/index.html [07.10.2008].

20 Lizenzen nach österreichischem Recht sind einzusehen unter: Creative Commons International. Austria. URL: http://creativecommons.org/international/at/ [07.10.2008].

- und zum anderen Grundlagenarbeit in den Bereichen ‚Neue Medien', wo der Schritt vom Internet als statischem Datenspeicher hin zu ‚Community-Bildung', ‚Information-Pooling' und ‚Information-Sharing' und weiter zu ‚Web 2.0', gemacht werden muss.

Es ist ein unumstrittenes Faktum, dass ForscherInnen der Geisteswissenschaften mit wissenschaftlichen Publikationen kein Geld verdienen. Es ist im Gegenteil sogar üblich, dass die Veröffentlichung derartiger Publikationen von den WissenschaftlerInnen selbst finanziert werden muss. Ich gehe davon aus, dass die von den Verlagen veranschlagten Kosten alle anfallenden Ausgaben abdecken und der Verlag jedes verkaufte Buch als Reingewinn bilanzieren kann. Als Gegenleistung erhält der Forscher die Möglichkeit, bei einem renommierten Verlag zu publizieren und so seine Publikationsliste auszubauen. Mit Vertragsunterschrift gibt er aber alle Nutzungsrechte an seiner Arbeit für die Gültigkeitsdauer des gesetzlichen Urheberrechtsschutzes ab. In einem Standardvertrag des Peter Lang Verlages für einen Tagungsband klingt das unter §2. Abs.1 so:

> Die Herausgeber übernehmen von den Autoren alle Rechte an den einzelnen Beiträgen und räumen dem Verlag räumlich und inhaltlich unbeschränkt sowie für die Dauer des gesetzlichen Urheberrechtsschutzes das ausschließliche Recht zur Vervielfältigung und Verbreitung in Buchform für alle Auflagen und Ausgaben sowie für alle Sprachen ein. Jede anderweitige Verwendung des Werkes bedarf der Zustimmung des Verlages. Dies gilt auch für die Einspeicherung und Verbreitung in elektronischen Systemen.[21]

Immerhin wird dem Wissenschaftler erlaubt, unter Angabe der Quellen aus seinem eigenen Werk zu zitieren. Je nach Verkauf des Buches ist die Publikation dann mehr oder weniger gut verfügbar, zumindest aber ist sie in manchen Bibliotheken als Pflichtexemplar vorhanden. Auf meine Anfrage an den Peter Lang Verlag, ob ich meinen Artikel aus einem aktuellen Tagungsband online auf meiner Homepage veröffentlichen dürfe, erhielt ich überraschend positive Auskunft[22] – ob aber diese positive Grundstimmung anhält, wenn diese Form von Online-Publikation stärker betrieben wird, ist fraglich.

Die Publikation von Aufsätzen in periodisch erscheinenden Zeitschriften ermöglicht es dem Forscher, seine Arbeit nach Ablauf einer Frist (von einem Jahr) auf andere Weise zugänglich zu machen[23] – vorausgesetzt, das bestehende Gesetz wird nicht durch eine Zusatzvereinbarung geändert. Das ist gängige Praxis und ein bewährtes System. Es sollte aber die Frage gestellt werden, ob dieser Modus im Lichte der universitären Finanzprobleme und der Budgetknappheit der Bibliotheken noch zeitgemäß ist – ganz zu schweigen von der eingeschränkten Verbreitungsmöglichkeit unserer Forschungsergebnisse. Wenn von den Verlagen keine innovativen Reaktionen in Richtung elektronisches Publizieren kommen – das überteuerte digitale Angebot

---

21 Verlagsvertrag des Peter Lang Verlages. Nr. 7/vertra7. 2008.

22 Norbert Willenpart (Peter Lang Verlag) in einer E-Mail an Helmut W. Klug [05.09.2008].

23 Vgl. § 38 Abs. 1 des dt. Urheberrechtsgesetzes und ähnlich auch § 36 Abs. 1 des österr. Urheberrechtsgesetzes.

z. B. von *ProQuest*[24] oder *SpringerLink*[25] kann man hier getrost als irrelevant betrachten –, ist keine Verbesserung der bestehenden Zeitschriftenmisere in Sicht.[26]

Ein ‚mediävistisches Textportal' könnte in dieser Beziehung Pionierarbeit leisten und als Basis für eine thematisch gebundene ‚Online-Publikationsplattform' dienen. Mit einem entsprechend renommierten Redaktionsteam lässt sich die Qualität der Beiträge und die Wertschöpfung aus einer Publikation auf dieser Plattform ohne Zweifel sichern. Dass die Idee Bestand hat, kann man an der mediävistischen Online-Zeitschrift *Perspicuitas* erkennen,[27] in der immerhin schon seit 1998 regelmäßig Beiträge veröffentlicht werden. Der Internetauftritt wird bei einer Suche mit *Google* allerdings nur dann an erster Stelle angezeigt, wenn der Zeitschriftentitel als Suchbegriff verwendet wird.[28] Die einzelnen Artikel aus der Online-Zeitschrift werden bei einer entsprechenden Wahl der Suchbegriffe allerdings immer sehr weit oben in der Trefferliste angeführt.[29] Ein anderer Weg des elektronischen Publizierens könnte über die Bibliotheken führen, und wie von Gregor Horstkemper und Karl Märker in diesem Band berichtet, wird bei der Bayerischen Staatsbibliothek an entsprechenden Umsetzungsmöglichkeiten bereits gearbeitet.[30]

Mit der Forcierung von Internetpublikationen kann der von allen Seiten diagnostizierten Überalterung der Informationen im Internet – wie sie bei einer Textwissenschaft wie der Germanistik wohl am deutlichsten ersichtlich ist – wohl am besten entgegengewirkt werden. Die Ursachen für die gegenwärtige ‚Fortschrittsbremse' sind in erster Linie die bestehende Publikationspraxis und das momentan gültige Urheberrechtsgesetz. Eine entsprechend angepasste *Open-Access-Policy* und die Freigabe der Inhalte auf Basis von *Creative Commons* Lizenzen würden nicht nur eine Verjüngung der Informationen im Internet bewirken, sondern auch den wissenschaftlichen Diskurs anregen und könnten noch nebenbei die geschwächten Budgets der Universitäten und Bibliotheken entlasten. Mit einer entsprechenden Anbindung an *Print On Demand*-Anbieter würden auch die Liebhaber des gedruckten Wortes nicht

---

24 ProQuest. 2008. URL: http://www.proquest.co.uk/ [11.10.2008].

25 Springer DE – wissenschaftliche Zeitschriften, Bücher & Online Medien. URL: http://www.springer.com [11.10.2008].

26 Eine elektronische Kopie (PDF) aus einer Zeitschrift kostet bei Einzelkauf pro Artikel € 32.–; eine elektronische Ausgabe der Zeitschrift (mit durchschnittlich 10 Artikeln) kostet für den Abonnenten € 160.–. Das Abo der Printausgabe kostet € 275,70 zzgl. € 12,– Versandkosten. (Recherchiert im Internetauftritt von *SpringerLink* am Beispiel von Gabriele Klug: *Slâftrinken* und *twalm*. Schlaflosigkeit, Schlafmittel und deren Anwendung in der Literatur des Mittelalters. In: Somnologie 11, 2007, H. 4, S. 300–312.)

27 Perspicuitas. Internet-Periodicum für mediävistische Sprach-, Literatur- und Kulturwissenschaft. 16.11.2007. URL: http://www.uni-due.de/perspicuitas/ [11.10.2008].

28 Google. 2008. URL: http://www.google.at/ [11.10.2008]. Eine Suche mit den Stichwörtern ‚mediävistische, zeitschrift, online' bringt das Editorial der Zeitschrift (Editorial. In: Perspicuitas. 16.11.2007. URL: http://www.uni-due.de/imperia/md/content/perspicuitas/perspicuitaseditorial.pdf [11.10.2008]) als zehnten Treffer, die direkte Suche nach ‚perspicuitas' den Internetauftritt immerhin an erster Stelle.

29 Die Suche nach ‚wirnt von grafenberg, wigalois' über *Google* bringt die in der Online-Zeitschrift publizierte Bibliografie (Sabine Seelbach, Ulrich Seelbach: Wirnt von Grafenberg: Wigalois – Eine Bibliographie. In: Perspicuitas. 13.08.2003. URL: www.uni-due.de/imperia/md/content/perspicuitas/seelbach.pdf [11.10.2008].) (nach den Artikeln aus *Wikipedia*) immerhin an dritter Stelle.

30 Die Bayerische Staatsbibliothek: Zentrum für Elektronisches Publizieren (ZEP). 2008. URL: http://www.bsb-muenchen.de/2349.0.html [11.10.2008].

zu kurz kommen. Die inhaltliche Bandbreite einer derartigen Publikationsplattform ist frei wählbar und könnte im Bereich der Editionswissenschaften neben den fachtheoretischen Aufsätzen natürlich auch zur Publikation neuer Editionen genutzt werden, wobei das digitale Medium gerade in diesem Bereich noch unausgeschöpfte Möglichkeiten bietet.[31] Diese Idee mag sich in Forscherkreisen vielleicht noch nicht durchgesetzt haben, ist aber ohne Zweifel die Zukunft des Faches. Auch Ferdinand Melichars Ausführungen[32] im Rahmen dieser Tagung haben deutlich gezeigt, dass wir als WissenschaftlerInnen bei der Publikation unserer Artikel den rechtlichen Spitzfindigkeiten mehr oder weniger ausgeliefert sind. Die momentane Situation ist wohl der beste Anstoß zur Selbsthilfe. Vielleicht können Verlage aber über innovative Projekte aus der Reserve gelockt werden, da ihre Mitarbeit in diesem Bereich überaus wünschenswert und das Aufspringen auf einen bereits rollenden Zug dringend nötig wäre.

Die Anforderungen, die ein ‚Mediävistisches Textportal' an das Medium ‚Internet' stellt, werden aus meiner Sicht am einfachsten mit dem Begriff ‚Web 2.0' zusammengefasst. Dieser Terminus wurde 2005 von Tim O'Reilly in seinem richtungweisenden Artikel „What is Web 2.0" definiert und subsumiert seither die Entwicklungstendenzen im Bereich neuer Internetanwendungen.[33] Zwei der Leitphrasen, die auch für ein mediävistisches Textportal Grundsatzcharakter haben müssen, sind: 1) „the user defines the content" und 2) „harnessing collective intelligence".[34] Recherchiert man ‚Web 2.0' in der Suchmaschine *Google*, erhält man neben diversen Lexikonartikeln auch einige Berichte des ORF, in denen teilweise kritisch, teilweise plakativ, aber durchaus zeitaktuell über diese neue Entwicklung berichtet wird: Web 2.0 sei ein „Hype", eine „Marketing Strategie",[35] es würden nur „leere Phrasen gedroschen"[36] und die Nutzung der auf diese Idee basierenden Websites sei ohnehin zurückhaltend.[37] Man darf sich ‚Web 2.0' also nicht als das neue Internet oder gar als die neue ‚cash-cow' nach der ‚.com-Krise' vorstellen – das Konzept ist einfach eine kontinuierliche Weiterentwicklung bestehender Ansätze, die nach der Konsolidierung des Internets im täglichen Leben notwendig geworden ist.

---

[31] Was zur Zeit schon alles elektronisch realisiert werden kann, zeigt zum Beispiel das *Parzival-Projekt*, das in der Schweiz an den Universitäten Basel und Bern läuft: Parzival-Projekt. Ein Projekt des Schweizerischen Nationalfonds. 2008. URL: http://www.parzival.unibe.ch/index.html [10.04.2009].

[32] Vgl. den Artikel in diesem Band und den auch für Laien der Rechtswissenschaft verständlichen Vortrag ‚Copyright für Texte und Abbildungen: Rechtsfragen rund um (mediävistische) Editionen.' In: Germanistisches Kolloquium: Wege zum Text – Uni Graz, 17.–19. September 2008: Podcast. 11.10.2008. URL: http://www.uni-graz.at/wernfried. hofmeister/wegezumtext/podcast/ [11.10.2008].

[33] Tim O'Reilly: What is Web 2.0. 30.09.2005. URL: http://www.oreillynet.com/pub/a/oreilly/tim/news/ 2005/09/30/ what-is-web-20.html [11.10.2008].

[34] Vgl. ebda.

[35] [o. A.] Web 2.0. Ein neuer Hype der Marketing-Strategen? In: OE1.ORF.at. 10.12.2006. URL: http:// oe1.orf.at/highlights/70572.html [11.10.2008] und [o. A.] Web 2.0: Hype versus Realität. In: futureZone. ORF.at.18.04.2007. URL: http://futurezone.orf.at/it/stories/186610/ [11.10.2008].

[36] [o. A.] Soziales Web? O'Reilly? In: futureZone.ORF.at. 07.11.2007. URL: http://futurezone.orf.at/ business/stories/234022/ [11.10.2008].

[37] [o. A.] Österreicher im Web 2.0 zurückhaltend. In: futureZone.ORF.at. 07.11.2007. URL: http://future zone.orf.at/it/ stories/273208/ [11.10.2008].

Das anschaulichste und bekannteste Beispiel für diese Entwicklung ist sicher das Online-Lexikon *Wikipedia*. Es sind genau jene Ansätze, die diese Enzyklopädie so populär machen, die auch für unser Textportal von Bedeutung sind. Aus Erfahrung weiß ich, dass der einzig produktive Zugang zu Neuen Medien allein das Ausloten ist, inwieweit die neuen Entwicklungen sinnvoll für die eigenen Zwecke genutzt werden können – ein kategorisches Ablehnen und Verdammen, wie es aus Angst vor Neuem oft passiert, ist rückständig. In jeder neuen Entwicklung finden sich Aspekte, die sinnvoll genutzt werden können – für wissenschaftliche Zwecke müssen die bestehenden Regeln einfach entsprechend angepasst werden. Dass so etwas im universitären Bereich funktionieren kann, zeigen verschiedene Beispiele: So setzt z. B. die Universität Innsbruck in der Verwaltung, aber auch für die interne Kooperation und bei der Präsentation nach außen auf ein elaboriertes Wiki-System.[38] Die Germanistik der Universität Dortmund verwendet ein Wiki als Basis zur Informations- und Nachrichtenvermittlung gegenüber den Studierenden.[39] Auch der *Handschriftencensus*[40] tendiert in diese Richtung, insofern als eine gewisse Userinteraktion (allerdings immer nur über das Redaktionsteam) ermöglicht wird. Die Erweiterung und Aktualisierung des Verfasserlexikons – *Verfasserlexikon aktuell*[41] – baut ebenfalls grundlegend auf den Ideen von Web 2.0 auf, da ausgewählten Usern gestattet werden soll, eigenständig Daten zu aktualisieren. Die Genehmigung des Projektes ist momentan noch in Schwebe, wäre aber überaus wünschenswert! Die Nützlichkeit der Web 2.0 Angebote wurde im naturwissenschaftlichen Bereich natürlich schon lange erkannt und wird dort auch effektiv genutzt.[42]

Basis für den Bestand einer Web 2.0 Plattform ist die ‚community', also jene Gruppe von Menschen, die ein Interesse an den Inhalten der Plattform und deren Aktualität hat. Die Betonung liegt hier ausdrücklich auf dem ‚Inhalt' und nicht darauf, welchen Nutzen der Einzelne aus der Plattform ziehen kann – entsprechend gepflegte Inhalte können dem eigenen Nutzen ohnehin nur zuträglich sein. Um das Funktionieren eines mediävistischen Textportals garantieren zu können, muss das Engagement aller Beteiligten vorausgesetzt werden – ob dies aus Eigeninitiative geschieht oder ob es projektfinanziert ist, spielt dabei keine Rolle. Neben dem *Community*-Gedanken gibt es noch weitere Eckpfeiler, die die Gestaltung eines solchen Portals im wissenschaftlichen Bereich stützen müssen:

---

38 Eine Dokumentation zum Confluence Enterprise Wiki befindet sich unter: Wiki Dokumentation – UIBK Wiki. 21.09.2008. URL: http://wiki.uibk.ac.at/confluence/display/DOC/ [11.10.2008].

39 StudiGer. 14.06.2008, 13:12. URL: http://www.studiger.fb15.uni-dortmund.de/ [11.10.2008]. Ein Bericht dazu ist einsehbar unter: tse [= Tobias Eberwein]: Wikis zur Studierendeninformation: Fallbeispiel StudiGer. 04.06.2008. URL: http://www.coolepark.de/2008/06/04/wikis-zur-studierendeninformation-fallbeispiel-studiger/ [11.10.2008].

40 Handschriftencensus. Eine Bestandsaufnahme deutschsprachiger Handschriften des Mittelalters. 09.09.2008. URL: http://www.handschriftencensus.de [11.10.2008].

41 Geplanter Internetauftritt unter: Verfasserlexikon aktuell. Die deutsche Literatur des Mittelalters. URL: http://verfasserlexikon.de/ [11.10.2008].

42 Für den medizinisch-diagnostischen Bereich wird das z. B. in folgendem Artikel hervorgehoben: Dean Giustini: How Web 2.0 is changing medicine. In: BMJ 333, 2006, S. 1283–1284. URL: http://www.bmj.com/cgi/content/full/ 333/7582/1283 [13.10.2008].

- eine rigide Benutzerverwaltung, die auf realen Personaldaten fußt,
- ein eingeschränkter Benutzerkreis, der mit Schreibrechten ausgestattet ist,
- ebenen- und benutzerabhängige Zugangsbeschränkungen,
- eine klare Kennzeichnung der Inhalte in Bezug auf die ErstellerInnen,
- die Möglichkeit, Änderungen nachzuverfolgen und zu kommentieren,
- Qualitätssicherung durch *Peer-Review,*
- redaktionelle Endkontrolle,
- eine durchgehende Dokumentation der Arbeitsschritte und der Benutzungsmöglichkeiten,
- ein benutzerfreundliches Design und Berücksichtigung von Usabilityaspekten,
- *Community*-Features wie Forum,[43] *RSS-Feeds*, *tagging*, *social bookmarking* etc.,
- *Content*-abhängige Recherche- und Analysetools.

Um meine Entwürfe etwas zu veranschaulichen, sollen zwei konkrete Anwendungsbeispiele vorgestellt werden: Eines davon ist bereits im Web zugänglich, das andere existiert erst als Idee:

Ich arbeite im Zuge eines FWF-Projektes seit 2 Jahren am online verfügbaren *Dictionary of Old English Plant Names*,[44] das auf den Arbeiten von Peter Bierbaumer aus den 70er Jahren aufbaut.[45] Ziel des Wörterbuches ist, Bierbaumers richtungweisende Arbeiten mit zeitgemäßen Mitteln online zugänglich zu machen und um neuere Forschungsergebnisse zu ergänzen. Bis dato sind alle Materialien digitalisiert und ein Teil der Daten ist bereits in die Datenbank übertragen. An der Wörterbuch-Website können einige der besprochenen Aspekte dargestellt werden: Das Design ist offen, ansprechend, augenfreundlich und vor allem durchgängig konzipiert. Es stehen verschiedene Analysewerkzeuge zur Verfügung (Index, Namen- sowie Volltextsuche) und mit dem noch nicht implementierten *Clicktionary* eine Arbeitsoberfläche, in welcher ForscherInnen mit allen vorhandenen Daten beliebige Rechercheoperationen ausführen werden können. In Bezug auf die Usability wurde besonderer Wert auf einen gleich strukturierten Rechercheablauf in den verschiedenen Rechercheebenen gelegt: Nach der Wahl des Analysetools erreicht man ein Untermenü, in weiterer Folge eine durch die getroffene Menüauswahl bestimmte Eingabebox, daraufhin eine Resultatliste, aus der man einen speziellen Pflanzennameneintrag wählen muss, um zu den Basisdaten zu gelangen; von hier aus kann man sich als registrierter Nutzer den kompletten Datensatz anzeigen lassen. Der FWF hat ein Folgeprojekt genehmigt, in dem vor allem die *community-features* (wie z. B. Forum, *RSS-Feeds*, Bearbeitung des Inhaltes durch einen bestimmten, eingeschränkten Benutzerkreis, Speichermöglichkeit eines eigenen Arbeitsplatzes mit benutzerdefinierten Suchen und verschiedenen

---

43 Das Forum ist natürlich ein Urgestein des Web, keine ‚neue' Erfindung im Rahmen des Web 2.0.

44 Dictionary of Old English Plant Names. Hrsg. von Peter Bierbaumer und Hans Sauer unter der Mitarbeit von Helmut W. Klug und Ulrike Krischke. 2006-2008. URL: http://oldenglish-plantnames.uni-graz.at/ [11.10.2008].

45 Peter Bierbaumer: Der Botanische Wortschatz des Altenglischen. Bd. 1: Das Læceboc. Bd. 2: Lacnunga, Herbarium Apuleii, Peri Didaxeon. Bd. 3. Der Botanische Wortschatz in altenglischen Glossen. Bern [u. a] 1975, 1976, 1979 (Grazer Beiträge zur englischen Philologie. 1–3).

anderen Einstellungen, grafische Darstellung der Suchergebnisse, etc.) implementiert und die Vernetzung mit anderen Online-Projekten (u. a. *Dictionary of Old English*,[46] *Dictionary of Middle English*,[47] digitale Version des Wörterbuches von Bosworth und Toller[48]) oder – etwa im Konnex zur Pflanzennamen- und Ortsnamenforschung – auch zu *Google Maps*[49] realisiert werden sollen.

Mein zweites Beispiel eines Online-Portals befindet sich noch im Planungsstadium und trägt den Arbeitstitel ‚Portal der Pflanzen des Mittelalters' bzw. ‚Mediaeval Plant Survey'[50]. Das Ziel, das ich hier verfolge, ist es, eine Plattform zu schaffen, auf der alle Informationen zu den im Mittelalter bekannten Pflanzen gesammelt und in Pflanzenmonografien zusammengefasst werden. Die Notwendigkeit einer solchen Datenbank ergibt sich aus der Tatsache, dass sich sehr unterschiedliche Disziplinen mit Pflanzen bzw. Pflanzennamen beschäftigen, die nicht allein den Geisteswissenschaften angehören: Sprach- und Literaturwissenschaft, Altphilologie, Medizingeschichte, Religionswissenschaft, Volkskunde, Botanik usw. Die in einschlägigen mediävistischen Nachschlagewerken wie z. B. dem *Lexikon des Mittelalters*[51] vorhandenen Pflanzenbeschreibungen sind teilweise veraltet, ungenau und generell zu stark komprimiert.[52] Als Inhalt kann ich mir neben einer Datenbank der lateinischen Pflanzennamen mit den dazugehörigen volkssprachigen Bezeichnungen sehr viele der bereits genannten Features vorstellen, zentraler Aspekt sollte aber die Möglichkeit der *Peer-Review* sein, da aufgrund des breit gefächerten Forschungsgebietes sehr leicht wichtige Aspekte übersehen werden. Solange also zu den einzelnen Pflanzen keine Monografie vorhanden ist, können sie nur durch die Sammlung von Kommentaren, Referenzen, Miszellen u. Ä. beschrieben werden.

Während einer Untersuchung zur Alraune (*Mandragora officinarum* L., u. a.), die in Kooperation mit einer amerikanischen Kollegin vom Institute for Mediaeval Studies an der University of New Mexico und einem Botaniker der Karl-Franzens-Universität Graz durchgeführt wurde, kam es zu einem Schlüsselerlebnis, das die Idee zu einem ‚Portal der Pflanzen des Mittelalters' ausgelöst hat: Es ist allgemein bekannt, dass sich um die Pflanze ‚Alraune' eine Vielzahl von Legenden rankt. Bis dato herrschte die generelle Annahme, dass diese Legenden im Lauf der Antike entstanden seien und somit auch das Mittelalter geprägt haben und dass die Pflanze von der Antike bis über das Mittelalter hinaus hauptsächlich für magische Zwecke benutzt worden sei. Dass dies mit der Überlieferung so nicht übereinstimmt, konnten wir in

---

46 Dictionary of Old English. Centre for Mediaeval Studies. University of Toronto. 28.05.2008. URL: http://www.doe.utoronto.ca/ [11.10.2008].

47 Middle English Dictionary. 18.12.2001. URL: http://quod.lib.umich.edu/m/med/ [11.10.2008].

48 An Anglo-Saxon Dictionary (Bosworth/Toller). In: Germanic Lexicon Projects. 24.09.2006. URL: http://lexicon.ff.cuni.cz/texts/oe_bosworthtoller_about.html [11.10.2008].

49 Google Maps. URL: http://maps.google.co.uk/ [11.10.2008].

50 Die Arbeiten daran werden laufend dokumentiert und sind unter dem Projekt-URL http://mediaeval-plants.uni-graz.at/ einsehbar.

51 Lexikon des Mittelalters. CD-Rom. Stuttgart, Weimar: Metzler 2002.

52 Es gibt einige wenige aktuellere Abhandlungen im Internet – z. B. unter Ralf Windhaber: Die Forschergruppe Klostermedizin. URL: http://www.klostermedizin.de [13.10.2008]. Die hier gebotenen Pflanzenportraits sind jedoch im zeitlichen Rahmen breiter gefasst und behandeln die Epoche des Mittelalters entsprechend zurückhaltend.

unserem Artikel nachweisen.[53] Im Zuge einer E-Mail-Diskussion mit einem amerikanischen Medizinhistoriker und Altphilologen[54] wurde der Stellenwert der Pflanze für die Antike erst richtig klar: Die Alraune ist für diese Zeit das einzige Narkotikum, das bei richtiger Anwendung eine tiefe Bewusstlosigkeit von bis zu 3 Stunden ohne nennenswerte Nebenwirkungen herbeiführen kann. Betrachtet man diese Information im Licht der Schwierigkeiten, die das Verabreichen einer wirksamen Narkose noch heute bereitet, ändert sich der Stellenwert der Alraune in der Antike und im Frühen Mittelalter schlagartig. Dass wir diese spezielle Information erhalten haben, war jedoch mehr vom Zufall bestimmt als durch gezielte Recherche, weil die weltweite Vernetzung vorhandenen Wissens noch lückenhaft ist.

Diese beiden Beispiele, das erste thematisch sehr eng gefasst, das andere auf breiter inhaltlicher Basis, sollen veranschaulichen, welches Gestaltungspotenzial für ein thematisch gebundenes Online-Portal vorhanden ist. Auf Detailfragen zum Inhalt eines einzurichtenden mediävistischen Textportals oder den besten Ansatz für eine Portalsgründung soll an dieser Stelle nicht eingegangen werden, da eine Diskussion darüber noch verfrüht ist – für die anstehenden Arbeiten muss zu allererst ein Katalog an vorbereitenden Aufgaben erfüllt werden: Es müssen Kooperationspartner gefunden werden. Fördergeber sollten geworben werden. Der Zweck und die generelle Ausrichtung des Portals müssen definiert werden. Inhaltliche Detailfragen sind auszuarbeiten und unter den Beteiligten aufzuteilen. Benutzerhierarchien müssen festgelegt werden und anhand der potenziellen Inhalte und Datenmengen gilt es, Design- und Usability-Aspekte zu gestalten. Kurz: Es bedürfte einer intensiven Vorbereitungsphase.

---

53 Anne Van Arsdall, Helmut W. Klug, Paul Blanz: The Mandrake Plant and its Legend: A New Perspective. In: Old Names – New Growth: Proceedings of the 2nd ASPNS Conference, University of Graz, Austria, 6–10 June 2007, and Related Essays. Hrsg. von Peter Bierbaumer und Helmut W. Klug. Wien 2008, S. 285–346.

54 Der Wissenschaftler in Diskussion ist John Scarborough; weiterführende Informationen und eine Publikationsliste gibt es unter: John Scarborough. 2008. URL: http://www.pharmacy.wisc.edu/SOPDir/PersonDetails.cfm?ID=57 [13.10.2008].

Ferdinand Melichar

Copyright für Texte und Abbildungen: Rechtsfragen im Umfeld von (mediävistischen) Editionen[1]

Bevor ich in das mir gestellte Thema einsteige, seien mir zwei grundsätzliche Erläuterungen vorweg gestattet:

Im Rahmen des Kolloquiums wurde öfters das Wort ‚Copyright' verwendet, weshalb ich hier kurz auf den fundamentalen Unterschied zwischen dem kontinentaleuropäischen Urheberrechtssystem und dem angloamerikanischen Copyright-System hinweisen möchte. Nach kontinentaleuropäischem droit d'auteur-Verständnis wächst das Urheberrecht stets dem Schöpfer eines Werkes zu. Nutzer eines Werkes – z. B. Verlage oder Filmproduzenten – müssen sich also vom Urheber Nutzungsrechte einräumen lassen (was auch durch Gesetz – cessio legis – erfolgen kann). Demgegenüber kann das Copyright nach amerikanischem Verständnis (in Großbritannien ist das Copyright durch die europäische Gesetzgebung bereits ‚aufgeweicht') auch originär bei einer juristischen Person entstehen. Dort ist also in vielen Fällen der Auftraggeber (z. B. Verlag oder Filmproduzent) originärer Copyrightowner, der nicht darauf angewiesen ist, sich vom eigentlichen Autor Rechte einräumen zu lassen. Die übliche Übersetzung von Urheberrecht mit Copyright und umgekehrt ist zwar gebräuchlich, aber eigentlich falsch und deshalb mit Vorsicht zu genießen.

Da sich die Dauer des Urheberrechtsschutzes nach dem Tod des Urhebers richtet (nach europäischem und US Recht 70 Jahre *post mortem auctoris*, laut Berner Konventionen mindestens 50 Jahre), ist klar, dass mittelalterliche Texte keinen Urheberrechtsschutz mehr genießen. Neben dem eigentlichen Urheberrecht kennen die Urheberrechtsgesetze aber auch sog. Verwandte Schutzrechte (üblicherweise *Leistungsschutzrechte*, auf Englisch *neighbouring rights* genannt). Im Folgenden werden wir es mit solchen Leistungsschutzrechten zu tun haben, die gewissermaßen ein schwächeres Urheberrecht darstellen und deren – kürzere – Schutzdauer sich regelmäßig nach dem Ersterscheinungsdatum richtet.

---

[1] Der Autor ist Jurist und wurde zur Tagung „Wege zum Text" eingeladen, weil er mit seiner Spezialkompetenz (geschäftsführendes Vorstandsmitglied der VG WORT, Rechtsanwalt, Honorarprofessor für Urheber- und Verlagsrecht der Ludwig-Maximilian-Universität München) einen wichtigen Fragenkomplex abdeckt. Bei diesem Beitrag handelt es sich um die um Fußnoten erweiterte Fassung des Vortrages im Rahmen des Kolloquiums; die Vortragsform ist beibehalten.

Nach dieser allgemeinen Einführung komme ich nun zu den beiden Hauptpunkten meines Referates:

I. Wie kann die Herausgeberleistung von Mediävisten geschützt werden?

II. Welcher alte Text, welches alte Bild darf bzw. kann auf welche Weise genutzt werden?

I.

In Ausnahmefällen kann der Herausgeber von nicht (mehr) geschützten Texten und Bildern ein Leistungsschutzrecht erlangen.

1. Die EU-Richtlinie über die „Schutzdauer des Urheberrechts und bestimmter verwandter Schutzrechte“[2] von 1993 sieht in Art. 4 vor, dass die Herausgeber einer sog. *editio princeps* einen „den vermögensrechtlichen Befugnissen des Urhebers entsprechenden Schutz“ erhalten. Die Schutzdauer für solche Rechte beträgt 25 Jahre ab Erstveröffentlichung. Da es sich hier um zwingendes EU-Recht handelt, mussten die nationalen Gesetzgeber diese Vorgabe in ihre nationalen Urheberrechtsgesetze aufnehmen. In Deutschland kannte man ein Leistungsschutzrecht für *editiones principes* bereits seit 1901 und musste daher nur noch die ursprünglich 10-jährige Schutzfrist entsprechend den EU-Vorgaben auf 25 Jahre erweitern (§ 71 dt. UrhG[3]). In Österreich musste ein solches Leistungsschutzrecht 1986 eingeführt werden (§ 76b österr. UrhG[4]). Drei Voraussetzungen sind nötig, damit eine *editio princeps* Leistungsschutzrecht genießt:

   a) Der Originaltext muss zuvor „unveröffentlicht“ sein (das deutsche Gesetz spricht – wohl versehentlich – davon, dass der Text „nicht erschienen“ sein darf). Gerade bei alten Texten (ich verwende im Folgenden Text immer als Obergriff auch für Bilder) ist es heute oft schwierig festzustellen, ob diese bereits einmal veröffentlicht waren oder nicht. Hier hat das OLG Düsseldorf entschieden, dass derjenige, der ein Leistungsschutzrecht nach § 71 dt. UrhG geltend macht, beweispflichtig dafür ist, dass dieses Werk noch nicht veröffentlicht war.[5] Im konkreten Fall ging es um den Entdecker einer bislang nicht bekannten Oper „Montezuma“ von Vivaldi. Wie aber hätte der Entdecker dieser Partitur beweisen können, dass diese Oper noch nie aufgeführt

---

2 Richtlinie 93/98/EWG des Rates vom 29. Oktober 1993 zur Harmonisierung der Schutzdauer des Urheberrechts und bestimmter verwandter Schutzrechte; online unter http://eur-lex.europa.eu/LexUriServ/LexUriServ.do?uri=CELEX:31993L0098:DE:HTML; kodifizierte Fassung vom 12.12.2006 Richtlinie 2006/116/EG des Europäischen Parlaments und des Rates über die Schutzdauer des Urheberrechts und bestimmter verwandter Schutzrechte.

3 Gesetz über Urheberrecht und verwandte Schutzrechte (Urheberrechtsgesetz) vom 9.9.1965 (BGBl. I, S. 1273), zuletzt geändert durch Gesetz vom 7.7.2008 (BGBl. I, S. 1191).

4 Bundesgesetz über das Urheberrecht an Werken der Literatur und der Kunst und über verwandte Schutzrechte (UrhG), BGBl 1936/111 idF BGBl 2006 I 81.

5 OLG Düsseldorf, ZUM 2005, 825 – *Montezuma*.

worden ist? Es wurde ihm also das Leistungsschutzrecht als Herausgeber verwehrt – wenn man den Zweck der Regelung betrachtet, eine sicher falsche Entscheidung: Das Leistungsschutzrecht soll doch eine Belohnung dafür sein, dass ein bislang unbekanntes Werk der Öffentlichkeit zugänglich gemacht wird. Es sollte daher für heute unbekannte alte Werke die Vermutung gelten, dass sie noch nicht veröffentlicht waren.

b) Nach dem Wortlaut der EU-Richtlinie ist eine weitere Voraussetzung für den Leistungsschutz, dass der Urheberrechtsschutz für das bislang unveröffentlichte Werk „abgelaufen" ist. Nimmt man diese Regelung wörtlich, müsste also für das betreffende Werk irgendwann einmal jedenfalls Urheberrechtsschutz bestanden haben. Für mittelalterliche Werke ist dies nicht der Fall, da das Urheberrecht überhaupt erst Ende des 18. Jahrhunderts entstand. Eine Rechtsmeinung in Österreich nimmt den Text der Richtlinie ernst und meint daher, dass der Leistungsschutz an nicht veröffentlichten Werken nur für solche Werke gilt, die „in der Regel 70 bis 140 Jahre alt sind".[6] Mit der herrschenden Meinung in Deutschland und Österreich wird man aber davon ausgehen können, dass entgegen dem Wortlaut der EU-Richtlinie die Herausgeber alter Texte Leistungsschutz genießen können, unabhängig davon, ob diese Texte jemals urheberrechtlich geschützt waren oder nicht.[7]

c) Die Herausgabe der alten Texte muss „erlaubterweise" erfolgen. Da die alten Texte urheberrechtlich nicht (mehr) geschützt sind, muss sich diese Einschränkung darauf beziehen, dass die Veröffentlichung des Textes nicht gegen den Willen des Eigentümers oder Besitzers des Manuskripts oder der Inkunabel – z. B. der Bibliothek oder des Archivs – erfolgen darf.[8]

Liegen diese drei Voraussetzungen vor, genießt der Herausgeber der *editio princeps* ein Leistungsschutzrecht, das 25 Jahre nach der Wiederveröffentlichung erlischt. Während der Schutzdauer hat er das ausschließliche Recht, das betreffende Werk zu verwerten.

2. Art. 5 der schon erwähnten EU-Richtlinie von 1993 sieht vor, dass auch Herausgeber kritischer und wissenschaftlicher Ausgaben Leistungsschutzrecht genießen können. Anders als bei den *editiones principes* ist die EU-Vorgabe allerdings nicht zwingend, d. h., es ist den Mitgliedsstaaten freigestellt, ob sie solchen Ausgaben Leistungsschutz gewähren oder nicht. Deutschland kennt seit 1965 ein solches Leistungsschutzrecht (§ 70 dt. UrhG). Voraussetzung hierfür ist, dass die Ausgabe „das Ergebnis wissenschaftlicher Tätigkeit darstellt und sich wesentlich von den bisher bekannten Ausgaben der Werke oder Texte unterscheidet". Auch

---

6 Dillenz / Gutmann, § 72b österr. UrhG, Rdz. 4; ebenso Handbuch des Urheberrechts. Hrsg. von Ulrich Loewenheim. Bearb. von Bernhard von Becker u. a. München 2003, § 44, Rdz. 21.

7 Michel M. Walter: Österreichisches Urheberrecht. Handbuch. Bd. 1: Materielles Urheberrecht, Leistungsschutzrecht, Urhebervertragsrecht. Wien 2008 (Geistiges Eigentum.), S. 252, Rdz. 491: Gerhard Schricker / Ulrich Loewenheim: Urheberrecht Kommentar. München 2006, § 71 dt. UrhG, Rdz. 8.

8 LG Magdeburg GRUR 2004, 672 – *Himmelsscheibe von Nebra.*

hier besteht das Leistungsschutzrecht des Herausgebers 25 Jahre nach Wiedererscheinen. Österreich kennt kein entsprechendes Leistungsschutzrecht.

3. Digitale Editionen alter Texte können als „Datenbanken" geschützt sein. Die EU-Richtlinie „über den rechtlichen Schutz von Datenbanken"[9] von 1996 unterscheidet zwischen „Datenbankwerken" und bloßen „Datenbanken". Die Richtlinie ist inzwischen in alle nationalen Urheberrechtsgesetze der EU-Staaten umgesetzt worden, also auch in Deutschland (§§ 87a ff. dt. UrhG) und in Österreich (§§ 40 ff. österr. UrhG).

   a) Urheberrechtsschutz genießen Datenbankwerke, „die aufgrund der Auswahl oder Anordnung des Stoffes eine eigene geistige Schöpfung ihres Urhebers darstellen" (Art. 3 der EU-Richtlinie). In diesem Fall gilt der normale Urheberrechtsschutz 70 Jahre *post mortem auctoris*.
   b) Einen *sui generis* Schutz genießt eine Datenbank „bei der für die Beschaffung, die Überprüfung oder die Darstellung ihres Inhalts eine in qualitativer oder quantitativer Hinsicht wesentliche Investition erforderlich" war (Art. 7 der EU-Richtlinie). Der Schutz besteht 15 Jahre ab „Herstellung" der Datenbank. Geschützt ist der „Hersteller". In Deutschland ist klargestellt, dass dies der Investor ist (§ 57a Abs. 2 dt. UrhG). In Österreich gilt als Hersteller der „Dienstgeber" (§ 40b österr. UrhG).

Im Einzelfall wird es sicher schwierig sein festzustellen, unter welche der beiden Kategorien Datenbanken wie die in diesem Tagungsband vorgestellten zu subsumieren sind. In jedem Fall aber hat der Urheber bzw. der Investor Exklusivrechte und kann entscheiden, ob und in welcher Form er die Datenbank offline und/oder online nutzt oder nutzen lässt. So kann er auch entscheiden, ob die Datenbank frei ins Netz gestellt (open access) oder ob sie mit Digital Rights Management oder Technical Protection Measures geschützt werden soll. In letzterem Fall ist zu beachten, dass das Hacken (also das vorsätzliche Umgehen) solcher technischer Maßnahmen nach Art. 6 der EU-Richtlinie zum Urheberrecht in der Informationsgesellschaft verboten ist.[10]

II.

1. Zunächst ist zu prüfen, unter welchen Voraussetzungen alte Texte digitalisiert werden dürfen. Festzuhalten ist, dass jede Digitalisierung eines Werkes eine Vervielfältigung im technischen und urheberrechtlichen Sinn ist und damit ein exklusives Recht des Urhebers darstellt. Art. 2 der EU-Richtlinie zum Urheberrecht in der Informationsgesellschaft von 2001[11] stellt dieses alte Prinzip

---

9 Richtlinie 96/9/EG des Europäischen Parlaments und des Rates über den rechtlichen Schutz von Datenbanken vom 11.3.1996 (ABl. EG Nr. L 77, S. 20).

10 Richtlinie 2001/29/EG des Europäischen Parlaments und des Rates zur Harmonisierung bestimmter Aspekte des Urheberrechts und der verwandten Schutzrechte in der Informationsgesellschaft vom 22.5.2001 (ABl. Nr. L, S. 10); online unter http://eur-lex.europa.eu/LexUriServ/LexUriServ.do?uri=CELEX:32001L0029:DE:HTML.

11 Vgl. ebd.

nochmals klar. In Deutschland (§ 16 dt. UrhG) und Österreich (§ 15 österr. UrhG) ist es längst anerkannt. Da nun mittelalterliche Texte und Bilder nicht mehr geschützt und daher gemeinfrei sind, darf sie aus urheberrechtlicher Sicht jeder in jeder beliebigen Art nutzen. Aber Vorsicht: Dies gilt eben nur aus der Sicht des Urheberrechts!

Probleme können sich allerdings auch aus urheberrechtlicher Sicht bei Ablichtungen z. B. von Inkunabeln ergeben. Mit Art. 6 der EU-Richtlinie zur Schutzdauer[12] ist zwischen Lichtbildwerken und reinen Lichtbildern zu unterscheiden (das österreichische Urheberrechtsgesetz kennt diese Unterscheidung übrigens bereits seit 1936):

a) Lichtbildwerke, die eine „persönliche geistige Schöpfung" darstellen, also – stark vereinfacht ausgedrückt – als Kunst einzustufen sind, genießen Urheberrechtsschutz. Ein solches Werk ist bis 70 Jahre nach dem Tod seines Schöpfers geschützt. Ablichtungen alter Manuskripte etc. fallen sicherlich nicht unter diese Kategorie.
b) Als reine Lichtbilder sind Bilder geschützt, wenn sie ein Mindestmaß an geistiger Leistung (nicht: Schöpfung) voraussetzen. Bei der Ablichtung von Manuskripten (Inkunabeln etc.) kann man dies vielleicht bejahen. In diesem Fall genießt der „Hersteller" der Ablichtung bzw. der Reproduktion – unabhängig von der gewählten Technik – ein Leistungsschutzrecht bis 50 Jahre nach Ersterscheinen.[13] Solche Abbildungen ungeschützter alter Werke können also urheberrechtlich nicht ohne Weiteres verwendet werden.
c) Nicht geschützt ist, wer bloße technische Vervielfältigungsvorgänge durchführt wie z. B. die Herstellung eines Fotoabzugs von einem Negativ etc., selbst wenn z. B. Größenveränderungen vorgenommen werden u. Ä.

2. Auch wenn also gemeinfreie Werke aus urheberrechtlicher Sicht beliebig verwendet werden dürfen, bleiben die allgemeinen Schranken des Rechts, insbesondere des Eigentums- und Hausrechts. Die Bibliothek, das Archiv, das solche gemeinfreien Werke sein Eigentum nennt, kann grundsätzlich frei bestimmen, in welcher Form sie diese Werke zur Nutzung freigibt. Insbesondere kann sie Nutzer schuldrechtlich zur Einhaltung vorgegebener Regeln zwingen, etwa dazu, dass nur 10 bzw. 20 Zeilen eines retrodigitalisierten Textes im Internet freigegeben werden „dürfen": Dies ist eine rein schuldrechtliche Verpflichtung, mit Urheberrecht hat das nicht das Geringste zu tun!

   Grundsätzlich kann also der Eigentümer alter Manuskripte etc. völlig frei bestimmen, ob und zu welchen Bedingungen er Dritten Zugang hierzu gewährt (das Wort „Herausgeber" kann hier im Wortsinne angewendet werden). Freilich sollte man öffentlich-rechtliche, von Steuergeldern finanzierte Institutionen wie Bibliotheken und Archive daran erinnern, dass sie eine soziale Verpflichtung haben, insbesondere gegenüber nicht-kommerziellen Nutzern wie wissenschaftlichen In-

---

12 Vgl. Anm. 2.

13 § 72 dt. UrhG; § 73 Abs. 1 österr. UrhG.

stitutionen. So gibt es einen Beschluss der Deutschen Kultusministerkonferenz von 1992, in dem Empfehlungen für Museen gegeben werden, wie bei Wünschen nach Anfertigung von Reproduktionen zu verfahren sei.[14] Es wäre dringend zu wünschen, wenn entsprechend faire Regeln für die Nutzung zu wissenschaftlichen Zwecken von Beständen in Bibliotheken und Archiven vorgegeben würden, die die Interessen und vor allem die angespannte Finanzlage beider Seiten angemessen berücksichtigen.

---

[14] Empfehlung der (deutschen) Kultusministerkonferenz vom 25.6.1992 „Grundsätze und Gebote für das Fotografieren in Museen/Sammlungen für gewerbliche Zwecke und für die Verwendung von Fotos zur Reproduktion", zitiert bei Gerhard Pfennig: Museumspraxis und Urheberrecht. Eine Einführung. Opladen 1996 (Berliner Schriften zur Museumskunde. 13), S. 101ff.

Ulrich Müller

Erschließung eines Textkorpus für Forschung und Lehre am Beispiel der Salzburger Neidhart-Edition

oder: Wie soll und kann mittelhochdeutsche Lyrik heute ediert werden?

Mit einem Beitrag von Ruth Weichselbaumer

I

Das Edieren von Texten ist zumeist ein entsagungsvolles Geschäft, zumal wenn es sich (1) um ein umfangreicheres Text-Korpus handelt, wenn es darüber hinaus (2) mehrere Überlieferungsträger eines Werkes gibt und wenn diese sich (3) untereinander auch noch unterscheiden.[1] Dies alles gilt für die Neidhart-Überlieferung, die anzeigt, dass es sich hier offenbar nicht nur um den erfolgreichsten deutschsprachigen Liedermacher des hohen Mittelalters handelt (nur die geistlichen Lieder des Mönchs von Salzburg sind noch dichter tradiert), sondern auch um den folgenreichsten, wie spätere Zitierungen und Erwähnungen, Umwandlungen und Abbildungen zeigen. Bis vor kurzem war die gesamte Neidhart-Überlieferung nicht im Zusammenhang und nach einer konsistenten Konzeption veröffentlicht, dies geschah erst durch unsere im Jahr 2007 erschienene Salzburger Neidhart-Edition (im Folgenden als SNE bezeichnet).[2]

Das Ziel der SNE, erstmals 1976 formuliert,[3] war ein scheinbar schlichtes: Nämlich alle Texte und Melodien, die unter dem Namen Neidharts oder in einem eindeutigen Neidhart-Kontext überliefert sind, vollständig zugänglich zu machen, ohne Vorausurteile bezüglich der für diesen Autor besonders heftig diskutierten Frage nach Echt und Unecht (d. h. hinzu- und nachgedichtet) und auch – soweit möglich – ohne Evaluation der zahlreichen, in Strophenbestand, Strophenfolge und auch Wortlaut unterschiedlichen Versionen einzelner Lieder.

---

1 Der folgende Text entspricht weitgehend dem auf der Tagung vorgetragenen Wortlaut; einige allzu deutliche Formen des Rede-Charakters wurden allerdings geändert sowie einige Nachweise eingefügt. Ausführliche Informationen zur wissenschaftlichen Literatur zu Neidhart finden sich in der SNE (Salzburger Neidhart-Edition 2007); zu den im Folgenden genannten Lyrik-Autoren in der zweiten Auflage des Verfasserlexikons.

2 Mit Neidhart und unserer Edition (SNE) beschäftigte sich auch mein Beitrag für die Internationale Tagung „Die Zukunft des Spätmittelalters, 22. bis 24. Mai 2008, Augsburg“; der Sammelband zu der Tagung wird derzeit zum Druck vorbereitet. Beide Texte ergänzen sich gegenseitig.

3 Eine vollständige Bibliographie zu Veröffentlichungen über Neidhart findet sich, zusammengestellt von Ruth Weichselbaumer, im dritten Band der SNE, Kap. 5. und 6.

II

Einige Vorüberlegungen sind bei jeder Edition alter und auch neuer Texte notwendig; das Folgende bezieht und konzentriert sich auf mittelhochdeutsche Texte, und zwar Lyrik, ist aber auch sonst von Relevanz:

1. Wie dicht und variantenreich ist die Überlieferung?

   Ein mehr oder minder nur in einem codex unicus tradiertes mittelhochdeutsches Werk, wie etwa die Lieder des Gottfried von Neifen oder des Hugo von Montfort, ist anders zu edieren als ein mehrfach überliefertes Œuvre, wobei das numerische Maximum nach derzeitiger Kenntnis von den etwa 100 Handschriften der geistlichen Lieder des Mönchs von Salzburg markiert wird.

2. In welcher Authentizität ist ein Werk überliefert?

   Mehrere Möglichkeiten gibt es hier:

   - Nämlich zum einen die Überlieferung in späteren Abschriften, wie etwa die gesamte Lyrik des Hochmittelalters, die uns heute vor allem in den Sammelhandschriften der Kleinen und Großen Heidelberger, der Weingartner-Stuttgarter sowie der Jenaer Liederhandschrift vorliegt;
   - zum anderen eine abgestuft authentische Überlieferung, d. h. durch Handschriften, die (a) entweder vom Autor direkt in Auftrag gegeben wurden, sozusagen unter dessen Augen geschrieben und möglicherweise von diesem durchgesehen oder verbessert wurden (Hugo von Montfort, Oswald von Wolkenstein), oder (b) in Autographen der Autoren vorliegen, in der mhd. Lyrik erstmals bei Michel Beheim, später bei Hans Folz oder Hans Sachs.

3. In welchem Überlieferungskontext ist ein Werk überliefert?

   Im Fall der mhd. Lyrik-Überlieferung lassen sich folgende Typen feststellen:

   - gattungsbezogene Sammelhandschriften wie die bereits genannten Lyrik-Handschriften A, B, C und J;
   - offensichtliche Autorsammlungen wie bei Ulrich von Liechtenstein[4], Reinmar von Zweter, Frauenlob oder im Fall der großen Autorblöcke in den genannten Sammelhandschriften (Walther von der Vogelweide, nochmals Gottfried von Neifen und Ulrich von Liechtenstein);
   - Mischhandschriften verschiedener Gattungen (Sterzinger Miszellaneen-Handschrift);
   - vereinzelte Streu-Überlieferung ganz unterschiedlicher Art.

   Bei Neidhart liegt gleich Mehrfaches davon vor: Es gibt keine Autographe, sondern:

---

[4] Zu Ulrich von Liechtenstein siehe ausführlich Ulrich Müller 2007.

- größere und kleinere Autorsammlungen (R, c, d, f, w),
- Überlieferungsblöcke in den großen Sammelhandschriften A, B, C,
- Überlieferung in einer Mischhandschrift (Sterzinger Handschrift)
- sowie Streu-Überlieferung;
- als Einmaligkeit kommt noch die Druck-Überlieferung hinzu, die eine zur Schwankhandlung verbundene Kette von Neidhart-Liedern tradiert (*Neithart Fuchs*). Die Umarbeitung dieser Inhalte in den Neidhart-Spielen, mit dem Veilchen-Schwank im Zentrum, oder in Heinrich Wittenwilers *Ring* gehört einer anderen Gattungsform an und ist nicht mehr zu den Liedern zu rechnen.

4. Welchem Überlieferungstyp gehört das zu edierende Textkorpus an?

   Hier ist die wichtige Unterscheidung von Jürgen Kühnel 1976 anzuführen: Er unterscheidet zum einen die schulmäßige, philologische Überlieferungssituation (so etwa für die Bibel oder - durch die Philologen der hellenistischen Alexandria-Schule – für die griechischen Klassiker der Antike), zum anderen die grundsätzlich offene Überlieferung der mittelalterlichen Dichtungen insgesamt, die damals keine schulmäßige Normierung erfuhren – sie beginnt dann erst mit den Editionen der germanistischen Mediävistik im frühen 19. Jahrhundert (‚Berliner Schule' um Karl Lachmann). Im erstgenannten Fall geht das heute bekannte Textmaterial auf einen Archetyp (nicht des Autors, sondern der antiken Philologie) zurück, im zweiten Fall liegen bei Mehrfachüberlieferung zumeist differierende Texte vor, die aus ganz unterschiedlichen Gründen erklärt werden können (Autorfassungen, Aufführungsvarianten, unterschiedliche Sammelinteressen und Schreibtraditionen, aber – sehr viel seltener als allgemein angenommen – Fehler und schlichte Schlamperei der früheren Schreiber).
   Sowie schließlich:

5. An welches Publikum richtet sich eine Edition, welche Erwartungen, Ansprüche und auch Kenntnisse hat dieses? Und damit zusammenhängend: Wie kann man hinsichtlich der technischen Konzeption dies einsichtig darstellen?

   Dabei spielt es letztlich keine Rolle, ob eine Edition gedruckt oder elektronisch zur Verfügung gestellt werden soll – denn eine rein elektronische Edition ist trotz der Möglichkeiten des Hypertextes und der großen Speichermöglichkeiten im Grunde nichts anderes als die Verlagerung des zu edierenden und dann lesbaren Textes vom Papier auf den Bildschirm. Die Konzeption der sog. „New Philology" hat hier grundsätzlich keine neuen Erkenntnisse gebracht, und eine erfolgreiche lesbare Edition nach deren Prinzipien ist, soweit ich sehe, im Bereich der Lyrik-Editionen bisher nicht gelungen,[5] ja konnte nicht gelingen.[6]

---

[5] Zur ausführlichen Auseinandersetzung mit der „New Philology", die in vielem ja keineswegs ‚new' ist, siehe vor allem Ingrid Bennewitz 1997, Rüdiger Schnell 1997 und Karl Stackmann 1993.

[6] Bezüglich der Epik stellte Michael Stolz auf der Grazer Tagung den neuesten Stand seines Parzival-Projektes vor, das eine Internet-Präsentation ausgewählter Textpassagen mit einer vollständigen Druck-Ausgabe verbinden wird; siehe dazu seinen Beitrag im vorliegenden Band.

III

Gemäß Kühnel 1976 lassen sich, stark vereinfacht, zwei Editionstypen unterscheiden:

1. Die „rezeptive“ Edition, welche das Ziel hat, „den ‚offenen‘ Text möglichst nahe an die modernen Textverhältnisse heranzuführen“, also einen ‚Lesetext‘ herzustellen; sie folgt im idealen Fall dem Prinzip der Leithandschriften-Edition, präsentiert also die Textfassung eines einzigen, zumeist handschriftlichen Überlieferungsträgers. Eine sinnvolle Ergänzung ist hier eine parallele Übersetzung und ein Kommentar. Auf einem editorisch weniger anspruchsvollen Niveau stehen zumeist zweisprachige Ausgaben, die einer bereits edierten und in dieser Hinsicht, zu Recht oder zu Unrecht, als irgendwie vorbildlich geltenden Text-Edition eine moderne Übersetzung gegenüberstellen (so etwa die ausgewählten Gedichte Walthers von der Vogelweide durch Peter Wapnewski 1962 und der *Erec* Hartmanns von Aue (Thomas Cramer 1972) im Fischer Taschenbuch Verlag, oder aber die *Tristan*-Ausgabe (Rüdiger Krohn 1980) und diejenige der „Deutschen Gedichte des Mittelalters“ (Ulrich Müller / Gerlinde Weiss 1995) in der zweisprachigen Reclam-Reihe, die allerdings keineswegs auf dieses Prinzip festgelegt ist.

2. Dem stehen ganz unterschiedliche Formen der „historischen“ Edition gegenüber: Deren Reihe beginnt mit Faksimile-Ausgaben (in unterschiedlicher Technik auf Papier, als Microfiche und seit neuestem als Digitalisat, Letzteres mit dem enormen Vorteil hoher Qualität bei kleinen oder überhaupt keinen Kosten für die Benutzung).[7] Sie wird typologisch fortgesetzt durch Transkriptionen, die durch entsprechende graphische Gliederung (nach Versen und Strophen) und durch Beigabe einer Interpunktion bereits sehr lesefreundlich sein können; des Weiteren durch den Abdruck einer Leithandschrift[8], dem die Varianten der anderen Überlieferungsträger im sog. Apparat beigegeben werden. Stärkere Eingriffe der Editoren finden sich in den sog. ‚kritischen Ausgaben‘ in Art der Lachmann-Schule seit der ersten Hälfte des 19. Jahrhunderts, deren Ziel es ist, aus der gesamten Überlieferung einen oder gar den Archetyp (des Autors) zu rekonstruieren; eine Leithandschriften-Edition oder auch eine ‚kritische‘ Edition können dadurch gesteigert werden, dass die Überlieferungsvarianten gänzlich, teilweise oder weitgehend durch Parallel-Druck dokumentiert werden, wobei die Dichte der Überlieferung hier technische Grenzen setzt: Auch bei größerem Hochformat (etwa Quart-Format bzw. DIN A4) wird man kaum mehr als vier Fassungen nebeneinander pro

---

[7] Siehe dazu die Online-Digitalisate des Codex Manesse (auch als CD-ROM erhältlich), der Heidelberger Montfort-Hs. cpg 329 (http://digit.ub.uni-heidelberg.de/diglit/cpg329/) oder der Innsbrucker Wolkenstein-Handschrift B: (http://www.literature.at/webinterface/library/ALO-BOOK_V01?objid=14399).

[8] Diese Methode liegt als Programm der Reihe der „Deutschen Texte des Mittelalters“ zugrunde; ein sehr frühes Beispiel dafür ist die Neidhart-Edition von Moriz Haupt (1858), die sich weitgehend, wenn auch nicht durchgehend und konsequent, an Handschrift R orientiert. Siehe dazu auch Joseph Bédier 1928: „La méthode d'édition la plus recommendable est [...] celle que régit [...] un énergique vouloir.[...] d'ouvrir aux scribes le plus large crédit et de ne toucher au texte d'un manuscrit que l'on imprime qu'en cas d'êxtreme et presque évidente nécessité: toutes les corrections conjecturales devraient être reléguées en quelque appendice“ (S. 356). – Siehe dazu auch Spechtler 1976.

Doppelseite präsentieren können, bei entsprechendem Querformat vielleicht sechs. Das Extrem, allerdings nicht für die Lyrik[9], wird erreicht durch einen Editionstypus, der durch die Ausgabe der Weltgerichtsspiele von Hansjürgen Linke (2002) markiert wird: nämlich die synoptische Darstellung der vollständigen Überlieferung von nur zwei Versen pro Seite (d. h. vier Versen pro zwei gegenüberliegenden Seiten); hier ist letztlich auch die Grenze zur Lesbarkeit eines zusammenhängenden Textes überschritten.

Gleichfalls schon aus Gründen der schwierigen Benützbarkeit (bei der man bei größeren Texten leicht die Übersicht verliert) sowie der beschränkten Größe von Monitoren wird eine rein elektronische Edition wohl, so wage ich zu behaupten, auch künftig nicht eine gedruckte in Buchform ersetzen, allerdings durchaus ergänzen bzw. begleiten (wie es etwa im Fall der neuen Montfort-Ausgabe von Wernfried Hofmeister im Ansatz geschehen ist[10] oder beim bereits erwähnten *Parzival*-Projekt von Michael Stolz auch unter Einbeziehung von Handschriften-Digitalisaten vorgesehen ist).[11]

Für den Bereich der mittelhochdeutschen Lyrik kann man alle hier genannten Ausformungen einer ‚offenen Textüberlieferung' finden, und entsprechend vielfältig sind die editorischen Lösungsversuche. Generell lässt sich in den vergangenen Jahrzehnten eine zunehmende (keineswegs aber generelle) Skepsis gegenüber der als kontaminierend geltenden ‚textkritischen' Methode feststellen sowie entsprechend eine Hinwendung zu sehr verschieden ausgeformten Konzeptionen, diese Texte nach dem Prinzip der Leithandschrift zu präsentieren (auf eine Revue von Beispielen möchte ich hier verzichten).

IV

Im Fall der umfangreichen und in sich oft stark differierenden Neidhart-Überlieferung sind fast alle diese Fälle und die damit verbundenen Probleme aufgetreten. Ruth Weichselbaumer[12] hat unter anderem zusammen mit Margarete Springeth jahrelang an der Edition mitgewirkt, war gegen Ende des Projektes insbesondere für den Bereich der EDV zuständig und hat dann auch die Schlussredaktion vorgenommen. Ich habe sie gebeten, aus ihrer Erinnerung über die Hauptprobleme, die es für sie gab, kurz zu berichten:

---

9 Einen Sonderfall stellt die „synoptische Edition" der Streuüberlieferung für Oswald von Wolkenstein durch Hans-Dieter Mück (1980) dar; beabsichtigt ist hier jedoch keine Edition im üblichen Sinn, sondern eine Überlieferungsdokumentation (daher ohne die Notwendigkeit von Kompromissen hinsichtlich der Handhabbarkeit!) für die „Untersuchungen" des ersten Bandes dieser Publikation (ursprünglich eine Diss. der Universität Stuttgart).

10 http://www-gewi.uni-graz.at/montfort-edition/

11 Siehe Anm. 6

12 Ruth Weichselbaumer sollte ursprünglich auch an der Tagung teilnehmen, war dann aber verhindert. Siehe auch ihre Publikationen zum Thema EDV und Mediävistik (Mediävistik und Neue Medien 2004, Weichselbaumer 2005).

„Die Erstellung und Bearbeitung der SNE hat sich über längere Zeit, d. h. drei Jahrzehnte, hingezogen. Das lag einerseits daran, dass große Mengen von – teils noch nie wirklich ausführlich gesichtetem – Material verarbeitet werden mussten, andererseits daran, dass nur mit sehr kleiner Belegschaft gearbeitet werden konnte (einer zweigeteilten Mitarbeiterinnen-Stelle). Die Arbeit an der Neidhart-Ausgabe gestaltete sich in der Regel folgendermaßen: Der erste Schritt, wie bei allen Editionen, bestand darin, festzustellen, in welchen Handschriften bzw. Drucken das betreffende Lied überliefert ist, danach eine Analyse der einzelnen Strophen vorzunehmen, was Reihenfolge und Inhalt angeht. Diese Ergebnisse wurden in einer Tabelle dargestellt, in der parallele, d. h. inhaltlich gleiche Strophen nebeneinander gesetzt wurden; die einzelnen Spalten der Tabelle (die später auch in die SNE übernommen wurden) zeigen den Bestand und die Reihenfolge der Strophen in den einzelnen Handschriften sowie in den bereits vorhandenen Editionen an. Für die Kollation der überlieferten Texte und der bisherigen Editionen sowie die Erstellung des textkritischen Apparates wurde teilweise das Tübinger Programm TUSTEP verwendet, für das uns Michael Trauth (Rechenzentrum der Universität Trier)[13] einige Routinen geschrieben hatte. Ein Kommentar vor den edierten Texten beschreibt ganz kurz die Überlieferung, vor allem hinsichtlich der Anzahl und Reihenfolge der Strophen in den einzelnen Überlieferungszeugen.

Die lange Bearbeitungszeit bedingte auch technische Veränderungen: Während ganz zu Anfang noch eine der damals modernen IBM-Kugelkopf-Schreibmaschinen verwendet wurde, geschah der Umstieg auf EDV sehr schnell. Hierbei war die rasante Entwicklung von Hardware und Software zu berücksichtigen, insbesondere was Betriebssysteme und Textverarbeitungsprogramme angeht. Das jeweilige Betriebssystem bzw. dessen Version konnte in der Regel ohne Problem aktualisiert werden – beim Textverarbeitungsprogramm dagegen war Beständigkeit notwendig. Verwendet wurde das aus den USA stammende Spezialprogramm für geisteswissenschaftliche Arbeiten, nämlich Nota Bene in seinen verschiedenen Versionen, welches auf DOS-Basis lief; es erfüllte die Textverarbeitungs-Bedürfnisse des Editionsteams, nach Versuchen mit anderen Programmen, am besten. Sonderzeichen sowie übergeschriebene Buchstaben konnten flexibel kreiert und in den elektronischen Text eingefügt werden. Von unschätzbarem Wert war uns dabei die Hilfe unseres Kollegen Andreas Weiss.

Ein Problem stellte allerdings die Tatsache dar, dass Zweispaltigkeit paralleler Texte mit diesem Programm nur schwierig bis gar nicht darstellbar war. Für die SNE war ja geplant, die wichtigsten Fassungen (Handschriften, Drucke) synoptisch darzustellen. Die anfangs beste Lösung, die wir bis zum Schluss beibehielten, war es, die parallel zu setzenden Fassungen hintereinander auszudrucken und dann anschließend parallel zu montieren. Die Seiten mit Parallelsetzungen wurden anschließend eingescannt und zusammen mit den Textdateien auf eine CD-ROM übertragen, welche dann mehr oder minder dem endgültigen Druck entsprach.

Das 21. Jahrhundert hat für die Erstellung der SNE nicht viel Neues notwendig gemacht. Die Programme und Methoden mussten weitgehend beibehalten werden,

---

[13] Wir möchten uns hier bei ihm nochmals ausdrücklich für seine Unterstützung bedanken.

Neues ergab sich eher aus der Suche nach Umwegen, wenn die alten Wege zuweilen nicht mehr funktionierten oder wenn einfachere Möglichkeiten gesucht wurden.

Natürlich ließe sich die gesamte Ausgabe als Image-Digitalisat ins Internet stellen; dazu könnten auch die Abbildungen der Handschriften und Drucke beigefügt werden. Um die Image-Digitalisate elektronisch lesbar zu machen, müssten die ursprünglichen Text-Files bearbeitet werden, doch würde das ein sehr umständliches Vorgehen verlangen. Eine gedruckte Buchversion eignet sich für eine Ausgabe wie die des Neidhart-Œuvre nach meiner (und unserer) Meinung wohl nach wie vor am besten."

V

Im Folgenden komme ich zu den Konsequenzen, die aufgrund der genannten Analysen und unserer Erfahrungen mit der SNE nach meiner Meinung für die künftige Edition mittelhochdeutscher Lyrik zu ziehen sind, überspringe also weitere und vielleicht notwendige Detailerörterungen sowie eine genauere Beschreibung der Neidhart-Edition.

1. Zwei Editions-Typen bieten sich an: Zum einen der Typ der zweisprachigen und kommentierten ‚rezeptiven' Edition, der einen wissenschaftlich verantwortbaren Text bietet. Dieser sollte am ehesten ein neu erarbeiteter Leithandschriften-Text sein (wie etwa im Fall der bei Reclam erschienenen Reinmar- und Walther-Editionen von Günther Schweikle 1994 / 1998 sowie der Wolkenstein-Auswahl von Burghart Wachinger und Horst Brunner 2007[14] oder der Montfort-Ausgabe von Wernfried Hofmeister 2005).[15] Aber auch die Übernahme einer bereits existierenden Editionsversion wäre in Einzelfällen sinnvoll (etwa im Fall von Frauenlob oder auch Heinrich von Mügeln).

   Der andere Typ wäre eine noch handhabbare, d. h. noch gut lesbare Form einer ‚historischen' Edition, nämlich eine wie auch immer gearbeitete Leithandschriften-Ausgabe, welche die sonstige Überlieferung leicht zugänglich und verständlich präsentiert (und nicht in einem asketischen textkritischen Apparat verrätselt), bei wirklich differierender und umfangreicher Mehrfach-Überlieferung auch mithilfe von Parallel-Druck. Differente Textversionen sollten möglichst nicht durch Petit-Druck oder Verbannung in den Kommentar optisch abgewertet werden. Ziel sollte es sein, das tatsächlich Überlieferte in einer gut benützbaren Form gleichberechtigt zu präsentieren.

---

[14] Obwohl ich in diesem Fall die Wahl der älteren Handschrift A als einen Fehlgriff ansehe, der nicht genauer begründet wird und wohl am ehesten aus einer grundsätzlichen Oppositionsstellung gegen die Ausgabe von Karl Kurt Klein und seinem Team (1962, 3. Auflage 1987: Walter Weiß, Notburga Wolf, Walter Salmen, Hans Moser, Norbert Richard Wolf) zu verstehen ist; aber dennoch bietet Wachinger den real überlieferten, wenn auch leicht emendierten Text einer einzigen Handschrift (mit Ausnahmen in einigen und ebenfalls nicht speziell begründeten Fällen).

[15] Ähnlich auch die beiden Bände zur mhd. Lyrik des Deutschen Klassiker-Verlages (Ingrid Kasten / Margherita Kuhn 1995; Burghart Wachinger 2006).

2. Lesehilfen müssen bei der ‚rezeptiven' Edition mitgeliefert werden, und zwar in Form von vorsichtigen graphischen Normalisierungen und einer interpretierenden Interpunktion. Bei der ‚historischen' Edition ist beides gleichfalls sinnvoll. Eine genaue Beschreibung der Vorgangsweise ist in beiden Fällen notwendig.

3. Unabdingbar für die mittelhochdeutsche Sangvers-Lyrik ist die Beigabe von eventuell überlieferten Melodien, und dies direkt zu den Texten und nicht als Anhang, was optisch den Eindruck von Zweitrangigkeit suggeriert.

4. Eine wünschenswerte Ergänzung wäre eine Einspielung der Texte und Melodien (oder zumindest einer Auswahl), die veranschaulicht, wie diese klingen (können).[16] Ich weiß, dass ich mich mit einem solchen Vorschlag auf umstrittenes Terrain wage: Der immer wieder gebrachte Hinweis darauf,[17] dass es sich hierbei stets um bloße heutige Versuche oder bestenfalls Annäherungsversuche handeln könne ohne wirklichen wissenschaftlichen Anspruch, ist aber nach meiner Meinung nicht wirklich durchschlagend: Bereits im Mittelalter werden die einzelnen Aufführungen sicherlich je nach Gegebenheiten unterschiedlich gewesen sein, und zur Erreichung einer adäquaten Rezeptionssituation sollte, ja muss eine wie auch immer geartete Vermittlung über das Ohr die Lektüre ergänzen; die Lieder waren nun einmal ursprünglich zum Anhören bestimmt, nicht zum heute üblichen privaten und stillen Lesen (was die vom damaligen ‚Sitz im Leben' am weitesten entfernte Rezeptionsform darstellt). Daher ist nicht die heute vielfach angeführte ‚Performanz' als Theorie notwendig, sondern die praktische und reale ‚performance'.

5. Jede Ausgabe – und damit komme ich, wie ich zugebe, zu einem weiteren heiklen Punkt – sollte auf einem vertretbaren Verhältnis von Aufwand, Bedeutung und Ergebnis stehen. Hier spielt die Qualität und Wichtigkeit eines Werkes eine Rolle (obwohl natürlich jede und jeder meint, dass ihr oder sein Werk besonders wichtig sei). Solche Überlegungen sind wir aber der Öffentlichkeit schuldig, die ja fast immer unsere editorische Arbeit in irgend einer Weise fördert und bezahlt. Bartel Regenbogen lohnt nicht denselben Mittelaufwand wie etwa Walther von der Vogelweide oder auch der Mönch von Salzburg, der *Daniel aus dem blühenden Tal* des Strickers oder etwa der *Vocabularius ex quo* (die entsprechenden Fachleute mögen mir die Nennung dieser beiden Werke verzeihen) vielleicht nicht denjenigen für Wolframs *Parzival*.

6. Jeder Editionsfall ist ein besonderer Fall, und es gibt im Detail keine Regeln, die jedesmal unbedingt zutreffen und erfüllt sein müssen. Fast immer sind dabei

---

[16] In unmittelbarem und konsequentem Editionszusammenhang entstand die Ersteinspielung der Lieder Hugos von Montfort durch Eberhard Kummer 2007 in der ORF Edition ‚Alte Musik' (ORF CD 3011 LC 11428). – In ähnlicher Weise war aus den Vorarbeiten der SNE eine LP von Neidhart-Liedern eingespielt worden, und zwar 1985, gleichfalls von Eberhard Kummer; die Aufnahme ist allerdings längst vergriffen. Siehe dazu die Homepage von Kummer: http://members.inode.at/204983/. Bezüglich einer CD-Überspielung der Neidhart-LP kann man sich direkt an den Musiker wenden: Eberhard.Kummer@inode.at.

[17] Und so natürlich auch bei der Grazer Tagung.

irgendwelche Kompromisse notwendig, die allerdings ihre Grenzen haben: Es ist beispielsweise nicht möglich, eine Edition zu konzipieren, die ein umfangreiches und vielfältig überliefertes Werk präsentiert, und gleichzeitig der Forderung zu genügen, eine für den akademischen Unterricht oder den sog. interessierten Laien preisgünstige Edition herzustellen – im Fall Neidharts sind etwa die Zielsetzungen der Neidhart-Auswahl nach Handschrift R in der Altdeutschen Textbibliothek, die viele Texte gar nicht enthält, in Umfang und Preis mit unserer auf Vollständigkeit zielenden dreibändigen SNE (daher 3 Bände im Lexikon-Format, Preis € 348.-) einfach nicht zu verbinden; eine erschwingliche Ausgabe kann hier niemals etwas anderes als eine wie immer geartete Auswahl sein.

7. Editionen werden wohl auch in Zukunft aus Gründen der Übersichtlichkeit und Benützbarkeit in gedruckter Form und zwischen Buchdeckeln vorgelegt werden. Ich kann mir nicht vorstellen, wie man EDV-Ausgaben in der üblichen Weise lesen und benützen sollte. Allerdings sind elektronische Präsentationen als Studienparallelen und für die Bereitstellung großer Materialmengen (einschließlich digitalisierter Handschriften) sicherlich sinnvoll – das im vorliegenden Band vorgestellte Parzival-Projekt von Michael Stolz zeigt eindrucksvoll, wie Buch und EDV kombiniert werden können.

8. Unsere SNE ist sicherlich nicht perfekt: Sowohl wir haben einige Fehler entdeckt, und andere werden das sicher noch tun. Sie hat aber das verwirklicht, was nach unserer Einschätzung bei einer so umfangreichen und komplizierten Überlieferung hinsichtlich Vollständigkeit und Benutzbarkeit noch möglich ist – entstanden ist notwendigerweise eine Bibliotheks-Edition, die sich nur ausgesprochene Spezialisten oder Fans kaufen werden, sicherlich nicht aber Studenten. Dass eine solche Konzeption in diesem Fall möglich gewesen wäre, ist pure Utopie. Auch hier muss man mit Kompromissen arbeiten: In einem Hauptseminar, das ich im vergangenen Semester durchführte, haben wir per Kopie einen Auswahlband zusammengestellt, der zu den ausgewählten Liedern jeweils das gesamte Material enthielt, aber eben nur zu diesen (zu etwa 25 von 150); der Verlag de Gruyter denkt zusammen mit uns an etwas Vergleichbares in Form einer Studienausgabe mit Übersetzungen und Kommentaren.

VI

Wir meinen, dass unsere Vorgangsweise auch auf andere lyrische Text-Korpora mit vergleichbarem Umfang und vergleichbarer Überlieferungslage anwendbar ist. Im Fall von Walthers Linden-Lied (L 39,11) wäre dies sicherlich unnötig, da die Überlieferungen in den Hss. B und C zwar nicht völlig, aber weitgehend identisch sind, insbesondere im Bestand und der Reihenfolge der Strophen. Anders steht es im Fall des prominenten Reichstons – wie das aussehen könnte, haben Margarete Springeth und ich vor einiger Zeit vorgeführt (2001). Dieses Beispiel ist am Ende dieses

Beitrags zur Veranschaulichung beigefügt, wobei die Texte allerdings nur transkribiert, nicht aber ediert sind.[18]

Doch werden Editionen nicht für die Ewigkeit geschaffen. Bei allen Überlegungen über Editionen von Dichtungen, und zumal (wenn auch keineswegs nur) von sog. ‚Höhenkammliteratur' – und dazu gehören sicherlich ja auch viele lyrischen Werke aus dem Mittelalter – sollte man allerdings eine Mahnung von Max Weber nicht vergessen, der über das Verhältnis von Werken der Kunst und der Wissenschaft in einem Vortrag („Wissenschaft als Beruf" 1919)[19] formulierte: „Ein Kunstwerk, das ‚Erfüllung' ist, wird nie überboten, es wird nie veralten; der einzelne kann seine Bedeutung für sich persönlich verschieden einschätzen; aber niemand wird von einem Werke, das wirklich im künstlerischen Sinne ‚Erfüllung' ist, jemals sagen können, daß es durch ein anderes, das ebenfalls ‚Erfüllung' ist, ‚überholt' sei. Jeder von uns dagegen in der Wissenschaft weiß, daß das, was er gearbeitet hat, in 10, 20, 50 Jahren veraltet ist. Das ist das Schicksal, ja: das ist der Sinn der Arbeit der Wissenschaft, dem sie, in ganz spezifischem Sinne gegenüber allen anderen Kulturelementen, für die es sonst noch gilt, unterworfen und hingegeben ist: jede wissenschaftliche ‚Erfüllung' bedeutet neue ‚Fragen', und will überboten werden und veralten. Damit hat sich jeder abzufinden, der der Wissenschaft dienen will." Plakativ formuliert: Kunstwerke sind (in gewisser Weise zumindest) zeitlos, Interpretationen, zumal die im Moment Aufsehen erregenden, haben oft – wie man immer wieder beobachten kann – eine geringe Halbwertzeit; positivistische Materialpräsentationen, und dazu gehören Editionen, besitzen am ehesten die Chance, für längere Zeit verwendbar und nützlich zu sein – und zwar, wie ich behaupten würde, desto mehr, je weniger sie bei ihrer Präsentation in das Überlieferte eingreifen.

Anhang:

Hier folgt das in Kap. VI erwähnte Beispiel, nämlich der Versuch, den Reichston Walthers von der Vogelweide nach Prinzipien, die der denjenigen der SNE ähnlich sind, zu edieren (aus Springeth / Müller 2001); wie in der SNE gehören bei der Textpräsentation die jeweils gegenüberliegenden Seiten zusammen.

---

[18] Dabei möchte ich nicht propagieren, die Neubearbeitung der Walther-Edition durch Thomas Bein in dieser Weise durchzuführen, aber man könnte der Übersichtlichkeit halber zusätzlich aufgrund der Handschriften-Abbildungen in dem ‚Litterae'-Band 7 die überlieferten Teste transkribieren und zur Übersichtlichkeit nebeneinander stellen.

[19] Max Weber (1919), S. 1024.

B. Editionsvorschlag zum »Reichston«

(Margarete Springeth)

A 43-45 / B 18-20 / C 1-3

A Str. 43-45 (7v)	B Str. 18-20 (143-145)	C Str. 1-3 (125rab)
La 8,4ff.		Schw I,1-3
Pa 67		Ka 191
Ma 7		
Co 2		
Ra 1		

Die drei Strophen des ›Reichstons‹ sind in den Handschriften A, B und C überliefert. In der unterschiedlichen Strophenfolge und weitgehend auch im Wortlaut steht dabei A gegen B/C. Eine der drei Strophen in A ist am Anfang um vier Verse kürzer als die Parallel-Überlieferung in B/C. Die bisherigen Editionen orientierten sich an Handschrift A, präsentierten jedoch insgesamt einen aus der gesamten Überlieferung kontaminierten Text; Kasten[1] *und Schweikle*[2] *legten ausdrücklich Handschrift C zugrunde: Dementsprechend werden in den Lesarten die Forschungsvarianten beim Text der Handschrift A bzw. der Handschrift C mitgeteilt.*

A	B	C	La	Pa/Ra	alle übrigen Hg. = La
I (43)	I (18)	I (1)	I	I	I
II (44)	III (20)	III (3)	II	III	II
III (45*)	II (19)	II (2)	III	II	III

[1] I. Kasten (Hg.), Walther von der Vogelweide, in: Deutsche Lyrik des frühen und hohen Mittelalters. Edition der Texte und Kommentare von I. K. Übersetzugen von M. Kuhn, Frankfurt a.M. 1993 (Bibliothek des Mittelalters 3) (Nr.158ff.), S. 392 ff.

[2] G. Schweikle (Hg.), Walther von der Vogelweide, Werke. Gesamtausgabe. Band 1: Spruchlyrik. Mittelhochdeutsch/Neuhochdeutsch, hg., übersetzt und kommentiert, Stuttgart 1994 (RUB 819).

A 43-45

I Ich saz vf eime steine
vñ dahte bein mit beine
dar vf saste ich den ellenbogen
ich hete in mine hant gesmogen
min kinne vñ ein min wange
do daht ich mir vil ange
wes man zer welte solte leben
dekeinen rat konde ich gegeben
wie man driv̇ dinc erwurbe
der deheinez niht verdvrbe
div zwei sint ere vñ varnde gv̊t
dc dicke ein ander schaden tv̊t
dc drite ist gottes hvlde
der zweier vb^{s} gvlde
die wolte ich gerne in einen schrin
ia leider des enmac nicht sin
dc gv̊t vñ weltiche ere
vñ gotes hvlde mere
zesame in ein h^{s}ze komen
stig vñ wege sint in benomen
vntrivwe ist in der saze
gewalt vert vf der straze
fride vñ reht sint sere wunt
div driv enhabent geleites niht
div zwei enwerden ê gesvnt

II Ich horte ein wazzer diezen
vnde sach die vische vliezen
ich sach swaz in der welte waz
velt walt lop rot vñ graz
swaz chrivchet vñ vlivget
vñ bein zer erden bivget
dc sach ich vñ sag vch daz
der dekeinez lebet ane haz
dc wilt vñ dc gewurme
die stritent starke stvrme
same tv̊nt die vogel vnd^{s} in
wan dc si habent einen sin
si endvhten sich zenicht
si schv̊fen starc geriht
si kiesent kv̇nege vñ reht
si sezzent herren vñ kneht
owe dir tivsche zvnge
wie stet din ordenvnge
dc nv div mvgge ir kvnec hat
vñ din ere also zergat
bekera dich bekere
die cirken sint zehere
die armen kv̇nege dringent dich
philippe setze ein weisen vf
vñ heiz si treten hinder sich

B 18-20

I Ich sas vf ainem staine
do dahte ich bain mit baine
darvf saste ich min ellebogen
ich hete in mine hant gesmogen
das kinne vñ ain min // wange
do dahte ich mir vil ange
wie man zer welte solte leben
dehainen rat kvnde ich mir gegeben
wie man drv̇ ding erwurbe
der dehaines niht verdvrbe
dv̇ zwai sint ere vnde varnde gv̊t
der ietweders dem andern schaden tv̊t
das dritte ist gottes hvlde
der zwaier v̇bergvlde
die wolte ich gerne in ainen schrin
ia laider des mag niht gesin
das gv̊t vñ weltlich ere
vñ gottes hvlde mere
in ainen schrin mv̇gin komen
stige vñ wege sint in genomen
vntrv̇we ist in der sasse
gewalt ist vf der strasse
fride vñ reht sint baide wunt
dv̇ drv̇ habent gelaites niht
dv̇ zwai werden e gesvnt

<u>C 1-3</u>

I Ich sas vf eime steine
do dahte ich bein mit beine
dar vf saste ich min ellenbogen
ich hete in mine hant gesmogē
dc kinne vñ ein min wange
do dahte ich mir vil ange
wie man zer w^{s}lte solte leben
deheinen rat kvnde ich mir gegebē
wie man driv ding erwurbe
der deheines niht v^{s}dvrbe
dvͥ zwei sint ere vñ varnde gv̊t
der ietweders dem andern schaden tůt
dc dritte ist gotes hvlde
der zweier vber gulde
die wolte ich g^{s}ne in einen schrin
ia leider des mac niht gesin
dc gv̊t vñ weltlich ere
vñ gotes hvlde mere
in einē schrin mvgen komē
stige vñ wege sint in genomen
vntruͥwe ist in der sasse
gewalt ist vf der strasse
vride vñ reht sint beiduͥ wunt
div druͥ habent geleites niht
duͥ zwei werdent ê gesvnt

(A 43-45)

III Ich horte in rome liegen
zwene kv̇nege triegen
da vō hvp sich dˢ meiste strit
der e wc oder iemer sit
dˢ begonde sich zweien
die pfaffen vn̄ leien
dc wc ein not vō aller not
lip vn̄ sele lac da tot
die pfaffen striten sere
doch wart der lere mere
div swert div leiten dˢ nidˢ
vn̄ griffen zv̊ der stole wider
si bienen die si wolten
vn̄ nivt den si solten
do storte man div gottes hvz
ich hoerte verre in einer clvs
vil michel vngebere
da weinte ein closenere
er clagete gotte sinv̇ leit
owe dˢ babest ist zeivnc
hilf herre diner cristenheit

(B 18-20)

II Ich sach mit minen ŏgen
man vn̄ wib tŏgen
da ich gehorte vn̄ gesah
swas iemen tet swas iemen sprach
ze rome horte ich liegen
vn̄ zwene kv̇nige triegen
da von hv̊b sich dˢ maiste strit
der e wart oder sit
do sich begvnden zwaien
pfaffen vn̄ laien
da was ain not vor aller not
lib vn̄ sele lag da tot
die pfaffen stritten sere
doch wart der laien mere
dv̇ swerte laiten sv̇ da nider
sv̇ griffen an die stole wider
sv̇ bienen die sv̇ wolten
vn̄ niht den sv̇ solten
do storte mā dv̇ gottes hvs
do horte ich verre in ainer klvs
vil michel vngebęre
da wainde ain closenęre
er clagete gotte sinv̇ lait
owe der babest ist ze ivng
hilf herre diner cristenheit

III Ich horte dv̇ wasser diessen
vn̄ sach die vische // fliessen
ich sach swas in der welte was
walt velt lŏp ror vn̄ gras
swas flv̇sset odˢ flv̇get
oder bain zer erde bv̇get
das sach ich vn̄ sage v̇ch das
dehaines lebet ane has
das wilt vn̄ das gewůrme
die stritten starke stv̇rme
also tv̊nt die vogel vnder in
wan das sv̇ habent ainen sin
sv̇ weren andˢs ze nihte
sv̇ schaffent gv̊t gerihte
sv̇ setzent kv̇nege vn̄ reht
vn̄ schaffent herren vn̄ kneht
so we dir tv̇schv̇ zvnge
wie stat din ordenvnge
das nv dv̇ mvgge ir kv̇nig hat
vn̄ das din ere also zergat
bechera dich bekere
die kilchen sint ze here
die armen kv̇nige dringent dich
philippe setze den waisen vf
vn̄ hais sv̇ trettē hindˢ sich

(C 1-3)

II Ich sach mit minē ŏgē
man vñ wip tŏgē
da ich gehorte vñ gesach
swas iemē tet swc ieman sprach
ze rome horte ich liegen
vñ zwene kvͥnige kriegen
da von hv̊b sich der meiste strit
der e wart oder sit
do sich begvnden zweien
pfaffen vñ leien
da was ein not vor aller not
lip vñ sele lag da tot
die pfaffen strittē sere
doh wart der leien mere
du̍ swᷤt legten si da nider
si griffen an die stole wider
si bienen die si woltē
vñ niht den si soltē
do storte ma du̍ gotes hvs
do horte ich verre in einer klus
vil michel vngebere
da weinde ain klosenere
er klagte gote sinvͥ leit
owe der babst ist ze ivng
hilf herre diner kristenheit

III Ich horte du̍ wasser diessen
vñ sach die vische fliessen
ich sach was in der wᷤlte was
walt velt lŏb ror vñ gras
swc flu̍sset odẘ flu̍get
oder bein zer erde bu̍get
dc sach ich vñ sage iv das
deheines lebet ane has
dc wilt vñ dc gewu̍rme
die stritten starke stu̍rme
also tv̊n die vogel vnder in
wā dc si habent einē sin
si weren anders zenihte
si schaffēt gv̊t gerihte
si setzent ku̍nege vñ reht
vñ schaffent hᷤren vñ kneht
so we dir tu̍schu̍ zvnge
wie stat din ordenvnge
das nv du̍ mvgge ir ku̍nig hat
vñ dc din ere also zergat
bekera dich bekere
die cirkel sin zehere
die armē ku̍nige dringent dich
philippe setze den weisen vf
vñ heis si tretten hinder sich

A 43-45 / B 18-20 / C 1-3

A Str. 43-45 (7v)	B Str. 18-20 (143-145)	C Str. 1-3 (125rab)
La 8,4ff.		
Pa 67		Schw I,1-3
Ma 7		Ka 191
Co 2		
Ra 1		

LESARTEN

Reihenfolge der Strophen: nach B/C *La/W-M/Kr/Ma/Ka/Sch/Co, nach* A *Pa-Ra*

A 43 (La/Pa-Ra/W-M/Kr/Ma/Co):

I	1	eime] einem *W-M.*
I	5	min kinne] daz kinne *La/Pa-Ra/W-M/Kr/Ma.*
I	7	wes] wie *La/Pa-Ra/W-M/Kr/Ma.*
I	10	deheinez] keines *La/Ma*, keinez *W-M.*
I	12	dc dicke ein ander] der ietwederz dem andern *Pa-Ra/Kr.*
I	16	sin] gesin *La/Pa-Ra/Kr/Ma.*
I	17	weltiche] weltlich *La/Ma*, weltliche *Co*, werltlich *Pa-Ra/W-M/Kr.*
I	19	zesame] zesamene *La/Pa-Ra/W-M/Kr/Ma.*
II	2	ein] diu *Pa-Ra/Kr.*
II	4	rot] ror *La/Pa-Ra/Ra/W-M/Kr/Ma/Co.*
II	6	erden] erde *La/Pa-Ra/W-M/Kr/Ma.*
II	7	vch] iu *La/Pa-Ra/W-M/Kr/Ma/Co.*
II	8	dekeinez] keinez *La/W-M/Ma*, deheinez *Pa-Ra/Kr.*
II	13	enduhten] duhten (diuhten *Pa-Ra*) *La/Wa/Wi/(Pa-Ra)/Kr/Ma/Co.*
II	14	schůfen starc geriht] enschüefen (schuefen *Wa/Wi*) *La/Pa-Ra/W-M/ Kr/Ma/Co.*
II	17	owe] so we *La/Pa-Ra/W-M/Kr/Ma/Co.*
II	22	cirken] cirkel *La/Kr/Ma/Co.*
II	24	ein] en *La/W-M/Kr/Ma/Co*, den *Pa-Ra/Co.*

Anfang der Strophe:
Vier Verse nach B/C ergänzt (dort Strophe II) La/Pa-Ra/W-M/Kr/Ma/Co

II	2 B/C	man und wip] manne und wibe *Kr/Ma*, mann unde wibe *La/W-M.*
II	3 B/C	da ich] daz ich *La/Pa-Ra/W-M/Kr/Ma.*
III	1 A	ze Rome horte ich liegen *La/Pa-Ra/W-M/Kr/Ma.*
III	2 A	zwene] und zwene *La/W-M/Kr/Ma.*
III	5 A	do sich begunden zweien *La/Pa-Ra/W-M/Kr/Ma*, der begonde zweien *Co.*
III	6 A	die pfaffen] pfaffen *Pa-Ra/Kr.*
III	7 A	võ] vor *La/Pa-Ra/W-M/Kr/Ma/Co.*
III	10 A	lere] leien *La/PaRa/W-M/Kr/Ma/Co.*
III	11 A	diu leiten dernider] diu leiten si dernider *La/W-M/Ma/Co*, leiten si dernider *Pa-Ra*, diu leiten <sî> dernider *Co.*

B 18-20:

II 3	gesah] a *über der Zeile nachgetragen* C.

C 1-3 (Ka/Schw):

I 1	eime] einem *Schw.*
I 16	des] desn *Schw.*
I 24	habent] enhabent *Schw.*
I 25	werdent] enwerden *Ka/Schw.*
II 2	man vn̄d wib] manne und wibe *Schw.*
II 6	kriegen] triegen *Schw.*
II 8	sit] oder iemer sit *Ka/Schw.*
III 3	was] swaz *Ka/Schw.*
III 9	gewuͥrme] *davor* gebirge *in der Handschrift gestrichen* C.
III 10	stritten] stritent *Ka/Schw.*
III 11	tv̊n] tuont *Ka/Schw.*
III 15	kuͥnige] *davor* gv̊t *in der Handschrift gestrichen* C.
III 22	sin] sint *Ka/Schw.*
III 24	weisen] *davor* w *gestrichen* C.

Nachtrag (Mai 2009):

Man kann darüber streiten, ob es angebracht ist, auf Rezensionen zu reagieren, gelegentlich kam oder kommt es durchaus vor. Sieben Rezensionen der SNE sind uns bisher bekannt geworden: Johannes Janota, in: Germanistik 48, 2007, S. 747; Annette Hoppe, in: editio. Internationales Jahrbuch für Editionswissenschaften 22, 2008, S. 253–260; Benjamin Bagby, in: Early Music America, Winter 2008, S. 47f.; Horst Brunner, in: Zeitschrift für deutsche Philologie 127, 2008, S. 454–457; N. F. P., in: Medium Aevum 77, 2008, S. 172–173; Ralf-Hennig Steinmetz, in: Das Mittelalter. Perspektiven mediävistischer Forschung 14, 2009, S. 171f.; sowie zuletzt Burghart Wachinger (Miszelle in: Paul und Braunes Beiträge 131, 2009, S. 91–105: Wie soll man Neidhart-Lieder edieren? Zur Salzburger Neidhart-Ausgabe).

Alle stellen fest, dass die Edition das umfangreiche Material mit hinlänglicher Genauigkeit präsentiert; unser Ideal wäre natürlich vollkommene Fehlerlosigkeit gewesen, doch dies lässt sich bei einem so umfangreichen Œuvre (über 2700 Strophen, einschließlich der variierenden Textfassungen) und einer doch teilweise komplizierten Überlieferung nicht erreichen; überdies gibt es Stellen, über deren Lesung man unterschiedlicher Meinung sein kann.

Unser Ziel war, wie erwähnt, ein einfaches: Nämlich das überlieferte Text- und Melodie-Material gemäß der Überlieferung so genau wie möglich, aber noch in gut rezipierbarer Form zu präsentieren, und zwar so lange ohne editorische Eingriffe, solange noch irgend ein Sinn zu erkennen ist.

Auf die Miszelle von Burghart Wachinger möchte ich hier kurz eingehen (wir planen aber eine ausführlichere Auseinandersetzung damit). Ihm ging unser Prinzip von allem Anfang an, wie er uns auch mehrfach sagte, contre cœur, und so sind seine grundsätzlichen Einwände keine Überraschung für uns. Sein Ideal einer Ausgabe ist es, dass sie mit korrigierenden Eingriffen in die Überlieferung, „grammatisch, inhaltlich und formal sinnvolle Texte bietet und unverstandene Stellen markiert“ (S. 95). Doch darüber, was man als ‚sinnvoll‘ und noch ‚verstehbar‘ einstuft, gibt es sehr unterschiedliche Meinungen.

Das beginnt bei Stellen, die man von einem späteren Standpunkt der Entwicklung aus als metrisch oder hinsichtlich des Reimes nicht korrekt, d. h. nicht ‚regelmäßig‘ ansieht: Wir haben diese Passagen nicht verändert, sondern das Überlieferte dokumentiert. Was Wachinger als „Formanspruch eines Liedes“ (S. 99) bezeichnet, aufgrund dessen man in den Text eingreifen müsse, ist ein heutiger und zudem höchst subjektiver, nach unserer Meinung unhistorischer ‚Anspruch‘. Bei ‚grammatischen‘ und gar ‚inhaltlichen‘ ‚Korrekturen‘ waren wir, unseren Grundsätzen entsprechend, sehr zurückhaltend und blieben auch hier weitgehend bei der Überlieferung. Doch ein Blick in den jeweiligen Apparat zeigt schnell, welche ‚Korrekturen‘ bisher für möglich gehalten und auch vorgenommen wurden – aber es sind eben Korrekturen.

Noch ein Beispiel: Bei dem von Wachinger (S. 99–101) hervorgehobenen Vers des Liedes SNE II, S. 32: c 12, II, 11 sind denkbare ‚Verbesserungen‘ in der SNE durchaus verzeichnet, allerdings eben im Apparat (Band III, S. 280): Nämlich die Variante der Hs. f, der von dort durch Siegfried Beyschlag (1989) übernommene Wortlaut sowie derjenige von Wilhelm Wackernagel (1838); wir haben sie nicht übernommen und blieben bei der Überlieferung.

Wie sehr man versucht, eine nicht geänderte Stelle zu ‚verstehen', ihr einen Sinn abzugewinnen, ist nicht nur eine Frage der philologischen Kenntnisse und vielleicht auch Phantasie, sondern in hohem Maße des Willens, sich auf eine solche Leseweise einzulassen – insofern ist die natürlich rhetorisch gemeinte Frage Wachingers (S. 96) höchst subjektiv und auch etwas gefährlich, nämlich: „Ich habe mich beim Lesen oft gefragt, ob ich nur zu dumm bin, den Sinn einer Stelle zu verstehen."

Die Präsentation eines Liedes, das zum „Rand der Neidhart-Tradition" (S. 102) gehöre, sei ein „unglücklicher Einzelfall" (S. 105), nämlich das Schwanklied SNE II, S. 267: pr 1, also einer Prager Handschrift. Der Text bietet, wie Wachinger zurecht anmerkt, „mit seiner etwas ungewöhnlichen Graphie, mit mehreren undeutlichen Schreiberkorrekturen, mit schwer zu deutenden Wörtern und mit Sinn- und Formentstellungen [...] besondere Probleme" (S. 103). Seine Vermutung, dass hinter dem in der Handschrift durchlaufend geschriebenen Text urspünglich ein vierstrophiges Lied in Stollenform stand, ist wohl nachvollziehbar, und ich gebe zu, dass uns diese Möglichkeit entgangen ist. Die von ihm zusammen mit Paul Sappler vorgelegte und seiner Meinung nach angemessene Edition des Textes benötigt allerdings beträchtliche Texteingriffe in Form von Ergänzungen und Einzelverbesserungen und kann „den ursprünglichen Wortlaut" nur „erraten" (Wachinger S. 103). Die von Wachinger gebotene Alternative weist dann aber eine durchgehende Lücke auf, die bei einem so erfahrenen Editor schwer verständlich ist: Es wird nämlich völlig ignoriert, dass dieses Lied von Hildegard Boková und Václav Bok entdeckt und vor allem von ihnen erstmals ediert wurde (1984);[20] deren Gliederung sind wir gefolgt, wobei wir ihre auf Autopsie beruhende Lesung mithilfe eines Mikrofilms überprüft haben. Die Lesungen von Bok / Boková werden im Apparat Wachingers an keiner einzigen Stelle erwähnt, und daher bleibt auch unklar, woher unsere Gliederung stammt. Wachingers Rekonstruktion ist – wie bereits gesagt – nachvollziehbar, aber in dieser Form ist der Text eben nicht überliefert.

Dass die so stark selektierenden und des Weiteren kontaminierenden sowie auch konjizierenden Editionen von Moriz Haupt (1858) und Haupt / Wießner (1923) einen hohen forschungsgeschichtlichen Wert haben, hat das Team der SNE dadurch dokumentiert, dass wir einen Nachdruck dieser Bände vorgelegt haben (Stuttgart 1986). Wachingers Meinung, „für ein genaueres Verständnis des Sinns und der Form der Texte bleiben wir jedoch auf die alten Editionen [...] angewiesen" (S. 105), verkennt aber die Problemlage: Dazu ist die Kenntnis der tatsächlichen Überlieferung und nicht vieler philologischer Rekonstruktionen notwendig; was man im einzelnen Fall hinsichtlich „des Sinns und der Form" als angemessen ansieht bzw. erwartet, ist nur eine subjektive Variable.

---

20 Hildegard Boková / Václav Bok: Zwei Prager Neidharte. In: Zur gesellschaftlichen Funktionalität mittelalterlicher deutscher Literatur. Hrsg. von Wolfgang Spiewok. Greifswald 1984 (Deutsche Literatur des Mittelalters. 1), S. 104–115.

Es stehen sich hier zwei letztlich unvereinbare Methoden gegenüber, nämlich entweder das Überlieferte zu dokumentieren oder in dieses immer wieder einzugreifen und es in einer Form zu edieren, die den subjektiven Vorstellungen des Herausgebers entspricht – unser Prinzip war das erstgenannte. Versuche, das tatsächlich Überlieferte zu bearbeiten, verfälschen dieses und sind subjektive Irrwege. Die bisher üblicherweise verwendeten „alten Editionen" (S. 105) der Neidhart-Texte (Haupt, Haupt-Wießner, ATB) zeigen dies mit großer Deutlichkeit. Die fast durchgehend übliche Konzentration auf sie führte auch dazu, dass fast die Hälfte der Neidhart-Überlieferung zumeist schlicht übersehen und negiert wurde (obwohl sie, wenn auch verstreut, weitgehend durchaus zugänglich war) – ein ziemlich einmaliger Fall von philologischer Voreingenommenheit und Autoritätsgläubigkeit.

Zitierte Literatur:

Bédier, Joseph: La tradition manuscrite du ‚Lai de l'ombre'. Réflexions sur l'art d'éditer les anciens textes. In: Romania 54, 1928, S. 161–196, 321–356.

Bennewitz, Ingrid: Alte „Neue" Philologie? In: ZfdPh 116, 1997, Sonderheft: Philologie als Textwissenschaft. Alte und neue Horizonte. Hrsg. von Helmut Tervooren und Horst Wenzel, S. 46–61 [dort auch weitere Beiträge zur „New Philology"].

Cramer, Thomas (Hrsg.): Hartmann von Aue: Erec. Mittelhochdeutscher Text und Übertragung. Frankfurt a. M. 1972 u. ö. (Fischer Taschenbuch. 6017).

Deutsche Gedichte des Mittelalters. Mittelhochdeutsch – Neuhochdeutsch. Ausgew., übers. und erl. von Ulrich Müller in Zusammenarb. mit Gerlinde Weiss. Stuttgart 1993 (Reclam Universal-Bibliothek. 8849).

Deutsche Lyrik des frühen und hohen Mittelalters. Edition der Texte und Kommentare von Ingrid Kasten. Übersetzungen von Margherita Kuhn. Frankfurt a. M. 1995 (Bibliothek des Mittelalters. 3; Bibliothek deutscher Klassiker. 129).

Deutsche Lyrik des späten Mittelalters. Texte und Übersetzungen. Zweisprachige und kommentierte Ausgabe. Hrsg. von Burghart Wachinger. Frankfurt a. M. 2006 (Bibliothek des Mittelalters. 22; Bibliothek deutscher Klassiker. 191).

Hofmeister, Wernfried (Hrsg): Hugo von Montfort: Das poetische Werk. Mit einem Melodie-Anhang von Agnes Grond. Berlin, New York 2005 (de Gruyter Texte).

Krohn, Rüdiger (Hrsg.): Gottfried von Straßburg: Tristan. Nach dem Text von Friedrich Ranke neu hrsg., ins Neuhochdt. übers., mit einem Stellenkommentar und einem Nachwort. 2 Bde. Stuttgart 1980 (Reclam Universal-Bibliothek. 4471/4472).

Kühnel, Jürgen: Der „offene Text". Beitrag zur Überlieferungsgeschichte volkssprachiger Texte des Mittelalters. In: Akten des V. Internationalen Germanisten-Kongresses Cambridge 1975. Hrsg. von Leonard Forster und Hans-Gert Roloff. Bd. 2. Bern, Frankfurt 1976 (Jahrbuch für Internationale Germanistik. A: II,2), S. 311–321.

Linke, Hansjürgen (Hrsg.): Die deutschen Weltgerichtspiele des späten Mittelalters. Synoptische Gesamtausgabe. 2 Bände in drei Teilen. Tübingen, Basel 2002.

Mediaevistik und Neue Medien. Hrsg. von Klaus van Eickels, Ruth Weichselbaumer und Ingrid Bennewitz. Ostfildern 2004.

Mück, Hans-Dieter (Hrsg.): Abbildungen zur Überlieferung der Gedichte Oswalds von Wolkenstein. Bd. IV: Die Streuüberlieferung. Göppingen 1985 (Litterae. 36).

Mück, Hans-Dieter: Untersuchungen zur Überlieferung und Rezeption spätmittelalterlicher Lieder und Spruchgedichte im 15. und 16. Jahrhundert. Die ‚Streuüberlieferung' von Liedern und Reimpaarrede Oswalds von Wolkenstein. Bd. I: Untersuchungen. Bd. II: Synoptische Edition. Göppingen 1980 (GAG. 263).

Müller, Ulrich: Der ‚Frauendienst' des Ulrich von Liechtenstein: Ein deutschsprachiger Autor des 13. Jahrhunderts als Editor seiner Lieder. In: editio 21, 2007, S. 19–49.

Schnell, Rüdiger: Was ist neu an der ‚New Philology'? Zum Diskussionsstand in der germanistischen Mediävistik. In: Alte und neue Philologie. Hrsg. von Martin-Dietrich Gleßgen und Franz Lebsanft. Tübingen 1997 (Beihefte zu editio. 8), S. 61–95.

Schweikle, Günther (Hrsg.): Reinmar. Lieder. Nach der Weingartner Liederhandschrift (B). Mittelhochdeutsch / Neuhochdeutsch. Stuttgart 1986 (Reclam Universal-Bibliothek. 8318).

Schweikle, Günther (Hrsg.): Walther von der Vogelweide: Werke. Gesamtausgabe. 2 Bde. Mittelhochdeutsch / Neuhochdeutsch. Hrsg., übersetzt und kommentiert. Stuttgart 1998. (Reclam Universal-Bibliothek. 819/820).

Schweikle, Günther: Neidhart. Stuttgart 1990 (Sammlung Metzler. 253).

SNE = Neidhart-Lieder. Texte und Melodien sämtlicher Handschriften und Drucke. Hrsg. von Ulrich Müller, Ingrid Bennewitz, Franz Viktor Spechtler unter Mitwirkung von Annemarie Eder, Ute Evers, Elke Huber, Sirikit Podroschko, Margarete Springeth, Ruth Weichselbaumer, Eva-Maria Weinhäupl. 3 Bde. Berlin, New York 2007.

Spechtler, Franz Viktor: Überlieferung mittelalterlicher Literatur. Ein Votum für das Leithandschriften-Prinzip. In: Festschrift für Adalbert Schmidt zum 70. Geburtstag . Hrsg. von Gerlinde Weiss. Stuttgart 1976 (Stuttgarter Arbeiten zur Germanistik. 4), S. 221–233.

Speculum 65, 1990: The New Philology, S. 1–108.

Springeth, Margarete: Auf der Suche nach Begriffen und Motiven. Die Mittelhochdeutsche Begriffsdatenbank (MHDBDB) an der Universität Salzburg. In: Deutsche Texte des Mittelalters zwischen Handschriftennähe und Rekonstruktion. Berliner Fachtagung 1.–3. April 2004. Hrsg. von Martin J. Schubert. Tübingen 2005 (Beihefte zu editio. 23), S. 317–323.

Springeth, Margarete / Ulrich Müller: Computer und Film als Medien der Erinnerung an mittelhochdeutsche Literatur. In: Literatur als Erinnerung. Winfried Woesler zum 65. Geburtstag. Hrsg. von Bodo Plachta. Tübingen 2004, S. 51–67.

Springeth, Margarete / Ulrich Müller: Wie ediert man den ‚Reichston' Walthers von der Vogelweide – nach Handschrift A, B oder C? In: Walther lesen: Interpretationen und Überlegungen zu Walther von der Vogelweide. Festschrift für Ursula Schulze zum 65.Geburtstag. Hrsg. von Volker Mertens und Ulrich Müller. Göppingen 2001 (GAG. 692), S. 236–253.

Stackmann, Karl: Die Edition – Königsweg der Philologie? In: Methoden und Probleme der Edition mittelalterlicher deutscher Texte. Bamberger Fachtagung 26.–29. Juni 1991. Plenumsreferate. Hrsg. von Rolf Bergmann und Kurt Gärtner unter Mitwirkung von Volker Mertens, Ulrich Müller und Anton Schwob. Tübingen 1993 (Beihefte zu editio. 4), S. 1–18.

Verfasserlexikon = Die deutsche Literatur des Mittelalters. Verfasserlexikon. Hrsg. von Kurt Ruh u. a. 13 Bde. Berlin, New York 1978–2007.

Wachinger, Burghart (Hrsg.): Oswald von Wolkenstein: Lieder. Frühneuhochdeutsch – Neuhochdeutsch. Ausgew. Texte hrsg., übers. und kommentiert von Burghart Wachinger. Melodien und Tonsätze hrsg. und kommentiert von Horst Brunner. Stuttgart 2007 (Reclam Universal-Bibliothek. 18490).

Walther von der Vogelweide: Die gesamte Überlieferung der Texte und Melodien. Abbildungen, Materialien, Melodietranskriptionen. Hrsg. v. Horst Brunner, Ulrich Müller, Franz Viktor Spechtler. Mit Beiträgen v. Helmut Lomnitzer und Hans-Dieter Mück. Geleitwort von Hugo Kuhn. Göppingen 1977 (Litterae. 7).

Wapnewski, Peter (Hrsg.): Walther von der Vogelweide: Gedichte. Mittelhochdeutscher Text und Übertragung. Ausgewählt, übersetzt und mit einem Kommentar versehen. Frankfurt a. M. 1962 u. ö. (Exempla classica. 48).

Weber, Max: Wissenschaft als Beruf [Vortrag 1919]. In: Max Weber: Politik und Gesellschaft. Frankfurt a. M. 2006, S. 1016–1040.

Weichselbaumer, Ruth: Mittelalter virtuell. Mediävistik im Internet. Stuttgart 2005.

Christopher Schaffer

„Im Anfang war das Wort ...“

Position und Perspektiven von Faksimile-Ausgaben mittelalterlicher Texthandschriften

Primäre Quellen der germanistischen Mediävistik sind eine heikle Angelegenheit. Die Handschriften, meist doch einige hundert Jahre alt, unterliegen konservatorischen Benutzungsbeschränkungen. Codices auszuheben ist zwar möglich, eine genauere oder längerfristige Untersuchung, wie für Edition und kodikologisch-paläographische Erforschung notwendig, lässt sich aber in den seltensten Fällen durchführen. Welche Möglichkeiten gibt es, die Texte ständig und ohne das Original zu strapazieren be- und erarbeiten zu können? Bis vor einigen Jahren waren Faksimile-Ausgaben eine der besten Möglichkeiten, mittelalterliche Handschriften in ihrem Gesamterscheinungsbild und dem Original in höchstem Grad entsprechend erreichbar zu haben. Die nachfolgenden Ausführungen verstehen sich als Reflexionen über den Wandel des Stellenwerts von Faksimiles aus verlagstechnischer und -ethischer Perspektive, wie ich sie hier als Vertreter der ADEVA[1] einbringen kann.

In Rückblick auf das Grazer Kolloquium ist es sinnvoll und durchaus notwendig, den Begriff *Faksimile-Ausgabe* zu definieren: Eine Faksimile-Ausgabe ist die drucktechnische Wiedergabe eines handschriftlichen Dokuments, wobei Beschaffenheit und Erscheinungsbild des Originals möglichst getreu beibehalten werden müssen. Das betrifft vor allem die Aspekte Vollständigkeit, Originalformat und Farbtreue. In diesem Sinn kann eine Schwarzweiß-Abbildung oder die auf einem Bildschirm betrachtete Digitalfotografie nicht als Faksimile-Ausgabe bezeichnet werden. Daher sollte man Neologismen wie das *digitale Faksimile* durch sinnfälligere Begriffe ersetzen. Faksimile-Ausgaben gibt es bereits seit dem 17. Jahrhundert (auch wenn diese Pioniere den heutigen Ansprüchen und der oben genannten Definition nicht gerecht werden können), also schon lange vor der digitalen Revolution.

Paul Struzl, Gründer der ADEVA, hat seine Idee der Faksimilierung handschriftlicher Dokumente unter die Maxime „Bewahren und Erschließen“ gestellt. Vor allem unikale Codices sollten durch ihre Faksimilierung geschützt und einem interessierten Publikum zugänglich gemacht werden, was unter dem Schlagwort ‚Bewahren‘ subsumiert werden kann. Unter Erschließen ist die wissenschaftliche Auseinandersetzung mit dem Codex gemeint. Hier setzt nun einer der beiden mir besonders wichtigen Aspekte an: Braucht die heutige germanistische Mediävistik Faksimile-Ausgaben als Forschungsgrundlage? Bevor ich mich an die Beantwortung dieser Frage mache, möchte ich aus Sicht eines Faksimileverlages am Beispiel der ADEVA die Entwick-

---

1 Akademische Druck- u. Verlagsanstalt in Graz: http://www.adeva.com.

lung von Faksimile-Ausgaben mittelalterlicher deutschsprachiger Handschriften von den Sechzigerjahren des 20. Jahrhunderts bis heute in einem kurzen Abriss darstellen.

Ein Faksimileverlag ist ein Grenzgänger: Er existiert als ambivalentes Wesen zwischen und auf zwei Gebieten, die auf den ersten Blick völlig konträr erscheinen – Geisteswissenschaft und Wirtschaft. Ersterer gilt es zu dienen und durch Zweitere zu existieren. Der wirtschaftliche Aspekt wird bestimmt durch die Parameter Angebot und Nachfrage. Was das Angebot betrifft, so gibt es genügend mittelalterliche Handschriften, um mehreren Unternehmen eine verlegerisch erfolgreiche Tätigkeit zu ermöglichen.

Beschreibungen von Handschriften unterscheiden bekanntermaßen Inhalt und Ausstattung eines Codex. An eben diesen Kriterien orientiert sich auch ein Verlag bei der Auswahl der Codices, die ihm einer Faksimilierung würdig erscheinen. So werden im Faksimilebereich innerhalb des zugänglichen Handschriftencorpus hinsichtlich der Ausstattung zwei Arten von Handschriften unterschieden: Bilderhandschriften und Texthandschriften. Texthandschriften enthalten keine Miniaturen, Verzierungen beschränken sich auf Rubriken, einfache Fleuronnéinitialen und Lombarden. Alles darüber hinaus, was Prunk und Pracht des mittelalterlichen Buchschaffens ausmacht, fällt unter den Begriff Bilderhandschriften. Uns geht es aber um Faksimile-Ausgaben mittelalterlicher deutschsprachiger Literatur, bei der das Kriterium Inhalt ausschlaggebend ist. Für den Faksimileverleger waren und sind jedoch Ausstattung und Inhalt die maßgeblichenen Kriterien, ob ein Codex in das Faksimileprogramm aufgenommen wird oder nicht. Es geht um die Frage, ob sich für das Faksimile auch genügend Käufer finden werden. Diese Entscheidung spielt sich auf der Basis wirtschaftlicher Überlegungen ab.

Seit 1958 werden von der ADEVA Faksimile-Ausgaben aufgelegt. Derzeit ist die 139. Edition in Vorbereitung. Eine Gegenüberstellung der Anzahl von faksimilierten Text- und Bilderhandschriften seit 1960 lässt eine Tendenz deutlich erkennen: Von 47 % der Produktion zwischen 1960 und 1969 sinkt der Anteil der Texthandschriften im folgenden Jahrzehnt auf 27 % und in den Achtzigerjahren auf 6,5 %. Nach einem leichten Anstieg auf 14 % zwischen 1990 und 1999 macht dieser Anteil seit 2000 gerade 9 % der Produktion aus. In der gesamten bisherigen Faksimileproduktion der ADEVA stehen 31 Texthandschriften 108 Bilderhandschriften gegenüber. Unter den Texthandschriften, die auch Musik, Urkunden und Briefsammlungen umfassen, sind nur wenige Ausgaben deutschsprachiger Literatur zu finden, wie zum Beispiel die *Millstätter Genesis- und Physiologus*-Handschrift (1967), die Sammlung kleinerer deutscher Gedichte (1972) sowie zwei Liederhandschriften: die Handschrift A des Oswald von Wolkenstein (1977) und die Mondsee-Wiener Liederhandschrift (1977). Die Liste der Bilderhandschriften enthält z. B. Wolframs *Willehalm* (1974), den Dresdner (2002), Oldenburger (1995) und Wolfenbütteler *Sachsenspiegel* (2006) sowie das Losbuch in deutschen Reimpaaren (1972).

Die deutliche Sprache der Zahlenverhältnisse zwischen Text- und Bilderhandschriften wirft die Frage nach den Gründen dieser Entwicklung in Richtung eines Überwiegens der Bilderhandschriften im Gesamtprogramm auf. Die hehre Grundidee des Verlagsgründers Paul Struzl war, wie bereits oben erwähnt, die Bewahrung und Erschließung bedeutender handschriftlicher Dokumente. Jegliche Einschränkungen zeitlicher und geografischer Art sollten dabei unberücksichtigt bleiben. Eine äußerst positive Wirtschaftsentwicklung und die Einzigartigkeit der Verlagsprodukte erlaubte in den Sechziger- und Siebzigerjahren eine nahezu rein inhaltlich orientierte Auswahl an Codices für eine Faksimilierung. Sichere Abnehmer waren überwiegend Bibliotheken, deren Handschriften- bzw. Sondersammlungen über einen Etat verfügten, der – heute als legendär angesehen – Anschaffungen von Faksimile-Ausgaben in großem Stil ermöglichte. So waren es in jener Zeit auch Bibliotheken und wissenschaftliche Benutzer, die den Parameter ‚Nachfrage‘ bestimmten. Die Nachfrage dieser wissenschaftlich ausgerichteten Klientel war inhaltlich orientiert: Quellen wie das *Sacramentarium Leonianum* oder der *Codex Epistolaris Carolinus* wurden herausgegeben. Wäre der Verlag *heute* ausschließlich auf seine Bibliothekskunden angewiesen, er würde nicht mehr existieren!

Verschwindend gering war im Vergleich dazu zur Anfangszeit der ADEVA der Anteil privater Liebhaber und Sammler von Faksimile-Ausgaben im Kundenstamm. Die steigende Popularität des Mittelalters u. a. durch berühmt gewordene Rückkäufe bedeutender Bilderhandschriften oder durch Filme wie „Der Name der Rose“ führte auch zu einem immer größer werdenden Interesse privater Sammler an Faksimile-Ausgaben. Das spornte den Ehrgeiz des Verlages an, anspruchsvolle Bilderhandschriften möglichst perfekt wiederzugeben und sich dafür mit den Edelmetallen Gold und Silber auseinander zu setzen. Mit den ersten prächtigen Faksimile-Ausgaben von Bilderhandschriften zu Beginn der Siebzigerjahre war damit der private Interessent auf das Faksimile aufmerksam geworden – eine neue Kundenschicht war entstanden, die im Lauf der Jahre zur dominanten Stimme der Nachfrage wurde – und die Bibliotheken als primären Faksimilekunden überflügelte. Dementsprechend änderte sich die Nachfrage: Nun standen nicht mehr nur inhaltliche, wissenschaftliche Anforderungen im Vordergrund, sondern es wurde die Ausstattung immer wichtiger.

Die steigende Nachfrage nach Handschriften mit möglichst vielen Miniaturseiten und goldenen Initialen, die Fokussierung auf Epochen und Skriptorien bestimmt seit etwa 20 Jahren die Faksimilelandschaft. Diese Entwicklung gipfelt in seltsam anmutenden Fakten: Heute dominieren Stunden- und Gebetbücher in einer beinahe erschreckenden Monokultur den Markt – Tendenz gleichbleibend. Denn was den Inhalt betrifft – z. B. die Bedeutung lokaler Heiliger in Kalendarien oder die verschiedene Auswahl von Gebetstexten und deren Anordnung –, so ist das zwar für den Fachmann interessant, für den Laien hingegen weitgehend unbedeutend.

Die Entwicklung hin zum Primat der Ausstattung ist auch daran abzulesen, dass Faksimile-Ausgaben der ADEVA nun jeweils in zwei Varianten hergestellt werden: in einer Standardausgabe und einer Luxus- oder Vorzugsedition. Die teureren Luxusausgaben sind mit Ende der Subskriptionsfrist meist vergriffen, während sich die Normalausgaben als länger verfügbar erweisen.

Wir wissen, dass die Kommentarbände zu den Handschriften nur von einem bestimmten Anteil der Käufer (nämlich dem fachlich vorgebildeten) gelesen werden. In wissenschaftlichen Kreisen jedoch bleiben diese Aufsatzsammlungen oft für einige

Jahrzehnte als Standardwerke durchaus geschätzt und sind Ausdruck einer Ambivalenz – und auch des Zusammenwirkens – zwischen Wirtschaft und Wissenschaft.

Ein weiteres Beispiel für seltsame Blüten auf dem Faksimilemarkt: Als Mitte der Siebzigerjahre aus verlagsinternen (nicht verkaufstechnischen) Gründen die Limitierung der Ausgaben eingeführt wurde, ahnte noch niemand, dass in einigen Jahren Sammler nur Ausgaben erwerben wollen würden, deren Auflage zum Beispiel unter 300 Exemplaren liegt, oder dass manche Käufer auf einer bestimmten Exemplarnummer bestehen würden – andernfalls würden sie nicht kaufen.

Ich komme nun zurück zu den Faksimile-Ausgaben mittelalterlicher deutschsprachiger Literatur: Was oben als die heute wesentlichste Voraussetzung für die Reproduktion von deutschsprachiger mittelalterlicher Literatur genannt wurde, spiegelt sich auch in der von Hans Zotter erarbeiteten Bibliographie faksimilierter Handschriften[2] und diversen Verlagskatalogen wider: Die meisten faksimilierten Codices sind illuminiert. So wird einerseits dem Anspruch der breiten Käuferschicht an prächtige Ausstattung Rechnung getragen, andererseits werden die Werke zugleich auch für die Forschung zugänglich gemacht. Daraus könnte nun ein fataler Schluss gezogen werden, nämlich dass mit Buchmalerei ausgestattete Handschriften wertvoller seien als reine Texthandschriften. Für die Philologie ist aber nach wie vor der Text von vorrangigem Interesse und daher eine hochwertige buchmalerische Ausstattung allein noch kein Garant für die inhaltliche Qualität.

Die bisher erörterten Kriterien für ein allfälliges Interesse an Faksimile-Ausgaben betreffen den privaten Sammler ohne wissenschaftlichen Anspruch. Ich habe weiter oben die Frage nach dem Bedarf der germanistischen Mediävistik an Faksimile-Ausgaben als Forschungsgrundlage gestellt. Es gibt natürlich grundsätzliche Unterschiede z. B. zwischen Kunsthistorikern und Germanisten. Während für die Kunstgeschichte die Ausstattung im Vordergrund steht, ist für den Germanisten der Inhalt von primärer Bedeutung. Welche Stellung nehmen Faksimile-Ausgaben heute im Rahmen der Verfügbarkeit mittelalterlicher Texte ein? Was hat sich geändert, seit Paul Struzl seinen Grundsatz der Bewahrung und Erschließung des handschriftlichen Dokumentenerbes formuliert hat? An den meisten, wenn nicht ohnehin schon allen Handschriftenabteilungen im deutschsprachigen Raum ist es zur Zeit eine der vordringlichsten Aufgaben, Handschriften zu digitalisieren und im Internet zugänglich zu machen. So sind die Texte (ich beschränke mich wieder auf Texthandschriften) für alle Interessierten weltweit erreichbar, vorausgesetzt, die notwendige Infrastruktur steht bereit. Aber in dieser Form geht der Codex als Gesamterscheinung verloren. Zu sehen sind einzelne Textseiten, die in beliebig veränderbarer Größe betrachtet und lokal gespeichert werden können. Es liegt auf der Hand, dass digitale Bilder, seien sie nun von DVD, CD-ROM oder aus dem Internet, mit der entsprechenden Software ungleich besser bearbeitet werden können, als das bei einem Papierfoto der Fall ist. Auch haben die Beiträge des Kolloquiums deutlich gezeigt, dass im Internet zugängliche Arbeiten über eine Handschrift auf Grund des jederzeit und von überall möglichen

---

2 http://ub.uni-graz.at/sosa/faksbib/index.php.

Zugriffes wesentliche Vorteile gegenüber der gedruckten Erscheinungsform haben. So sind die Vorteile des elektronischen Mediums gegenüber der gedruckten Faksimile-Ausgabe nicht von der Hand zu weisen – zumindest was Erreichbarkeit und Bearbeitungsmöglichkeit betrifft. Aber um einen Codex in seiner Einzigartigkeit mit all seinen ihn auszeichnenden Eigenheiten für die Nachwelt zu bewahren, bleibt die Faksimile-Ausgabe nach wie vor unerreicht. Keine noch so gute Digitalfotografie kann die Handschrift als solche wiedergeben. Eine mittelalterliche Handschrift ist eine Gefüge aus Ausstattung und Inhalt, die eine Einheit bilden: Der Beschreibstoff, die Bindung(en) mit ihren Makulaturen, all das lässt dieses nur einmal existierende Werk zum Individuum werden.

Aus verlegerischer Sicht ist es ohne Vorfinanzierung schlicht nicht mehr möglich, eine reine Texthandschrift als Faksimile-Ausgabe auf den Markt zu bringen. Die Produktionskosten werden durch den Verkauf an die bestehende Klientel nicht abzudecken sein. Hier sind mögliche Sponsoren an den kulturellen Auftrag der Bewahrung und Erschließung handschriftlich überlieferten Kulturgutes in Form von Faksimile-Ausgaben zu mahnen, um noch einmal Paul Struzl zu zitieren.

Als aktuelles Beispiel für eine gelungene Verquickung von Inhalt und Ausstattung eines mittelalterlichen deutschsprachigen Werkes möchte ich den *Wolfenbütteler Sachsenspiegel* anführen. Bei kaum einem anderen Werk ist das Interesse am Inhalt – als Grundlage des verschriftlichten deutschen Rechtes – derart groß. Sicherlich ist die hier besonders geglückte Verbindung von Text und Bild für das große Interesse mit verantwortlich, wobei bezeichnenderweise die meisten Käufer dieses rechtshistorischen Werkes nicht aus der Branche der Rechtsanwälte und Notare kommen.

Zur Perspektive der Faksimile-Ausgaben mittelalterlicher Texthandschriften lässt sich provokant und kurz zusammenfassen: Derzeit gibt es grob gesagt zwei Möglichkeiten: Entweder der Codex ist so reich ausgestattet, dass er deswegen gekauft wird, oder die Finanzierung des Werkes wird zum größten Teil von Sponsoren getragen. Eine steigende Nachfrage nach Texthandschriften mittelalterlicher Literatur aus dem ausstattungsorientierten Kundenkreis ist nicht zu erwarten. Im wissenschaftlichen Bereich jedoch scheint es fast, als wäre das Faksimile nicht mehr zeitgemäß. Der Zugang über das Internet ist überall und jederzeit möglich, die Anzahl der in digitaler Form zugänglichen Handschriftenabbildungen steigt täglich. Die bisher herausgegebenen Texthandschriften sättigen demnach den Markt in seiner momentanen Situation, der Bedarf an Neuem ist kaum spürbar. Als wirtschaftliches Unternehmen wird ein Verlag sich nach dem Markt richten müssen – aber dennoch auch in Zukunft ein offenes Ohr für interessante Projekte haben.

Armin Schlechter

Populäre Fassungen oder wissenschaftliche Editionen?

Ludwig Tieck, die Heidelberger Romantik, die Brüder Grimm und Ferdinand Glöckle

Die Heidelberger Romantik[1] war literaturhistorisch eine nur kurze Episode. Ende August 1804 zog Clemens Brentano (1778–1842) mit seiner ersten Frau Sophie Mereau an den Neckar. Es gelang ihm, seinen Freund Achim von Arnim (1781–1831), den er 1801 in Göttingen kennen gelernt hatte, ebenfalls dorthin zu locken. 1805/06 erschien bei Mohr & Zimmer der erste Band des gemeinsamen Hauptwerks der beiden Freunde, die Liedersammlung *Des Knaben Wunderhorn.* 1806 kam Joseph Görres (1776–1848) für vier Semester als Privatdozent an die Universität Heidelberg. Brentano kannte ihn aus der Koblenzer Zeit, und zusammen mit ihm verfasste er 1807 die Satire *Wunderbare Geschichte von BOGS dem Uhrmacher.*[2] Innerhalb der Universität waren Brentano, Arnim und Görres vor allem mit dem klassischen Philologen und Mythenforscher Friedrich Creuzer (1771–1858)[3] befreundet. 1808 erschien als spätestes Werk der Heidelberger Romantik die von Arnim herausgegebene *Zeitung für Einsiedler*. Kurz nach dem Ende dieses Blattes verließ er als letzter des Freundeskreises die Neckarstadt. Nachdem sich schon die *Zeitung für Einsiedler* mit dem *Morgenblatt für gebildete Stände* befehdet hatte, entzündete sich an der 1808 veröffentlichten *Wunderhorn*-Fortsetzung ein heftiger Streit mit dem klassischen Philologen Johann Heinrich Voß (1751–1826) und seinem Kreis.

Editorisch waren Arnim und Brentano in ihrer Heidelberger Zeit auf zwei Gebieten der deutschen Literatur tätig. Ihr Hauptwerk *Des Knaben Wunderhorn* beschäftigte sich von der Absicht her in erster Linie mit der deutschen Volksliedüberlieferung und damit mit einer besonders schwierigen Gattung. Brentano gab 1809 bei Mohr & Zimmer, dem Verlag der Heidelberger Romantik, mit dem *Goldfaden* einen Roman des elsässischen Schriftstellers Jörg Wickram heraus, der zur Gattung der so genannten altdeutschen Literatur gehört, die für ihn letztlich die Zeit vom Althochdeutschen bis mindestens zum Barock umfasste.

---

1 Armin Schlechter: Die Romantik in Heidelberg. Brentano, Arnim und Görres am Neckar. Mit einem Nachwort von Andreas Barth. Heidelberg 2007.

2 Clemens Brentano / Joseph Görres: Entweder wunderbare Geschichte von BOGS dem Uhrmacher, wie er zwar das menschliche Leben längst verlassen … Mit einem Nachwort von Armin Schlechter. Heidelberg 2006.

3 Friedrich Creuzer 1771–1858. Philologie und Mythologie im Zeitalter der Romantik. Begleitband zur Ausstellung in der Universitätsbibliothek Heidelberg 12. Februar – 8. Mai 2008. Hrsg. von Frank Engehausen, Armin Schlechter und Jürgen Paul Schwindt. Heidelberg u. a. 2008 (Archiv und Museum der Universität Heidelberg, Schriften. 12).

In einem Brief vom Januar 1810 an Philipp Otto Runge stilisierte sich Brentano rückblickend als Mittler: „Ich habe überhaubt auf der Welt noch nichts gethan, als daß ich schon oft sich fremde Menschen zusammen geführt, die sich unendlich viel geworden“.[4] Tatsächlich war es in der Heidelberger Zeit sein Verdienst, einerseits Görres und andererseits die Brüder Grimm für dieses Arbeitsgebiet zu interessieren und miteinander bekannt zu machen. Der vor allem in den Briefwechseln der Zeit fassbaren Diskussion dieser Personen über mittelalterliche deutsche Literatur und ihre Edition kommt eine für die Konstituierung der Germanistik nicht zu unterschätzende Bedeutung zu. Einerseits äußerten die Brüder Grimm Verständnis für die eher dichterische und politisch begründete Vorgehensweise Arnims und Brentanos. Andererseits formulierten sie ihre richtungweisenden philologischen Grundsätze in deutlicher Abgrenzung zu den beiden Freunden. Eher wissenschaftlich ausgerichtet sind die literaturhistorischen und editorischen Arbeiten von Joseph Görres, die trotz seiner Neigung zur Spekulation dem Vorgehen der Brüder Grimm näher standen.

Achim von Arnim, der nach eigener Aussage während seiner Schulzeit Mathematik mehr als jede andere Wissenschaft liebte, brach nach seinem Bekanntwerden mit Brentano eine viel versprechende Karriere als Physiker ab, da er nicht für „Büchermotten“[5] schreiben wollte, und schlug eine Laufbahn als Schriftsteller ein, welche ihm ein größeres Wirkungsfeld zu verheißen schien. Eine große Rolle spielte für das Lebensgefühl der beiden Freunde der Sieg Napoleons über Deutschland. Konstituierend für ihre Freundschaft, aber auch für ihre literarischen und politischen Pläne war eine gemeinsame Rheinreise im Jahr 1802. „Wie gewaltsam“, schrieb Arnim im Juli 1802 an seine Tante, „der Anblick unsrer niedergebeugten Landsleute am linken Rheinufer mitten in der freyen Natur zu politischen Entwürfen hinreisst“.[6] Die Wiederbelebung, die Suche nach historischer, autochthon deutscher Literatur hatte mithin einen subversiven Zweck, zielte auf Rückbesinnung auf die eigenen nationalen Wurzeln. Hier traf sich der eher politisch denkende preußische Adlige Arnim mit dem eher literarisch und bibliophil ausgerichteten Frankfurter Kaufmannssohn Brentano, der mit großem Aufwand eine Gelehrtenbibliothek mit Schwerpunkt auf der altdeutschen Literatur aufbaute. Mit rein wissenschaftlichen Editionen für einen beschränkten, elitären Nutzerkreis konnten Arnim und Brentano ihre literarischen und politischen Ziele sicher nicht erreichen.

Die hohe Bedeutung, die die beiden Freunde der altdeutschen Literatur und ihrer möglichen politischen Rolle zubilligten, hat auch im Briefwechsel Spuren hinterlassen. 1802 korrespondierten Arnim und Brentano über den Codex Manesse, die Große Heidelberger Liederhandschrift Cod. Pal. germ. 848. Die zu dieser Zeit maßgebliche Edition war die 1758/59 von den Züricher Gelehrten Johann Jakob Bodmer (1698–1783) und Johann Jakob Breitinger (1701–1776) herausgegebene zweibändige

---

4 Clemens Brentano: Briefe. Bd. 4: 1808–1812. Hrsg. von Sabine Oehring. Stuttgart u. a. 1996 (Frankfurter Brentano-Ausgabe. 32), Nr. 565.

5 Achim von Arnim und Clemens Brentano: Freundschaftsbriefe. Vollständige kritische Edition von Hartwig Schultz. Bd. 1–2. Frankfurt a. M. 1988, Nr. 33.

6 Ludwig Achim von Arnim: Briefwechsel 1802–1804. Hrsg. von Heinz Härtl. Tübingen 2004 (Ludwig Achim von Arnim, Werke und Briefwechsel. 31), Nr. 234. E.

Sammlung von Minnesingern aus dem schwaebischen Zeitpuncte CXL Dichter enthaltend; durch Ruedger Manessen, weiland des Rathes der uralten Zyrich, die Brentano dem Freund empfahl:

> Die Einzige Sammlung, die dir taugen kann, ist die Manessische Lieder Sammlung, obschon wir viele Wörter ohne Glosar nicht verstanden werden, so ist doch eine unendliche Reinheit, und Tiefe in der Sprache, und ich glaube, daß sie dich, grade dich sehr ergreifen wird.[7]

Anfang 1804 schrieb Brentano an Arnim, es sei wichtig, „die alten Heldengedichte unsrer Poesie, mobil zu machen",[8] und im April desselben Jahres überhöhte er vor der Folie der unfriedlichen Gegenwart die altdeutsche Literatur geradezu mystisch:

> Zu eignen Werken fällt einem ganz der Muth wenn man die alten Liebes und Heldengeschichten der Minnesänger ließt, ja ich fühle es oft, als etwas sündliches mich mit neuen Werken zwischen sie und unsre Leichtfertige Zeit zu drängen [...] daß wir selbst die lange Verborgenheit dieser Gedichte bedauren, ist ein genugsamer Beweiß, daß es jezt an der Zeit ist, sie vorzuführen, und wenn Sie geschickt, mit Vorsicht, ohne Pedanterei, und nach einem weisen Plan hervorgeführt werden, so ist kein Zweifel mehr, daß sie nicht wieder unter uns wohnen wollten.[9]

Große Bedeutung kam dem Schriftsteller Ludwig Tieck (1773–1853) bei der Wiederentdeckung der altdeutschen Literatur und als Vorbild insbesondere für Brentano zu. Beide hatten sich in Jena kennen gelernt, wo Brentano ab 1798 studierte und sich dem frühromantischen Kreis anschloss. 1803 veröffentlichte Tieck auf der Basis der Edition von Bodmer und Breitinger seine *Minnelieder aus dem Schwäbischen Zeitalter*, eine Liedauswahl in einer dem Neuhochdeutschen angeglichenen Fassung. Im August 1803 schrieb Brentano an Arnim unter Bezug auf dieses Werk:

> Tieck hat in der lezten Zeit nichts gethan als das Heldenbuch, die Nibelungen und Minnesänger gründlich studirt, aus den Minnesängern läst er biß Michaelis einen kritisch zusammengestellten ausgewählten Band Uebersezzung drucken.[10]

In seiner Heidelberger Zeit versuchte Brentano im April 1804, Tieck als Professor an die Universität zu ziehen mit dem Ziel,

> dort unter ihrer Leitung, an einer Reproducktion der Alten Heldengedichte arbeiten [...] Herzlichen Danck für die grose Belehrung, die sie mir, und allen ihren gelehrigen Lesern in der Vorrede zu den Minneliedern gegeben haben [...] Eine Vereinigung zu einer gemeinschaftlichen zu gleich hervortretenden Bearbeitung mehrerer sich gegenseitig unterstützender Gedichte jener Zeit ist immer mehr mein Wunsch, und ich würde mit aller Anstrengung und Liebe unter ihrer Leitung nach einer durch sie vorgeschlagenen Form, die Nibelungen, den Parzival, oder den Titurell oder waß sie wünschten bearbeiten.[11]

---

7 Arnim / Brentano 1988 (Anm. 5), Nr. 13.
8 Ebd., Nr. 34.
9 Ebd., Nr. 37.
10 Ebd., Nr. 30.
11 Clemens Brentano: Briefe. Bd. 3: 1803–1807. Hrsg. von Lieselotte Kinskofer. Stuttgart u. a. 1991 (Frankfurter Brentano-Ausgabe. 31), Nr. 367.

Im März 1805 schrieb Brentano an den mit ihm befreundeten Rechtshistoriker Friedrich Karl von Savigny in Marburg: „Tieck hat mir seine trefliche Bearbeitung, und Ergänzung des Niebelungen Liedes, des einzigen uns wirklich angehörenden historischen Epos vorgelesen, es erregt einen Eindruck uns selbst herrlicher und größer als Homer".[12] Noch im November 1807 versuchte er den Druck der letztlich nicht realisierten Edition an Mohr & Zimmer zu vermitteln.[13] Anfang 1809 kam es allerdings zu einer deutlichen Entfremdung zwischen Brentano und Tieck.[14]

Arnim war gegenüber Tiecks wissenschaftlicher Ausrichtung, die sich nicht mit seinen Zielen vereinbaren ließ, kritischer eingestellt. Im Juli 1802 schrieb er an den Freund:

> So wie Tieck den umgekehrten Weg einschlug die sogenannte gebildete Welt zu bilden, indem er die echte allgemeine Poesie aller Völker und aller Stände die Volksbücher, ihnen näher rückte; so wollen wir die in jenen höheren Ständen verlornen Töne der Poesie dem Volke zuführen.[15]

Ähnlich äußerte er im März 1804: „Tieck hat aus den Volksbüchern vornehme Bücher gemacht, ich möchte vornehme Bücher zu Volksbüchern machen".[16] Tiecks literarische Arbeiten schätzten die Freunde weniger, vor allem, wenn sie mit altdeutschen Versatzstücken arbeiteten. Zu seinem 1804 in Jena erschienenen Lustspiel *Kaiser Octavianus* schrieb Brentano an Arnim:

> Es ist überhaupt sehr keck und unvorsichtig solche ganz vollendete Volksgedichte in Reime zu bringen, ein paar Jakobböhmische NaturansichtsRezepte dran zu rühren, und einigen Lerm über Frühling und Wald zu machen, die Assonanzen und die affecktierte Altteutsche Sprache sind auch einen Stier und einen Esel neben einander gespannt.[17]

Tieck hatte sich Anfang des 19. Jahrhunderts mit altdeutscher Literatur und einer Geschichte der altdeutschen Poesie zu beschäftigen begonnen. Während seine *Minnelieder* auf einer vorgängigen gedruckten Edition beruhten, legte er seinen Arbeiten in der Folge Originale zugrunde. Nachdem er Anfang 1805 die Nibelungenhandschrift D entliehen hatte, um sie mit einer Druckausgabe zu kollationieren, arbeitete er wohl von Dezember desselben Jahres bis Ostern 1806 in der Biblioteca Apostolica Vaticana in Rom. Frucht dieser Studien, die sich an Friedrich Adelungs 1796 erschienene *Nachrichten von altdeutschen Gedichten, welche aus der Heidelbergischen Bibliothek in die Vatikanische gekommen sind* anschlossen, ist ein heute im Märkischen Museum Berlin aufbewahrter Abschriftenband mit einem Umfang von 274 Seiten. Er enthält neben vollständigen Transkriptionen des *König Rother* in Cod. Pal. germ. 390 und der

---

12 Ebd., Nr. 402.

13 Ebd., Nr. 481; Ulrich Hunger: Romantische Germanistik und Textphilologie: Konzepte zur Erforschung mittelalterlicher Literatur zu Beginn des 19. Jahrhunderts. In: Deutsche Vierteljahrsschrift für Literaturwissenschaft und Geistesgeschichte 61, 1987, Sonderheft: Von der gelehrten zur disziplinären Gemeinschaft, S. 43*–68*, hier S. 44*f.

14 Brentano 1996 (Anm. 4), Nr. 533, 536.

15 Arnim / Brentano 1988 (Anm. 5), Nr. 9.

16 Arnim 2004 (Anm. 6), Nr. 336. K3.

17 Arnim / Brentano 1988 (Anm. 5), Nr. 30.

Rabenschlacht in Cod. Pal. germ. 314 der Universitätsbibliothek Heidelberg verschiedene weitere Textauszüge, Zusammenfassungen, kritische Bemerkungen und Handschriftenbeschreibungen.[18] Brentano lobte Tiecks Quellenarbeit im Oktober 1806 in einem Brief an Arnim: „Tieck war unendlich fleißig in der Vatik. Biblioth. er hat ½ Jahr alle Tage darinn Abschreibend zugebracht".[19] Die deutschen pfälzischen Handschriften in Rom, die 1816 an den Neckar zurückgekehrten Codices Palatini germanici, betrachtete auch Brentano als einen für seine literarischen Unternehmungen potentiell besonders wichtigen Quellenfonds. Im Januar 1806 warb er in einem Brief an Savigny dafür, die politischen Verhältnisse zu einer Rückgewinnung der gesamten, im Dreißigjährigen Kriege als Beute nach Rom verbrachten Bibliotheca Palatina zu nutzen:

> Wenn nur unser Kurfürst jetzt das Maul drum aufthäte, ich bin versichert Bonaparte gebe ihm die Heidelbergiß Vatikanische Bibliotheque wieder, lieber Savigny, wenn sie [...] die Idee anregen könnten, es wäre fürs Vaterland, Philologie und Poesie ein ungeheurer Gewinn.[20]

Der Abschriftenband bildete die Grundlage für eine Bearbeitung des *König Rother* durch Tieck im Jahr 1807, die seine editorischen Prinzipien erkennen lässt. Dazu gehören eine geregelte Orthographie und Interpunktion sowie die Einteilung der mittelhochdeutschen Texte in Verse und/oder Strophen. Erheblich größere Eingriffe stellen behutsame sprachliche Bearbeitungen zum Neuhochdeutschen hin dar, wie sie auch die *Minnelieder* kennzeichnen, sowie insbesondere Textkürzungen, welche Wiederholungen und zeitgenössische historische und politische Anspielungen betreffen. Tiecks Ziel war mithin, ähnlich wie bei Arnim und Brentano, die Wiederbelebung der mittelhochdeutschen Literatur in verständlicher, für eine größere Öffentlichkeit gedachter Form. Auch seine ausführliche Einleitung zu den *Minneliedern* sollte demselben Zweck dienen. Die Gegenfolie zu diesem Vorgehen findet sich in Tiecks 1834 erschienener Novelle *Das alte Buch* in Form des rein fachwissenschaftlich ausgerichteten „altdeutsche[n] Professor[s]", dessen Vorbild der Philologe Karl Lachmann gewesen ist.[21]

Letztlich konnte Tieck seine literaturwissenschaftlichen und editorischen Pläne, deretwegen er den Abschriftenband angelegt hatte, nur zum geringen Teil verwirklichen. Dazu gehört ein Auszug aus dem *König Rother* im April-Heft der *Zeitung für Einsiedler*.[22] Bereits ein Jahr nach der Rückkehr aus Rom stellte Tieck seine Abschrift des *König Rother* und der *Rabenschlacht* Friedrich Heinrich von der Hagen (1780–1856) zur Verfügung, einem weiteren Frühgermanisten, der 1810 eine außerordent-

---

[18] Ralf G. Päsler: ‚Nachrichten von altdeutschen Gedichten'. Anmerkungen zu Ludwig Tiecks Handschriftenstudien in der Bibliotheca Vaticana. In: E.T.A. Hoffmann Jahrbuch 4, 1996, S. 69–90.

[19] Arnim / Brentano 1988 (Anm. 5), Nr. 89.

[20] Brentano 1991 (Anm. 11), Nr. 436.

[21] Vgl. Hunger 1987 (Anm. 13), S. 46*f., und Päsler 1996 (Anm. 18), S. 86–90.

[22] König Rother zieht einer Jungfrau die Schuhe an. Fragment aus einer alten Handschrift, bearbeitet von Ludwig Tieck. In: Zeitung für Einsiedler. In Gemeinschaft mit Clemens Brentano herausgegeben von Ludwig Achim von Arnim bei Mohr und Zimmer. Heidelberg 1808. Mit einem Nachwort zur Neuausgabe von Hans Jessen. Stuttgart 1962, Sp. 22–36.

liche Professur für deutsche Sprache in Berlin erhielt.[23] Dieser gab zusammen mit dem Breslauer Historiker, Archäologen und Germanisten Johann Gustav Gottlieb Büsching (1783–1824) unter anderem den *König Rother* 1808 auf der Grundlage des Abschriftenbandes heraus; auch Jakob Grimm hatte für seine Rezension von Görres' *Lohengrin*-Ausgabe Zugriff auf diese Quelle.[24]

Arnim und Brentano als Editoren

Tiecks editorische Grundsätze, die auf eine zeitgemäße Wiederbelebung vergessener älterer Literatur abzielten, bildeten in radikalerer Form auch die Basis für die Arbeit von Arnim und Brentano an der Liedersammlung *Des Knaben Wunderhorn*. Die Hauptquelle für ihre Arbeitsweise ist der Briefwechsel jener Zeit. Im Werk selbst erläuterten sie ihre Grundsätze nicht, was unter anderem der Münchner Bibliothekar Bernhard Joseph Docen (1782–1828) 1809 kritisierte:

> Manchem Tadel über jene willkührliche Behandlungsart dieser Lieder, wodurch der Werth des Wunderhorns in einen sehr zweideutigen Ruf gebracht worden, würden die Herausgeber leicht vorgebeugt haben, wenn sie gleich anfänglich sich vernehmlich über den von ihnen gewählten Zweck erklärt hätten.[25]

Andererseits hatten die beiden Freunde mit diesem Literatursegment eine schwierige Quellengattung gewählt, die sich durch besonders diffuse Überlieferung mit verderbten Texten und vielen Varianten auszeichnete. Im Bemühen, eine lesbare, populäre Fassung zu schaffen, die ihrer Forderung nach Breitenwirkung mit politischer Intention entsprach, entschieden sich Arnim und Brentano für erhebliche Eingriffe in die ihnen vorliegenden Quellen sowie für die Aufnahme von eigenen Dichtungen im Volksliedton, für „Restaurationen und Ipsefacten",[26] so Brentano im Mai 1806. Dieses von den beiden Herausgebern immer wieder bestrittene Zurechtdichten war einerseits die Grundlage des Erfolgs der Liedersammlung, machte das Werk und seine Urheber aber auch in besonderer Weise angreifbar. Sogar Brentano gingen die Eingriffe seines Freundes zu weit. Während der Redaktion des ersten Wunderhorn-Bandes schrieb er an ihn im September 1805: „Mit einiger Verwunderung habe ich im 22ten Bogen ‚Blühe liebes Veilchen' ganz von dir verwandelt gefunden, sollte man uns nicht den Titel ‚Alte deutsche Lieder' vorwerfen dürfen".[27] Eine Stellungnahme zum Vorgehen der beiden Freunde findet sich bereits in der 1807 von Büsching und von der Hagen herausgegebenen *Sammlung Deutscher Volkslieder*, einem Gegenentwurf zum *Wunderhorn*. Die Herausgeber machten sich die „gewissenhafteste Treue zur Pflicht", offenbarten aber Normierungen bei Interpunktion und Orthographie sowie die „Ver-

---

23 Vgl. Hunger 1987 (Anm. 13), S. 51*.
24 Vgl. Päsler 1996 (Anm. 18), S. 78f., 85f.
25 Miscellaneen zur Geschichte der teutschen Literatur, neu-aufgefundene Denkmäler der Sprache, Poesie und Philosophie unsrer Vorfahren enthaltend. Hrsg. von Bernhard Docen. Bd. 1. 2. Aufl. München 1809, Zusätze, S. 6.
26 Arnim / Brentano 1988 (Anm. 5), Nr. 80.
27 Ebd., Nr. 64.

neuung ganz veralteter Formen und Worte“. Ohne es zu nennen, wurde das *Wunderhorn* deutlich kritisiert:

> Noch weniger aber haben wir diese Lieder durch Auslassungen, Zusätze, Ueberarbeitung und Umbildungen versetzen, Fragmente ergänzen, oder gar ganz eigenes Machwerk dabei einschwärzen wollen; dies ist, auf's gelindeste eine poetische Falschmünzerei, wofür die Historie keinen Dank weiß. Wer Lust zu solchen Dingen hat, dem lassen wir es allerdings auch frei, und es muß uns freuen, wenn er was Treffliches daraus hervorbringt, wer es aber immerhin thut, der sollte es doch wenigstens sagen, oder so thun, dass kein Zweifel darüber bleibt.[28]

Diese Stellungnahme entsprach von der Hagens 1805 veröffentlichten Grundsätzen für die Edition des Nibelungenliedes. Seine Absicht war keine „Bearbeitung“, sondern eine

> Wiedererweckung und Erneuung des alten, so lange vergessenen Originals, bloß dadurch, daß es lesbar und verständlich gemacht wird [...] ich gebe das Original, so viel als möglich unverändert, wie es ist [...] Sie ist demnach eine bloße, wörtlich treue Uebertragung, aus dem Dialekt, aus der Sprache jenes Zeitalters, in die unsrige lebende.[29]

Die editorischen Prinzipien von Arnim und Brentano führten zur *Wunderhorn*-Fehde mit dem klassischen Philologen Johann Heinrich Voß, mit der die Heidelberger Romantik 1808 endete. Dieser warf unter Bezug auf Büsching und von der Hagen Arnim und Brentano „Forgerey“ und „Verfälschungen“ bei ihrer editorischen Arbeit vor.[30] Im Rahmen der Auseinandersetzung mit Voß bestritten sie die aus textphilologischer Sicht begründeten Vorwürfe, die ihr Kontrahent aufgrund der schwierigen Quellenlage des Volksliedes aber auch nicht beweisen konnte; die Kontroverse verlief schließlich im Sande. In einer offenen Antwort auf diese Vorwürfe machte Arnim im März 1810 seine Verachtung des Wirkens für „Büchermotten“ deutlich:

> Wenige Jahre ändern in unserer Zeit sehr viel; – mit Bedauern müssen wir bemerken, dass jetzt ein breites literarisches Geschwätz, das in überflüssigen Citaten stolzirt, die erwachte Liebe zu älterer deutscher Literatur allmählich wieder unterdrückt und lebendigere Menschen davon zurückschreckt![31]

Im Falle seiner 1809 bei Mohr & Zimmer erschienenen Edition des *Goldfadens*, eines von fünf Romanen von Jörg Wickram, der um 1505 im elsässischen Colmar geboren und um 1555/60 in Burkheim am Kaiserstuhl als Stadtschreiber gestorben ist, verzichtete Brentano auf jegliche Einleitung und Nachbemerkung. Ansprechen solle das Werk, wie er im Januar 1809 an seinen Verleger Johann Georg Zimmer schrieb,

---

28 Sammlung Deutscher Volkslieder, mit einem Anhange Flammländischer und Französischer, nebst Melodien. Herausgegeben durch Büsching und von der Hagen. Berlin 1807, S. VIIIf.

29 Zit. nach Hunger 1987 (Anm. 13), S. 51*.

30 Des Knaben Wunderhorn. Alte deutsche Lieder. Gesammelt von L. A. v. Arnim und Clemens Brentano. Lesarten und Erläuterungen. Bd. 3. Hrsg. von Heinz Rölleke. Stuttgart u. a. 1978 (Frankfurter Brentano-Ausgabe. 9,3), S. 666.

31 Des Knaben Wunderhorn. Alte deutsche Lieder. Gesammelt von L. A. v. Arnim und Clemens Brentano. Bd. 3. Hrsg. von Heinz Rölleke. Stuttgart u. a. 1977 (Frankfurter Brentano-Ausgabe. 8), S. 368.

sowohl „Käufer des Altdeutschen" als auch an „Ritterromanen" Interessierte.[32] In seiner Bearbeitung hat Brentano Wiederholungen des Originals gestrichen, die ‚barocken', ausladenden Satzperioden der Vorlage vereinfacht und den sprachlichen Ausdruck behutsam modernisiert, so dass eine lesbare Fassung entstand.[33] Im Dezember 1809 schrieb er an Zimmer: „Der Goldfaden macht allen Menschen die ihn lesen ungemeines Vergnügen, aber leider klagen die meisten über zu hohen Preis".[34] Wilhelm Grimm äußerte im Juni 1809 gegenüber Jakob: „Den Goldfaden hab ich mir hier aus einer Lesebibliothek holen laßen, es ist wenig verändert und ein angenehmes Buch", kritisierte aber die von ihrem jüngeren Bruder Emil Ludwig (Louis) Grimm geschaffenen Kupferstiche.[35] 1810 veröffentlichte Wilhelm Grimm eine sehr lobende Besprechung von Brentanos Bearbeitung in den *Heidelbergischen Jahrbüchern*.[36]

Joseph Görres

Joseph Görres nahm mit seinen editorischen Prinzipien eine Mittelstellung zwischen Arnim und Brentano einerseits und den Brüdern Grimm andererseits ein. Der geborene Koblenzer war ein begeisterter Anhänger der Französischen Revolution, orientierte sich, vom Aufstieg Napoleons politisch enttäuscht, dann aber neu und schlug eine akademische Laufbahn ein, die ihn ab Herbst 1806 für vier Semester als Privatdozent nach Heidelberg führte. Während sein Verhältnis zu Brentano in der Koblenzer Zeit eher schlecht war, freundeten sich die beiden am Neckar schnell an. Görres' Beschäftigung mit altdeutscher Literatur wurde überhaupt erst von Brentano und seiner reichen Spezialbibliothek angeregt. Nach dem Tod seiner Frau Sophie Mereau schloss sich dieser eng an die Familie Görres an und beide lasen „eine ganze Bibliothek alter und neuer Bücher". Im Januar 1807 konnte Görres seiner Schwiegermutter in Koblenz berichten, welche Fortschritte er und seine Frau „im Altteutschen gemacht haben, wie wir Gedichte, bis zum zwölften Jahrhundert hin, bald ohne Anstand lesen können wie neudeutsch".[37] Ebenfalls im Briefwechsel kündigte er eine am 24. Juni 1808 beginnende „Vorlesung [...] über die altteutsche Literatur, die erste in ihrer Art", an; leider ist weder ein Manuskript noch eine Vorlesungsnachschrift überliefert.[38]

Das Segment der altdeutschen Literatur, mit dem sich Görres in seiner Heidelberger Zeit hauptsächlich beschäftigte, waren die Volksbücher. Bereits 1807 erschien

---

32 Brentano 1996 (Anm. 4), Nr. 532.

33 Clemens Brentano: Der Goldfaden. Eine schöne alte Geschichte. Mit den Vignetten der Originalausgabe 1809 von Ludwig Emil Grimm. Hrsg., komm. u. mit einem Nachwort versehen von Karl-Heinz Habersetzer. Heidelberg 1986, S. 275f.

34 Brentano 1996 (Anm. 4), Nr. 561.

35 Briefwechsel zwischen Jacob und Wilhelm Grimm. Hrsg. von Heinz Rölleke. Teil 1: Text. Stuttgart 2001 (Briefwechsel der Brüder Jacob und Wilhelm Grimm. 1.1), Nr. 54.

36 Wilhelm Grimm: Kleinere Schriften. Hrsg. von Gustav Hinrichs. Bd. 1. Berlin 1881, S. 261–265.

37 Joseph von Görres: Gesammelte Briefe. Bd. 1: Familienbriefe. Hrsg. von Marie Görres. München 1858 (Joseph von Görres, Gesammelte Schriften. 7), S. 482f.

38 Ebd., S. 506; Leo Just: Josef Görres' Heidelberger Vorlesungen von 1806 bis 1808. In: Kultur und Wirtschaft im rheinischen Raum. Festschrift zu Ehren des Herrn Geheimen Regierungsrates Christian Eckert. Hrsg. von Anton Felix Napp-Zinn. Mainz 1949, S. 65–76, hier S. 69.

bei Mohr & Zimmer seine literaturhistorische Abhandlung zu diesem Thema, die vor allem Material aus Brentanos Sammlung nutzte. Ihr Hauptverdienst war die Vorstellung sehr seltener Schriften dieser Gattung.[39] Arnim kritisierte das aus seiner Sicht zu wissenschaftliche Buch konsequenterweise. Er schrieb im Oktober 1807 an den Freund, dass Görres' Werk

> bey manchem Trefligen, was darin gesagt, mir doch seinem grösseren Theile überflüssig leichtsinnig und miserabel ästhetisch geschwätzig scheint, überflüssig, weil ich nicht recht weiß für wen es geschrieben, ich meine das Literarische drin, was doch den grösten Theil ausmacht, leichtsinnig, weil es unvollständig aus einer Sammlung alle beurtheilt, aus flüchtigem einmaligem Durchlaufen über alle urtheilt, mit einem Worte der ganze leere kritische neuzeitige Uebermuth, der immer Talentlosigkeit und Mangel an Erfindung verräth, wenn in deinen Büchern nicht mehr wäre als was er von allem beurtheilt, excerpirt, reflectirt, so möchte alle der Teufel holen, lieber hätte er die besten, wie es sonst unser Plan war, nach ganzer Kraft und bester Quelle wieder abdrucken sollen, für das Volk.[40]

Mit ähnlicher Zielrichtung schrieb Arnim im November 1807 an Mohr & Zimmer mit Bezug auf die *Wunderhorn*-Fortsetzung:

> Vorreden und Nachreden möchte ich nicht gerne, es ist mir das Ekelhafteste in unsrer Literatur, das viele Schreiben über die Dinge, welches den Dingen Platz nimmt, lieber ein paar Lieder mehr und etwas Gesichtspunkt weniger.[41]

In die Heidelberger Zeit Görres' fällt neben der durch Brentano angeregten Beschäftigung mit altdeutscher Literatur auch die überaus wichtig werdende Bekanntschaft mit Ferdinand Glöckle (1779–1826), der zwischen 1807 und 1814 eine Monopolstellung als Vermittler der in Rom liegenden Codices Palatini germanici hatte. Er wuchs in Ingelheim auf, wohin sein Vater 1792 als kurpfälzischer Beamter berufen wurde, immatrikulierte sich 1801 zum Studium der Rechtswissenschaft an der Universität Heidelberg[42] und lebte wahrscheinlich ab 1807 in Rom, wo er in Künstlerkreisen verkehrte und aufgrund seines Alkoholismus den Spitznamen *il porco tedesco* trug. Glöckle konnte die während der französischen Zeit vergleichsweise liberalen Zugangsbedingungen zu den Beständen der Biblioteca Apostolica Vaticana nutzen und wurde von den Besatzern sogar als Scriptor pour les langues du Nord angestellt. Er nutzte dieses Privileg zur Herstellung von Handschriftenkatalogen sowie vor allem von Abschriften von Codices Palatini germanici, die er dann nach

---

[39] Die teutschen Volksbücher. Nähere Würdigung der schönen Historien-, Wetter- und Arzneybüchlein, welche theils innerer Werth, theils Zufall, Jahrhunderte hindurch bis auf unsere Zeit erhalten hat. Von J. Görres. Heidelberg 1807; Joseph Görres: Geistesgeschichtliche und literarische Schriften I (1803–1807). Hrsg. von Günther Müller. Köln 1926 (Joseph Görres, Gesammelte Schriften. 3), S. 167–293, 499f.; vgl. Hunger 1987 (Anm. 13), S. 47*f.

[40] Arnim / Brentano 1988 (Anm. 5), Nr. 97.

[41] Johann Georg Zimmer und die Romantiker. Ein Beitrag zur Geschichte der Romantik nebst bisher ungedruckten Briefen [...]. Hrsg. von Heinrich W. B. Zimmer. Frankfurt a. M. 1888, S. 147.

[42] Die Matrikel der Universität Heidelberg, Bd. 4: 1704–1807. Bearb. von Gustav Toepke. Hrsg. von Paul Hintzelmann. Heidelberg 1903, S. 376.

Deutschland verkaufte.[43] In nicht wenigen von ihm bearbeiteten Palatina-Handschriften, darunter auch in der Otfrid-Handschrift Cod. Pal. lat. 52, findet sich sein autographer Namenszug.

Görres lernte Glöckle offensichtlich vor dessen Abreise nach Rom in Heidelberg kennen, erwarb von ihm dann selbst Abschriften und vermittelte weitere Arbeiten dieser Art unter anderem an die Brüder Grimm, um den immer an Geldnot Leidenden zu unterstützen. Das zeitlich früheste Zeugnis für diese Kontakte ist ein Brief Glöckles vom 1. Juni 1808 an den Weinheimer Privatgelehrten Georg Anton Batt (1775–1839),[44] in dem er diesen bat, Görres über seine Arbeiten zu informieren und um Rat zu fragen:

> Sagen Sie doch Herrn Görres Ich habe den Tristan von Gottfried von Straßburg ergänzt [...] Ich habe eine viel ältere Aeneide von Heinrich von Veldeke, ich habe Herbort von Fritzlar trojanischen Krieg, den Ottfried, Willerams Paraphrase des hohen liedes, Laberers Jagdgedicht, Vuchs Reynhart von Heinrich dem Glichzere, die Minnelieder No. 357 fast alle abgeschrieben, Reynalt, Lohengrin, Gregorius von Hartmann von Awe, Karl der Grose [...] Auszüge und Bemerkungen aus mehr als 170 Handschriften [...] einen Catalog von 900 Nummern, einen alphabetischen Catalog. Und bitten Sie zugleich H. Goerres er möge mich doch auch einmal seine Meinung wißen lassen, ob ich Ogier der Däne, Malagiß, der Abentüre Crone von Heinrich dem Turlin, Herborts trojanischer Krieg, die Margarita von Limburg, Wilehalm, Veldeks alte Aeneis ganz abschreiben soll [...] ob er für rathsam finde, daß ich meinen Catalog und Bemerkungen izt drucken lasse.[45]

In zwei weiteren Schreiben von Glöckle an Görres vom August 1809 werden Abschriften des *Lohengrin* erwähnt, den der vatikanische Scriptor „in Hinsicht der Kunst für die Blüthe unserer altdeutschen Litteratur halte, und nur durch seine Entdeckung und Bekanntmachung besondere Ehre zu erwerben hoffe".[46] Am 2. Juli 1810 versuchte Görres, bei Jakob Grimm Aufträge für den in steten Geldnöten stehenden Glöckle zu akquirieren, den sein Vater nicht mehr weiter finanziell unterstützen wolle:

> Glöckle hat nun binnen drei Jahren in Rom seinem Vater 5000 Florin rheinisch durchfiltrirt, und weiß dafür nichts Anderes aufzuzeigen, als einen Pack alter unverständlicher Reime, von denen der gute Mann glaubt, dass sie recht gut, wenigstens von seinem Sohne und auf seine Kosten, ungeschrieben hätten bleiben können.[47]

---

[43] Vgl. Franz Schultz: Joseph Görres als Herausgeber, Litteraturhistoriker, Kritiker im Zusammenhange mit der jüngeren Romantik. Gekrönte Preisschrift der Grimm-Stiftung. Berlin 1902 (Palaestra. 12), S. 82f.; Ernst Emmerling: Der Literat Ferdinand Glöckle aus Ingelheim. In: Mainzer Zeitschrift. Mittelrheinisches Jahrbuch für Archäologie, Kunst und Geschichte 44/45, 1949/50, S. 128–133.

[44] Udo Högy: Dr. Georg Anton Batt und die Bibliotheca Battiana in der Universitätsbibliothek Heidelberg. In: Bibliothek und Wissenschaft 6, 1969, S. 55–136.

[45] Joseph Görres: Geistesgeschichtliche und literarische Schriften II (1808–1817). Hrsg. von Leo Just. Köln 1955 (Joseph Görres, Gesammelte Schriften. 4), S. 314.

[46] Ebd., S. 315f.

[47] Joseph Görres: Gesammelte Briefe. Bd. 2: Freundesbriefe (Von 1802–1821). Hrsg. von Franz Binder. München 1874 (Joseph von Görres, Gesammelte Schriften. 8), S. 105f.

Im Oktober äußerte er sich über die Fähigkeiten und die Verlässlichkeit seines Mittelsmannes eher skeptisch:

> Er ist überhaupt nicht sonderlich ordentlich im Briefschreiben, schweigt öfter, und füllt dann wieder große Briefe mit unnützen Dingen. Ueberhaupt dem Charakter nach unbeständig, wandelbar, leicht zu allerlei ausschweifendem Zeug geneigt, ist er nur unermüdet und beständig in Verfolgung des Hauptzwecks. Mich hat schon oft gereut, daß ich ihn nicht ein halbes Jahr in Heidelberg behalten, damit er sich die nöthigen Vorkenntnisse erworben. Er ist mir vorbeigeschwirrt wie ein Komet, ich habe geschwind allerlei hinübergeworfen, aber wie es zu gehen pflegt, das Nöthigste vergessen [...] Sein neuestes Projekt ist: alles merkwürdige, worunter sogar Alchemisches und Medicinisches in einem Dutzend Quartanten auf eigene Kosten und Subscription zu drucken.[48]

Jakob Grimms Antwort vom Oktober 1810 fiel deutlich enthusiastischer aus: „Glöckle's Arbeiten und Entdeckungen werden immer wichtiger und ihm bleibenden Ruhm machen".[49] Nach dem Fall Napoleons kehrte der Scriptor 1814 nach Deutschland zurück, wo ihm Görres eine Pension verschaffen konnte. Am 21. Januar 1826 starb Ferdinand Glöckle in Ingelheim.[50]

Bei seinen geplanten Editionen altdeutscher Literatur nach Glöckles Abschriften hatte Görres mit der schlechten wirtschaftlichen Lage des deutschen Buchhandels während der napoleonischen Zeit zu kämpfen, von der auch Mohr & Zimmer betroffen waren.[51] Außerdem standen seine Arbeiten in Konkurrenz vor allem zu denen von Friedrich Heinrich von der Hagen, für den Glöckle ebenfalls arbeitete. Allerdings hatte von der Hagen dieselben Probleme mit der Unzuverlässigkeit des vatikanischen Scriptors.[52] Vor dem Hintergrund ihrer Rivalität ließ Görres 1812 in den *Heidelbergischen Jahrbüchern* die Ankündigung einer „Bibliotheca Vaticana Altdeutscher Dichtungen" erscheinen, um dieses Feld für sich zu reservieren.[53] Verwirklicht wurde davon aufgrund der geringen Absatzchancen[54] allerdings nur die den Brüdern Grimm gewidmete *Lohengrin*-Edition, die 1813 bei Mohr & Zimmer in Heidelberg erschien.[55] Leithandschrift war der aus dem 2. Viertel des 14. Jahrhunderts stammende Cod. Pal. germ. 364; zusätzlich wurde der um 1470 entstandene Cod. Pal. germ. 345 herangezogen.[56] Über seine editorischen Grundsätze äußerte Görres in der Einleitung:

---

48 Ebd., S. 127f.

49 Ebd., S. 134.

50 Vgl. Emmerling 1949/50 (Anm. 43), S. 128, 131f.

51 Vgl. Ludwig Fertig: ‚Ein Kaufladen voll Manuskripte'. Jean Paul und seine Verleger. In: Archiv für Geschichte des Buchwesens 32, 1989, S. 273–395, hier S. 311.

52 Eckhard Grunewald: Friedrich Heinrich von der Hagen 1780–1856. Ein Beitrag zur Frühgeschichte der Germanistik. Berlin, New York 1988 (Studia Linguistica Germanica. 23), S. 189.

53 Görres 1955 (Anm. 45), S. 109f.; Görres 1874 (Anm. 47), S. 325f.

54 Uwe Hentschel: ‚Ein Buchhändler, wie Sie es waren, ist so ehrwürdig, wie eine unschuldige Magd im Wirtshause'. Johann Georg Zimmer – der Verleger der Heidelberger Romantik. In: Leipziger Jahrbuch zur Buchgeschichte 13, 2004, S. 11–38, hier S. 35f.

55 Lohengrin, ein altteutsches Gedicht, nach der Abschrift des Vaticanischen Manuscriptes von Ferdinand Gloekle. Hrsg. von J. Görres. Heidelberg 1813.

56 Die Codices Palatini germanici in der Universitätsbibliothek Heidelberg (Cod. Pal. germ. 304–495). Bearb. von Matthias Miller u. Karin Zimmermann. Wiesbaden 2007 (Kataloge der Universitätsbibliothek Heidelberg. 8), S. 179–181 (Cod. Pal. germ. 345), 241–243 (Cod. Pal. germ. 364).

Ich „habe nun Glökles Abschrift getreu abdrucken lassen, nachdem ich die Interpunktion hinzugefügt, und einzelne offenbar korrupte Stellen in der Stille verbessert hatte". Die offensichtlich häufigen Fehler der Abschrift führten ihn im Anhang zu der „Vermuthung", dass die deutschen Palatina-Handschriften in Rom „in Rücksicht auf Treue nicht zu den vorzüglichsten gehören möchten".[57] Im Gegensatz zu seinen *Altteutschen Volks- und Meisterliedern* (s. u.) bemühte er sich hier, wie die Gegenüberstellung der ersten beiden Strophen des *Lohengrin* in Cod. Pal. germ. 364 (Bl. 113r) und in Görres' Edition zeigt, um einen quellennahen Abdruck, bei dem nur die Interpunktion modernisiert wurde. Lesefehler gegenüber der Handschrift finden sich in Z. 8 (im bi/unbi) und Z. 20 (nach/noch); in Z. 3 fehlt weiter das Wort „ich" der Vorlage.[58]

Hie hebt sich an Lohengrin. daz buoch.	Hie hebt sich an Lohengrim das Buch
Ein vater sinem kinde rief. Vor eines sehes tamme lac ez vnde slief. nu wache kint ia wecke ich dich durch truwe. Fur war den wac den dringet wint. vnd kumt die naht vinster wacha liebez kint. ver luse ich dich so wirt min iamer nuwe. Dannoch daz kint slafens pflac. hort wie der vater tete. er sleich im bi alda ez lac. mit der hant gap er im einen besem slac. nu wache kint ia wirt ez dir spete.	Ein vater sinem kinde rief Vor eines Sehes tamme lac ez vnde slief Nu wache kint, ia wecke dich durch truwe. Furwar den wac den dringet wint, Und kumt die naht vinster, wacha liebez kint! Verluse ich dich, so wirt min jamer nuwe. Dannoch daz kint slafens pflac. Hort wie der vater tete, Er sleich unbi alda ez lac; Mit der hant gap er im einen besem slac; Nu wache kint; ja wirt ez dir spete!
Dem vater was von schulden zorn. Von sinem munde schellet er ein hellez horn. er sprach nu la dich wecken tummer tore. Von rehter liebe im daz gezam. daz er daz kint bi sinem reiden hare nam. Vnd gap ime einen backen slac bi ore. Ist dir din hertze also vermost ich muz mich din enziehen. Kan dich min horn niht fur getragen. noch der besem slac den ich dir han geslagen. nach hilf ich dir wilt du dem wag enpfliehen.	Dem vater was von schulden zorn, Von sinem munde schellet er ein hellez horn, Er sprach: nu la dich wecken tummer tore! Von rechter liebe im daz gezam, Daz er daz kint bi sinem reiden hare nam, Und gap ime einen backen slac bi ore. Ist dir din herze also vermost, ich muz mich din enziehen; Kan dich min horn niht fur getragen, Noch der besem slac den ich dir han geslagen, Noch hilf ich dir, wilt du dem wag enfliehen,

1816 kehrten die Codices Palatini germanici unter nach dem Fall Napoleons günstigen politischen Umständen nach Heidelberg zurück, sodass es Görres nun möglich war, Abschrift und Original zu vergleichen. Dies fiel nicht zu seiner Zufriedenheit aus, wie er am 15. Januar 1817 an Wilhelm Grimm schrieb:

---

57 Görres 1813 (Anm. 55), S. XCIVf.; Görres 1955 (Anm. 45), S. 194.
58 Görres 1813 (Anm. 55), S. 1.

> Der Lohengrin hat sich bei der Vergleichung als höchst fehlerhaft und ungeschickt erwiesen, so daß das Gedicht im Drucke unglücklicher Weise sehr zu kurz gekommen. Glöckle ist von Geburt ein Schwein, und von Erziehung ein Bruder Lüderlich und Sauffaus, weswegen man sich nicht wundern darf, wenn er voll des süßen Weines ein u für ein x gelesen.[59]

Anfang Mai fügte er hinzu: „Der Kerl hat ohne Zweifel immer halb besoffen geschrieben. Sie werden gesehen haben, wie er den Lohengrin zugerichtet".[60] Trotz ihrer Mängel wurden die Arbeiten Glöckles noch mindestens bis in die späten Zwanzigerjahre des 19. Jahrhunderts benutzt. Jakob Grimm wandte sich 1825 wegen einer dieser Abschriften an den seit 1819 im Straßburger Exil lebenden Görres, der wiederum Brentano bat, in seinem Koblenzer Haus danach zu suchen. Dieser antwortete am 9. Februar 1826: „Ich habe in Deiner Bibliothek in dem großen Pulte Alles zusammengesucht, was Glöcklesche Scripturen waren; von Gregor v. Stein fehlen aber einige Blätter, ich muß nochmal suchen, die Mäuse haben etwas dort mitzuarbeiten begonnen".[61] Auch Ludwig Uhland bemühte sich noch 1827 um Einsicht in ein Glöcklesches Manuskript.[62]

Aus dem Nachlass von Görres gelangten etliche Abschriften Glöckles aus Familienbesitz in die Sammlung Hamm in Hannover, darunter ein ausführlicher Katalog der Codices Palatini germanici 1–150, größere Abschriften von Cod. Pal. germ. 112, 313, 329 (Hugo von Montfort), 341, 357 (Kleine Heidelberger Liederhandschrift), 359, 361, 363, 365, 368 und 374 sowie die drei Briefe Glöckles an Görres aus den Jahren 1808 und 1809. Nachdem der Görres-Forscher Leo Just vor dem zweiten Weltkrieg Einsicht in diese Materialien hatte nehmen können, ging die Sammlung Hamm bei einem Bombenangriff auf Hannover im Oktober 1943 vollständig unter.[63]

Die Rückkehr der Codices Palatini germanici im Jahr 1816 nutzte Görres als einer der ersten deutschen Gelehrten. Bereits 1817 gab er *Altteutsche Volks- und Meisterlieder aus den Handschriften der Heidelberger Bibliothek* heraus. Sie spiegeln in der Texteinrichtung nun nicht fehlerhafte Abschriften, sondern sind Produkt eines bewussten Gestaltungswillens. In der Einleitung nahm Görres Stellung zum *Wunderhorn* und führte über seine Grundsätze aus, die Sammlung der Lieder solle sich

> dem Wunderhorn anschließen, und hofft [...] sich einer bessern Aufnahme zu erfreuen, als dieses zum Theil in einer Zeit gefunden, wo die Geister erbittert durch das allgemeine öffentliche Unglück in einem innern literärischen Bürgerkriege sich zerfleischten. Einige Lieder, die schon in jene größere Sammlung eingegangen, haben wir zum zweytenmal abgedruckt, weil zum Theil bedeutende Abweichungen sich vorgefunden. Man hat die Herausgeber des Wunderhorns der Verfälschung angeklagt, und wenig hat gefehlt, daß man in jener Anfeindung [...] auf den Strick zur Strafe angetragen. Ohne alles gerade rechtfertigen zu wollen, was hier vorgegangen, können jene abweichenden Versionen diese Beschuldigung zugleich widerlegen und auf ihr rechtes Maaß sie zurückbringen. Etwas so wun-

---

59 Görres 1874 (Anm. 47), S. 510.

60 Ebd., S. 524.

61 Joseph Görres: Gesammelte Briefe. Bd. 3: Freundesbriefe (Von 1822–1845). Hrsg. von Franz Binder. München 1874 (Joseph von Görres, Gesammelte Schriften. 9), S. 228.

62 Vgl. Emmerling 1949/50 (Anm. 43), S. 133.

63 Görres 1955 (Anm. 45), S. 316.

derbares, wie das Volkslied, ist keiner andern kritischen Behandlung fähig, als jener, die ein gesunder lebendig anschauender Sinn ihr geben mag, von der andern Seite aber soll eine neuere Hand sich vor jeder unnöthigen Uebermahlung scheuen, da sobald das ursprüngliche Alte darneben erscheint, jede auch sonst, wie es schien, gelungene Restauration, gleich als ein trüber Fleck erscheint. Darum hat der Herausgeber in der gegenwärtigen Sammlung nur das Nöthigste gethan, wo, wie oft genug der Fall gewesen, eine offenbar verdorbene Lesart in den Text eingeschlichen, wo falsche oder fehlende Reime, Verschleißung oder Ausfall andeuteten, hat er ergänzt und nach Möglichkeit erstattet, Alles mit bescheidner Enthaltsamkeit. Da die Lieder ins Leben sollten, und nicht in den Staub der Büchersäle, so hat er die alte Rechtschreibung, bey kritischen Ausgaben ein nothwendiges Erforderniß, hier für eine ganz unnöthige Zugabe gehalten. Er hat also alles in denselben gleichförmigen Ton gebracht, den nur hier und da zufällige Umstände wankend gemacht.[64]

Als Beispiel für Görres' Vorgehen sei die Transkription der ersten drei Strophen von Hugos von Montfort Lied Nr. 29 auf Bl. 35r von Cod. Pal. germ. 329[65] der Texteinrichtung von Görres[66] gegenübergestellt. Der Vergleich zeigt, dass Görres neben orthographischen Vereinheitlichungen und der Reduzierung dialektaler Formen (*liebi*) mittelhochdeutsche Wortformen durch die neuhochdeutschen Entsprechungen ersetzt hat, allerdings ohne Berücksichtigung etwaiger Bedeutungsverschiebungen.

	Der Ritter und die Welt
Fro welt ir sint gar húpsch und schón Vnd ewer lon für nichte Gar liebi wort und súss gedón Als ierr da ist kain schlíchte	Frau Welt! Ihr sind gar hübsch und schön, Und euer Lohn für nichte, Gar liebe Wort und süß Getön, Allhier da ist kein Schlichte.
Wer sich mit dir bekúmbern tút Der ist zwar in ain iergang komen Vnd geit am jungsten bósen mút Das hán ich sicher wol vernomen	Wer sich mit dir bekümmern thut, Der ist zwar in ein Irrgang kommen, Und geit am jüngsten bösen Muth, Das han ich sicher wohl vernommen.
Lieber gesell wes zeichst du mich Ich han dir dikch doch mút gegeben Das du mich hast so gar vernicht Du solt mit fróden mit mir leben	Lieber Gesell! Was zeihst du mich, Ich han dir dick doch Muth gegeben, Daß du mich hast so gar vernicht, Du sollt mit Freuden mit mir leben.

64 Altteutsche Volks- und Meisterlieder aus den Handschriften der Heidelberger Bibliothek. Hrsg. von J. Görres. Frankfurt a. M. 1817, S. LXIIf.; Görres 1955 (Anm. 45), S. 219f.

65 Hugo von Montfort: Das poetische Werk. Hrsg. von Wernfried Hofmeister. Mit einem Melodie-Anhang von Agnes Grond. Berlin, New York 2005 (de Gruyter Texte), S. 133–138.

66 Görres 1817 (Anm. 64), S. 285–291.

Jakob und Wilhelm Grimm und die Heidelberger Romantik

Der Kontakt zwischen Clemens Brentano und den Brüdern Grimm wurde im Zuge der Vorarbeiten für die Fortsetzung des ersten *Wunderhorn*-Bandes begründet. Im März 1806 bat Brentano Savigny, eine Verbindung zur Kasseler Bibliothek herzustellen, und schrieb dann selbst im Juni an Jakob Grimm, den er in Marburg kennengelernt hatte und der seit 1805 in Kassel wirkte.[67] Die Brüder Grimm hatten entscheidenden Anteil an der Redaktion der *Wunderhorn*-Fortsetzung Ende 1807 in Kassel. Weiters beteiligten sie sich an den *Heidelbergischen Jahrbüchern*, den von Friedrich Creuzer und Karl Daub herausgegebenen, ebenfalls von Mohr & Zimmer verlegten *Studien* und auch an Arnims *Zeitung für Einsiedler*, ähnlich wie Görres aber schwerpunktmäßig mit wissenschaftlichen Beiträgen. 1811 gab Wilhelm Grimm bei Mohr & Zimmer *Altdänische Heldenlieder, Balladen und Märchen* heraus. Nach der Zeit der Heidelberger Romantik beschäftigten sich Arnim und Brentano im Wesentlichen nicht mehr mit der altdeutschen Literatur. Dagegen korrespondierten Görres und die Brüder Grimm auch weiterhin intensiv zu diesem Thema, tauschten ihre Editionspläne aus und halfen einander bei der Beschaffung von Quellen.

Im Vorfeld der Kasseler Redaktionsarbeit schrieb Brentano an Arnim, dass seine Anregungen zur Beschäftigung mit altdeutscher Literatur im Falle der Brüder Grimm überraschend fruchtbar gewesen seien. Er habe in Kassel

> zwei sehr liebe, liebe altteutsche vertraute Freunde Grimm genannt, welche ich wie früher für die Alte Poesie interessirt hatte und die ich nun nach zwei Jahrelangem fleisigen sehr konsequentem Studium so gelehrt und so reich an Notizzen, Erfahrungen, und den vielseitigsten Ansichten der ganzen Romantischen Poesie wieder gefunden habe, daß ich bei ihrer Bescheidenheit über den Schatz den sie besitzen erschrocken bin, sie wissen, bei Weitem mehr als Tieck von allen den Sachen und ihre Frömmigkeit ist rührend mit welcher sie sich alle die Gedruckten alten Gedichte die sie aus Armuth nicht kaufen konnten, so auch das Heldenbuch und viele Manuskripte äußerst zierlich abgeschrieben haben.[68]

Im Briefwechsel der Brüder lässt sich die Frage, ob die altdeutsche Literatur zu erneuern oder kritisch zu edieren sei, an mehreren Stellen fassen. Über Tieck schrieb Jakob Grimm im März 1805 an seinen Bruder, er würde „*blos* das Romantische lieben können, nicht das Antike auch".[69] 1809 kritisierte er die *Minnelieder*; auch bei einer nicht modernisierten Textgestalt würden sie „ebenso auf alle Tische liegen gekommen seyn".[70]

Im August 1807 bekundete Jakob Grimm teilweise Verständnis für das in der Tradition Tiecks stehende editorische Vorgehen der Heidelberger Romantik, zeigte aber auch seine Grenzen auf:

> Ich kann nicht abreden, daß diese Ansicht welche Tiek, Brentano etc. mit der Bearbeitung und Erneuerung dieser Poesie verbinden insofern die richtige und wahre ist, als man die-

---

[67] Vgl. Schlechter 2007 (Anm. 1), S. 70f.
[68] Arnim / Brentano 1988 (wie Anm. 5), Nr. 98.
[69] Briefwechsel 2001 (Anm. 35), Nr. 13.
[70] Ebd., Nr. 48.

selbe wieder ganz ins Volk und Leben zurückführen will, gleich den Homerischen, jeder Studirende wird aber immer noch die älteren Recensionen vorziehen u. einen höheren Genuß haben, denn mit jeder neuen Recension wird am Ursprünglichen mehr oder weniger zerstört oder verdorben.[71]

Im Mai 1809 formulierte er seine Vorbehalte gegen die Erstellung popularisierter Fassungen deutlicher:

> Dieser Geist von Sammeln und Herausgeben alter Sachen ist es doch, was mir bei Brentano und Arnim am wenigsten gefällt, bei letzterm noch weniger, Clemens anregende Bibliothek hat wohl alles das hervorgebracht. Die Auswahl ist gewiß vortrefflich, die Verknüpfung geistreich, die Erscheinung für das Publikum angenehm und willkommen, aber warum mögen sie fast nichts thun, als compiliren und die alten Sachen zu recht machen. Sie wollen nichts von einer historischen genauen Untersuchung wißen, sie laßen das Alte nicht als Altes stehen, sondern wollen es durchaus in unsere Zeit verpflanzen, wohin es an sich nicht mehr gehört, nur von einer bald ermüdeten Zahl von Liebhabern wird es aufgenommen. So wenig sich fremde edele Thiere aus einem natürlichen Boden in einen andern verbreiten laßen, ohne zu leiden und zu sterben, so wenig kann die Herrlichkeit alter Poesie wieder allgemein aufleben, d. h. poetisch; allein historisch kann sie unberührt genoßen werden.[72]

Im August desselben Jahres stellte er die innerhalb der Romantik weit verbreitete Ansicht prinzipiell in Frage, die altdeutsche Literatur lasse sich durch Erneuerung wiederum popularisieren: „Wenn die alten Bücher und Lieder unterm Volk verschwunden sind, oder nach und nach verschwinden, so ist es sein eigener Wille und ganz natürlich, dafür hat es andern Stoff erhalten, warum soll diese alte Poesie wieder absolut unter die Leute, für die sie nicht mehr paßt?“[73] Schon 1808 hatte sich Wilhelm Grimm in einem Schreiben an Savigny „gegen die jetzt aufkommende Art des Modernisirens“[74] ausgesprochen. Andererseits gingen die Brüder Grimm bei der Texteinrichtung ihrer *Kinder- und Hausmärchen* ähnlich vor; auch hier bedingte erst die redaktionelle Bearbeitung den großen Erfolg der Sammlung.[75]

Breitenwirkung war kritischen Editionen in noch geringerem Maß beschieden als den modernen Lesegewohnheiten angenäherten Ausgaben von Görres, dessen avisierte *Bibliotheca Vaticana* sich ja auch nur zum geringen Teil realisieren ließ. Angesichts der schwierigen wirtschaftlichen Lage in dieser Zeit waren auch Verlage wie Mohr & Zimmer nicht gewillt, in Projekte zu investieren, die aufgrund ihrer wissenschaftlichen Ausrichtung nur eine ganz geringe Distribution erwarten ließen. Wilhelm Grimm schrieb am 3. September 1812 an Görres:

> Wir möchten überhaupt gern mehreres drucken lassen, wenn sich nur Verleger fänden. Wir bieten ihnen alles gratis an und was von uns erscheint, ist auch so hingegeben, allein sie

---

71 Ebd., Nr. 38.
72 Ebd., Nr. 51.
73 Ebd., Nr. 68.
74 Briefe der Brüder Grimm an Savigny. Aus dem Savignyschen Nachlaß. Hrsg. von Wilhelm Schoof. Berlin, Bielefeld 1953 (Veröffentlichungen der Historischen Kommission für Hessen und Waldeck. 23,1), S. 57.
75 Vgl. Hentschel 2004 (Anm. 54), S. 36.

> machen doch noch Schwierigkeiten, ganz kann ich nicht dem schlechten Buchhandel die Schuld geben; Zimmer ist auch kalt und schauert sich [...][76]

Einen Monat später äußerte er in einem Brief an eine dritte Person: „Was wir arbeiten, ist so außer der Zeit, dass es kein Mensch drucken will [...].“[77]

Die Hauptprotagonisten der Heidelberger Romantik waren Achim von Arnim, Clemens Brentano und Joseph Görres, die sich in der Zeit von 1804 bis 1808 teilweise gleichzeitig am Neckar aufhielten. Ihre Beschäftigung mit altdeutscher Literatur ist vor dem Hintergrund ihrer nationalpolitischen Ziele zu sehen. Eine Wiederbelebung dieser als autochthon deutsch verstandenen, zu Unrecht vergessenen Überlieferung sollte zu einer Selbstbesinnung des deutschen Volkes vor dem Hintergrund der napoleonischen Fremdherrschaft führen. Angesichts dieses Ziels kam für die beiden Freunde eine rein wissenschaftliche Behandlung des Materials nicht in Frage. In der Nachfolge Ludwig Tiecks und in Übereinstimmung mit anderen der Romantik nahe stehenden Editoren historischer deutscher Texte wie Friedrich Heinrich von der Hagen und Joseph Görres entschieden sich Arnim und Brentano insbesondere bei der Liedersammlung *Des Knaben Wunderhorn* für modernisierende Eingriffe. Mit ihren Restaurationen, der Zurechtdichtung als verderbt empfundener Vorlagen und besonders der Einschaltung eigener Dichtungen im Volksliedton, entfernten sie sich jedoch deutlich von dem, was in diesen Kreisen als angemessener Umgang mit den Quellen galt. Gerügt wurde dieses Vorgehen vor allem von dem klassischen Philologen Johann Heinrich Voß, der Arnim und Brentano Verfälschung ihrer Quellen vorwarf.

Insbesondere Brentano verehrte Tieck in der Heidelberger Zeit als philologisches Vorbild. Es gelang ihm, sowohl Görres als auch die Brüder Grimm, mit denen er in Zusammenhang mit der *Wunderhorn*-Fortsetzung in Verbindung getreten war, für die Arbeit an altdeutscher Literatur zu interessieren. Die editorische Linie von Görres entsprach in etwa der von Friedrich Heinrich von der Hagen. Ihre Eingriffe beschränkten sich jeweils auf orthographische Normalisierungen und die Modernisierung von Wortformen zum Neuhochdeutschen hin. Görres sprach kritischen Editionen in der Einleitung zu den *Altteutschen Volks- und Meisterliedern* zwar nicht ihren Wert ab, ordnete sie aber doch dem „Staub der Büchersäle“ zu, während seine Edition „ins Leben“ wirken sollte. Die Brüder Grimm äußerten einerseits Verständnis für die romantischen Editionsgrundsätze, andererseits hielten sie bei der Bearbeitung der mittelhochdeutschen Überlieferung an ihren kritischen Editionsprinzipien fest und sahen überhaupt keine Notwendigkeit, vergessene historische Literatur zeitgemäß wiederzubeleben.

Während die ‚erneuerten‘ altdeutschen Ausgaben auf dem deutschen Buchmarkt der Zeit immerhin noch über eine gewisse Attraktivität und damit auch Absatzchancen verfügten, hatten die Brüder Grimm erheblich größere Probleme, Verleger für ihre Werke zu finden, die nur eine marginale Distribution in Fachkreisen versprachen. Endgültig abgelehnt wurden die editorischen Prinzipien der Romantik dann

---

76 Görres 1874 (Anm. 47), S. 351f.
77 Zit. nach Hentschel 2004 (Anm. 55), S. 33f.

von dem sowohl klassischen als auch deutschen Philologen Karl Lachmann (1793–1851), dessen an der lateinischen Literatur entwickelte textkritische Methode sich als die maßgebliche Art des Umgangs mit historischen Texten innerhalb der Frühgermanistik durchsetzte.[78] Im Vergleich dazu blieb die Heidelberger Romantik hinter dem zurück, was zu dieser Zeit editorisch möglich war, benannte aber durchaus zutreffend den Dualismus von Literaturverbreitung und Literaturwirkung einerseits und der als hermetisch verstandenen, rein wissenschaftlichen Beschäftigung mit den überkommenen Quellen andererseits, die sie lediglich noch als historisches Monument wahrnahm.

Ein für die Beschäftigung mit altdeutscher Literatur in dieser Zeit überaus hoch geschätzter Quellenfonds waren die Codices Palatini germanici, die deutschen pfälzischen Handschriften, die als Teil der Heidelberger Bibliotheca Palatina 1623 nach Rom verbracht und 1816 zurückgegeben worden waren. Tieck sichtete bei einem Rombesuch diese Materialien selbst, und Brentano versuchte schon 1806, die Rückgabe dieser Bestände – „ein ungeheurer Gewinn für Vaterland, Philologie und Poesie" – anzuregen. Eine Schlüsselrolle bei der Vermittlung dieser Überlieferung nach Deutschland kam Joseph Görres zu. Er verfügte über die wohl besten Kontakte zu Ferdinand Glöckle, der von 1807 bis 1814, also während der napoleonischen Zeit, im Vatikan arbeitete. Neben Katalogisaten und wenigen kritischen Notizen fertigte er eine große Zahl von Abschriften an, von denen durch Görres' Vermittlung auch die Brüder Grimm profitierten. Diese Surrogate hatten trotz ihrer Fehlerhaftigkeit bis zur Rückgabe der deutschen pfälzischen Handschriften 1816 aufgrund der Monopolstellung Glöckles eine überaus große Bedeutung und wurden noch bis in die späten Zwanzigerjahre des 19. Jahrhunderts genutzt. Leider sind diese in Görres' Nachlass fassbaren Abschriften, denen innerhalb der frühgermanistischen Philologie und der Rezeption der Codices Palatini germanici vor ihrer Rückkehr nach Heidelberg so große Bedeutung zugekommen war, 1943 vollständig verloren gegangen.

Die Erstellung einer Abschrift war zu dieser Zeit (neben der damals durchaus noch möglichen Ausleihe von Handschriften) Voraussetzung für jede editorische Arbeit, unabhängig davon, ob sie popularisierende oder wissenschaftliche Absichten hatte. Auch den Brüdern Grimm, in deren Nachlass sich eine nach einer Abschrift Lachmanns hergestellte Handschriftenkopie findet,[79] war diese Arbeitsweise keineswegs fremd. Als Brentano Wilhelm Grimm im August 1809 besuchte und seltene Bücher mitbrachte, klagte dieser gegenüber seinem Bruder Jakob angesichts der Masse des Materials, dass „wohl nichts übrig bleiben werde für uns als das verdammte Abschreiben".[80] Es muss somit bei jeder germanistischen Edition dieser Zeit untersucht werden, ob sie auf der Handschrift selbst oder einer mehr oder weniger fehlerhaften Zwischenstufe dieser Art basiert!

---

78 Vgl. Hunger 1987 (Anm. 13), S. 59*–67*.

79 Verzeichnis des Nachlaßbestandes Grimm im Hessischen Staatsarchiv Marburg. Bearb. von Werner Moritz u. a. Marburg 1988 (Quellen zur Brüder Grimm-Forschung. 1), S. 37, Ms 138.

80 Briefwechsel 2001 (Anm. 35), Nr. 69.

Margarete Springeth

Der analytische Weg ist das Ziel: Die mittelhochdeutsche Begriffsdatenbank als Online-Textarchiv

Wir sind im wissenschaftlichen Arbeitsalltag mit teils sehr unterschiedlichen Formen der Text-Edition und der Text-[Re-]Präsentation konfrontiert, die auf dem philologischen ‚Text-Markt' angeboten werden.[1] Differenzen zeigen sich nicht nur hinsichtlich der Editionsrichtlinien oder -prinzipien, sondern auch im Hinblick auf Editionskonzepte und auf die Wahl des Präsentationsmediums: Im philologischen Warenkorb finden sich konventionelle ‚kritische' Texteditionen neben primär überlieferungsorientierten, synoptischen Textdarstellungen (wie beispielsweise die Edition der geistlichen Spiele von Hansjürgen Linke[2] und die Neuedition der Lieder Neidharts[3]) sowie elektronische Editionen (wie beispielsweise die geplante Hybrid-Edition des *Parzival*[4]). Von zunehmender Bedeutung sind die so genannten ‚Neuen Medien',[5] die in der Zwischenzeit zwar so neu nicht mehr sind, aber durch ihr rasantes Entwicklungstempo dafür sorgen, dass sich ihr Neuigkeitsfaktor permanent reproduziert. Der „Königsweg der Philologie"[6] ist also einem vielfältigen Netz origineller Gassen gewichen. Oder sollte man besser sagen: einem Daten-Highway im WWW? Im Folgenden werde ich mich auf diesen ‚Highway' begeben und versuchen, die ‚Verkehrsregeln' für mittelalterliche Literatur in der Begriffsdatenbank kurz zu erläutern.

---

1 Der folgende Text entspricht im Wesentlichen dem Wortlaut des mündlichen Vortrages. Geändert wurden lediglich einige Formen der Publikumsanrede, eingefügt wurden zusätzliche Literaturnachweise.

2 Die deutschen Weltgerichtspiele des späten Mittelalters. Synoptische Gesamtausgabe. Hrsg. von Hansjürgen Linke. 2 Bde. Tübingen, Basel 2002.

3 Neidhart-Lieder. Texte und Melodien sämtlicher Handschriften und Drucke. Hrsg. von Ulrich Müller, Ingrid Bennewitz, Franz Viktor Spechtler unter Mitwirkung von Annemarie Eder, Ute Evers, Elke Huber, Sirikit Podroschko, Margarete Springeth, Ruth Weichselbaumer, Eva-Maria Weinhäupl. 3 Bde. Berlin, New York 2007.

4 Das Projekt steht unter der Leitung von Michael Stolz (Universität Bern). Eine Projektbeschreibung sowie Editionsproben finden sich entweder unter der URL http://www.parzival.unibe.ch/ oder auf CD-ROM: St. Galler Nibelungenhandschrift (Cod. Sang. 857). CD-ROM mit einem Begleitheft. Hrsg. von der Stiftsbibliothek St. Gallen und dem Basler Parzival-Projekt. Konzept und Einführung von Michael Stolz, Programmierung von Rafael Schwemmer. 2., erweiterte Auflage. Baar 2003 (Codices Electronici Sangallensis. 1).

5 Siehe dazu: Mediaevistik und Neue Medien. Hrsg. von Ingrid Bennewitz, Klaus van Eickels und Ruth Weichselbaumer. Ostfildern 2004.

6 Karl Stackmann: Die Edition – Königsweg der Philologie? In: Methoden und Probleme der Edition mittelalterlicher deutscher Texte. Bamberger Fachtagung, 26.–29. Juni 1991. Plenumsreferate. Hrsg. von Rolf Bergmann und Kurt Gärtner unter Mitwirkung von Volker Mertens, Ulrich Müller und Anton Schwob. Tübingen 1993 (Beihefte zu editio. 4), S. 1–18.

Zuvor jedoch einige Vorbemerkungen: Die Darstellung mittelalterlicher Literatur im WWW[7] ist grundsätzlich mit zwei verschiedenartigen Zielsetzungen verbunden: entweder 1. mit der Digitalisierung und Aufbereitung überlieferter bzw. gedruckter Texte oder 2. mit der Herstellung digitaler Editionen. Neben systematisch betriebenen Digitalisierungsprojekten größeren Umfanges, die überwiegend von Bibliotheken und Forschungseinrichtungen umgesetzt werden, existiert eine Menge kleinerer Projekte, die ohne Anspruch auf Systematik einem aktuellen Bedarf Rechnung tragen, um einen raschen Zugriff auf Texte zu ermöglichen, was de facto zu einer ‚salad bowl'[8], einem bunten Mosaik von zum Teil fragmentarischen Textangeboten mit erheblich unterschiedlichen Qualitätsstandards führt, aus dem sich Wissenschaftler wie Studenten gleichermaßen bedienen, allerdings mit bisweilen ungleichem Erfolg.

Die fachspezifischen Sites und die einschlägigen Mediävistik-Portale, unter denen sowohl Einzeltexte als auch eher zufällig oder nach bestimmten Kriterien zusammengestellte Textcorpora oder Linksammlungen zu finden sind, dürften allgemein bekannt sein. Erwähnen möchte ich nur jene arrivierten Großprojekte der digitalen Altgermanistik, die zum Teil auf eine bereits langjährige Tradition zurückblicken können, wie dies unter anderem beim größten deutschsprachigen Mediävistik-Portal *Mediaevum* der Fall ist.[9] Neben den Mittelhochdeutschen Wörterbüchern auf CD-ROM und im Internet[10] der Universität Trier und den Marburger Repertorien zur Überlieferung der deutschen Literatur des Mittelalters[11] sind weiters jene Projekte zu nennen, die – mit unterschiedlichen methodischen Prämissen – umfangreiche Corpora mittelalterlicher deutschsprachiger Texte bieten wie beispielsweise die Bibliotheca Augustana[12], das Digitale Mittelhochdeutsche Textarchiv[13] und die Mittelhochdeutsche Begriffsdatenbank[14]. Dies ist nur eine kleine Auswahl existierender digitaler Ressourcen mittelalterlicher Texte, an die noch eine ganze Reihe weiterer größerer oder kleinerer Online-Textarchive anzuschließen wäre, worauf ich jedoch an dieser Stelle verzichte.[15]

Sonja Glauch[16], Mitglied des Redaktionsteams der altgermanistischen Internet-Plattform *Mediaevum*, hat sich kritisch mit bestehenden E-Text-Projekten der Alt-

---

7 Zum Thema allgemein s. Ruth Weichselbaumer: Mittelalter virtuell. Mediävistik im Internet. Stuttgart 2005, speziell S. 59–85.

8 Der Begriff wird in den Sozialwissenschaften als Kontrastbegriff zu ‚melting pot' verwendet. Beide Metaphern bezeichnen unterschiedliche Assimilationsmodelle in einer multikulturellen Gesellschaft. Während mit ‚melting pot' die soziale Integration verschiedenster ethnischer Gruppen gemeint ist, geht das ‚salad bowl'-Modell davon aus, dass Einwanderer ihre Eigenständigkeit bewahren bzw. jede Assimilation und Integration in die Kultur des Landes verweigern.

9 http://texte.mediaevum.de/index.htm.

10 http://gaer27.uni-trier.de/MWV-online/MWV-online.html.

11 http://www.uni-marburg.de/hosting/mr/.

12 http://www.fh-augsburg.de/~harsch/augustana.html.

13 http://mhga.uni-trier.de/.

14 http://mhdbdb.sbg.ac.at/.

15 Eine ausführliche und kommentierte Darstellung bieten Bennewitz / van Eickels / Weichselbaumer 2004 (Anm. 5) und Weichselbaumer 2005 (Anm. 7).

16 Sonja Glauch: Neue Medien, alte Texte? Überlegungen zum Ertrag digitaler Ressourcen für die Altgermanistik. In: Literatur und Literaturwissenschaft auf dem Weg zu den neuen Medien. Hrsg. von Michael

germanistik[17] auseinander gesetzt und angesichts der heterogenen Qualitätsstandards dieser Internetangebote die Festlegung von verbindlichen wissenschaftlichen Maßstäben eingefordert, um die wissenschaftliche Verwertbarkeit der digitalen Materialen und der literaturwissenschaftlichen Internetangebote zu garantieren. Die Vereinheitlichung von Standards für E-Text-Editionen und E-Text-Präsentationen wird ja bereits seit geraumer Zeit angedacht. Glauch erstellt in ihrem Beitrag einen 6-Punkte-Katalog, in dem sie von den E-Text-Anbietern generell mehr Transparenz fordert, und zwar bei der Quellenauswahl (welche Ausgabe wurde warum zugrunde gelegt?), bei Herkunft und Erfassungsmethode der Daten sowie bei den jeweiligen graphischen Umsetzungsrichtlinien, beim Grad der Voll- bzw. der Unvollständigkeit und nicht zuletzt bei den möglichen technischen Fehlerquellen.[18] Das Aktualisierungsdatum soll gewährleisten, dass die Nutzer verlässliche Auskunft über den letzten Datenstand erhalten. Diese Forderungen sind absolut nachvollziehbar und man kann ihnen eigentlich nur zustimmen, allerdings dürfte die Umsetzung nicht ganz unproblematisch sein. Die Vereinheitlichung gestaltet sich schon allein auf Grund der rasend schnellen Entwicklung und Veränderung der EDV-Technologien schwierig. Der Zeitfaktor spielt hier eine erhebliche Rolle. Die permanente Veränderung der technischen Möglichkeiten und der technischen Machbarkeit erfordert in der Folge auch eine ständige Korrektur der daraus abzuleitenden Richtlinien, und hier sehe ich einen entscheidenden Bremseffekt bei der Umsetzung dieser absolut notwendigen Standards.

Im Hinblick auf diesen konstatierten Grundmangel erschien es mir daher angebracht, in diesem Beitrag die Arbeit mit und an der Datenbank nicht von der Nutzerperspektive,[19] sondern von der Anbieterperspektive aus zu erläutern, um jene erforderlichen Hintergrundinformationen zu geben, die für die effizientere Nutzung der Begriffsdatenbank zweifelsohne von Vorteil sind, aber auch möglichen Irrtümern oder Fehlerwartungen an deren Leistungskapazität vorbeugen mögen.

Stolz, Lucas Marco Gisi und Jan Loop. Bern 2005, S. 13–28, auch online unter http://www.germanistik.ch/publikationen.php? id=neue_medien_alte_texte.

[17] Sie berücksichtigt dabei sowohl Projekte digitaler Faksimilierungen von Überlieferungsträgern als auch die bestehenden Angebote an elektronischen Primärtextsammlungen.

[18] Vgl. Glauch 2005 (Anm. 16), S. 26.

[19] Vgl. z. B. Margarete Springeth: Auf der Suche nach Begriffen und Motiven. Die Mittelhochdeutsche Begriffsdatenbank (MHDBDB) an der Universität Salzburg. In: Deutsche Texte des Mittelalters zwischen Handschriftennähe und Rekonstruktion. Berliner Fachtagung 1.–3. April 2004. Hrsg. von Martin J. Schubert. Tübingen 2005 (Beihefte zu editio. 23), S. 317–323. – Margarete Springeth: ://Nibelungenlied/goes/online. Die mittelhochdeutsche Begriffsdatenbank (MHDBDB) als Instrumentarium der Textanalyse. In: Von Mythen und Mären. Mittelalterliche Kulturgeschichte im Spiegel einer Wissenschaftler-Biographie. Festschrift für Otfrid Ehrismann zum 65. Geburtstag. Hrsg. von Gudrun Marci-Boehncke und Jörg Riecke. Hildesheim u. a. 2006, S. 357–372. – Margarete Springeth: Herzogenburger Urkunden in der mittelhochdeutschen Begriffsdatenbank (MHDBDB). In: Digitale Diplomatik: Neue Technologien in der historischen Arbeit mit Urkunden. Hrsg. von Georg Vogeler. Köln u. a. 2009 (Archiv für Diplomatik. Beiheft 12) [im Druck]. – Margarete Springeth, Ulrich Müller: Computer und Film als Medien der Erinnerung an mittelhochdeutsche Literatur. In: Literatur als Erinnerung. Winfried Woesler zum 65. Geburtstag. Hrsg. von Bodo Plachta. Tübingen 2004, S. 51–67.

1. Entstehung und Entwicklung der MHDBDB

Die Mittelhochdeutsche Begriffsdatenbank ist ein sehr frühes Beispiel für die Auseinandersetzung der Geisteswissenschaften mit den modernen Informationstechnologien und für die progressiven „Wechselwirkungen zwischen Informatik und Geisteswissenschaften".[20] Ihre Begründer, Klaus Schmidt und Horst Pütz, haben schon früh den Nutzen des digitalen Mediums für die wissenschaftliche Arbeit erkannt und für die germanistische Mediävistik gewinnbringend umgesetzt. Am Anfang standen ein kontinuierlich erweitertes digitalisiertes Textarchiv und die Überlegung, dass die Informationstechnologien ein geeignetes Instrumentarium nicht nur für die Textdigitalisierung, sondern gerade auch für eine umfassende Textanalyse darstellen. Aus dieser Überlegung heraus wurden programmiertechnisch jene Suchfunktionalitäten geschaffen, die die Datenbank heute auszeichnen.[21]

Noch einmal kurz zur Entstehungsgeschichte der MHDBDB: Zu Beginn der 70er-Jahre des vorigen Jahrhunderts entwickelte Klaus M. Schmidt an der Bowling Green State University das Konzept eines Begriffswörterbuchs zur mittelhochdeutschen Literatur, eines komplexen Textanalyse- und Textinformationssystems, das über eine reine Textrepräsentation weit hinausreicht.

Ein entscheidender Schritt zur Realisierung des Konzepts war die Zusammenarbeit mit dem umfangreichen digitalen Textarchiv und Namenwörterbuchprojekt an der Christian-Albrechts-Universität zu Kiel, die im Jahr 1992 begann. Die Textarchivierung gehörte in Kiel zu dem umfassenden Projekt der Erarbeitung eines Lexikons der Namen in mittelalterlichen deutschen literarischen Texten unter der Leitung von Friedhelm Debus. Begonnen worden war zunächst mit einer maschinschriftlichen Erfassung der Namen im Satzkontext. Dieses Verfahren wurde im Jahr 1984 umgestellt auf eine maschinenlesbare Aufnahme vollständiger Texte mit besonderer Markierung aller Namen und Namenersatzformen. Am Anfang dieser maschinenlesbaren Speicherung standen Texte zur Heldenepik, dann kamen die Texte der Artusepik hinzu, später auch andere Texte.[22]

1995 wurden dann mehr als 100 Texte aus dem Kieler Archiv in die Begriffsdatenbank integriert. Es wurde vereinbart, beide Projekte zu vereinen und gemeinsam zu bearbeiten, da aus dem gleichen Materialfundus geschöpft werden konnte. Daraus entstand ein Großprojekt unter gemeinsamer Verwaltung und unter maßgeblicher Beteiligung des Kieler Bearbeiters Horst P. Pütz. Es blieb aber zunächst bei zwei ge-

---

20 Georg Vogeler: Exposé des Einführungsvortrages anlässlich der Tagung „Digitale Diplomatik: Die historische Arbeit mit Urkunden in der digitalen Welt – Digital Diplomatics. Doing historical research with medieval instruments in the digital world." International Conference, Munich 28.2.–2.3.2007, unveröffentlichtes Tagungsmanuskript, S. 2.

21 Vgl. Springeth 2009 (Anm. 19). – Zur Einführung in die Arbeit mit der Mittelhochdeutschen Begriffsdatenbank s. Anm. 19.

22 Vgl. Horst P. Pütz und Klaus M. Schmidt: Die mittelhochdeutsche Begriffsdatenbank. Unveröffentlichtes Vortragsmanuskript. Der Beitrag wurde von Horst P. Pütz zurückgezogen, weil er zum Zeitpunkt der Publikation des Tagungsbandes bereits überholt war (vgl. das Vorwort zu: Maschinelle Verarbeitung altdeutscher Texte V. Beiträge zum Fünften Internationalen Symposion Würzburg 4.–6. März 1997. Hrsg. von Stephan Moser, Peter Stahl, Werner Wegstein und Norbert Richard Wolf. Tübingen 2001, S. VIII).

trennten Datenbanksystemen: Die Kieler Datenbank enthielt die Texte ohne Bedeutungsinformation. Das andere System, die eigentliche Begriffsdatenbank, bot eine Verknüpfung des gespeicherten Wortmaterials mit einem lemmatisierten Wortindex und die semantische Zuordnung der Einzelwörter zu Bedeutungs- oder Begriffskategorien. Alle Wörter, die mit einer Bedeutungskategorie in Beziehung stehen, konnten systematisch abgefragt und die entsprechenden Frequenzen und Textstellen in den ausgewählten Einzeltexten angezeigt werden.

Im Mai 1995 wurde die MHDBDB dann auf dem International Congress on Medieval Studies in Kalamazoo/Michigan als menü-gesteuerte und in ihren Nutzungsmöglichkeiten noch limitierte Datenbank online geschaltet. Seit Herbst 1998 steht die MHDBDB als web-gesteuerte Datenbank online zur Verfügung.[23]

Das Textcorpus ist in der Zwischenzeit (Stand: August 2008) auf 257 Texte unterschiedlichen Umfangs angewachsen. Wie werden nun grundsätzlich Texte in die Datenbank eingelesen und anschließend aufbereitet? Ich möchte im Folgenden die einzelnen Stationen von der Textauswahl über die Texterfassung bis zur Textbereitstellung skizzieren sowie unsere Richtlinien, Entscheidungskriterien und den Bearbeitungsmodus kurz erläutern.

2. Die Textauswahl

Bei der Quellenwahl entscheiden wir uns grundsätzlich für die Standardausgabe des jeweiligen Werkes. Wie bekannt ist, bietet die Mittelhochdeutsche Begriffsdatenbank den Nutzern keinen Zugang zu Volltexten, sondern ist im Gegensatz zu digitalen Archiven mittelhochdeutscher literarischer Texte bewusst als reines Suchsystem angelegt, das den Zugriff bloß auf Textausschnitte limitiert. Damit weichen wir dem Problem des Leistungsschutzrechtes aus, können aktuelle Textausgaben als Basis verwenden und sind somit nicht auf alte, bereits überholte Ausgaben eingeschränkt. Die Entscheidung für die jeweils aktuelle und auf breitem wissenschaftlichen Konsens basierende Ausgabe versteht sich wohl von selbst und muss hier nicht weiter begründet werden. Allerdings veralten mit der Zeit natürlich auch die ehemals aktuellen Ausgaben bzw. erscheinen in überarbeiteter Form. Es wäre aber mit zu viel Arbeitsaufwand verbunden, jede ‚alte‘ Ausgabe durch die jeweils ‚neue‘, überarbeitete, zu ersetzen, daher finden sich im Textarchiv der MHDBDB nolens volens auch Primärtexte mit ‚abgelaufenem Datum‘. Bei Primärtexten, die noch in Ausgaben des 19. oder frühen 20. Jahrhunderts vorliegen, verwenden wir die letztgültige Edition bzw. jene, deren Verwendung auf einem breiten Konsens der mediävistischen scientific community beruht. Welche Ausgabe einem in der Begriffsdatenbank gespeicherten Text zu Grunde liegt, geht aus den Metadaten hervor, die von der Textliste aus

---

[23] Vgl. Horst P. Pütz und Klaus M. Schmidt: Die Mittelhochdeutsche Begriffsdatenbank. In: Zeitschrift für deutsches Altertum und deutsche Literatur 130, 2001, S. 493–495.

erreichbar sind. Abb. 1 zeigt als Beispiel die Einträge zum *Armen Heinrich* des Hartmann von Aue.[24]

3. Die Textaufbereitung und die Textdarstellung

Es kommt – leider – relativ selten vor, dass wir die elektronischen Primärtexte direkt von den Herausgeber/innen erhalten, wie dies zum Beispiel bei der Ausgabe der Lieder Walthers von der Vogelweide[25] der Fall war, die uns Thomas Bein dankenswerterweise digital zur Verfügung gestellt hat. Meistens müssen wir die Primärtexte selbst digitalisieren. Die Schritte von der Textauswahl bis zum so genannten ‚fertigen' Text sind die üblichen: Scannen, Korrekturlesen, Codieren. Es versteht sich von selbst, dass wir keine Bilder, sondern Textseiten scannen und daher natürlich mit der Nachbearbeitung eine relativ mühsame Arbeit verbunden ist. Unsere Suche nach der geeigneten Texterkennungs- bzw. OCR-Software war bislang nur mäßig erfolgreich. Seit einiger Zeit verwenden wir Version 9.0 Professional Edition des ABBYY FineReader mit dementsprechend mäßigem, angesichts des fehlenden Angebotes auf dem Software-Markt jedoch akzeptablem Erfolg. Als problematisch gestaltet sich das Erkennen der verschiedenen Spezialzeichen wie Diakritika, Ligaturen und anderer phonetischer Sonderzeichen sowie in älteren Drucken mit schwach konturierter Drucktype die Unterscheidung zwischen Buchstabengruppen. Daher kommt es des Öfteren zu Verlesungen, z. B. im Falle von *am* statt *ain*, von Schaft-*s* als *f*, von Doppel-*i* statt Doppel-*l* etc. Da wir für die in die Datenbank zu integrierenden Texte ausschließlich den ASCII-Zeichensatz verwenden, damit die Suchstrings/Suchanfragen von jeder Tastatur aus problemlos bewältigt werden können, liegt es auf der Hand, dass wir gewisse Sonderzeichen nicht übernehmen können und die graphische Form des Textes daher dementsprechend modifizieren müssen: Nicht übernommen werden können Diakritika. Hier müssen wir die vertikale durch die horizontale Darstellung der Buchstaben ersetzen. Ebenfalls nicht dargestellt werden können die *oe*-Ligatur sowie Abbreviaturen im Allgemeinen, soweit sie in den Ausgaben nicht aufgelöst sind. Des Weiteren verzichten wir auf metrische Akzentsetzungen, die wir generell nicht übernehmen. Der Zirkumflex sowie die *ae*-Ligatur hingegen können übernommen werden. Eingriffe der Herausgeber/innen werden durch Kursivierung graphisch kenntlich gemacht. Im Umgang mit der Übertragung von Emendationen sind wir im Arbeitsteam unterschiedlicher Meinung: Bisher galt und gilt auch weiterhin die Regel, dass nur eingefügte Wörter im Ganzen und nicht einzelne ergänzte oder konjizierte Buchstaben graphisch markiert werden. Diese Entscheidung ist sicherlich nicht unproblematisch, da sie die editorische Transparenz eines Textes mehr oder weniger unterminiert. – Deshalb gilt: Die in der Datenbank gespeicherten Texte sind zwar weitgehend zuverlässig, jedoch nicht zu 100 % identisch mit dem Text der

---

24 Hartmann von Aue: Der arme Heinrich. Hrsg. von Hermann Paul. 16., neu bearb. Aufl. besorgt von Kurt Gärtner. Tübingen 1996 (ATB. 3).

25 Walther von der Vogelweide: Leich, Lieder, Sangsprüche. Hrsg. von Christoph Cormeau. 14., völlig neu bearb. Aufl. der Ausgabe Karl Lachmanns. Mit Beiträgen von Thomas Bein und Horst Brunner. Berlin u. a. 1996.

Ausgabe, die ihnen zu Grunde liegt, und daher nur im eingeschränkten Maß, d. h. nach Abgleich mit der – meist gedruckten – Ausgabe, zitierbar.

Die ersten beiden Arbeitsschritte, Scannen und Korrekturlesen, werden, sofern die entsprechenden finanziellen Mittel vorhanden sind oder zur Verfügung gestellt werden, von Student/innen per Werkvertrag erledigt. Die Universität Wien leistet hier seit einigen Jahren finanzielle Schützenhilfe, für die wir sehr dankbar sind und deren Kontinuität wir uns auch für die Zukunft erhoffen.

Sobald nun der Primärtext so weit fertig gestellt ist, dass er den technischen Anforderungen der Datenbank entspricht, muss er Vers für Vers bzw. Zeile für Zeile codiert werden. Im Falle eines Prosatextes ist der Zeilenumbruch entweder durch die Ausgabe bereits vorgegeben oder wird von uns bestimmt, wobei wir uns an der Bildschirmbreite orientieren, um eine sinnvolle Darstellbarkeit zu gewährleisten.[26] Die Vers- bzw. Zeilencodierung erfolgt semiautomatisch mit Hilfe eines von unserem Programmierer generierten Linenumber-Codes. Dieser definiert die Verse/Zeilen, die Strophen, die Lieder oder Textabschnitte sowie allfällige Parallelüberlieferung/en. Bei den Liedern Oswalds von Wolkenstein[27] setzt sich der Linenumber-Code beispielsweise folgendermaßen zusammen (vgl. Abb. 2): 000000000cdddss---h. Zur Erläuterung: Der Linenumber-Code besteht grundsätzlich aus 19 Stellen, die je nach Textstruktur unterschiedlich besetzt sind. Im Falle der Lieder Oswalds von Wolkenstein sind 10 Stellen des Codes besetzt, davon steht ‚c' für die Position ‚chapter' bzw. ‚Kapitel', das dreistellige ‚d' für die Liednummerierung (1–131), das zweistellige ‚s' für ‚stanza' bzw. die Anzahl der Strophen eines Liedes und die dreistellige durchbrochene Linie für die Anzahl der Verse; das abschließende ‚h' schließlich ist der Platzhalter für die ‚headline', also für eine allfällige Liedüberschrift.

Von Lied 128 etwa, das mehrfach überliefert ist, sind in der Ausgabe von Klein alle vier verschiedenen Handschriften-Versionen abgedruckt. Dieses Lied gehört weder zum Corpus der Innsbrucker Handschrift B, also der Leithandschrift, noch ist es in den beiden Haupthandschriften A und c überliefert. Das Lied wird nur in Handschrift G aus der Mitte des 15. Jh., dem *Augsburger Liederbuch* (Cgm 379, Bayerische Staatsbibliothek), Oswald zugeschrieben. Die Fassungen der Handschriften t (Cpg 343, Heidelberg, Universitätsbibliothek, Mitte des 16. Jh.), u (Mgf 753, Berlin, Staatsbibliothek Preußischer Kulturbesitz, *Osnabrücker Liederhandschrift*, Mitte des 16. Jh.) und v (*Mones Handschrift*, verschollen, 2. Hälfte des 16. Jh.) wurden in der Ausgabe wegen ihres vergleichsweise kürzeren Umfangs und wegen des stark veränder-

---

[26] Dies gilt beispielsweise für den *Prosa-Lancelot*: Lancelot I. Nach der Heidelberger Pergamenthandschrift Pal. Germ. 147. Hrsg. von Reinhold Kluge. Berlin 1948 (Deutsche Texte des Mittelalters. 42); Lancelot II. Nach der Kölner Papierhandschrift W. f° 46* Blankenheim und der Heidelberger Pergamenthandschrift Pal. Germ. 147. Hrsg. von Reinhold Kluge. Berlin 1963 (Deutsche Texte des Mittelalters. 47); Lancelot III. Nach der Heidelberger Pergamenthandschrift Pal. Germ. 147. Hrsg. von Reinhold Kluge. Berlin 1974 (Deutsche Texte des Mittelalters. 63) sowie für das zur Zeit noch kleine Corpus der Rechtsurkunden aus dem Augustiner Chorherrenstift Herzogenburg in Niederösterreich. (Vgl. Springeth 2009 [Anm. 19].)

[27] Die Lieder Oswalds von Wolkenstein. Unter Mitwirkung von Walter Weiß und Notburga Wolf hrsg. von Karl Kurt Klein. Musikanhang von Walter Salmen. 3., neubearb und erw. Aufl. Hrsg. von Hans Moser, Norbert R. Wolf und Notburga Wolf. Tübingen 1987 (ATB. 57).

ten Wortlautes extra abgedruckt. Alle vier Fassungen finden sich daher auch in der Datenbank wieder (vgl. Abb. 3–6). Dort wird die Parallelüberlieferung in so genannte ‚Kapitel‘ bzw. ‚chapter‘ unterteilt. Die G-Fassung entspricht bei uns Kapitel 1, die t-Fassung Kapitel 2, die u-Fassung Kapitel 3 und die v-Fassung Kapitel 4.

Der entsprechende Hinweis auf unsere Textgliederung ist den Metadaten zu entnehmen (vgl. Abb. 7). Diese Orientierungshilfe ist leider nicht flächendeckend für alle Texte verfügbar. Hier gibt es sicher einen Nachbesserungsbedarf, der zwar zum Dauerbestandteil unserer To-do-Liste gehört, jedoch aufgrund vordringlicher Arbeiten vorerst leider aufgeschoben werden muss.

4. Die Lemmatisierung

Sobald ein neuer Primärtext in das Archiv der Datenbank eingelesen ist, beginnt die Arbeit an der lexikalischen und semantischen Aufbereitung des Wortmaterials, die in mehreren Schritten verläuft: Der erste Vorgang betrifft die automatische Lemmatisierung des neuen Textmaterials. Aufgrund der bereits in der Datenbank vorhandenen Lemmata und der ihnen zugeordneten Schreib- und Flexionsvarianten, also aufgrund des vorhandenen Wortindex, werden etwa 60–80 % der neuen Wörter erkannt und automatisch dem entsprechenden Lemma als neue Variante zugeordnet. Der Prozentsatz der Erkennung hängt weitgehend vom Grad der Normalisierung eines Textes ab. Da der größte Teil unseres Textarchivs aus weitgehend normalisierten Editionen von Texten des 13. Jahrhunderts besteht, werden Schreibformen in Texten des 14. und 15. Jahrhunderts natürlich noch nicht in größerem Umfang erkannt. In einem zweiten Schritt werden die nicht erkannten Wörter bzw. Wortformen von uns manuell lemmatisiert. Glauch moniert die angeblich mangelnde Transparenz der MHDBDB, die den Nutzern keine Möglichkeit biete, „den Stand der Lemmatisierung des Textes im einzelnen abzufragen“.[28] Daher sind, so Glauch, „Suchmanöver nach Lemmata und Bedeutungskategorien generell nutzlos, weil sie nur Zufallsergebnisse liefern“.[29] Diese Behauptung lässt sich leicht entkräften, denn es ist sehr wohl möglich, sich ein genaues Bild über den jeweiligen Status der Lemmatisierung und/oder Disambiguierung eines Textes zu machen, man muss hier also keinesfalls im Dunkeln stochern. Eine grundsätzliche Auskunft geben wiederum die Metadaten, in Abb. 8 am Beispiel des *Buches von Akkon* (AK) aus der *Steirischen* bzw. *Österreichischen Reimchronik* des Ottokar aus der Gaal.[30] Der präzise Bearbeitungsstatus eines Textes hingegen geht eindeutig aus der Statistik hervor (vgl. Abb. 9).

Im Falle des *Buches von Akkon*, das zwar vollständig lemmatisiert, aber noch nicht disambiguiert ist, was bedeutet, dass Homographen noch nicht erfasst sind und die semantische Komponentenanalyse der Einzelwörter noch nicht erfolgt ist, besteht also

---

28 Glauch 2005 (Anm. 16), S. 23.

29 Ebd.

30 Ottokars Österreichische Reimchronik. Nach den Abschriften Franz Lichtensteins hrsg. von Joseph Seemüller. 1. Halbband. Unveränderter Nachdruck der 1. Aufl. Berlin 1890. Dublin, Zürich 1974 (Monumenta Germaniae Historica. Deutsche Chroniken und andere Geschichtsbücher des Mittelalters. V,1), S. 578–720. Elektronischer Text vorbereitet von Bettina Hatheyer.

bereits jetzt die Möglichkeit, sowohl im Suchmodul *Wortindex* als auch im Suchmodul *Textsuche* nach sämtlichen Wortformen, nach Zeichenketten oder nach Wortfolgen etc. zu fragen. Eine Suche nach Wortfeldern oder Bedeutungskategorien ist für diesen Text allerdings nur eingeschränkt möglich bzw. wird tatsächlich nur Zufallsergebnisse liefern, die durch zusätzliche Recherchen ergänzt werden müssen, damit sie einer seriösen Prüfung standzuhalten vermögen.

Was hier keinesfalls verschwiegen werden soll, ist die (der automatischen Lemmatisierung innewohnende) Problematik von zum Teil nicht erkannten Homographen und einer daraus folgenden Fehlzuordnung graphischer Formen zu einem Lemma, was leider vorkommen kann. Es handelt sich hier somit um eine systemimmanente Fehlerquelle, deren manuelle Überprüfung und Behebung zwar möglich ist, aber aufgrund der bereits erreichten Größe der Begriffsdatenbank und aus Mangel an Mitarbeiter/innen bzw. Sponsor/innen nur langsam erfolgt. Hier ist tatsächlich „kritische Vorsicht am Platze",[31] wie Glauch anmerkt. Es bedarf nämlich gewisser Kontrollmaßnahmen (z. B. Kontrolle der gefundenen Textbelege im Kontext) und eventuell zusätzlicher Fangabfragen, um die Zuverlässigkeit des Recherche-Ergebnisses überprüfen zu können.

Glauch führt einige Beispiele für Fehlzuordnungen nicht normalisierter Graphien aus verschiedenen Texten an, um zu zeigen, dass sich nicht normalisierte Texte für die automatische Lemmatisierungsmethode der MHDBDB als ungeeignet erweisen. Diese Feststellung trifft im Wesentlichen zu. Die Form *hers* beispielsweise ist ein von der Datenbank noch nicht erfasster Homograph (vgl. Abb. 10).

Alle im Textarchiv vorhandenen Belege dieser Form – zur Zeit insgesamt 137, davon sind vier (aus *Lamprechts Alexander*[32]) noch nicht lemmatisiert – sind irrtümlich dem Lemma *her* (= das ‚Kriegsheer') zugeordnet (vgl. Abb. 11). Es handelt sich bei den gefundenen Belegen jedoch nicht durchgehend um den Genitiv Singular des Nomens *her* – unter den 137 Belegen finden sich auch kontrahierte Formen der Pronomina *er/ez* sowie *er/sie*, die dem Prozess der automatischen Lemmatisierung buchstäblich zum Opfer gefallen sind. Warum und wie es dazu kommt, ist rasch erklärt: Da das Nomen-Lemma *her* schon eingerichtet war und die beiden kontrahierten Pronomina als Lemmata erst zu einem Zeitpunkt in den Wortindex aufgenommen wurden, als die entsprechenden Texte (in diesem Fall das *Annolied*[33] und Heinrichs von Veldeke *Eneide*[34]), aus denen sie stammen, bereits ins Textarchiv eingelesen waren, fand keine Homographentrennung mehr statt.

Ein anderes Beispiel für eine fehlerhafte automatische Lemmatisierung ist *Venus*, das einerseits den Namen der Liebesgöttin bezeichnet, andererseits auch als Imperativform des französischen Verbs *venir* gespeichert ist, von der Datenbank jedoch

---

31 Glauch 2005 (Anm. 16), S. 23, Anm. 35.

32 Lamprechts Alexander. Nach den drei Texten, mit dem Fragment des Alberic von Besançon und den lateinischen Quellen hrsg. und erklärt von Karl Kinzel. Halle/S. 1884. (Germanistische Handbibliothek. 6).

33 Das Annolied. Hrsg. von Eberhard Nellmann. 3. Aufl. Stuttgart 1986.

34 Heinrich von Veldeke: Eneasroman. Mittelhochdeutsch – Neuhochdeutsch. Nach dem Text von Ludwig Ettmüller ins Nhd. übersetzt, mit einem Stellenkommentar und einem Nachwort von Dieter Kartschoke. Stuttgart 1986.

noch nicht als Homograph erkannt wird. Die Zeichenfolge *v-e-n-u-s* erweist sich somit als doppeldeutig, was bei der Suche nach dem Vorkommen der Liebesgöttin im Textarchiv zu einem fatalen Irrtum führt. Als Ergebnis erhält man nämlich außer einer zutreffenden (Abb. 12a) auch eine ‚falsche' Textstelle aus dem *Willehalm* Ulrichs von dem Türlîn (Abb. 12b).[35]

Diese Fehlerquellen sind, wie gesagt, durch manuelle Nachbearbeitung durchaus auszuschalten, allerdings ist der Zeitaufwand dafür so groß, dass er von unserer minimalen personellen Besetzung nur mit erheblicher zeitlicher Verzögerung geleistet werden kann. Da wir uns also dieser prinzipiellen methodischen Unzulänglichkeit durchaus bewusst sind, appellieren wir mit Glauch an die Nutzer, „[m]ögliche Fehlerhaftigkeit, Inkonsistenz und Lückenhaftigkeit der Daten [...] durch entsprechende Vorsicht [zu] kompensieren".[36] Wir appellieren aber mit derselben Intensität an die Nutzer, uns mögliche Fehl-Lemmatisierungen mitzuteilen, wenn sie im Zuge ihrer Recherchen in der Datenbank darauf stoßen (am besten per E-Mail).[37]

5. Die Disambiguierung

Die letzten beiden Schritte der Textbearbeitung betreffen die Disambiguierung, d. h. zum einen die Trennung der Lemmata nach Homographen, soweit sie in der Datenbank als solche definiert sind und in der Folge auch erkannt werden, und zum anderen die semantische Komponentenanalyse als einen wesentlichen Arbeitsschritt für die Aufbereitung des Wortmaterials. Die Disambiguierung erfolgte bisher ausschließlich manuell. Wir arbeiten derzeit an der Entwicklung eines automatischen Disambiguierungsmoduls, das uns in Zukunft zumindest einen Großteil der semantischen Einzelwortanalyse abnehmen soll. Allerdings wird eine manuelle Nachbesserung, ähnlich wie bei der Homographentrennung, wohl weiterhin erforderlich bleiben.

Bekanntlich ist der *Thesaurus semantischer Kategorien* (Modul *Begriffssystem*), dessen ca. 500 hierarchisch strukturierte Begriffe sich an Peter Mark Roget's *Thesaurus* bzw. Wortnetz[38] orientieren, das ‚Herzstück' der Mittelhochdeutschen Begriffsdatenbank. Begriffskategorien sind metasprachliche semantische Einheiten, die im hierarchischen Begriffssystem der MHDBDB als numerische Adressen mit neuhochdeutschen Deskriptoren gespeichert sind. Der Thesaurus gliedert sich in drei große thematische Bereiche, bestehend aus ‚Universum', ‚Mensch', ‚Mensch und Welt'. Der Themenbereich ‚Universum' umfasst vier Teilkomplexe: ‚Himmel und Atmosphäre', was die wesentlichen meteorologischen Phänomene abdeckt, die ‚Erde' mit ihren geologisch-topographischen Erscheinungen sowie ‚Pflanzenwelt' und ‚Tierwelt'. Der Themenbereich ‚Mensch' setzt sich aus Teilaspekten wie Physis, Psyche,

---

35 Meister Ulrich von dem Türlîn: Willehalm. Hrsg. von Samuel Singer. Prag 1893 (Bibliothek der mhd. Litteratur in Böhmen. 4).

36 Glauch 2005 (Anm. 16), S. 23.

37 E-Mail-Adressen der Projekt-Verantwortlichen unter http://mhdbdb.sbg.ac.at:8000/info.de.html.

38 1852 veröffentlichte Peter Mark Roget *Roget's Thesaurus of English Words and Phrases*, eine hierarchisch strukturierte Sammlung von Begriffen, die ein Themengebiet begrifflich umreißen und sich aus einem Netzwerk von Synonymen, Ober- und Unterbegriffen konstituiert.

Sozialgefüge, Arbeitswelt, Religion sowie Kunst und Kultur zusammen. Der dritte Bereich, ‚Mensch und Welt', repräsentiert Wissenschaft und Technik, Raum und Zeit sowie physikalische Eigenschaften im Allgemeinen. Damit wird ein breites Spektrum von Bedeutungssegmenten abgedeckt, die einerseits die Voraussetzung für die semantische Komponentenanalyse bilden, andererseits den Nutzern ermöglichen, ein Textcorpus bzw. das Textmaterial nach semantischen Merkmalen zu durchsuchen – immer vorausgesetzt, der digitalisierte Text ist von uns bereits lemmatisiert und, besser noch, disambiguiert. Abb. 13 zeigt einen Ausschnitt aus dem Ergebnis der Suche nach Rechtstermini in dem Urkundencorpus aus dem Stift Herzogenburg (HZU), das zwar lemmatisiert, aber noch nicht disambiguiert ist.

Es ist mir bewusst, dass dieser kurze Einblick in die Datenaufbereitung der Mittelhochdeutschen Begriffsdatenbank aus der ‚Produzenten'-Perspektive nur kursorischen Charakter hat und eine detaillierte Systeminformation keinesfalls ersetzen kann. Trotzdem, so hoffe ich, erwächst den Nutzern daraus ein Informationsgewinn, der ihnen Kenntnis über das Zustandekommen der Daten vermittelt und sie dazu befähigt abzuschätzen, ob die Daten für ihre Zwecke geeignet und inwieweit sie nutzbringend anzuwenden sind, aber auch, wo die Grenzen dieses Nutzens liegen. Die Forderung nach mehr Transparenz und nach einheitlichen Standards für elektronisch aufbereitete Primärtexte und Textcorpora ist eine strukturelle methodische Forderung, die sich an deren Anbieter richtet und von ihnen eine kohärente Systematik und einheitliche wissenschaftliche Standards in der Textrepräsentation erwartet, um die wissenschaftliche Verwertbarkeit von Internetangeboten zu garantieren. Dem Katalog wissenschaftlicher Regeln für Online-Literatur, den Glauch aufstellt, ist ohne Einschränkung zuzustimmen, aber die Einhaltung dieser Regeln gestaltet sich vermutlich weniger einfach. Faktum ist, dass die technische Entwicklung gerade im Bereich der elektronischen Datenverarbeitung mit derart rasantem Tempo voranschreitet, dass wir unter relativ großem Zeitdruck stehen, uns im Zuge dieser Entwicklung mit stets neuen Erwartungen konfrontiert sehen und die Einhaltung verbindlicher Richtlinien durch eben diese Entwicklung erschwert wird. Daher passieren viele Anpassungsleistungen oft mit Verzögerung.

Der Bedarf an gemeinsamen Richtlinien und Kriterien angesichts der schier unübersichtlichen Tendenzen der Technologieentwicklung ist evident und manifestiert sich in Initiativen verschiedenster Institutionen, die auf staatlicher und kommunaler Ebene entstanden sind und weiterhin entstehen. Dazu gehört auch das vom Bundesministerium für Wissenschaft und Forschung und dem österreichischen Wissenschaftsfonds FWF lancierte Förderprogramm *NIKE – Netzwerkinitiative Kulturelles Erbe*, das sich gerade in Vorbereitung befindet. Bleibt zu hoffen, dass diese Initiative, die möglicherweise die Rahmenbedingungen für eine einzelprojekt-übergreifende Förderung schafft, in absehbarer Zeit von der österreichischen Regierung tatsächlich umgesetzt wird und auch für die MHDBDB die erhoffte Unterstützung bringt.

Mittelhochdeutsche Begriffsdatenbank
Edit Text Information
Hauptmenu
Maintenance menu
Text list
Text: DAH
Select another text
Title of text: Der arme Heinrich
Title extention:
Author: Hartmann von Aue
Edit author information
Create new author
Edition: Hartmann von Aue: Der arme Heinrich. Hrsg. v. Hermann Paul, neu bearbeitet von Kurt Gärtner. 16. durchges. Aufl. Tübingen: Niemeyer, 1996. Elektronischer Text basiert zum Teil
Type: Höfischer Roman
Edit type information
Create new text type
Linenumber code: 00000000000000----i
Description: Der Text weist nach den folgenden Zeilen Einschübe auf: Vers 126, 652, 654, 662, 852, 980, 1280, 1284, 1332.
Noch nicht disambiguiert.
Text origin:
Edition info:
Image:
Durchsuchen...
Update

Abb. 1

Mittelhochdeutsche Begriffsdatenbank
Edit Text Information
Hauptmenu
Maintenance menu
Text list
Text: OVW
Select another text
Title of text: Oswald Lieder
Title extention:
Author: Oswald von Wolkenstein
Edit author information
Create new author
Edition: Die Lieder Oswalds von Wolkenstein. Unter Mitwirkung von Walter Weiß und Notburga Wolf hrsg. von Karl Kurt Klein. Musikanhang von Walter Salmen. 3., neubearb. u. erweit. Aufl., hrsg.
Type: Lyrik
Edit type information
Create new text type
Linenumber code: 000000000cdddss---h
Description: Teilweise lemmatisiert, aber noch nicht disambiguiert. Die verschiedenen Lied-/Strophenvarianten sind als "Kapitel" markiert.
Text origin:
Edition info:
Image:
Durchsuchen...
Update

Abb. 2

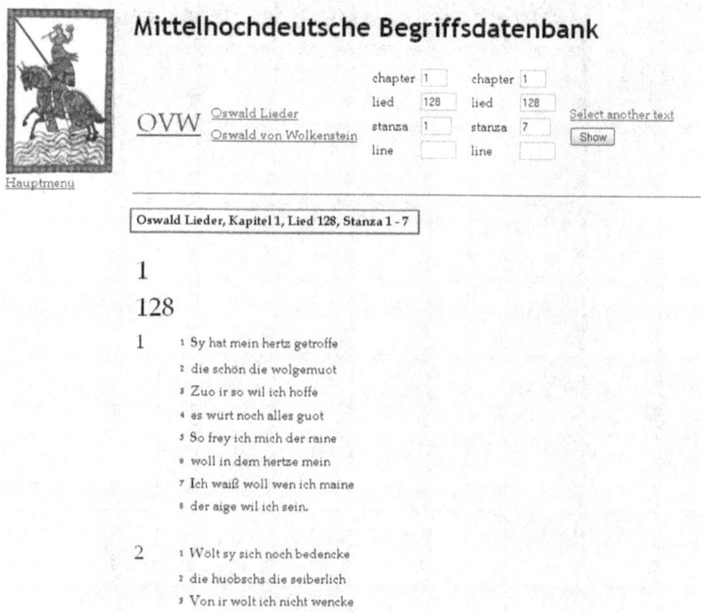
Mittelhochdeutsche Begriffsdatenbank
Hauptmenu
OVW
Oswald Lieder
Oswald von Wolkenstein
chapter 1
lied 128
stanza 1
line
chapter 1
lied 128
stanza 7
line
Select another text
Show
Oswald Lieder, Kapitel 1, Lied 128, Stanza 1 - 7
1
128
1
1 Sy hat mein hertz getroffe
2 die schön die wolgemuot
3 Zuo ir so wil ich hoffe
4 es würt noch alles guot
5 So frey ich mich der raine
6 woll in dem hertze mein
7 Ich waiß woll wen ich maine
8 der aige wil ich sein.
2
1 Wölt sy sich noch bedencke
2 die huobschs die seiberlich
3 Von ir wolt ich nicht wencke

Abb. 3

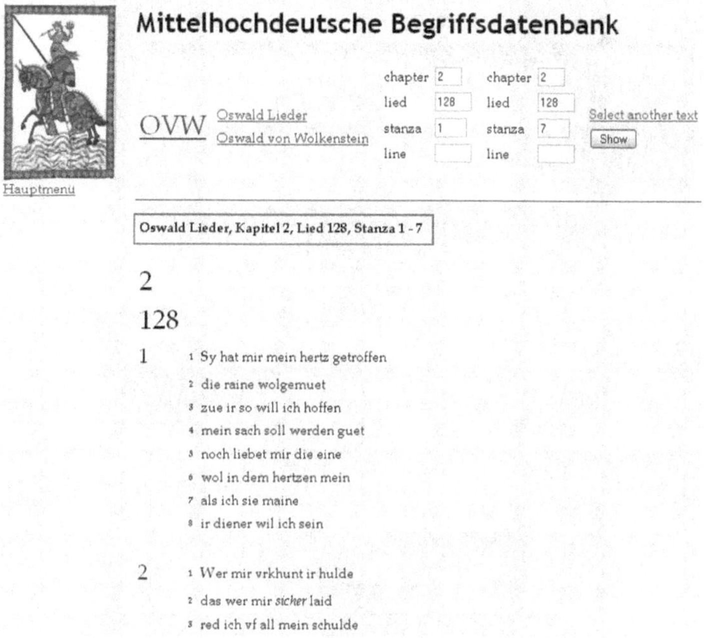
Mittelhochdeutsche Begriffsdatenbank
Hauptmenu
OVW
Oswald Lieder
Oswald von Wolkenstein
chapter 2
lied 128
stanza 1
line
chapter 2
lied 128
stanza 7
line
Select another text
Show
Oswald Lieder, Kapitel 2, Lied 128, Stanza 1 - 7
2
128
1
1 Sy hat mir mein hertz getroffen
2 die raine wolgemuet
3 zue ir so will ich hoffen
4 mein sach soll werden guet
5 noch liebet mir die eine
6 wol in dem hertzen mein
7 als ich sie maine
8 ir diener wil ich sein
2
1 Wer mir vrkhunt ir hulde
2 das wer mir sicher laid
3 red ich vf all mein schulde

Abb. 4

Mittelhochdeutsche Begriffsdatenbank
chapter 3 chapter 3
lied 128 lied 128
stanza 1 stanza 7
line line
OVW
Oswald Lieder
Oswald von Wolkenstein
Select another text
Show
Hauptmenu
Oswald Lieder, Kapitel 3, Lied 128, Stanza 1 - 7
3
128
1
1 Sie hatt mein hertz getroffen
2 die reine ist wolgemueth
3 zu ihr so will ich hoffen
4 eß wirt noch allzeitt gudt
5 sie liebet mir die reine
6 woll in dem hertze mein
7 sie ißet vnd die ich meine
8 ihr diener ich will sein
2
1 Wehr mich vnkundt ihr hulde
2 daß wher mich warlich leidt
3 daß red ich woll auf mein schulde

Abb. 5

Mittelhochdeutsche Begriffsdatenbank
chapter 4 chapter 4
lied 128 lied 128
stanza 1 stanza 7
line line
OVW
Oswald Lieder
Oswald von Wolkenstein
Select another text
Show
Hauptmenu
Oswald Lieder, Kapitel 4, Lied 128, Stanza 1 - 7
4
128
1
1 Sie hat mein hertze getroffen
2 die reine ist wolgemuet
3 zu ihr so will ich hoffen
4 es wird noch wol einst guet
5 sie gliebet mir die reine
6 wol in dem hertzen mein
7 sie ist wol die ich meine
8 ihr diener go will ich sein
2
1 Wer mich unkundt erhalte
2 das wer mich warlich leid
3 das rede ich aus meine treuwe

Abb. 6

Mittelhochdeutsche Begriffsdatenbank
Edit Text Information
Text: OVW
Select another text
Title of text: Oswald Lieder
Title extention:
Hauptmenu
Maintenance menu
Text list
Author: Oswald von Wolkenstein
Edit author information
Create new author
Edition: Die Lieder Oswalds von Wolkenstein. Unter Mitwirkung von Walter Weiß und Notburga Wolf hrsg. von Karl Kurt Klein. Musikanhang von Walter Salmen. 3., neubearb. u. erweit. Aufl., hrsg.
Type: Lyrik
Edit type information
Create new text type
Linenumber code: 000000000cdddss---h
Description: Teilweise lemmatisiert, aber noch nicht disambiguiert. Die verschiedenen Lied-/Strophenvarianten sind als "Kapitel" markiert.
Text origin:
Edition info:

Abb. 7

Mittelhochdeutsche Begriffsdatenbank
Edit Text Information
Text: AK
Select another text
Title of text: Buch von Akkon
Title extention: Steirische Reimchronik, Ausschnitt
Hauptmenu
Maintenance menu
Text list
Author: Ottokar aus der Gaal
Edit author information
Create new author
Edition: Nach Seemüller, Josef: Monumenta Germaniae Historica. Deutsche Chroniken. 5,1 u. 5,2 Ottokars Österreichische Reimchronik. Nach den Abschriften Franz Lichtensteins.
Type: Historische Texte
Edit type information
Create new text type
Linenumber code: 00000000000000-----
Description: Lemmatisiert, aber noch nicht disambiguiert. Ausschnitt aus der etwa zwischen 1301 und 1319 entstandenen Österreichischen (od. Steirischen) Reimchronik: Vers 44579 bis 53866 beinhalten einen in sich geschlossenen Erzählkomplex über die Zerstörung Akkons im Jahre 1291
Text origin:
Edition info:

Abb. 8

Status der Lemmatisierung / Disambiguierung

Text	Unbekannt	Unbekannt, verschieden	Mehrdeutig	Keine Bedeutung	Abgeschlossen	Satzzeichen
ABG	0	0	817	886	2478	669
ABS	0	0	601	686	2728	298
ADP	10911	6991	21579	13008	51630	10573
AK	0	0	6578	8820	27172	6397
AMI	0	0	1460	2605	9436	2387
ANN	0	0	407	1121	3022	782
ARB	0	0	271	344	1109	214
ARK	0	0	249	176	574	179
AT	0	0	1609	2993	11664	3015
AX	0	0	833	1432	4907	771
AXH	0	0	1199	2303	6798	1703
AXK	0	0	264	345	1005	250
AXR	0	0	12733	23573	72080	12884
AXS	0	0	9701	5842	17610	5391
AXU	0	0	17573	33536	95031	22977
AXV	0	0	2547	1453	4554	1411
AXW	1881	1203	6983	4927	18060	5001
BAR	0	0	9887	17829	54783	14125
BDK	0	0	3168	1915	6360	1809
BGM	0	0	778	463	1635	456
BIB	0	0	63	39	94	21

Abb. 9

Mittelhochdeutsche Begriffsdatenbank

Wortindex

Geben sie das gesuchte Lemma ein.
hers
Get it! ☐ Count Frequencies

1 **ers** er's, ers, hers, iems
2 **erz** er's, er'z, ers, erz, erß, he't, hers, herz, hê't, hê'z, im'z, ims, imz, ins, inz, yms
3 **her** har, hare, haren, heere, her, here, heren, heres, herez, heri, herige, heris, herje, herlîn, hern, hers, hêre, hêres

Hauptmenü
Allgemeine Hilfe
Begriffswörterbuch-Hilfe
Grammatik-Kürzel
Begriffssystem
Texte auflisten

Suche nach Bildern zu den gefundenen Realien: IMAREAL

MHDBDB-Projekt, page created in2ms at Tuesday, September 16, 2008 2:36:11 PM CEST, Mhdbdb version: naghart - testing

Abb. 10

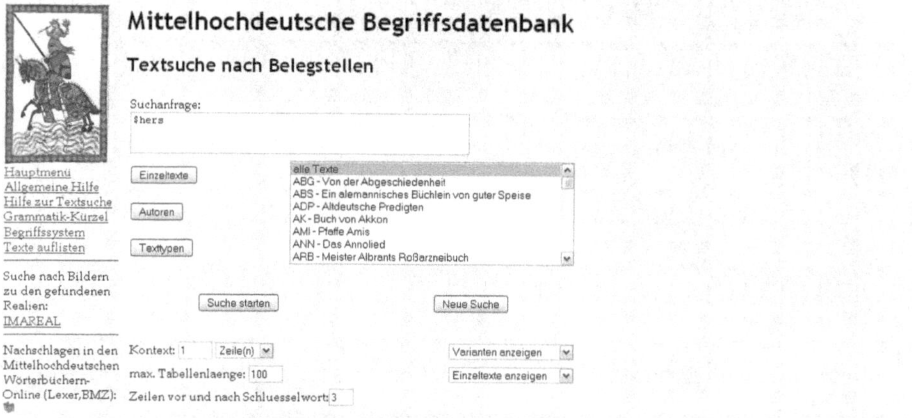

Text	AK	ANN	AXR	AXV	DFL	ENE	ERB	FLO	GAR	IT	KAR	KCR	MEL	NLC	PL1	PRT	PZ	REN	TRO	TRY	WH	WLB	WUT	WVO	alle
her	4	4	10		1	19	2	1	4	2	2	1	2	1	2	4	15	18	2	1	31	1	5	1	133
hers	4	4	10		1	19	2	1	4	2	2	1	2	1	2	4	15	18	2	1	31	1	5	1	133
				4																					4
hers				4																					4
GESAMT	4	4	10	4	1	19	2	1	4	2	2	1	2	1	2	4	15	18	2	1	31	1	5	1	137

Abb. 11

Willehalm (U. v. T.), Absatz 154, Zeile 21 - 31

154 sît ir Kristen, sô tuot ouf! "
nû wart ein vil balder louf,
von dem schachtlûr, der was erwaht.
man hôrt ouch nû der heiden braht,
der kraft was mit baldem jagen.
ouch begunde ez iemitten tagen.
die porte man wît ûf swief,
der tschahtelûr gein im lief:
" bên sê Venus! "sprach er dô.
des gruozes wart der markîs frô,
sîn herz nû swebet in fröuden hô.

Abb. 12a

Willehalm (U. v. T.), Absatz 194, Zeile 1 - 9

194 frôn Vênus des niht verdrôz,
diu hie ir beider liebe slôz.
ab der burgmûr sî riefen lût,
daz man dur got in betût,
wer ûf kiel und kalêden waere.
nû rief ein marnaere:
" wölt ir ganzer fröuden jehen,
so lâzen wir iuch hie fröude sehen:

Abb. 12b

Text	HZU	alle
anerben	1	1
anesterben	1	1
arbeit	1	1
buoze	1	1
burcgrâve	2	2
burcreht	24	24
dienest	2	2
êgenant	2	2
eit	1	1
erben	63	63
erstaten	1	1
gewer	1	1
gewerf	1	1
gewissen	1	1
geziuc	3	3
Text	HZU	alle
geziuge	4	4
gülte	10	10
herzoge	1	1
insigele	8	8
klagen	1	1
kriec	1	1
ledec	1	1
nander	1	1
nennen	19	19
phlegære	4	4
rede	7	7
reht	12	12
rihtaere	2	2
schaffen	3	3
schol	29	29
Text	HZU	alle
schuldec	1	1
staete	13	13

Abb. 13

Hubert Stigler

Neue Wege in der Digitalen Edition: Jenseits von Hypertext und Nicht-Lineariät[1]

I. Allgemeines

Auch wenn der Stellenwert der *Editionstechnik* in den einzelnen geisteswissenschaftlichen Fachbereichen unterschiedlich bewertet wird – so gibt es etwa in den Philologien und der Musikwissenschaft eine eigenständige Editionswissenschaft, während in der Geschichtswissenschaft Fragen der Quellenerschließung und Editionstechnik zum methodologischen Kanon der Historischen Hilfswissenschaften gehören –, kann es doch als fächerübergreifender Konsens betrachtet werden, die Kernaufgabe der *klassischen* Editionstechnik in der erschließenden, kritisch kommentierenden, (aber auch) möglichst originalgetreuen drucktechnischen Wiedergabe von historischen Dokumenten zu verorten.

Durch die *Digitalisierung* der Editionstechnik in den letzten Jahren hat sich nun ein grundlegender Wandel vollzogen: Nicht nur trat ein neues, digitales Publikationsmedium mit Eigenschaften wie schneller Verfügbarkeit, Möglichkeiten der Delinearisierung des Inhalts als Hypertext[2] sowie nahezu unbegrenzten Speicherkapazitäten[3] an die Stelle des Papiers, sondern neue Formen der Analyse, der Erschließung, der Semantisierung, der Recherche und der Produktion von multiplen Repräsentationsformaten aus einer Editions(text)quelle (Single Source Publishing) wurden denkbar.[4] XML-basierte Datenformate eröffneten Perspektiven in der Editionswissenschaft, die

---

[1] Dieser Beitrag bildet einen theoretischen Rahmen zum Referat von Petra Steinkellner (als Podcast nachzuhören auf der Tagungs-Homepage http://www.uni-graz.at/wernfried.hofmeister/wegezumtext), das sich stärker auf die praktischen Aspekte der Digitalen Edition konzentriert hatte.

[2] Klaudia Prokopczuk und Arthur Tiutenko: Text im Hypertext. Ein textlinguistischer Blick auf die Informationsgestaltung im Internet. In: Jahrbuch für Computerphilologie 3, 2001, S. 107–128, online unter http://computerphilologie.tu-darmstadt.de/jg01/tiutenko.html.

[3] Vgl. Rainer Baasner: Digitalisierung – Geisteswissenschaften – Medienwechsel? Hypertext als fachgerechte Publikationsform. In: Jahrbuch für Computerphilologie 1, 1999, S. 11–20, auch online unter http://computerphilologie.tu-darmstadt.de/jahrbuch/jb1/baasner.html; Jürgen Daiber: Literatur und Nicht-Linearität: Ein Widerspruch in sich? In: Jahrbuch für Computerphilologie 1, 1999, S. 21–38, online unter http://computerphilologie.tu-darmstadt.de/jahrbuch/jb1/daiber.html; Roland Kamzelak: Hypermedia – Brauchen wir eine neue Editionswissenschaft? In: Computergestützte Text-Edition. Hrsg. von R. K. Tübingen 1999 (Beihefte zu editio. 12), S. 119–126.

[4] Unter Single-Source-Publishing versteht man Verfahren, die es ermöglichen, aus einer (repräsentationsformatlosen) Quelldatei über Transformationen mehrere Ausgabeformate (z. B. HTML-, PDF-Dokument u. a.) zu erstellen. Moderne Konzepte stützen sich dabei auf Metadaten und inhaltliche Auszeichnung des Textes über XML-basierte Methoden. Im Text werden dabei einzelne Passagen inhaltlich ausgezeichnet (getaggt). Damit ‚weiß' ein Autorenwerkzeug u. U. über Inhalt und textlogische Struktur Bescheid und kann folglich auf diesem Wissen basierende Funktionalitäten anbieten.

heute nur ansatzweise ausgelotet sind und von denen in der Zukunft auch wichtige theoretische Impulse – etwa für die Weiterentwicklung von Anwendungsbereichen wie der *Langzeitarchivierung* u. a. m. – über die Etablierung nicht-proprietärer, firmenunabhängiger Datenformate zu erwarten sind.

Der zentrale Unterschied zur papier-basierten Edition besteht in der Möglichkeit der Anreicherung des edierten Textes mit beschreibenden Metadaten, also der Modellierung eines Textes hinsichtlich eines domänenspezifischen Fachwissens mittels Annotationssprachen. Für einen solcherart semantisierten Text hat sich – aus der Sprachwissenschaft kommend – der Begriff des *Korpus* etabliert: Von zentraler Bedeutung für (Text-)Korpora ist (a) die Eigenschaft, dass sie zusätzlich zum textuellen Rohmaterial Metainformationen enthalten, die verschiedene Beschreibungsebenen (Textstruktur, Morphologie, Syntax, Diskurs, Interpretationen, Erzählstrukturen etc.) betreffen, und dass (b) diese Informationsanreicherung mittels XML-basierter Auszeichnungssprachen erfolgt.

Mit dieser Verortung der *Digitalen Editionstechnik* verliert sie ihren stark *konservatorischen* Fokus und zielt auf das universelle Bemühen um hochgradig strukturierte und damit nachhaltig nutzbare Weisen der Kodierung jeglicher Art von wissenschaftlichen Texten und Quellenmaterialien. Auf Basis der in einem Textkorpus enthaltenen Metadaten ist es mittels entsprechender standardisierter Verarbeitungstechnologien (u. a. XSLT[5]) möglich, (semi-)automatisch (interaktive) Analyse- oder Hypertextrepräsentationen sowie Druckvarianten aus einer Textquelle zu erstellen.

Auch wenn andere metasprachliche Annotationssysteme weiterhin für die Korpusmodellierung von Bedeutung sind, haben sich in diesem Genre in den letzten Jahren vornehmlich XML-basierte Standards durchgesetzt. Die rasante Weiterentwicklung des TEI-Metadatensets[6] (Text Encoding Initiative) in der jüngsten Vergangenheit mag als Befund dafür gewertet werden. Insgesamt ist zu beobachten, dass die progressive Verbreitung von XML in angewandten IT-Bereichen zu einer verstärkten Entwicklung von XML-Technologien und -Tools geführt hat, die eben auch für die Editionswissenschaft nutzbringend einsetzbar sind. Dieser Beitrag versucht, neben einigen prinzipiellen Überlegungen anhand eines Strukturprojekts zur digitalen Edition und Publikation[7] (GAMS) an der Geisteswissenschaftlichen Fakultät der Universität Graz, Möglichkeiten von text- und sprachtechnologischen Anwendungen unter Verwendung XML-basierter Frameworks zu skizzieren.

---

5 URL: http://www.w3.org/TR/xslt

6 TEI P5: Guidelines for Electronic Text Encoding and Interchange by the TEI Consortium. Originally edited by C. M. Sperberg-McQueen and Lou Burnard for the ACH-ALLC-ACL Text Encoding Initiative. Now entirely revised and expanded […] by Lou Burnard and Syd Bauman. Oxford et al. 2008. [1.3.0. Last updated on February 1st 2009.] Online unter http://www.tei-c.org/release/doc/tei-p5-doc/en/Guidelines.pdf.

7 URL: http://gams.uni-graz.at (GAMS – Asset Management System der Geisteswissenschaftlichen Fakultät Graz).

II. XML-basierte Informationsmodellierung

Wesentliche Voraussetzung für die Etablierung von XML in der Editionstechnik – weit über das ursprüngliche Anwendungsfeld der (syntaktischen) Informationsstrukturierung hinaus – in der Editionstechnik war die Stabilisierung und Konsolidierung des Standards, vor allem durch (a) die Normierung des Aufbaues wohlgeformter XML-Dokumente durch die Einführung des XML Information-Set Standards, (b) die Einführung eines erweiterbaren Typensystems in XML, das die Beschreibung beliebiger Datenstrukturen erlaubt (XML Schemata), und (c) die Etablierung einer einheitlichen Konvention für die Verwendung von Namensräumen.[8]

Damit wurde der Grundstein für die Entwicklung komplexer Annotationssprachen gelegt, wie sie die TEI[9] – zunächst noch basierend auf SGML[10] – in ihrer heute vorliegenden Version P5 darstellt. Sie wurde entwickelt aus der Intention, eine allgemein (für alle Sprachen und Textsorten) gültige Konvention zur Textannotation auszuarbeiten[11] und in Form von Guidelines festzuhalten.[12] Diese bilden flexible Rahmenrichtlinien zur Definition (normativer) Kodierungsstandards, deren Anwendungsbereiche eben auch Quellen und Dokumente umfassen, wie sie in einer Vielzahl in geisteswissenschaftlichen Disziplinen vorliegen bzw. produziert werden: von historischen Urkunden über Texte, die in Erhebungssituationen quantitativer und qualitativer empirischer Sozialforschung generiert werden, bis hin zu literatur- und sprachwissenschaftlichen Textkorpora. Neben Fließtexten können mit TEI auch nicht-kontinuierliche Texte wie Wörterbücher u. Ä. ausgezeichnet werden. Neben diesem primären Anwendungsbereich XML-basierter Informationsmodellierung hat sich in der Informationsverarbeitung eine Reihe weiterer Funktionsbereiche herausgebildet, in denen XML eine zentrale Bedeutung zukommt und die auch für eine digitale Editionstechnik von zentraler Bedeutung sind:

1. Metadatenbeschreibung und Wissensmanagement: Darunter versteht man die sekundäre Anwendung von XML, um Inhaltseinheiten zusätzliche Beschreibungselemente hinzuzufügen, z. B. durch Standards wie Resource Description

---

[8] Vgl. Kurt Cagle, Jon Duckett [u. a.] : Professional XML Schemas. Birmingham 2001; Henning Lobin: Erweiterte Dokumentgrammatiken als Grundlage innovativer XML-Tools. In: Information Technology 45, 2003, H. 3, S. 143–150; Henning Lobin: Textauszeichnung und Dokumentengrammatiken. In: Texttechnologie. Perspektiven und Anwendungen. Hrsg. von Henning Lobin und Lothar Lemnitzer. Tübingen 2004, S. 51–82; Christian Wolf. Systemarchitekturen. Aufbau texttechnologischer Anwendungen. In: ebda, S. 166–192.

[9] URL: http://www.tei-c.org/P5.

[10] Steve Niewisch: XML contra SGML. Technologie zur Strukturierung von Information. [2002.] Online unter http://www.niewisch.de/fachtexte/download/xml_contra_sgml.pdf; Steve Niewisch: Herausforderung Informationsmodellierung mit XML. Grundlagen zur Strukturierung von Dokumenten durch DTD's. [2002.] Online unter http://www.niewisch.de/fachtexte/download/xml_informationsmodellie rung.pdf.

[11] Vgl. Winfried Bader. Was ist die Text Encoding Initiative (TEI)? In: Computergestützte Text-Edition. Hrsg. von Roland Kamzelak. Tübingen 1999 (Beihefte zu editio.12), S. 9–20; Text Encoding Initiative. Background and Context. Hrsg. von Nancy M. Ide und Jean Véronis. Dordrecht, London 1995.

[12] Lou Burnard. Digital Texts with XML and the TEI. [2004.] Online unter http://www.tei-c.org/Talks/OUCS/2004-02/One/teixml-one.pdf; Barbara Rossmann: Annotation von Texten des gesprochenen Italienisch nach dem Standard der Text Encoding Initiative (TEI). Diplomarbeit, Graz 2006.

Framework[13] (RDF), Topic Maps[14] und Web Ontology Language[15] (OWL). Mit diesen Standardisierungen wurde der Grundstein für die Modellierung fachspezifischer Vokabularien[16] gelegt, um diese einer automatisierten Verarbeitung (z. B. in einer Recherche) zugänglich zu machen. Erste umfassende Beispiele solcher domänenspezifischer Ontologien stammen z. B. aus dem Bereich des Archiv- und Museumswesens: Mit dem CIDOC Conceptual Reference Model[17] hat das Internationale Komitee für Dokumentation des internationalen Museumsverbandes (CIDOC) eine erweiterbare Ontologie für Begriffe und Informationen im Bereich des Kulturerbes vorgelegt. In der SKOS-Spezifikation (Simple Knowledge Organization System[18]) versucht das W3C erstmalig eine auf dem Resource Description Framework basierende formale Sprache zur Kodierung von Dokumentationssprachen wie Thesauri, Klassifikationen oder anderen kontrollierten Vokabularen zu standardisieren.

2. *Informationstransformation* meint die Verwendung von XML-Standards, mit deren Hilfe Informationsstrukturen aufeinander abgebildet werden, um z. B. aus einer XML-Struktur ein Repräsentationsformat abzuleiten. Hier ist vor allem XSL (eXtensible Stylesheet Language) zu nennen, der Überbegriff für ein komplexes Regelsystem, das aus drei Spezifikationen besteht: (a) XSLT, einer Transformationssprache zur strukturellen Bearbeitung von XML Dokumenten, die regelbasiert in XML-Syntax einen Transformationsprozess einer Eingabedatei in ein oder mehrere Ausgabedateien mit beliebigem Zielformat beschreibt, (b) XPATH, das die Selektion von (virtuellen) Teilbäumen einer XML-Struktur ermöglicht, und (c) XSL:FO, einem Standard zur Beschreibung von Druckseiten.
3. Einen *Informationsaustausch* erlaubt die Verwendung von XML als allgemeines Datenaustauschformat zwischen Applikationen auch auf der Ebene von Protokollen (SOAP – Simple Object Access Protocol u. Ä.) über das Internet.
4. Eine *Applikationsmodellierungssprache* meint die Verwendung von XML im Design, der Programmierung und dem Deployment von Applikationen etwa in UML-basierten Entwicklungsumgebungen genauso wie als steuerungsrelevante Modellierungssprache für Prozessverläufe in webbasierten Applikationsframeworks.

---

13 Dan Brickley und Ramanathan V. Guha: RDF Vocabulary Description Language 1.0: RDF Schema. Recommendation. [2004.] Online unter http://www.w3.org/TR/rdf-schema/.

14 URL: http://www.topicmaps.org/

15 URL: http://www.w3.org/TR/owl-semantics/.

16 In der Informationsverarbeitung meint eine Ontologie ein Vokabular, das eine Domäne (Fachbereich) beschreibt, und die zugehörigen Assoziationen, die die Beziehungen der Terme eines Vokabulars untereinander beschreiben.

17 URL: http://cidoc.ics.forth.gr/.

18 URL: http://www.w3.org/2004/02/skos/.

III. XML-basierte Publikationssysteme

Zur Verarbeitung von XML-basierten Daten existiert heute eine Reihe spezifischer Publikationsframeworks. Sie unterstützen u. a. dabei, unterschiedliche Aspekte einer mehrschichtig modellierten Textstruktur für den/die wissenschaftliche/n Endnutzer/in in verschiedenen Formaten bzw. Sichten zu repräsentieren. Allgemein sind sie durch folgende Merkmale gekennzeichnet: (a) Realisierung als Client-Server-Anwendung auf der Basis von W3-Standards und (b) Verwendung einer *Three Tier* Struktur, wobei als Client in der Regel ein Web-Browser zum Einsatz kommt und serverseitig eine entsprechende Applikationslogik implementiert ist, (c) modulare Integration XML-verarbeitender Komponenten (XSLT-Prozessor) und (d) Separierung des Inhaltes (XML) von seinen Präsentationsaspekten (XSLT), wodurch Flexibilität bezüglich der Ausgabegenerierung und Verarbeitung der Daten erreicht wird.[19]

Als ein Open Source Projekt, das dieses Anforderungsprofil umsetzt, hat vor allem das von der Apache Software Foundation entwickelte COCOON Framework weite Verbreitung gefunden. COCOON ist ein Java-basiertes, dynamisches Komponenten-Framework, das in eine JSP-Container (Java Server Pages) Umgebung integriert werden kann und neben eigenen Modulen zur Steuerung der XML-Verarbeitung bestimmte Standardkomponenten integriert. Insbesondere die beiden Apache Komponenten XERCES[20] als XML-Parser und XALAN[21] als XSLT-Prozessor sind hier zu nennen. Die offene, komponentenbasierte Architektur ermöglicht auch die einfache Integration von Datenbank- oder Autorisierungsmodulen. Wie fast jede Web-Anwendung ist auch COCOON in einen festen Request-Response-Zyklus eingebettet. Einen Request realisiert COCOON als eine *Pipeline* aufeinanderfolgender Arbeitsschritte.

Innerhalb von COCOON wird der URI eines Requests ausgewertet und über einen so genannten *Matcher* einer der in der zentralen Steuerungsdatei definierten Pipelines zur Verarbeitung übergeben. Jeder Arbeitsschritt kann Daten in Abhängigkeit vom aktuellen Pipelinezustand schreiben und aus verschiedensten Datenquellen (Datei, Datenbank, Webservice u. v. m.) lesen. Mit diesem einfachen Konzept lassen sich komplexe Aufgaben in mehrere Teilaufgaben zerlegen. Die Kommunikation innerhalb einer Pipeline geschieht über so genannte SAX-Streams (Simple API of XML), bei denen Antworten einer Pipelinekomponente im XML-Format an die nächste Komponente in der Verarbeitungskette weitergereicht werden. Im letzten Schritt der Pipeline wird der an den Client rückübermittelte Output erzeugt, wobei wieder XML-Komponenten die Serialisierung des XML-Streams übernehmen können.

Standardkomponenten des Frameworks eignen sich damit gut zur Realisierung von (multilingualen) Web-Applikationen mit dahinterliegenden XML-basierten Daten- und Textbanken.

---

[19] Bill Brogden, Conrad D'Cruz und Mark Gaither: Cocoon 2 Programming. Web Publishing with XML and Java. San Francisco [u. a.] 2003.

[20] URL: http://xerces.apache.org/.

[21] URL: http://xml.apache.org/xalan-j/.

IV. Eine IT-Infrastruktur zur digitalen Edition und Publikation

1. Allgemeines

Einen über den Funktionsumfang von COCOON weit hinausgehenden Rahmen für digitale Editionsprojekte bieten so genannte *Asset*[22] *Management Systeme* (AMS).[23] Sie dienen ganz allgemein zur Speicherung und Verwaltung digitaler Ressourcen, wie sie in wissenschaftlichen Kontexten in einer Vielzahl auftreten. Im Unterschied zum *Content Management* treten beim Asset Management vor allem Aspekte der nachhaltigen, metadaten-basierten und zitierbaren Archivierung sowie des flexiblen, über Berechtigungsmodelle gesteuerten Zugriffs auf digitale Ressourcen in den Vordergrund. Der Aspekt der Nachhaltigkeit meint dabei die dauerhafte Verfügbarkeit von Ressourcen, zielt aber auch auf grundsätzliche Überlegungen im Zusammenhang mit Archivierungsprojekten ab, etwa die Frage nach den zu verwendenden Datenformaten: So gilt es im Kontext wissenschaftlicher Datenhaltung sicherzustellen, dass – abseits von wechselnden Softwareumgebungen – für wissenschaftliche Zwecke archivierte Texte, Bilder, Filme, statistische Datenbasen und andere Materialien zitabel und über längere Zeiträume sicher (vergleichbar mit Print-Publikationen) verfügbar sind.

Sinnvollerweise impliziert ein solches Vorhaben die Verwendung Unicode-fähiger, offener XML-basierter Datenformate. Als Basisfunktionalitäten zur Erledigung seiner Aufgaben bietet ein AMS Import- und Export-Operationen für Datenquellen (ev. verbunden mit Formatkonvertierungen, etwa von Office zu XML) die Möglichkeit der Anreicherung mit unterschiedlichsten beschreibenden, aber auch administrativen Metadaten (zu Recherchezwecken), die Bündelung von Ressourcen in Containern und die Unterstützung der Versionierung von Datenquellen und Strategien der URL-basierten Adressierung einzelner Teilentitäten eines Assets.

Darüber hinaus orientiert sich ein AMS im hier beschriebenen Sinn am Paradigma des Single Source Publishing: Ein Textkorpus kann dabei in unterschiedlichsten Repräsentationsformaten auftreten, die *on-the-fly* (bei Referenzierung des Inhaltes über einen Browser) über so genannte Stylesheets aus einem in einem Asset gespeicherten Inhalt generiert werden. Bei der Suche nach einer geeigneten Plattform zur Realisierung einer entsprechenden IT-Infrastruktur zur digitalen Edition stießen wir nach eingehenden Recherchen auf das Open Source Projekt FEDORA[24] (Flexible Exten-

---

22 Mit dem Begriff des Assets ist hier die kleinste strukturierende, beschriebene und vom System verwaltete Einheit gemeint, vergleichbar mit einem Katalogisat. Ein solches Asset setzt sich zusammen aus einem primären Datenstrom (z. B. Textdokument, Spreadsheet, Präsentationsdatei, Audio- oder Videodatei u. v. m.) und zumindest einem beschreibenden Metadatensatz (Dublin Core). Solchen so genannten Simple Model Assets stehen Compound Model Assets gegenüber, die aus einer Vielzahl von primären Datenströmen und damit verknüpften Funktionalitäten bestehen können: z. B. ein Asset für digitale Bücher, das aus allen Bilddateien der Fotografien einer Handschrift, dem edierten Text (in einem beliebigen Textformat) und einer Assetmethode besteht, die es erlaubt, in den Seiten dieses (virtuellen) Buches zu blättern oder Details der einzelnen Seiten zu vergrößern.

23 David Austerberry: Digital Asset Management. How to realise the value of video and image libraries. Oxford 2004; Ian H. Witten und David Bainbridge: How to build a Digital Library. San Francisco 2003.

24 URL: http://www.fedora-commons.org.

sible Digital Object Repository Architecture) der Cornell University, die seit 1997 gemeinsam mit der University of Virginia, gefördert durch Stiftungsgelder der Mellon Foundation und zuvor der National Science Foundation, die Entwicklung eines distributionsfähigen Produktes vorantreibt. Im Kern bietet FEDORA eine datenbankgestützte, modular erweiterbare Speicher- und Verwaltungsstruktur (Repository) für beliebige (verteilte) digitale Ressourcen mit webbasierten Zugängen, orientiert an den Prinzipien einer „Serviceorientierten Architektur“ (SOA) mit folgenden Eigenschaften (s. Abb. 1):

- Webservice-basierte (SOAP[25], Simple Object Access Protocol), plattformunabhängige, verteilte Systemarchitektur,
- Apache Lucene-basierter[26] Volltext-Index und Versionsverwaltung der Assetinhalte,
- RDF-basierter[27] Triplestore auf Metadaten mit der SQL-artigen Abfragesprache ITQL[28] (Tucana Technologies),
- Definition von fein granulierbaren Zugriffsrechten auf Assets und deren Teilentitäten auf Basis von XACML[29] (Extensible Access Control Markup Language),
- standardbasierte Import- und Exportformate: METS[30] (Metadata Encoding
- eindeutige URL-basierte Adressierung digitaler Ressourcen,
- Unterstützung standardisierter Protokolle zum Metadatenaustausch wie OAI-PMH[31] u. a.;
- aufgrund der Trägertechnologie (Apache Tomcat[32]) können durch Repository Clustering und Load Balancing Systemumgebungen mit entsprechender Anzahl von Concurrent Usern realisiert werden.[33]

2. Variable Inhaltsmodelle

Als eines der wichtigsten Paradigmen auf dem Gebiet des Softwaredesigns nennt Wolf[34] (2004) mit Bezug auf Gamma u. a.[35] (2001) und Pree[36] (1997) die Herausbildung und Durchsetzung des Konzeptes der Objektorientierung, das gemeinsam mit der Einführung modularer Softwarekonzepte mit hoher Granularität sowie durch Sys-

---

25 URL: http://www.w3.org/TR/soap/.
26 URL: http://lucene.apache.org/.
27 Rainer Eckstein und Silke Eckstein: XML und Datenmodellierung. XML-Schema und RDF zur Modellierung von Daten und Metadaten einsetzen. Heidelberg 2004.
28 URL: http://docs.mulgara.org/system/itqlshell.html.
29 URL: http://www.oasis-open.org/committees/tc_home.php?wg_abbrev=xacml.
30 URL: http://www.loc.gov/standards/mets/.
31 URL: http://www.openarchives.org/.
32 URL: http://tomcat.apache.org/.
33 Carl Lagoze [u. a.]: An Architecture for Complex Objects and their Relationship. [2005.] Online unter http://www.arxiv.org/ftp/cs/papers/0501/0501012.pdf.
34 Wolf 2004 (Anm. 8).
35 Erich Gamma [u. a.]: Entwurfsmuster. Elemente wiederverwendbarer objektorientierter Software. Bonn 2001.
36 Wolfgang Pree: Komponentenbasierte Softwareentwicklung mit Frameworks. Heidelberg 1997.

tematisierung und Vereinheitlichung von objekt- und komponentenorientierter Softwareentwicklung durch Entwurfsmuster zu einem hohen Grad an Wiederverwertbarkeit von Softwaretechnologien geführt hat. Objektorientierung zeichnet sich dabei u. a. durch folgende Merkmale aus: (a) die Definition von Klassen mit ihnen zugeordneten Eigenschaften (Attributen) und Methoden als wesentlichen Strukturelementen und (b) die Bildung von Klassenhierarchien durch das Prinzip der Vererbung unter Ausnutzung von *Polymorphie.*

Diese Prinzipien setzt das hier beschriebene *Asset Management System* nicht nur auf der Ebene der Systementwicklung um, sondern es strukturiert hier ebenso die Applikationslogik auf der Benutzerebene: Über das Design von Inhaltsmodellen (Objektklassen) können in einem FEDORA-basierten Datenrepository komplexe Objektklassenhierarchien konstruiert werden.[37] Inhaltsmodelle beschreiben dabei nicht nur die inhaltliche Struktur einer Assetklasse (Datenströme) und etwaige Relationen zu anderen Objekten (Containerassets), sondern können über WSDL[38] (Web Service Description Language) so genannte Disseminatoren (Methoden) objektorientiert an die Daten eines Assets binden, z. B. XSLT-Transformationen, die XML-Datenströme eines Assets in beliebige Zielformate (HTML, PDF u. a.) überführen; Methoden, die ein Farbbild, das in einem Asset gespeichert ist, in eine Schwarz-Weiß-Variante für die Verwendung des Bildes im Offsetdruck umrechnen; Funktionalitäten, die ein Navigieren in einer indizierten Videodatei ermöglichen u. v. m. (s. Abb. 2).

In Bezug auf ein spezifisch auf modellierte Textkorpora hin ausgerichtetes Objektmodell, das bei seiner Instanziierung mit einer im TEI-Format kodierten XML-Datei initialisiert wird, könnten dies Disseminatormethoden sein, die einen XML-Datenstrom einmal als navigierbares HTML-Dokument (z. B. mit spezifischen interaktiven Analysemöglichkeiten, wie der parametrierbaren Hervorhebung bestimmter Textstrukturebenen u. Ä.), ein anderes Mal als PDF- oder LaTeX-Datei repräsentieren.

FEDORA unterstützt weiters die Vergabe von fein granulierbaren Zugriffsrechten auf Assets und deren Disseminatormethoden. Grundsätzlich können alle Teil-Entitäten eines Assets webbasiert adressiert und referenziert werden. Über XACML können einzelne Zugriffskanäle mit Authentifizierungs- bzw. Autorisierungsregeln verknüpft werden. So könnten in einem Textasset alle Zugriffswege außer jenem, der das HTML-Zielformat produziert, nur für autorisierte ProjektmitarbeiterInnen zum Schreiben und Lesen freigegeben werden. FEDORA unterstützt dazu Standards wie LDAP[39] (Lightweight Directory Access Protocol), Shibboleth[40] u. a. Über dieses Feature ist es möglich, zusammengehörige Objektdaten in einem gemeinsamen Verwaltungs- und Speicherkontext (Asset) vorzuhalten und durch differenzierte Zugriffsmodelle gesteuerte Abfrage- und Bearbeitungsszenarien umzusetzen.

---

37 Vgl. Richard Green. University of Hull digital colour image object specification. [2006.] Online unter http://www.hull.ac.uk/esig/repomman/downloads/INT-D3-1-imageObject-v03.pdf; Richard Green: University of Hull digital public document object specification. [2006.] Online unter http://www.hull.ac.uk/esig/repomman/downloads/INT-D3-3-documentObject-v01.pdf.

38 URL: http://www.w3.org/TR/wsdl.html

39 URL: http://www.openldap.org.

40 URL: http://shibboleth.internet2.edu/.

3. XML als ,lingua franca'

Auch jeglicher Datenaustausch unter FEDORA wird XML-basiert auf Basis von SOAP abgewickelt. Eine Implementierung dieses Standards wurde von der Apache Software Foundation im AXIS[41] Projekt realisiert. Dieses Nachrichtenformat nutzt als Trägerprotokoll andere im Internet gebräuchliche Protokollstandards (HTTP[S], FTP u. a.) und dient der Kapselung von plattformunabhängigen Dienstaufrufen auf und dem Datenaustausch mit entfernten (Remote-)Systemen. Dazu definiert SOAP ein einfaches Nachrichtenformat: Eine SOAP-Nachricht ist innerhalb eines SOAP-Umschlages (Envelope) gekapselt und besteht aus einem Header und einem Body. Der (optionale) Header kann dabei Metainformationen enthalten (z. B. Informationen über das Routing der Nachricht oder über eine eventuelle Verschlüsselung), während der Body die eigentlich zu übermittelnden Parameter (bis hin zu base64-kodierten Datenströmen) beinhaltet. Während SOAP die Nachrichtenstruktur definiert, kodiert die WSDL auf einer Metaebene die Funktionalität solcher Dienste, und zwar grundsätzlich ohne konkreten Bezug zu einer bestimmten Dienstspezifikationssprache. Damit ist sichergestellt, dass mit WSDL Dienste unabhängig von ihrem Umsetzungsstandard beschrieben werden können. Diese Mechanismen ermöglichen es, unter FEDORA die Kommunikation von Clients mit dem Repository-Server – sowohl mit dem Management als auch mit dem Access Layer des Systems – völlig plattformunabhängig zu realisieren.

V. Fazit und Ausblick

XML hat sich in den letzten Jahren zur ,lingua franca' der digitalen Editionstechnik entwickelt. Standardisierte Annotationssprachen und Technologien zur Verarbeitung von XML-basierten Datenstrukturen bilden dabei die Grundlage für die Realisierung nachhaltiger Langzeitarchivierungsszenarien in wissenschaftlichen Kontexten, in denen es möglich ist, verteilte digitale Ressourcen über zentrale Speicher-, Verwaltungs- bzw. Retrievalstrukturen zur Verfügung zu stellen und damit für eine zitierfähige, der Prämisse der Wiederverwertbarkeit entsprechende Archivierung digital vorliegender Wissensbestände zu sorgen. Solche Arbeitsumgebungen unterstützen auch kollaborative Arbeitsweisen in einer (inter-)nationalen Wissenschaftscommunity und werden somit auch zu einem wichtigen Instrument der Öffentlichkeitsarbeit wissenschaftlicher Institutionen. Asset Management Systeme im hier gemeinten Sinn sind aber erst in einer sekundären Bedeutung Archive: Sie werden zwar über die Zeit betrachtet durch ihre Benutzung zu nachhaltigen Archiven, haben aber gleichzeitig unmittelbare Bedeutung für jene BenutzerInnen, die die in ihnen abgebildeten Inhalte in ihrem wissenschaftlichen Arbeitszusammenhang als Produkte ihrer wissenschaftlichen Denkarbeit und Reflexionsprozesse entstehen lassen.

---

41 URL: http://ws.apache.org/axis/.

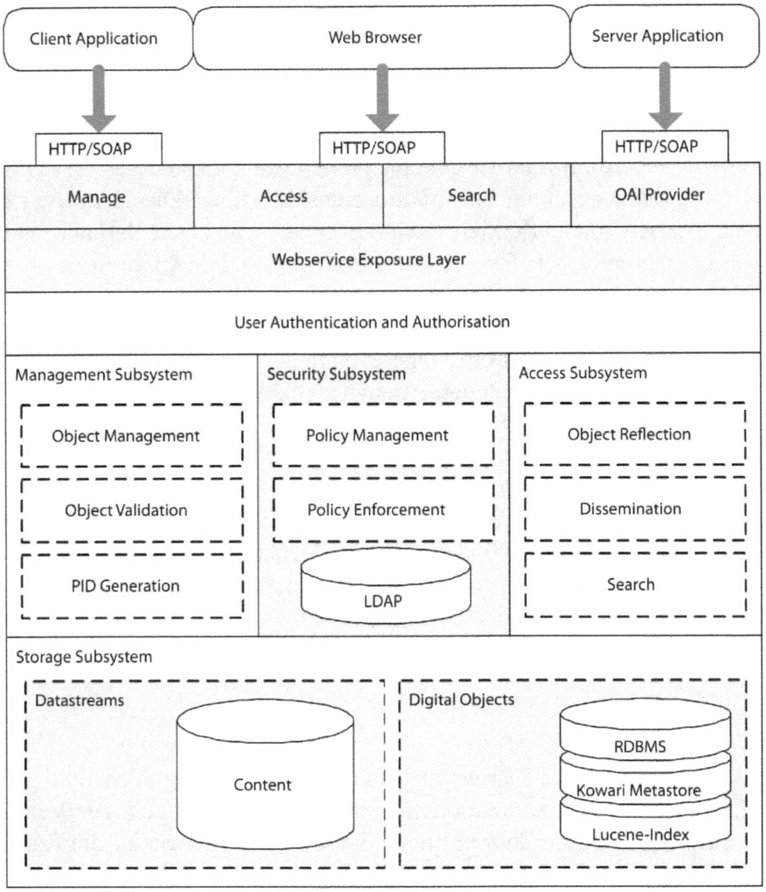

Abb 1: Systemarchitektur eines FEDORA-Repositories

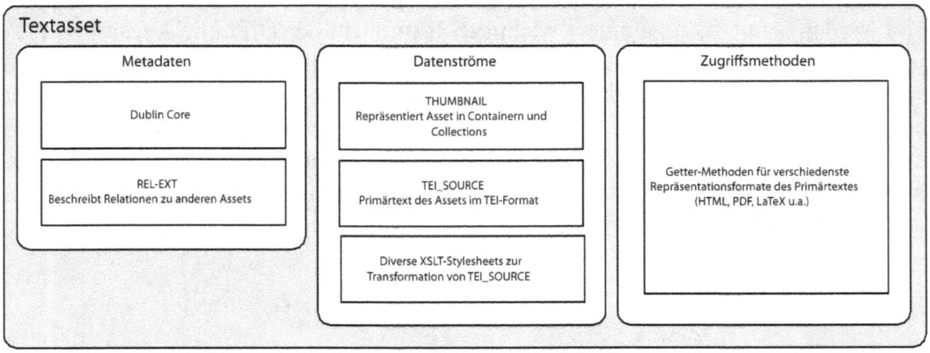

Abb 2: Inhaltsmodell eines Textassets unter FEDORA

Michael Stolz

Intermediales Edieren am Beispiel des *Parzival*-Projekts

Setzt man voraus, dass Edieren heißt, einen Text mit philologischer Verantwortung zu präsentieren, so ist damit unweigerlich eine Methode – im Wortsinn: die Verfolgung eines Weges – verbunden. Wo ein solcher „Weg zum Text“ beschritten werden soll, stellt sich die Frage nach dem Ziel: Der Text ist das Ziel, lautet die nahe liegende Antwort. Man könnte freilich, einem verbreiteten Diktum folgend, auch den Weg selbst zum Ziel erklären. Wenn aber – neben dem Text – auch der Weg das Ziel philologischer Unternehmungen ist, geraten umso mehr die Vermittlungsformen in den Blick, die auf diesem Weg gewählt werden: Die Methode zielt auf die Darstellung des Textes und nimmt dabei Einfluss auf ihren Gegenstand (den Text) sowie auf dessen Wahrnehmung durch jene Adressaten, die den Text in der vorgefundenen Form rezipieren. Der Weg zum Text hängt von der gewählten Vermittlungsform, dem gewählten Medium, ab. Lässt man sich auf mehrere solcher Vermittlungsformen oder Medien ein – etwa in der Hybride von Drucktechnik und elektronischer Präsentation –, so ergeben sich vielfältige Komplemente und Rückkoppelungen zwischen diesen Formen. Der Weg führt dann nicht einsträngig von der Quellenbasis – etwa der handschriftlichen Überlieferung – zum edierten Text, vielmehr entsteht ein Geflecht von Spuren und Pfaden, die zwischen beiden Präsentationsformen zirkulieren und sich kreuzen. Auf diese Weise eröffnen sich ‚Mittel und Wege‘ zum Text, die letztlich dessen Status hinterfragen, indem sie textliche Qualitäten wie ‚fest‘ oder ‚beweglich‘, ‚statisch‘ oder ‚dynamisch‘, ‚haltbar‘ oder ‚flüchtig‘, ‚authentisch‘ oder ‚abgeleitet‘ in neuem Licht erscheinen lassen.

Das einer elektronischen Ausgabe von Wolframs *Parzival* gewidmete Editionsprojekt (*Parzival*-Projekt)[1] steht seit mehreren Jahren im Spannungsfeld solcher Fragestellungen. Mit den untereinander verbundenen Komponenten von kritischem Text und Variantenapparat, von Transkriptionen und Digitalfaksimiles bot die elektronische Darstellung einen neuen Blick auf komplexe Texttraditionen. Zugleich blieben dabei die an die Drucktechnik gebundenen Präsentationsformen stets ein Referenz-

[1] Vgl. stellvertretend Michael Stolz: Wolframs Parzival als unfester Text. Möglichkeiten einer überlieferungsgeschichtlichen Ausgabe im Spannungsfeld traditioneller Textkritik und elektronischer Darstellung. In: Wolfram von Eschenbach – Bilanzen und Perspektiven. Eichstätter Kolloquium 2000. Hrsg. von Wolfgang Haubrichs, Eckart C. Lutz und Klaus Ridder. Berlin 2002 (Wolfram-Studien. 17), S. 294–321; ders.: Vernetzte Varianz. Mittelalterliche Schriftlichkeit im digitalen Medium. In: „System ohne General“. Schreibszenen im digitalen Zeitalter. Hrsg. von Davide Giuriato, Martin Stingelin und Sandro Zanetti. München 2006 (Zur Genealogie des Schreibens. 3), S. 217–244; ferner die Projekthomepage: www.parzival.unibe.ch.

punkt, den das Editionskonzept umkreiste, indem es ihn zu imitieren oder auch zu überwinden suchte. Im Anschluss an diese experimentell ausgerichtete Projekt-Etappe stellte sich mit der Verlegung von der Universität Basel an die Universität Bern im Herbst 2006 die Frage, wie das Fortsetzungsprojekt einer Gesamtausgabe von Wolframs *Parzival* gestaltet werden könnte. Ziel war dabei von vornherein eine Editionsform im Medium des Drucks, die durch eine elektronische Komponente ergänzt werden sollte. Ein solches Projekt ist nun – mit Unterstützung des Schweizerischen Nationalfonds und einer privaten Stiftung – seit November 2008 in Arbeit. Das Konzept basiert nicht unwesentlich auf Untersuchungen zweier Mitarbeiter des Vorprojekts, deren Forschungen nunmehr als Dissertationen vorliegen. Beide Arbeiten sind Fragen der Textüberlieferung gewidmet, dies insbesondere im Anschluss an die von Joachim Bumke in Gang gebrachte Diskussion um die Existenz von Parallelfassungen in der mittelhochdeutschen Epik.[2]

Die Studie von Robert Schöller widmet sich einer von Eduard Hartl als *W bezeichneten Handschriftengruppe,[3] die im Rahmen der Projektarbeit mit der Benennung *T versehen wurde – dies nach der Führungshandschrift T (Wien, Österreichische Nationalbibliothek, Cod. 2708, letztes Viertel des 13. Jhs.).[4] Schöller zeigt, dass diese Textversion mit dem ältesten erhaltenen Textzeugen überhaupt (Fragment 26: München, Bayerische Staatsbibliothek, Cgm 5249/3c, alemannisch-bairisch-ostfränkisch, erstes Viertel des 13. Jhs.)[5] noch auf Wolframs Lebenszeit zurückgeht und neben den bereits vom Erstherausgeber Karl Lachmann[6] erkannten Fassungen *D (nach Leithandschrift D: St. Gallen, Stiftsbibliothek, Cod. 857, südostalemannisch-

---

2 Vgl. Joachim Bumke: Die vier Fassungen der *Nibelungenklage*. Untersuchungen zur Überlieferungsgeschichte und Textkritik der höfischen Epik im 13. Jahrhundert. Berlin, New York 1996 (Quellen und Forschungen zur Literatur- und Kulturgeschichte. 8 [242]).

3 Vgl. Eduard Hartl: Die Textgeschichte des Wolframschen Parzival. Die jüngeren *G-Handschriften. 1. Abteilung: Die Wiener Mischhandschriftengruppe *W (G^{n} G^{δ} G^{μ} G^{φ}). Berlin, Leipzig 1928 (Germanisch und Deutsch. 1).

4 Robert Schöller: Die Fassung *T des ›Parzival‹ Wolframs von Eschenbach. Untersuchungen zur Überlieferung und zum Textprofil. Berlin, New York 2009 (Quellen und Forschungen zur Literatur- und Kulturgeschichte. 56 [290]). – Die hier und im Folgenden verwendeten Siglen zur Parzival-Überlieferung orientieren sich an Joachim Heinzle: Klassiker-Edition heute. In: Methoden und Probleme der Edition mittelalterlicher deutscher Texte. Bamberger Fachtagung 26.–29. Juni 1991. Plenumsreferate. Hrsg. von Rolf Bergmann, Kurt Gärtner u. a. Tübingen 1993 (Beihefte zu editio. 4), S. 50–62, Editionsmodell und Siglenverzeichnis S. 62 (vollständige Handschriften), sowie Gesa Bonath und Helmut Lomnitzer: Verzeichnis der Fragment-Überlieferung von Wolframs Parzival. In: Studien zu Wolfram von Eschenbach. Festschrift für Werner Schröder zum 75. Geburtstag. Hrsg. von Kurt Gärtner und Joachim Heinzle. Tübingen 1989, S. 87–149 (Fragmente).

5 Vgl. Karin Schneider: Die Fragmente mittelalterlicher deutscher Versdichtung der Bayerischen Staatsbibliothek München (Cgm 5249/1–79). Stuttgart 1996 (Zeitschrift für deutsches Altertum. Beiheft 1), S. 18; dies.: Die deutschen Handschriften der Bayerischen Staatsbibliothek München. Die mittelalterlichen Fragmente Cgm 5249–5250. Wiesbaden 2005 (Catalogus codicum manu scriptorum Bibliothecae Monacensis. V,8), S. 23.

6 Vgl. den Abdruck der Vorrede zur Erstausgabe (Wolfram von Eschenbach. Hrsg. von Karl Lachmann. Berlin 1833) in der jüngsten, nach Lachmann eingerichteten Edition: Wolfram von Eschenbach: Parzival. Studienausgabe. Mittelhochdeutscher Text nach der sechsten Ausgabe von Karl Lachmann. Übersetzung von Peter Knecht. Mit Einführungen zum Text der Lachmannschen Ausgabe und in Probleme der Parzival-Interpretation von Bernd Schirok. 2. Aufl. Berlin, New York 2003, S. XI–XXVI, hier S. XIX.

südwestbairisch, um 1260)[7] und *G (nach Leithandschrift G: München, Bayerische Staatsbibliothek, Cgm 19, ostalemannisch-bairisch, Mitte des 13. Jhs.)[8] als eigenständige Fassung gelten kann. Ausgehend von kodikologisch und überlieferungsgeschichtlich orientierten Untersuchungen leistet Schöller eine literaturwissenschaftliche Erschließung und liefert anhand einschlägiger Textpassagen den Nachweis, dass Fassung *T einen kohärenten ‚Gestaltungswillen' (im Sinne von Bumkes Fassungsdefinition) erkennen lässt.[9]

Die Arbeit von Gabriel Viehhauser ist der Handschrift D nahe stehenden Textzeugengruppe *m gewidmet, zu der die gegen Mitte des 15. Jahrhunderts in der elsässischen Lauberwerkstatt hergestellten Handschriften m (Wien, Österreichische Nationalbibliothek, Cod. 2914), n (Heidelberg, Universitätsbibliothek, Cpg 339), o (Dresden, Sächsische Landesbibliothek, Cod. M 66) und streckenweise die sonst mit der Fassung *T gehenden Textzeugen V (Karlsruhe, Badische Landesbibliothek, Codex Donaueschingen 97) und W (Druck von Johann Mentelin, Straßburg 1477) gehören.[10] Damit kommt die Spätüberlieferung von Wolframs *Parzival* in den Blick, die belegt, dass der Text auch am Übergang zum Druckzeitalter trotz offenkundiger text-, sprach- und literaturgeschichtlicher Veränderungen sorgfältig eingerichtet und gelesen wurde.

Wichtig für eine künftige Neuausgabe des *Parzival* sind Viehhausers Beobachtungen zu Textschichten, die er an Konstellationen von *m mit Fragmenten des 13. und 14. Jahrhunderts vornehmen kann. Hier zeichnet sich eine wohl im alemannischen Raum angefertigte Textgestalt ab, die – in Bumkes Terminologie – zwischen den Typoi von ‚Fassung' und ‚Bearbeitung'[11] steht, da sie die ältere Textversion von *D zwar voraussetzt (= Bearbeitung), aber gleichwohl einen eigenen ‚Gestaltungswillen' (= Fassung) erkennen lässt: In Plusversen und weiteren glättenden Maßnahmen manifestiert sich ein Ich-Erzähler, der in Wolframs dunkel-sprunghaften Stil klärend und kommentierend eingreift. Eine bedeutende Rolle für diese Erkenntnis spielt das neu entdeckte Fragment 69 aus der Mitte des 14. Jahrhunderts (Solothurn,

---

7 Vgl. das Digitalfaksimile: Die St. Galler Nibelungenhandschrift: Parzival, Nibelungenlied und Klage, Karl, Willehalm. Faksimile des Codex 857 der Stiftsbibliothek St. Gallen und zugehöriger Fragmente. CD-Rom mit einem Begleitheft. Hrsg. von der Stiftsbibliothek St. Gallen und dem Basler *Parzival*-Projekt. Konzept und Einführung von Michael Stolz. 2., erw. Aufl. St. Gallen 2005 (Codices Electronici Sangallenses. 1).

8 Vgl. das Digitalfaksimile: Die Münchener Wolfram-Handschrift (Bayerische Staatsbibliothek, Cgm 19). Mit der Parallelüberlieferung zum *Titurel*. DVD mit einem Begleitheft. Konzept und Einführung von Michael Stolz. Simbach am Inn 2008.

9 Vgl. z. B. Schöller 2009 (Anm. 4), zusammenfassend in Kap. IV.6: „Die schwarzen Flecken, die der Erzähler in Einklang mit der von ihm eigens entwickelten Programmatik an seinen Helden anbringt – man denke an den ‚træclîch wîsen' Parzival und an den zur ‚huote' neigenden Gawan – sind in *T aufgehellt". – Zum ‚Gestaltungswillen' als Kategorie einer Fassungsdefinition Bumke 1996 (Anm. 2), bes. S. 32.

10 Gabriel Viehhauser: Die *Parzival*-Überlieferung am Ausgang des Manuskriptzeitalters. Handschriften der Lauberwerkstatt und der Strassburger Druck. Berlin, New York 2009 (Quellen und Forschungen zur Literatur- und Kulturgeschichte. 55).

11 Vgl. zu den Begriffen Bumke 1996 (Anm. 2), S. 32, 45, 80 u. ö.

Staatsarchiv, Handschriftenfragment R 1.4.234.[2]), da es, wenn auch bruchstückhaft, ein großflächiges Textsegment im Bereich der Dreißiger 165 bis 312 und 644 bis 752 abdeckt.[12]

Ziel des nunmehr in Angriff genommenen Forschungsplans ist eine Neuedition des *Parzival*, welche die im Rahmen des Basler Projekts sichtbar gewordenen Fassungen dokumentiert. Vertreter der *Parzival*-Forschung wie Joachim Bumke und Eberhard Nellmann fordern bereits seit längerer Zeit eine „Parallelausgabe der beiden Hauptfassungen" *D und *G.[13] Nach den Forschungsergebnissen von Schöller und Viehhauser sind diese beiden Hauptzweige der Überlieferung durch die Fassungen *m und *T zu ergänzen. Eine Mehrtextedition, welche die Fassungen *D, *m, *G und *T angemessen berücksichtigt, soll den Benutzern einen verlässlichen und zugleich anschaulichen Einblick in die komplexe Überlieferungsgeschichte des Textes gewähren.

Die Darstellungsweise orientiert sich dabei an den Wahrnehmungsmöglichkeiten der Leser: Gegenüber der vertikalen Ausrichtung einer Eintextedition (kritischer Text mit Variantenapparat) verlagert sich der Blick auf horizontale Relationen zwischen den in ihrer syntagmatischen Kohärenz sichtbar gemachten Fassungstexten. Die Abweichungen, welche die Paralleltexte untereinander in ihrem Wortlaut aufweisen, sind dank der synoptischen Zuordnung der Verse und einer besonderen Markierung (Fettauszeichnung) rasch erkennbar. Durch die Verteilung auf mehrere Texte werden die zugehörigen Variantenapparate entschlackt und gewähren doch einen zuverlässigeren Einblick in die Überlieferungsverhältnisse, als dies bei reduzierenden Maßnahmen in einem Einzelapparat (etwa der Bündelung von Lesarten in Gruppensiglen) möglich ist.

Eine Überlastung der Wahrnehmungsfähigkeit der Benutzer wird dadurch vermieden, dass in der Regel nicht mehr als drei Fassungstexte präsentiert werden (was durch die in bestimmten Abschnitten vorgenommene Einbindung von Fassung *m in den Text von *D möglich ist, vgl. unten). Diese quantitative Beschränkung kompensiert die elektronische Komponente der Edition, die in bestimmten größeren Sektionen Volltranskriptionen der Handschriftentexte bietet. Das beschriebene Verfahren soll im Folgenden an zwei Beispielen erläutert werden.

Das erste entstammt jener Episode, in der Parzival nach der unterlassenen Mitleidsfrage auf Munsalvæsche auf seine Cousine Sigune trifft. Die in Abb. 1a/1b gebotene Editionsprobe zum Dreißigerabschnitt 249 zeigt eine synoptische Darstellung

---

[12] Vgl. Viehhauser 2009 (Anm. 10), S. 159f., 182–194; sowie ders. gemeinsam mit Thomas Franz Schneider: Zwei Neufunde zu Wolframs von Eschenbach *Parzival*. Teil 2: Das dreispaltige Solothurner Fragment F 69. Ein Vertreter der ‚Nebenfassung' *m. In: Reflexion und Inszenierung von Rationalität in der mittelalterlichen Literatur. Blaubeurer Kolloquium 2006. Hrsg. von Klaus Ridder in Verbindung mit Eckart Conrad Lutz und Susanne Köbele. Berlin 2008 (Wolfram-Studien. 20), S. 457–525.

[13] Vgl. zuletzt Joachim Bumke: Wolfram von Eschenbach. 8., völlig neu bearb. Aufl. Stuttgart, Weimar 2004 (Sammlung Metzler. 36), S. 254 (Zitat); ähnlich Eberhard Nellmann: Zur handschriftlichen Überlieferung des *Parzival*. In: Kolloquium über Probleme altgermanistischer Editionen. Marbach am Neckar, 26. und 27. April 1966. Referate und Diskussionsbeiträge. Hrsg. von Hugo Kuhn, Karl Stackmann und Dieter Wuttke. Wiesbaden 1968 (Deutsche Forschungsgemeinschaft. Forschungsberichte. 13), S. 13–21, hier S. 20.

der Textfassungen *D, *G, *T, deren Text auf der Grundlage der Leithandschriften D G T normalisiert und interpungiert wurde.[14] Editorische Eingriffe stehen dabei in Kursive; Buchstabenmarkierungen mit abschnittgliedernder Funktion in den Leithandschriften sind in den Fassungstexten besonders gekennzeichnet (Initialen durch Fettdruck bzw. Farbmarkierung in der elektronischen Edition, Versalien durch Großbuchstaben). Die Fassung *m ist in diesem Bereich in die Fassung *D integriert; ihr Wortlaut kann über die Textzeugen m n o und Fragment 69 leicht erschlossen werden. Den drei Fassungen gehören damit folgende Textzeugen an:

– *D: D m n o Fr69

– *G: G I L M O Q R Z Fr21 Fr36 Fr40 Fr51

– *T: T U V W

Die Apparate zu den drei Fassungen sind doppelstöckig angelegt: Der erste Apparat dokumentiert die Aussagevarianten (etwa Wortersetzungen, Wortumstellungen, Änderungen bei morphologischen Kompositionsteilen wie Präfixen), der zweite Apparat verzeichnet Varianten, die nicht aussagerelevant sind (etwa den Wechsel bei kontrahierten und nicht-kontrahierten Formen oder jenen bei der Anzahl von Negationspartikeln).[15] Dies ermöglicht eine differenzierte Benutzung gemäß unterschiedlichen Interessenlagen. Aussagekräftige Varianten gehen nicht in der Fülle des für Spezialisten relevanten Materials verloren. Handschrift V[16] wird in den Apparaten zweier Fassungen berücksichtigt: im Apparat von *T und daneben im Apparat von *D, und zwar immer dann, wenn der Text von V wie im vorliegenden Abschnitt von einem Korrektor gemäß einer *m-Vorlage nachgebessert wurde (so etwa in Vers 249.10, vgl. unten).[17] Die vor der Korrekturmaßnahme eingetragene Textversion steht, sofern sie erschließbar ist, in eckigen Klammern; wenn sie nicht rekonstruierbar ist, steht in den Klammern ein Asteriskus: „[*]“.[18]

---

[14] Die Normalisierung folgt im Wesentlichen den Vorgaben in Lexers Handwörterbuch. Das Verfahren orientiert sich insgesamt an den Vorschlägen zur Textgestaltung von Joachim Heinzle in: Wolfram von Eschenbach, Willehalm. Nach der Handschrift 857 der Stiftsbibliothek St. Gallen. Mittelhochdeutscher Text, Übersetzung, Kommentar. Hrsg. von Joachim Heinzle. Frankfurt a. M. 1991 (Bibliothek des Mittelalters. 9; Bibliothek deutscher Klassiker. 69), S. 804–811; Bumke 1996 (Anm. 2), S. 608–610; Hermann Reichert: Das Nibelungenlied. Nach der St. Galler Handschrift hrsg. und erläutert. Berlin, New York 2005, S. 21–33.

[15] Das Verfahren orientiert sich mit kleineren Modifikationen ebenfalls an Bumke 1996 (Anm. 2), S. 610–613.

[16] Sog. *Rappoltsteiner Parzival*, Strassburg, 1331–1336; dieses Manuskript weist sorgsame Textrevisionen auf, die belegen, dass die Bearbeiter den Text in mehreren Korrekturgängen nach verschiedenen Vorlagen nachbesserten. Eine kürzende Abschrift bietet Handschrift V': Rom, Biblioteca Casanatense, Cod. 1409 (oberrheinisch, zweites Viertel des 14. Jhs.); vgl. zuletzt: Matthias Miller: Der „welsch parcefall, perment, reimen, bretter, braun leder“. Zum ›Rappoltsteiner Parzifal‹ aus der Bibliotheca Palatina. In: ZfdA 136, 2007, S. 307–311; Michael Stolz: „Copying processes“. Genetische und philologische Perspektiven. In: Materialität in der Editionswissenschaft. Hrsg. von Martin Schubert. Tübingen 2009 (Beihefte zu editio), S. 381–397, bes. S. 391f.

[17] Viehhauser 2009 (Anm. 10), kann Textrevisionen in mehreren Korrekturgängen nachweisen; vgl. zusammenfassend S. 134–136.

[18] Erläuterungen zu weiteren Markierungen im Apparat: Division wie in „÷^{v}ch“ (Hs. I, Fassung *G, 249.1) steht für eine nicht ausgeführte Initiale, Doppelpunkt wie in „an:“ (Fr36, Fassung *G, 249.14) bezieht

Die Editionsprobe lässt charakteristische Unterschiede zwischen den drei Fassungen *D, *G und *T erkennen. So begegnet bereits in Vers 249.1f. der Gegensatz von *D/*T vs. *G in den Formulierungen: „Der valscheite widersaz / kêrte ûf der huofslege kraz“ (zit. n. *D) vs. „sich huop des valsches widersaz / vaste ûf der huofslege kraz“ (*G).[19] Alle drei Fassungen unterscheiden sich durch Varianten in Vers 249.11: „Do erhôrte der degen ellens rîch“ (zit. n. *D); *G bietet das Verbum „vernam“ statt „erhôrte“ sowie das Nomen „helt“ statt „degen“, während *T beim Verbum „erhôrte“ mit *D übereinstimmt und nur beim Nomen „helt“ wie *G von *D abweicht. Parzivals Anrede an Sigune in Vers 249.27 differiert in allen drei Fassungen: „„vrouwe, mir ist vil leit‘ ...“ (*D), „„nu wizzet, vrouwe, mir ist leit ... ,“ (*G), „er sprach: ‚vrouwe, mir ist leit ...‘“ (*T).

In diesem Vers wird (über den Apparat) zugleich der Unterschied zwischen Fassung *D und *m deutlich: Die in *D vorhandene Gradpartikel „vil“ (die in *G*T fehlt) ist in *m ersetzt durch „sere“. Weitere *m-Lesarten begegnen in Vers 249.21 mit der Ersetzung des Syntagmas „dô gein ir“ (*D) durch „gegen ir do“ (*m), in Vers 249.9f. durch die Veränderung der Eingangswörter von „mære ... /dâ von er ...“ (*D) zu „Nů .../ Mere do von er ...“ (*m)[20] sowie durch die Änderung des Nomens „herzenôt“ (*D) in „not“ (*m). An diesen im Apparat dokumentierten *m-Lesarten können zugleich Eigenheiten der Apparatgestaltung erläutert werden: Siglen von Textzeugen, die zwar im Wortlaut, nicht jedoch morphologisch oder graphisch exakt übereinstimmen, stehen in runden Klammern. Dies gilt etwa in Vers 249.21 für Fragment 69, das hier (wie auch in Vers 249.27) erst aufgrund seines Alters die mno-Lesart als *m-Fassung erkennen lässt, dabei jedoch die Kontraktion „gen ir do“ aufweist. In Vers 249.10, der aufgrund von Materialverlust in Fragment 69 nicht belegt ist, lässt sich die *m-Lesart durch Hs. V nachweisen, deren Text hier (von „herzenot“?) zu dem mit m n o übereinstimmenden Nomen „not“ geändert ist.

Weitere in den Apparaten berücksichtigte Besonderheiten sind Auszeichnungen wie Initialen, ferner Überschriften wie in Fassung *D bei Vers 249.9 (Hss. m n o), in Fassung *G bei Vers 249.5 (Hs. I), in Fassung *T bei Vers 249.21 (Hs. V), hinzu kommen Plusverse wie in Fassung *G bei Vers 249.21 (Hs. R nach Vers 249.20). Auf diese Weise werden markante Texteigenheiten innerhalb der Fassungen nachvollziehbar. Dies gilt beispielsweise für den Wortlaut der auffällig eigenständig formulierenden Handschrift I, eines frühen Vertreters der Gruppe *G (München, Cgm 61, mittelbairisch, zweites Viertel des 13. Jhs.), die etwa in Vers 249.3 deutlich vom

sich auf unlesbare oder durch Fragmentverlust beschädigte Stellen (vgl. Abb. 1a), nach innen gerichtete Spitzklammern wie in „>ie<“ (Hs. o, Fassung *m, 501.28, vgl. Abb. 2a) bezeichnen eine Einfügung.

19 Schöller 2009 (Anm. 4), S. 178, kann an diesem Beispiel die Kohärenz von Fassung *G belegen, da dort in einem vorausgehenden Verspaar („Parzivâl der huop sich nâch / vast ûf die slâ dier dâ sach“, 248.17f., zit. nach Lachmann / Schirok 2003 [Anm. 6]) das Adverb „vaste“ ausfällt. Die Tatsache, dass es Parzival nach seinem ersten Besuch auf Munsalvæsche eilig hat, von der Gralburg fortzukommen, wird so in allen drei Fassungen nur je einmal erwähnt: in *D*T in Vers 248.18, in *G in Vers 249.2.

20 Bei der Graphie „Nů“ handelt es sich um eine im Basler Projekt entwickelte Konvention, die bei Handschriften wie m n o zur Anwendung kommt, wenn die genaue Form der Superskripte (hier über „u“: „e“ oder „o“?) nicht mehr bestimmbar ist.

Fassungstext abweicht – statt „sîn scheiden dan daz riuwet mich“ (*G) steht hier: „sin dan shaiden daz mů̂t mich“ (vgl. Abb. 1a).

Zu den größten Herausforderungen einer Neuedition von Wolframs *Parzival* gehört die Tatsache, dass die Relationen der handschriftlichen Gruppen in verschiedenen Abschnitten der Dichtung wechseln. Diesem Umstand wird in der Ausgabe durch eine flexible Darstellung der Fassungen Rechnung getragen, wie sich etwa an der in Abb. 2a/2b gebotenen Editionsprobe zum Dreißigerabschnitt 501 (am Ende von Buch IX) zeigen lässt. Dieser Abschnitt gehört zu einem die Bücher VIII bis XI umfassenden Bereich, in dem der Text der Fassungen *D und *G zusammenfällt.[21] Zudem fügen sich etwa ab der Mitte der Dichtung (im Bereich um den Dreißiger 414) die Hss. O Q R zu Fassung *T.[22] Da überdies Fassung *m im Bereich der Bücher VIII bis XI sowie XV/XVI ein markanteres Profil aufweist als in den übrigen Büchern, soll sie hier in einem eigenen normalisierten Text erscheinen. Damit verteilen sich im Dreißigerabschnitt 501 die Fassungen mit den ihnen zugehörigen Handschriften wie folgt:

- *DG: D G I L M Z Fr11
- *m: m n o
- *T: T V W O Q R Fr39[23]

Dem Fassungstext von *DG liegt dabei Hs. D, jenem von *m Hs. m, jenem von *T Hs. T zugrunde. In diesem Abschnitt, der Parzivals Gespräch mit Trevrizent zum Thema hat, lässt sich als evidentes Beispiel für die Fassungsprofile etwa Vers 501.7 benennen – dies mit dem jeweils abweichenden Wortlaut „wênec wart in bette und kulter brâht“ (*DG), „bette oder kultern wart in wênic brâht“ (*m), „wênec wart in kultern und bette brâht“ (*T). Auch in den Versen 501.19–22 sind die Perspektiven der einzelnen Fassungstexte deutlich verschoben: Gemäß *DG und *m wird das Gespräch zwischen Parzival und Trevrizent ‚eines Tages‘ wieder aufgenommen, *T bietet das unbestimmte „aber“ (‚wiederum‘), das auch eine Koppelung an den vorausgehenden Dialog gestattet; in *DG stellt Parzival ausdrücklich eine Frage, in *T ‚spricht‘ er nur (501.19).[24] Die Erkundigung bezieht sich auf den greisen Titurel, den

---

21 Die Forschung verbuchte das Zusammengehen der beiden Fassungen als Ausfall des Klassengegensatzes von *D und *G. Vgl. Lachmanns Vorrede zur Erstausgabe 1833/2003 (Anm. 6), S. XVI. Ferner Gesa Bonath: Untersuchungen zur Überlieferung des *Parzival* Wolframs von Eschenbach. 2 Bde. Lübeck, Hamburg 1970/71 (Germanische Studien. 238/239), Bd. 2, S. 83–106; Eberhard Nellmann: Neues zur *Parzival*-Überlieferung. In: ZfdPh 85, 1966, S. 321–345, hier S. 337–342; ders. 1968 (Anm. 13), S. 17–19.

22 Vgl. bereits Bonath 1970/71 (Anm. 21), Bd. 1, S. 55 (mit Textzeugenangaben nach der alten Siglensystematik); Sabine Rolle: Bruchstücke. Untersuchungen zur überlieferungsgeschichtlichen Einordnung einiger Fragmente von Wolframs *Parzival*, Erlangen, Jena 2001 (Erlanger Studien. 123), S. 30f. (mit Textzeugenangaben nach der bei Heinzle 1993 [Anm. 4], dokumentierten Siglensystematik), wo der Verbund von O Q R mit *T als Gruppe *N, der Verbund von Q R mit *T als Gruppe *P erscheint; neuerdings klärend Schöller 2009 (Anm. 4), S. 161–171.

23 In Hs. U fehlt dieser Abschnitt.

24 Fassung *m bietet hier gemäß der Leithandschrift m das Verbum „sprach“, während in den Hss. n und o (ähnlich wie in *DG) die Form „frogete in“ steht.

Parzival auf der Gralburg gesehen hat. Von ihm heißt es, dass er ‚grau(haarig) und zugleich von strahlender Hautfarbe' sei: „al grâ bî liehtem vel" (501.21 in *DG und *m bzw. 501.22 in *T). Während *DG und *m diese Qualifizierung in die Frage des unwissenden Parzival integrieren, steht sie in *T (bei Umstellung der Verse 501.21/22)[25] in Trevrizents Antwort, durch die Parzival erst den Namen des Greises erfährt.

Der hier exemplarisch angeführte Dreißiger 501 gehört zu jenen Textabschnitten, die in den frühen Neunzigerjahren von Gesa Bonath in einem Erlanger Kollationsprojekt erschlossen worden sind.[26] Durch das Entgegenkommen der Universität Erlangen kann das Berner *Parzival*-Projekt diese Daten aus dem Nachlass der Wolfram-Forscherin nutzen. Die Lesartensynopse zu Vers 501.7 sieht dort in einer mit dem Textverarbeitungsprogramm TUSTEP erstellten Maske folgendermaßen aus:

```
[501],[[07]]
(VB)
(IN)
(LM)  w.enc    wart   in   bette   und   kulter   ______  br.aht
(D)   wenech   ____   __   _____   ___   ______   ______  ______
(m)   Bett  oder  kultern  wart    in    wenig    ______  ______
(n) =m...........................
(o) =m...........................
(G)   wenic    ____   __   _____   ___   ______   ______  ______
(I)   ______   ____   __   beiden  ___   ______   ______  ______
(L) Wen ich    ____   __   _____   ___   ______   ______  ______
(M)   ______   ____   __   _____   ___   ______   vur     ______
(O) wenich     ____   __   golter  v:n-  bette    ______  ______
(Q)   ______   ____   __   kelter =O.............  ______  ______
(R)   ______   ____   __   gulter =O.............  ______  ______
(T)   =G ____  ____   __   kvltern =O............  ______  ______
(U)
(V)   ______   ____   __   kvtern =O.............  ______  ______
(W)   ______   ____   __   kulter =O.............  ______  ______
(Z)   ______   ____   im   _____   _____ ______   ______  ______
```

Hier werden also nur die Varianten gegenüber Lachmanns Text, bezeichnet durch „(LM)", berücksichtigt.[27] Übereinstimmungen im Wortlaut einzelner Handschriften werden durch Verweise auf die Sigle des jeweils erstgenannten Textzeugen vermerkt (z. B. bei der Textfassung von m n o oder bei der Inversion des Syntagmas „bette und kulter" in Hs. O und den zu *T gehörenden Textzeugen). Zu beachten ist, dass die

---

25 Dies nach der Leithandschrift T, die übrigen zu *T gehörenden Textzeugen lenken auf die Versordnung der Fassungen *DG und *m ein.

26 Vgl. dazu Rolle 2001 (Anm. 22), S. 7.

27 Erläuterung der übrigen Komponenten und Auszeichnungen: In der Zeile „(VB)" werden gegebenenfalls Angaben zum Versbestand eingetragen, in der Zeile „(IN)", sofern vorhanden, Initialen. Auf die Zeile „(LM)", die Lachmanns Text enthält, folgen die Varianten der einzelnen Handschriften (die bei Bonath geringfügig abweichenden Siglenbezeichnungen sind in der obigen Synopse bereits den Konventionen des Basler Projekts angepasst). Punkt vor Vokal wie in „br.aht" bezeichnet einen Zirkumflex; Doppelpunkt vor einem Buchstaben wie in „v:n" steht für einen Nasalstrich.

elektronisch verfügbaren Daten aus dem Bonath-Nachlass in der Regel keine Fragmente verzeichnen.[28]

Demgegenüber bieten die auf der Basis von Transkriptionen erstellten Kollationen der Basler und Berner Projekte Synopsen des vollständigen Wortlauts. Vers 249.27 wird beispielsweise folgendermaßen erfasst:

BasisD	vrouwe	mir	ist	vil	leit
D	fro[sup]v[/sup]we	mir	ist	vil	leit
m	Frouwe	mir	ist	sere	leit
n	Frouwe	mir [k][sr][del]ir[/del][/sr][/k]	ist	sere	leit
o	Frowe	mir	ist	sere	leit
G	nv wizet fro[sup]v[/sup]we	mir	ist	[[*]]	leit
I	[init]N[/init]u wizzet frowe	mir	ist	[[*]]	leit
L	Nv wiszent frowe	mir	ist	[[*]]	leit
M	Nu wisszet vrouwe	myr	ist	[[*]]	leit
O	Nv wizzet frowe	mir	ist	[[*]]	leit
Q	Nú wisset fraw	mir	ist	[[*]]	leyt
R	Nun wissent frowe	mir	ist	[[*]]	leid
T	er sp(ra)ch vro[sup]v[/sup]we	mir	ist	[[*]]	leit
U	Er sagete vreu[sup]o[/sup]we	mir	ist	[[*]]	leit
V	Er sagete vrowe	mir	ist	[[*]]	leit
W	Vil selig frawe	mir	ist	[[*]]	lait
Z	Nv wizzet frowe	mir	ist	[[*]]	leit
Fr21	Nv v[unl]xxx[/unl]et fro[sup]v[/sup]	mir	ist	[[*]]	leit-
Fr36	[frag]x[/frag]v wiz[unl]xx[/unl] fraw[unl]x[/unl]	mi[frag]xxx[/frag]			
Fr40	nv wizzet [k]vrowe[ls]vrawe[/ls][/k]	mir	ist	[[*]]	[k]leit[ls]lait[/ls][/k]
Fr51	Vrowe	mir	ist	[unl]xxx[/unl]deleyt	
Fr69	Fro[sup]v[/sup]we	mir	ist	sere	leit

In der Synopse dieses einen Verses gerät ein ebenfalls auf TUSTEP basierendes Transkriptionssystem[29] in den Blick, das einzelne handschriftliche Phänomene genau erfasst und aufgrund seiner logischen Struktur in beliebige andere Darstellungsformen im gedruckten und elektronischen Bereich (hier etwa in XML- und HTML-Formate) übergeführt werden kann.

Die Lesartenverzeichnisse aus dem Bonath-Nachlass wie auch die aus den Transkriptionen des Basler Projekts erzeugten Synopsen bieten die Datengrundlage für die Edition nach Fassungen gemäß dem oben beschriebenen Muster. Die hierbei vorzunehmenden Arbeitsschritte lassen sich folgendermaßen beschreiben: Zunächst werden

---

28 Gemäß mündlicher Auskunft von Dr. Sabine Rolle (Edinburgh) und Prof. Dr. Hartmut Kugler (Erlangen-Nürnberg) sind in Ausdrucken der Computerdateien jedoch vereinzelt Varianten aus den Fragmentbeständen nachgetragen.

29 Die in eckigen Klammern stehenden Auszeichnungen beziehen sich auf die im Basler Projekt erarbeiteten Transkriptionsrichtlinien. Vgl. Michael Stolz, Robert Schöller und Gabriel Viehhauser: Transkriptionsrichtlinien des *Parzival*-Projekts. In: Edition und Sprachgeschichte. Baseler Fachtagung 2005. Hrsg. von Michael Stolz, Robert Schöller und Gabriel Viehhauser. Tübingen 2007 (Beihefte zu editio. 26), S. 295–328. Dazu folgende Kurzerklärungen: [sup]...[/sup] = Superskript, [k]...[sr]...[/sr][/k] = Schreiberkorrektur, [k]...[ls]...[/ls][/k] = Leserkorrektur, [del]...[/del] = Tilgung ohne Ersetzung, [init]...[/init] = Initiale, [unl]...[/unl] = unlesbar, [frag]...[/frag] = Fragmentverlust, [[*]] = Ausfall eines Wortes; Buchstaben zwischen runden Klammern bezeichnen aufgelöste Abkürzungen.

die Fassungstexte durch Normalisierungen aus den Leithandschriften gewonnen: *D aus Hs. D, ggf. gesondert *m aus Hs. m (vgl. oben), ferner *G aus Hs. G, *T aus Hs. T (wo nötig, sind weitere Textzeugen für die Erstellung des Fassungstextes beizuziehen und die Abweichung der Leithandschrift im Apparat zu vermerken).[30] Anschließend werden in den zu den jeweiligen Fassungstexten gehörenden Apparaten die Varianten der zugehörigen Textzeugen eingetragen. Das Verfahren erfolgt manuell in einer vorstrukturierten TUSTEP-Maske.

Aus der solcherart hergestellten Edition lässt sich neben der oben beschriebenen Druckausgabe auch ohne zusätzlichen Aufwand eine elektronische Darstellung gewinnen. Entsprechende Konvertierungsroutinen wurden im Rahmen der Berner Projektarbeit erstellt. In jenen Abschnitten, zu denen Volltranskriptionen vorliegen, können diese der elektronischen Edition beigegeben werden. Ein Beispiel liefern die beiden Editionsproben zu den Versen 249.1–30 und 501.1–30 auf der Projekthomepage.[31] Allein die in der Transkriptionssynopse zu Vers 249.27 begegnende Varianz lässt erkennen, wie sehr eine durch Transkriptionen ergänzte elektronische Edition den Grad an Anschaulichkeit gegenüber einer Druckedition erhöhen kann. Als weiteres Beispiel lässt sich der in der Forschung viel diskutierte Vers 249.14 anführen, der besagt, dass Sigune „ûf einer linden saz". Vermutlich liegt bei der Positionierung ‚auf einer Linde' eine Verlesung der Vorlage des *Perceval*-Romans von Chrétien de Troyes zugrunde. Dort sitzt die namenlose Cousine des Protagonisten „soz un chaisne" (unter einer Eiche), was in der Graphie der französischen Handschriften leicht zu „sor un chaisne" (auf einer Eiche) verlesen werden konnte und möglicherweise die bei Wolfram vorliegende Version motivierte. Zwei spätmittelalterliche Textzeugen der Fassung *G, die beide aus dem alemannischen Raum stammen, bieten demgegenüber einen der bei Chrétien belegten Position erstaunlich nahe kommenden Wortlaut, und zwar mit der Lesart „vnder einer linden". Es handelt sich um Hs. L (Hamburg, Staats- und Universitätsbibliothek, Cod. germ. 6, rheinfränkisch/elsässisch, von 1451/52) und Hs. R (Bern, Burgerbibliothek, Cod. A A 91, hochalemannisch, von 1467, danach das Zitat).[32]

Beispiele wie diese zeigen, wie wichtig es ist, dass Transkriptionen der Einzelhandschriften in einer elektronischen Komponente über möglichst weite Textstrecken zu der Druckedition hinzutreten. Erst auf diese Weise werden Textphänomene sichtbar, die ansonsten in der Fülle des in den Apparaten enthaltenen Variantenmaterials verborgen bleiben. Umgekehrt ermöglichen die in der Druckedition vorliegenden

---

[30] Dies ist etwa bei Hs. G der Fall, die wiederholt Versausfälle aufweist; vgl. Bonath 1970/71 (Anm. 21), Bd. 2, S. 251f., 274–276, und zuletzt Martin Baisch: Textkritik als Problem der Kulturwissenschaft. Tristan-Lektüren. Berlin, New York 2006 (Trends in Medieval Philology. 9), S. 112. Bei der Erstellung des Fassungstextes können diese Auslassungen durch frühe Vertreter von *G wie die Hss. I oder O kompensiert werden; der hergestellte Text wird durch Kursive ausgezeichnet, das Fehlen der G-Verse im Apparat notiert.

[31] Vgl. http://www.parzival.unibe.ch in der Rubrik ‚Editionsproben': „Edition der Verse 249.1–30 und 501.1–30 nach Fassungen". Ein Ausschnitt daraus ist in Abb. 3 beigegeben.

[32] Vgl. ausführlicher Michael Stolz: „Cousine sous le chêne – Sigune sur le tilleul". Réflexions sur la réécriture médiévale. In: Mélanges offerts à Claude Lecouteux. Hrsg. von Florence Bayard, Anne-Hélène Delavigne und Astrid Guillaume. Paris 2010.

Fassungssynopsen ein systematisiertes Lesen, welches in der gedrängten Darstellung eines Bildschirms kaum adäquat möglich ist. Das in der Nutzung beider Medien praktizierte intermediale Edieren erweist sich damit als ein viel versprechendes, ja notwendiges ‚Mittel': Es eröffnet Wege zum Text, in denen sich unterschiedliche Darstellungsformen kreuzen. Zugleich werden dabei die Wege sichtbar, welche die überlieferten Texte in ihrer komplexen Tradition genommen haben.

*D

249 Der valscheite widersaz
kêrte ûf der huofslege kraz.
sîn scheiden dan daz riuwet mich.
alrêst nu âventiurt ez sich.
dô begunde krenken sich ir spor.
sich schieden die dâ riten vor.
ir slâ wart smal, diu ê was breit.
er verlôs **si** gar, daz was im leit.
mære vriesch **dô** der junge man,
dâ von er herzenôt gewan.
Dô erhôrte der **degen** ellens rîch
einer vrouwen stimme jæmerlîch.
ez was dennoch von touwe naz.
vor im ûf einer linden saz
ein magt, der vuogte ir triuwe nôt.
ein gebalsemt ritter tôt
lent ir zwischen den armen.
swenz niht wolt erbarmen,
der si **sô** sitzen sæhe,
untriuwen ich im jæhe.
Sîn **ors dô** gein ir wante
der wênic si **bekante**.
si was doch sîner muomen kint.
al irdisch triuwe was ein wint,
wan **die man** an ir lîbe sach.
Parzivâl si gruozte und sprach:
»vrouwe, mir ist **vil** leit
iuwer senlîchiu arbeit.
bedurft ir mîns dienstes iht,
in iuwerem dienste man mich siht.«

D m n o (V) Fr69

---

1 Der falscheite sie wider satz o · valscheite] valsche m **2** kraz] dratz n tracz o **3** sîn scheiden] si schieden m (n) sie scheident o · dan] *om.* n **4** nu] *om.* n o · âventiurt] auentes m offentůrte n auentůr o · ez] er o · sich] mich m **5** sich ir] schier n o · spor] por o **6** die] denn die n · vor] fůr o **7** ir] die o **8** was] *om.* m **9** *Initiale* m n o · *Überschrift:* Wie parcifal Sigunen vff einer linden vant m Also parcifal frouwe sigunen vff einer linden fant sitzen n (o) · Nů freisch der junge sůsse man m (o) · NV̊ frisch der junge sůsse man n · mære vriesch] [*]: Nv vernam V **10** Mere do von er not gewan m n o (V) **11** ellens rîch] ellenrich n ellent rich o **13** ez] er m n o · dennoch] dane m **14** linden] lindes m **15** der] den m · triuwe] tauwe o **18** swenz] wen o **19** si] *om.* m **20** untriuwen] vntrúwe Fr69 V **21** dô gein ir] gegen ir do m n o (Fr69) **22** bekante] do bekante n erkante Fr69 (V) **23** doch] ŏch Fr69 **24** al irdisch] Alle ir disse m Oder dise n o **25** lîbe] liben m **27** vil] sere m n o Fr69 **29** bedurft] Bedurff o · dienstes] diens D · iht] niht m **30** in] jr m · iuwerem] jrem m (n) o

---

1 widersaz] widr sazz D **4** âventiurt ez] Aventiwertez D **16** ritter] rittr D **17** armen] armn D **18** erbarmen] erbarmn D **20** jæhe] gehe m o ẏehe n **26** Parzivâl] Parcifal m o Fr69 Parcipfal n **27** ist] ir ist n

*G

sich huop de*s* **valsche***s* widersaz
vaste ûf der huofslege kraz.
sîn scheiden dan daz riuwet mich.
alrêrst nu âventiurt ez sich.
dô begunde krenken sich ir spor.
sich schieden die dâ riten vor.
ir slâ wart smal, diu ê was breit.
er verlôs **si** gar, daz was im leit.
mære vriesch der junge man,
dâ von er herzenôt gewan.
ez vernam der **helt** ellens rîche
einer vrouwen stimme jâmerlîche.
ez was dannoch von touwe naz.
vor im ûf einer linden saz
ein maget, der vuoget ir triuwe nôt.
ein gebalsemet ritter tôt
lent ir zwischen den armen.
den ez niht wolt erbarmen,
der si **alsô** sitzen sæhe,
untriuwen ich **es** im jæhe.
sîn **ors dô** gein ir wande
der wênec si **bekande**.
si was doch sîner muomen kint.
al irdesch triuwe was ein wint,
wan **die man** an ir lîbe sach.
Parzivâl si gruozte und sprach:
«**nu wizzet**, vrouwe, mir ist leit
iuwer senelîchiu arebeit.
geruocht ir mînes dienstes iht,
in iuwerem dienste man mich siht.«

G I L M O Q R Z Fr21 Fr36 Fr40 Fr51

---

1 *Initiale* I · sich] +ᵛch I · des valsches O (L)] der valsche G I (Q R) der valsches M (Z) **2** vaste] *om.* O L M Q Fr21 · der huofslege] den hůffsclag R **3** scheiden dan] dan shaiden I · riuwet] můt I **4** nu] *om.* R **5** *Initiale* I M · *Überschrift:* Aventiwer wie Parzifal bedwanch Orillus sunder twal vnd frovven lescutten hulde gewan I · ir] sin I daz O der R **6** sich schieden] si shieden sich I si schieden Fr21 **7** ir slâ] diu vart I jr [scha*]: schlag R · wart] was R · ê] *om.* I **8** er verlôs si] die verlosz er L **9** *Initiale* L Q R Z Fr21 Fr36 · vriesch] freysch L frisch M Q vernam R gefriesch Z · der] do der O L (M Q Z) Fr21 Fr36 **10** herzenôt] herze leit I (L M) herzenlæit O (Z Fr36) herzeleide Fr21 **11** ez] da O (L) M (Q R) Z (Fr21 Fr36) · vernam] vor nam M · ellens] ellends R **12** jâmerlîche] diu was iemerlich I **13** *Initiale* O · dannoch] don acht R **14** ûf] vnder L (R) an: Fr36 **15** der] dy M **16** ein] einen I · gebalsemet] gebalsmeten I gebalsemter L (M Q R Z Fr36) Fr21 gebalsenter O · tôt] rot L **17** lent] leint I O Q Fr21 Leite M lag R Lende Z · den] ir Z *om.* Fr21 **18** *om.* Q · den] dem I O · ez] daz L **19** der] Die Fr51 · si alsô] si so I O (L M Q R Z) Fr21 (Fr51) so ritter Fr36 · sitzen] siczende R **20** untriuwen] vntrůw R (Fr36 Fr51) · es] *om.* I O L M Q R Z Fr21 Fr36 Fr51 · im] mich M dem R · jæhe] yehen Q **21** *nach 249.20:* Sin ros gieng ander wide Da weinnet sy ir leide R · dô gein] er do gein O L er gen R gein I her zᵛ̊ Fr51 **22** der] wie R die Fr51 · wênec si] vil wenich sei O wenig er sy R sie weinich Fr51 · bekande] erkande R Z (Fr51) **23** muomen] moẏen Fr51 **24** al irdesch] alle irdische I al irdigen O als ir disse Q · triuwe] triwen O **25** wan] Mer Fr51 · ir] irme M irem Q **26** si gruozte] grvzte sie Z sie grotze Fr51 **27** nu wizzet] *om.* Fr51 · vil leit] ::de leyt Fr51 **28** senlîchiu] groze: Fr51 **29** geruocht] [berŏcht]: gerŏcht G vnd bedurft I Bedvrft O (L M Q R Z) Fr21 (Fr36 Fr40) Ge torbe Fr51 · dienstes] diens I dienist Fr36 **30** in] an Fr51 · mich] mir Fr51

---

2 vaste] vast I · huofslege] hᵛ̊f sleg Fr21 **4** âventiurt] aventiwert O **9** mære] mer I (O Fr21) **10** gewan] gvan Fr21 **11** rîche] rich I Fr36 **12** stimme] stimm I · jâmerlîche] iemerlich I (Fr36) **14** linden] linde Q **15** maget] magt I O Z Fr21 Fr36 · vuoget] vugt I (O Fr36) **18** wolt] wolde I **22** wênec] wench G **25** sach] [*rach]: sach Q **26** Parzivâl] [parzifal]: Parzifal I Parcifal O L Z Parzifal M Fr40 Partzifal Q Parczifal R Parzẏual Fr51 · gruozte] gruzt I (O Fr21) **28** senelîchiu] senlichev I (O Z Fr21 Fr40) senlich Fr36 · arebeit] arbæit O (Z Fr21 Fr40 Fr51) **29** mînes] mins I Z Fr21 (Fr40) **30** iuwerem] ewerm I (O) Z (Fr21 Fr40) iwrem Fr36 ivwen Fr51 · dienste] dienst I O Fr21 Fr36 (Fr40)

Abb. 1a

*T

Der valscheite widersaz
kêrte ûf der huofslege kraz.
sîn scheiden dan daz riuwet mich.
Nu êrst âventiuret *ez* sich.
dô begunde krenken sich ir spor.
sich schieden die dâ riten vor.
ir slâ wart smal, diu ê was breit.
die verlôs **er** gar, daz was im leit.
Mære vriesch der junge man,
dâ von er herzenôt gewan.
dô erhôrte der **helt** ellens rîch
einer vrouwen stimme jæmerlîch.
ez was dannoch von touwe naz.
vor im ûf einer linden saz
ein maget, der vuogte ir triuwe nôt.
ein gebalsemeter ritter tôt
lac an ir armen.
den si niht wolte erbarmen,
der si **alsô** sitzen sæhe,
untriuwen ich im jæhe.
sîn **ôre er** gegen ir wande
der wênic si **erkande**.
si was doch sîner muomen kint.
alle irdensche triuwe was ein wint,
wan **dier** an ir lîbe sach.
Parzivâl si gruozte und sprach.
er sprach: »vrouwe, mir ist leit
iuwer senelîche arbeit.
bedurfet ir mînes dienstes iht,
in iuwerm dienste man mich siht.«

T U V W

---

1 *Initiale* U W **2** kraz] tratz W **4** Nu êrst] Allererst nun W · ez] *om.* T **5** ir] sin U **6** schieden] scheiden U **9** Mære vriesch] Mere vreischen U [*]: Nv vernam V Ein mere vriesch W **10** [*]: Mere do von er not gewan V · herzenôt] hertzelait W **11** ellens] al zů U **17** lac an ir] Lainte ir vnder den W **18** den si] [D*]: Swen ez V Wenn das W **21** *Überschrift:* Hie kam parzifal zvͦm anderen male zvͦ sinre nv́ftelen sigvnen V · *Initiale* V ôre] ors V ros W **25** wan dier an] [W*]: Wande die man an V Wann do er an W · lîbe] liebe W **26** si] *om.* U **27** er sprach vrouwe] er sagete vreůwe U (V) Vil selig frawe W **28** senelîche] semeliche U senekliche V senigliche W **29** bedurfet ir mînes] [Bedŏrfen*]: Bedŏrfent ir mins V

---

1 valscheite] valscheit V **7** slâ] slage U **15** ein] Eine U · vuogte] vůgete U fvͦget V **17** ir] irn U **18** wolte] wolt V **24** irdensche] irdische W **25** ir] irn U **26** Parzivâl] Parcifal T U Parzifal V Partzifal W **30** iuwerm] vwerme U (V)

Abb. 1b

*DG

501 **D**în œheim gap dir ouch ein swert,
dâ mit du sünden bist gewert,
sît daz dîn wol **redender** munt
dâ leider niht tet **vrâge** kunt.
die sünde lâ bî den andern stên.
wir *suln* ouch tâlanc **ruowen** gên.«
wênec wart in bette und kulter brâht,
si giengen êt ligen **ûf** ein bâht.
daz leger was **ir hôhen** art
gelîche ninder dâ bewart.
sus was er dâ vünfzehen tage.
der wirt sîn phlac als ich iu sage.
krût unde w*ürz*elîn
daz muose ir bestiu spîse sîn.
Parzivâl **die** swære
truoc durch **süeze** mære,
wand in der wirt von sünden schiet
und im doch ritterlîchen riet.
Eins tages vrâgt in Parzivâl:
»wer was ein man lac vorme grâl?
der was al grâ bî liehtem vel.«
der wirt sprach: »daz was Titurel.
der selbe ist dîner muoter an.
dem **wart** alrêst des grâles van
bevolhe*n* durch **schermens** rât.
ein **siechtuom** heizet pôgrât
treit er, die lem helfelôs.
sîne varwe er iedoch nie verlôs,
wander den grâl sô dicke siht,
dâ von **er mac** ersterben niht.

D G I L M Z Fr11

---

1 *Initiale* G I L Z · Dîn] Min D **4** vrâge] fragin G (M Z) **6** suln] *om.* D G Fr11 **7** wenc wart in beiden braht I · Wenic wart yn bete vur bracht M · in] im Z **8** noch gulter si leiten sich in ein baht I · et] *om.* Fr11 uort M · ûf] in G L (M) Fr11 **9** leger] ligen I · hôhen] hoher M hŏcheriv Fr11 **11** vünfzehen] [svf*]: fvnfcehen D viunzehen I ffunczentage M **12** als] alle M **13** würzelîn] wrdelin D **14** bestiu] beder I **15** *Initiale* I M · die] din G **20** lac] der lac G **21** al] *om.* I **23** selbe] selb(er) Fr11 · ist] was G I Z · wart alrêst] wartet allez I **24** dem] Der L **25** wan er wart im beuolhen durc schermes rat I · bevolhen] bevolhens D · schermens] schermes G schirmes L schirmens M Z **30** er] *om.* M · er mac] mag er G (I L Z) Fr11

---

2 sünden] sundn Fr11 **6** tâlanc] talangen G tala L dalanc Z **7** wênec] Wen ich L · bette] pett Fr11 **10** gelîche] Gelich I Z Fr11 · ninder] nirgen M niendert Z Fr11 **14** muose] mŭst I mŭste L muste M Z **15** Parzivâl] Parcifal D Z Parzifal I L M **19** eins] Eines G · vrâgt] fraget G Z · Parzivâl] Parcifal D parcifal Z parziual G Parzifal I L M **20** vorme] vor dem I L Z · grâl] grale G **23** an] ane G **24** grâles] grals D Fr11 · van] vane G **27** lem] leme I Z Fr11 · helfelôs] heflos I helflos Fr11 **28** sîne] sin I Z sein Fr11 · varwe] varb Fr11 · iedoch] idoch D doch I Fr11 **29** wander] wan er G L (M) Z (Fr11) wande er I · dicke] ditche G diche I dikche Fr11 · siht] sihte G

*m

dîn œheim gap dir ouch ein swert,
dâ mit du sünden bist gewert,
sît daz dîn wol **geborner** munt
dâ leider nit tet **vrâgen** kunt.
die sünde lâ bî den andern stên.
wir suln ouch *tâlanc* **slâfen** gên.«
bette oder kultern wart in wenic brâht,
si giengen eht ligen **ûf** ein bâht.
daz leger was **hôher** art
gelîch nindert dâ bewart.
sus was er dâ vünfzehen tage.
der wirt sîn phlac als ich iu sage.
krût und würzelîn
daz muoz ir bestiu spîse sîn.
Parzivâl **der** swære
truoc durch **süeze** mære,
wan in der wirt von sünden schiet
und im doch ritterlîchen riet.
Eines tages sprach Parzivâl:
»wer was ein man lac vor dem grâl?
der was al grâ bî liehtem vel.«
der wirt sprach: »daz was Titurel.
der selbe ist dîner muoter ane.
Dem **wart** allerêrst des grâles vane
bevolhen durch **schirmens** rât.
Ein **siechtage** heizet pôgrât.
Die leme *treit* **der** helfelôs.
Sîn varwe er iedoch nie verlôs,
wan er den grâl sô dicke siht,
dâ von **mac er** ersterben niht.

---

m n o (V)

---

3 geborner] redender n reddener o **6** tâlanc] dar vmb talig m toling n kaling o **9** hoher art] ir hoher art n (o) **14** muoz] mûst n o **19** *Initiale* n · sprach] frogete in n (o) **24** dem was] [*]: Dem wart V **25** bevolhen] Beholffen o · schirmens] schirmes n (o) **27** treit] tet m **28** nie] nit o **30** dâ von mac] do von so mag n

---

15 Parzivâl] Parcifal m n o **19** Parzivâl] parcifal m n o **22** Titurel] tútturel n **28** iedoch])ie(doch o

Abb. 2a

*T

Dîn œheim gap dir ouch ein swert,
dâ mit du sünden bist gewert,
sît daz dîn wol **redender** munt
dâ leider niht tet **vrâge** kunt.
die sünde lâ bî den andern stên.
wir suln ouch tâlanc **ruowen** gên.«
wênec wart in kultern und bette brâht,
si giengen eht ligen **in** ein bâht.
daz leger was **ir hôher** art
glîche niender dâ bewart.
Sus was er dâ vünfzehen tage.
der wirt sîn phlac als ich iu sage.
wurze und krütelîn
müese ir bestiu spîse sîn.
Parzivâl **die** swære
truoc durch **liebiu** mære,
wand in der wirt von sünden schiet
und im doch ritterlîchen riet.
Aber sprach dô Parzivâl:
»wer was ein man **der** lac vorme grâl?«
Der wirt sprach: »daz ist Titurel,
der ist al grâ bî liehtem vel.
der selbe ist dîner muoter ane.
dem **was** alrêrst des grâles vane
bevolhen durch **schirmes** rât.
ein **siechtage** heizet pôgrât
treit er, die leme helfelôs.
sîne varwe er doch nie verlôs,
wander den grâl sô dicke siht,
dâ von **mac er** ersterben niht.

T V W O Q R Fr39

---

1 *Initiale* O **4** vrâge] fragen O R **6** Wir welt talanc rŭwe han R · ouch] *om.* W · tâlanc] *om.* Q · tâlanc ruowen] talen rŭgen W **7** *Initiale* Fr39 wênec] Donoch Fr39 · kultern] kvtern V kulter W Fr39 golter O kelter Q gulter R **8** eht] auch Q lecht R · in] vf V (W) O (Q) Fr39 **10** dâ] *om.* O **11** sus] Als Q · dâ] *om.* Fr39 **13** krütelîn] auch kreútelein W **15** *Versal* T · *Initiale* W · die] der R **16** Durch libe durch mere Q **18** im] *om.* O **20** der] *om.* V O Q **21** Der waz algra bi liechtem vel V (W O Q R Fr39) **22** Der wúrt sprach daz was tytvrel V (W O Q R Fr39) **23** muoter] mûmen R **24** dem was] [*]: Dem wart V (W O Q R Fr39) **25** rât] art Q **26** ein siechtage] Einen sîhtv̊m O Ein siechtům W (Q R) Fr39 · heizet] der heisset V · pôgrât] podagrat Q prograt V **28** varwe] frawe Q **29** dicke] *om.* W **30** mac er] so mag er V

---

1 œheim] ŏhin V **2** mit] mitte V **7** wênec] weinc T Wening V Wenich O **8** ein bâht] einen pacht W (Fr39) **9** hôher] hohen V W O [hoher]: hohen Q **10** glîche] Gelich V O Geliche Fr39 · niender] niergent V **13** wurze] Wurzelen V Wurczen R **14** müese] Mv̊ste V Mv̊se O (Fr39) Mûst Q **15** Parzivâl] Parcifal T O Fr39 Parzifal V Partzifal W Q parczifal R **19** Parzivâl] Parcifal T O Fr39 parzifal V partzifal W Q parczifal R **20** vorme] vorm O vor dem Q **23** ane] an O Fr39 **24** grâles] grals T O · vane] van O Fr39 **26** siechtage] siechetage T **27** leme] lem O Fr39 **28** sîne] sin Fr39 **29** wander] Wande er V Wann er W (O Q R)

Abb. 2b

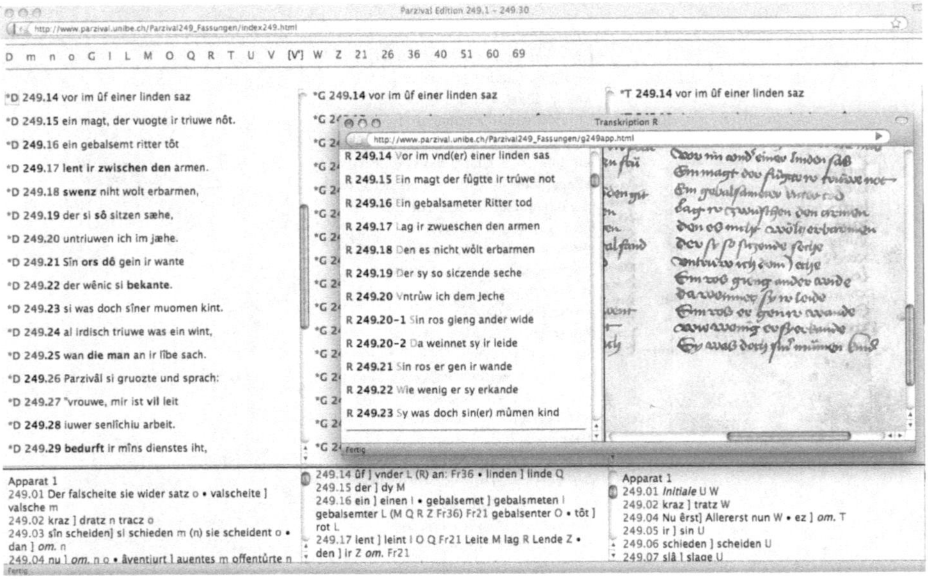

Parzival Edition 249.1 – 249.30
D m n o G I L M O Q R T U V [V'] W Z 21 26 36 40 51 60 69
*D 249.14 vor im ûf einer linden saz
*D 249.15 ein magt, der vuogte ir triuwe nôt.
*D 249.16 ein gebalsemt ritter tôt
*D 249.17 lent ir zwischen den armen.
*D 249.18 swenz niht wolt erbarmen,
*D 249.19 der si sô sitzen sæhe,
*D 249.20 untriuwen ich im jæhe.
*D 249.21 Sîn ors dô gein ir wante
*D 249.22 der wênic si bekante.
*D 249.23 si was doch sîner muomen kint.
*D 249.24 al irdisch triuwe was ein wint,
*D 249.25 wan die man an ir lîbe sach.
*D 249.26 Parzivâl si gruozte und sprach:
*D 249.27 "vrouwe, mir ist vil leit
*D 249.28 iuwer senlîchiu arbeit.
*D 249.29 bedurft ir mîns dienstes iht,
*G 249.14 vor im ûf einer linden saz
*T 249.14 vor im ûf einer linden saz
Transkription R
R 249.14 Vor im vnd(er) einer linden sas
R 249.15 Ein magt der fûgtte ir trûwe not
R 249.16 Ein gebalsameter Ritter tod
R 249.17 Lag ir zwueschen den armen
R 249.18 Den es nicht wôlt erbarmen
R 249.19 Der sy so siczende seche
R 249.20 Vntrûw ich dem Jeche
R 249.20-1 Sin ros gieng ander wide
R 249.20-2 Da weinnet sy ir leide
R 249.21 Sin ros er gen ir wande
R 249.22 Wie wenig er sy erkande
R 249.23 Sy was doch sin(er) mûmen kind
Apparat 1
249.01 Der falscheite sie wider satz o • valscheite] valsche m
249.02 kraz] dratz n tracz o
249.03 sîn scheiden] si schieden m (n) sie scheident o • dan] om. n
249.14 ûf] vnder L (R) an: Fr36 • linden] linde Q
249.15 der] dy M
249.16 ein] einen I • gebalsemet] gebalsmeten I gebalsemter L (M Q R Z Fr36) Fr21 gebalsenter O • tôt] rot L
249.17 lent] leint I O Q Fr21 Leite M lag R Lende Z • den] ir Z om. Fr21
Apparat 1
249.01 Initiale U W
249.02 kraz] tratz W
249.04 Nu êrst] Allererst nun W • ez] om. T
249.05 ir] sin U
249.06 schieden] scheiden U

Abb. 3

Jürgen Wolf

Wer ediert was, wo und wie? Der ‚Editionsbericht' als papiernes und elektronisches Hilfsmittel für den Editor

I. Grundlagen

Im Jahr 1960 erschien erstmals die ‚Germanistik. Internationales Referatenorgan mit bibliographischen Hinweisen' (in diesem Beitrag kurz ‚Germanistik' genannt). Ziel war es, „rasch und in übersichtlicher Form über die Veröffentlichungen auf dem gesamten Gebiet der Germanistik" zu berichten.[1] Noch bezogen sich alle Referate und Anzeigen auf bereits publizierte Primär- und Sekundärliteratur. Im 1963 erschienenen 4. Jahrgang wurde dieses Angebot um einen Blick in die Zukunft erweitert. Im so genannten ‚Editionsbericht' wurden jetzt erstmals alle geplanten mediävistischen Editionen aufgelistet, um so einerseits dem Fach einen Überblick über alle laufenden Editionsvorhaben zu geben und andererseits unnötige Doppelarbeiten zu vermeiden. Dieser „1. Bericht", der von Hanns Fischer „im Auftrage der Kommission für deutsche Literatur des Mittelalters der Bayerischen Akademie der Wissenschaften" zusammengestellt worden war, umfasste damals gerade einmal 61 Projekte vom 8./9. bis zum 16. Jahrhundert.[2] Die Idee, so etwas wie einen Fahrplan für zukünftige Editionsprojekte zu erstellen, war freilich viel älter und ging in letzter Konsequenz auf eine in den Jahren 1903/04 gestartete Initiative von Konrad Burdach, Gustav Roethe und Erich Schmidt im Rahmen der ‚Deutschen Kommission' der ‚Königlich Preußischen Akademie der Wissenschaften zu Berlin' zurück.[3]

In den folgenden Jahrzehnten erschienen nun regelmäßig immer umfangreichere Editionsberichte. Alle relevanten Informationen wurden bei und im Auftrag der Bayerischen Akademie der Wissenschaften in München gesammelt, archiviert und für die Druckversion aufbereitet. In einer alljährlichen Umfrage wurden dazu alle Editoren angeschrieben und die eingegangenen Informationen archiviert. Die Datenverwaltung erfolgte auf Karteikarten. Im Druck erschienen nur die Projekttitel und gelegentlich Hinweise auf die Editionsreihe. Detailliertere Informationen wurden auf Anfrage brieflich oder telefonisch übermittelt.

---

1 Zur Einführung. In: Germanistik 1, 1960.

2 Editionsvorhaben zu mittelalterlichen deutschen Texten. 1. Bericht. In: Germanistik 4, 1963, S. 177–179.

3 Vgl. zu den historischen Hintergründen und den Ideen der noch 1904 in das ‚Handschriftenarchiv' und die ‚Deutschen Texte des Mittelalters' mündenden Initiative zuletzt Jürgen Wolf: Hilfsmittel für die Editionspraxis: Das Handschriftenarchiv der BBAW und der Handschriftencensus. In: editio 21, 2007, S. 151–168 (mit Nachweis der älteren Forschungsliteratur). Alle historischen Zeugnisse/Archivalien sowie aktuelle Materialien zu diesem Projekt sind digitalisiert und stehen online zur Verfügung: http://www.bbaw.de/forschung/dtm/HSA/startseite-handschriftenarchiv.htm.

Im Gefolge der deutschen Wiedervereinigung wurde der ‚Editionsbericht' nach der 35. Folge (1997) bei der Berlin-Brandenburgischen Akademie der Wissenschaften in Berlin angesiedelt. Idee, Konzeption und Aufbau des ‚Editionsberichts' blieben ebenso unverändert wie das Verfahren der alljährlichen Umfrage. Allerdings wurde die Datenverwaltung auf ein einfaches Datenbanksystem umgestellt (Access). Publiziert werden konnte in der ‚Germanistik' aus Platzgründen jedoch weiterhin nur eine Sammlung der Projekt- bzw. Editionstitel mit allenfalls minimalen Zusatzinformationen. Aber die jeweiligen Akademiearbeitsstellen in München sowie später Berlin verstanden sich nicht nur als Informationssammler und -verwalter, sondern gleichzeitig auch als Schnittstellen für die Informationsweitergabe.

Mit dem Berichtszeitraum des Jahres 2002 wurden Konzeption und Aufbau des ‚Editionsberichts' grundlegend modernisiert. Neben die papierne Fassung in der ‚Germanistik' trat nun eine auf HTML-Dateien basierende Internetversion mit einer aus der Druckversion bzw. der Datenbank gespiegelten, täglich aktualisierten Übersichtsdatei sowie vielfältigen zusätzlichen Detailinformationen zu den einzelnen Projekten (Abb. 1).

So konnten jetzt alle[4] gesammelten Informationen auf virtuellen Projektkarten online publiziert werden. Das potenzielle Informationsangebot umfasst:

- Kontaktadresse(n),
- Hinweise zu Homepage- und Email-Adressen,
- Detaillierte Informationen zum Projektstatus, zu Beginn und geplantem Abschluss,
- Informationen zu Mitarbeitern, zu Arbeitsgruppen, zu Projekten, zu Verlag/ Publikationsort,
- Projektbeschreibung mit Angaben zum Editionstyp und den benutzten Handschriften.

Da die entsprechenden Datenfelder weder normierte Vorgaben verlangen noch hinsichtlich des Umfangs beschränkt sind, steht die angebotene Informationsdichte vollständig im Ermessen des jeweiligen Editors. Besonderes Augenmerk ist auf Kontaktadressen und mögliche Schnittstellen/Links zu anderen online-Angeboten gelegt, soweit sie für das Projekt relevante Daten zu Überlieferungszeugen und identifizierten Autoren, Redaktoren oder Schreibern etc. enthalten (Abb. 2).

4 Zum Schutz der Persönlichkeitsrechte wurden und werden ausschließlich die von den entsprechenden Personen autorisierten Daten veröffentlicht. Nach anfänglicher Skepsis haben mittlerweile über 90 % der Editoren einer Veröffentlichung ihrer Daten zugestimmt.

II. Der Erfassungsrahmen des ‚Editionsberichts'

Der Erfassungsrahmen des ‚Editionsberichts' entspricht seit den Anfängen in den 1960er-Jahren in groben Zügen dem ‚Verfasserlexikon' (VL). Die Sortierung orientiert sich allerdings erst seit der Revision 2002 mehr oder weniger streng an der alphabetischen Reihenfolge des VL. Nicht im VL enthaltene oder erst im Nachtragsband behandelte Autoren und Werke werden analog nach einer fiktiven Sortierfolge in das Schema eingegliedert. Anthologien und Sammelhandschriften stehen, soweit sie sich nicht in das VL-Schema einpassen lassen, innerhalb der chronologischen Abschnitte jeweils in kursiver Type vor der alphabetischen Reihe.

Die höchst unterschiedliche Verteilung der mittlerweile über 350 gemeldeten Editionsprojekte über die einzelnen Epochen ließ zusätzlich eine Grobgliederung in vier chronologische Gruppen sinnvoll erscheinen,[5] wobei eine erste Gruppe das 8. bis 11. Jahrhundert umschließt, eine zweite das 12. und 13. Jahrhundert, eine dritte das 14. Jahrhundert und eine vierte das 15. und frühe 16. Jh. bis ca. 1520/30. Vereinzelt finden auch Titel des späteren 16. Jahrhunderts Aufnahme. Die Verteilung sieht derzeit folgendermaßen aus:

- 8. bis 11. Jahrhundert (12 gemeldete Projekte)
- 12. und 13. Jahrhundert (70 gemeldete Projekte)
- 14. Jahrhundert (85 gemeldete Projekte)
- 15. Jahrhundert bis ca. 1520/30 (200 gemeldete Projekte)

Bei ‚wichtigen' bzw. für das Mittelalter relevanten Texten ist dieser grobe Zeitrahmen prinzipiell offen. Dies können z. B. nachmittelalterliche Bearbeitungen mhd. Texte, nur in nachmittelalterlicher Zeit überlieferte mittelalterliche Werke oder ausgewählte mittelalterrelevante Einzeltexte sein. Erfasst werden primär deutsche Texte (nd./hd.). Bei ‚wichtigen' bzw. für die deutsche Literatur relevanten Werken anderer Sprachen werden jedoch auch mndl. (in größerer Zahl) und lat. Texte (als Sonderfälle) berücksichtigt. Hinsichtlich der Textsorten/Gattungen ist Vollständigkeit angestrebt, d. h., aufgenommen werden prinzipiell *alle* deutschsprachigen Texte/Werke, inklusive pragmatischer und archivalischer Texte. Bei den archivalischen Texten ist die Meldungsdichte zur Zeit aber noch gering. Hier wird es in Zukunft unbedingt nötig sein, die Bekanntheit des ‚Editionsberichts' auch über den unmittelbaren Kernbereich der germanistischen Mediävistik hinaus zu steigern.

Weitere Informationen zu aufgegebenen, neu gemeldeten und bereits erschienenen Editionen ergänzen das Online-Angebot. Zur schnellen Orientierung werden zusätzlich folgende Übersichten angeboten:[6]

---

[5] Dieses Gliederungsschema orientiert sich an den Vorgaben der älteren Editionsberichte und wurde nur geringfügig modifiziert.

[6] URL: http://dtm.bbaw.de/E_Bericht/Editionsbericht-internet.html; Druckversion: Germanistik. Internationales Referatenorgan (Tübingen: Niemeyer)

- Aktuell: Aufgegeben
- Aktuell: Neuaufnahmen
- Aktuell: Erschienen
- Aktuell: Meldungen
- Verzeichnis aller im ‚Editionsbericht' erfassten bereits erschienenen Editionen ab dem Berichtszeitraum 2000

III. Wissenschaftliche Dienstleistungen im Umfeld des ‚Editionsberichts'

1. Überlieferung

Die Idee des ‚Editionsberichts' ist es, Informationen nicht nur passiv zu sammeln, sondern sie für die Forschungscommunity nutzbar zu machen. Im papiernen Zeitalter geschah dies in der Regel persönlich über briefliche oder fernmündliche Auskünfte. Mittlerweile konnte die Dienstleistungspalette durch die Möglichkeiten des Internets deutlich erweitert werden.

Das hinter dem ‚Editionsbericht' stehende Betreuungsteam der Arbeitsstelle ‚Deutsche Texte des Mittelalter' (DTM) bietet z. B. zahlreiche Serviceleistungen für die Editoren selbst und die an den Editionen interessierte Forschungsöffentlichkeit an. So werden für die Editoren ‚stillschweigend' diverse Hinweise, Ergänzungen und ggf. Korrekturen zur Überlieferung im Kontext der Online-Stellung der Projektkarten zugeliefert. Basis sind die von der Arbeitsgruppe DTM verwalteten und sukzessive digital-online aufbereiteten bzw. publizierten rund 20.000 handschriftlichen Manuskriptbeschreibungen im sog. ‚Handschriftenarchiv' der Berliner Arbeitsstelle.[7] Ergänzt wird der Informationspool durch die mit dem ‚Handschriftenarchiv' vernetzten Materialien aus dem ‚Handschriftencensus'[8] und aus ‚Manuscripta Mediaevalia'[9]. Entsprechende Hinweise auf wichtige Überlieferungsträger – insbesondere wenn es sich um die Leithandschriften handelt – sind über Links in den Projektkarten auch direkt für die Nutzer des ‚Editionsberichts' abrufbar. Dem Charakter eines vernetzten Informationspools zu Edition und Überlieferung wird zusätzlich dadurch Rechnung getragen, dass entsprechende Hinweise zu geplanten Editionen ihrerseits im ‚Handschriftencensus' und im ‚Handschriftenarchiv' bei den relevanten Handschriften verlinkt werden. Editoren wie Nutzer von ‚Editionsbericht', ‚Handschriftenarchiv' und ‚Handschriftencensus' erhalten damit gleichzeitig alle vorhandenen Informationen zur Handschrift bzw. zu den überlieferten Werken und zu deren Edition.

---

7 Vgl. dazu zuletzt Jürgen Wolf: Handschriftenarchiv online. In: ZfdA 131, 2002, S. 547–550 sowie ders.: Hilfsmittel für die Editionspraxis (Anm. 3). URL: http://www.bbaw.de/forschung/dtm/HSA/startseite-handschriftenarchiv.htm und http://cgi-host.uni-marburg.de/~mrep/index_census.html.

8 Vgl. dazu den Beitrag von Klaus Klein im vorliegenden Band.

9 URL: http://www.manuscripta-mediaevalia.de/.

a) Kodikologie, Paläographie, Materialien
Zusätzlich zu Überlieferungshinweisen stehen die Mitarbeiter der ‚Deutschen Texte des Mittelalters' auch direkt bei Fragen zur Kodikologie und zur Paläographie sowie zur Beschaffung von Digitalisaten bzw. Mikrofilmen relevanter Handschriften und Fragmente mit Rat und Tat zur Verfügung. Wo nötig, werden Kontakte zu den einschlägigen Experten und Expertinnen bzw. zu den besitzenden Institutionen oder Privatpersonen vermittelt. Auf Wunsch werden Digitalisate der im ‚Handschriftenarchiv' vorhandenen handschriftlichen Beschreibungen relevanter Handschriften und Fragmente online im Open source-Verfahren bereitgestellt.

b) Editionspraxis
Allen Editoren bietet das Editions-Team der DTM außerdem qualifizierte Hilfe bei den geplanten Editionsprojekten an. Die Hilfen erstrecken sich u. a. auf die Beratung bei der Wahl eines adäquaten Editionsverfahrens, die Formulierung allgemeiner Editionsrichtlinien, die Apparat- und Kommentarerstellung, die Glossarerstellung und die Vermittlung einer Editionsreihe. Die Hilfen können bis hin zur Aufnahme in die DTM-Reihe reichen.

IV. Zukunftsvisionen online: Vernetzte Hilfsmittel der modernen Editionspraxis

Schon heute bietet der ‚Editionsbericht' in Form einer elektronischen Plattform für die Editionswissenschaft wie für alle mit und an Editionen arbeitenden Fachdisziplinen vielfältige Informationen. So sind zunächst und allererst sämtliche aktuellen Editionsprojekte im Bereich der germanistischen Mediävistik, aber auch weit darüber hinaus, im ‚Editionsbericht' nachgewiesen. Geplant ist ergänzend eine Liste der Editionsdesiderata anzulegen. Wenn es zukünftig gelingt, auch Historiker, Archivare und die historischen Teildisziplinen etwa der Medizin, der Biologie, der Mathematik, der Geographie, der Juristerei etc. stärker einzubinden, sollten in absehbarer Zeit alle Editionsvorhaben und Editionsdesiderata zu deutschsprachigen mittelalterlichen Texten/Werken im ‚Editionsbericht' erfasst sein. Damit zeichnet sich letztlich so etwas wie ein umfassender Editionsfahrplan ab, wie er bei der Gründung des ‚Handschriftenarchivs' und der ‚Deutschen Texte des Mittelalters' im Jahr 1904 schon einmal angedacht und teilweise formuliert worden war.[10]

Damit ein solcher Editionsfahrplan möglichst schnell realisiert und zu möglichst optimalen Ergebnissen geführt werden kann, müssen alle vorhandenen Ressourcen und Hilfsmittel genutzt werden. Ganz pragmatisch wären dies zunächst technische Hilfen bei der Erstellung von Editionen. Hier bietet der ‚Editionsbericht' über die bereitgehaltenen Informationen zu Editionstypen, Editionsverfahren, laufenden und abgeschlossenen Editionsprojekten die Chance des projekt- und fächerübergreifenden Erfahrungsaustauschs bzw. der Erfahrungsvernetzung von Editoren bzw. Editionsprojekten weltweit.

---

[10] Zu den online publizierten historischen Materialien vgl. Anm. 3.

Von unschätzbarem Wert für die Editionspraxis ist auch die Vernetzung in und mit der Überlieferungsforschung. Hier sind in erster Linie wechselseitige Querverbindungen zum ‚Handschriftenarchiv' (HSA), zu ‚Manuscripta Mediaevalia' (MM), zum ‚Handschriftencensus' und den ‚Repertorien', zu Bibliothekskatalogen, zu digitalisierten Handschriften und zu den besitzenden Institutionen bzw. den Handschriftenzentren allgemein zu nennen. Auch hier könnte der ‚Editionsbericht' als Mittler ‚zwischen den Welten' zukünftig eine noch wichtigere Rolle spielen.

Eine weitere Schnittstelle könnte zu bisher unbekannten Autoren und Werken führen, zumal das als Fortführung und Ergänzung des gedruckten ‚Verfasserlexikons' geplante Online-Projekt ‚Verfasserlexikon aktuell'[11] – wie sich bereits jetzt abzeichnet – zahlreiche neu entdeckte Texte in bislang unbekannten Handschriften nachweisen wird. Diese Neufunde schnell und adäquat der Forschung zugänglich zu machen, wird heißen, die neuen Texte auch möglichst schnell zu edieren. Der ‚Editionsbericht' könnte hier die Entdecker und die entsprechenden Experten für Literaturgeschichte, Handschriftenkunde und Edition zusammenführen. In anderer Richtung könnten im ‚Editionsbericht' erstmals angezeigte Editionsprojekte zu Neufunden für die literarhistorische Erfassung unmittelbar an das ‚Verfasserlexikon aktuell' verwiesen werden.

Ebenfalls Schnittstellenfunktion könnte der ‚Editionsbericht' in einem weithin unbeachteten, für einige Forschungszweige aber ungemein ertragreichen Materialaufbereitungsbereich spielen. Ich denke hier an die bislang nach erfolgreichem oder auch nicht erfolgreichem Projektende einfach ‚weggeworfenen' Editionszwischenprodukte. Insbesondere die Transkriptionen und Kollationen wären beispielsweise für die Lexikographie, die Sprachgeschichte und die Dialektologie von unschätzbarem Wert, denn die Ausgaben repräsentieren in der Regel eben gerade nicht die einzelnen Handschriften mit ihrem individuellen bzw. dialektspezifischen Laut- und Sprachstand oder ihrem regionaltypischen Wortbestand. Dies bieten nur Transkriptionen. Um diese Transkriptionen für die Zukunft zu bewahren und sie gleichzeitig elektronisch aufbereitet der Forschungscommunity zugänglich zu machen, hat die DTM-Arbeitsstelle das ‚Elektronische Handschriftenzentrum' (EHZ) ins Leben gerufen. Dort können Transkriptionen und andere Editionsabfallprodukte zentral verwaltet, nach einheitlichen Standards aufbereitet und online zugänglich gemacht werden. Das Muster eines Datenblattes zur Archivierung der Transkriptionen zeigt Abb. 3.

Der jedem Datensatz beigegebene Header enthält Metadaten etwa zur Transkription, zur transkribierten Handschrift und zum Editionsprojekt. Damit werden z. B. Sonderzeichen, Abbreviaturen und Kodierungen nachgewiesen. Zusätzlich enthält der Header einen Informationsblock zum Transkribenten bzw. zum Projektumfeld. Hier können vom Transkribenten diverse Informationen zum Projekt, zur Person, zur Institution, zur Zitationsweise etc. angeführt werden. Natürlich ist auch eine anonyme Variante (wie in Abb. 4) möglich.

---

11 Vgl. dazu den Beitrag von Klaus Klein in diesem Band und die Homepage: http://www.verfasser lexikon.de/.

Der Transkriptionstext ist XML-basiert und nach TEI-P5-Standard kodiert. Er ist so für diverse Such- und Sortierungsfunktionen vorbereitet (Abb. 5).

V. Fazit

Der Editionswissenschaft wird künftig bei der Aufarbeitung alter und aktueller Forschungsdesiderata, und das heißt nicht zuletzt beim Abarbeiten historischer Versäumnisse (z. B. der Erschließung pragmatischen und geistlichen Gebrauchsschrifttums) und der Bewältigung von Neuentdeckungen eine zentrale Rolle zukommen. Den Editoren stehen dafür mit den beschriebenen und einer Reihe weiterer im Kolloquium vorgestellter Instrumente vielfältige Werkzeuge und Hilfsmittel zur Verfügung. Mehr denn je wird es aber auch darum gehen, die Erträge nicht nur in Form einer gedruckten oder online publizierten Edition öffentlich zu machen, sondern auch mit anderen Forschungsgegenständen aus den Bereichen der Kodikologie, Paläographie, Dialektologie, Lexikographie und Kunstgeschichte sowie anderen Forschungsansätzen aus dem Kontext der Literatur- und Kulturgeschichte zu vernetzen. Zudem erscheint es schon aus forschungsökonomischen Gründen geboten, die im Laufe der Editionsprojekte oft unter größtem materiellen, personellen und ideellen Einsatz gewonnenen Materialien (Transkriptionen, Kollationen etc.) über das jeweilige Projektende hinaus zu sichern und für alle nutzbar zu machen. Die Rolle des ‚Editionsberichts' und der DTM-Arbeitsstelle könnte in einem solchen hochkomplexen, vielfach vernetzten System in der Zukunft wie folgt aussehen:

- Nachweis und Verwaltung der in Arbeit befindlichen Editionen,
- Nachweis der abgeschlossenen bzw. erschienenen Editionen,
- Auflistung und ggf. Verwaltung von Editionsdesiderata,
- Sicherung, Präsentation und Optimierung von Editionsmaterialien (Transkriptionen, Kollationen etc.),
- Informationsschnittstelle zwischen Editoren, Paläographen, Kodikologen, Sprachhistorikern, Literarhistorikern und diversen Fachdisziplinen.

Editionsvorhaben zu mittelalterlichen deutschen Texten
Grundlage ist der 48. Bericht vom 31.07.2007
Stand: Juli 2008 mit Ergänzungen ab August 2008

Editionsbericht (zur Gesamtübersicht 8.-16.Jh.)	Erschienene Editionen (ab Editionsbericht 2000)

!!! Die Suchfunktion steht zur Zeit noch nicht zur Verfügung. Benutzen Sie bitte die interne Suche mit der **Tastenkombination Strg + F** !!!

Suchen

Und Oder | ganzes Wort Wortanfang

Hinweise zur Sortierung

Mit dem Berichtszeitraum des Jahres 2002 wurden Konzeption und Aufbau des Editionsberichts verändert. Basis aller Titelaufnahmen ist nun die Sortierfolge des Verfasserlexikons in seiner 2. Auflage.

1. Die Verteilung der Editionsprojekte läßt eine Grobgliederung in vier chronologische Gruppen sinnvoll erscheinen, wobei eine erste Gruppe das 8. bis 11. Jahrhundert umschließt, eine zweite das 12. und 13. Jahrhundert, eine dritte das 14. Jahrhundert und eine vierte das 15. Jahrhundert bis ca. 1520/30, wobei vereinzelt auch Titel des späteren 16. Jahrhunderts Aufnahme finden.
2. Die Sortierung des Editionsberichts orientiert sich fortan an der alphabetischen Reihenfolge des Verfasserlexikons (VL in der 2. Auflage). Nicht im VL enthaltene oder erst im Nachtragsband behandelte Autoren und Werke werden analog nach einer fiktiven Sortierfolge in das Schema eingegliedert.
3. Anthologien und Sammelhandschriften stehen, soweit sie sich nicht in das VL-Schema einpassen lassen, innerhalb der chronologischen Abschnitte jeweils in kursiver Type vor der alphabetischen Reihe.

Neuanmeldung von Projekten

Kontakt und Neuanmeldung (via Email)	Formular zur Neuanmeldung (cgi-Formular)

Für die **Neuanmeldung** von Editionsprojekten können Sie das **WWW-Formular** nutzen (bevorzugt), oder uns von Ihrem Vorhaben unterrichten per:

- Telefon: 030-20370 621 bzw. 0049-30-20370 621
- Fax: 030-20730 600 bzw. 0049-30-20730 600
- Brief: Berlin-Brandenburgische Akademie der Wissenschaften - 'Deutsche Texte des Mittelalters' - Jägerstr. 22/23 - D-10117 Berlin
- Email

Inhaltsübersicht zum Editionsbericht

- **8. bis 11. Jahrhundert**
- **12. und 13. Jahrhundert**
- **14. Jahrhundert**
- **15. Jahrhundert bis ca. 1520/30**
- **Aktuell: Aufgegeben**
- **Aktuell: Neuaufnahmen**
- **Aktuell: Erschienen**
- **Aktuell: Meldungen**

8. bis 11. Jahrhundert

- Kleinere althochdeutsche Denkmäler
- Geistliche Gesänge des deutschen Mittelalters. Melodien (und zugehörige Texte) handschriftlicher Überlieferung bis um 1530; *s. auch unter 'Erschienen'*
- Kleinere natur- und heilkundliche Schriften des deutschsprachigen Mittelalters von den Anfängen bis um 1350
- Text- und Handschriftenfragmente der deutschen Literatur im 11. und 12. Jh.
  - ---
- Althochdeutscher Isidor *s. Monseer Fragmente*
- Heliand
- Monseer Fragmente, Wien, ÖNB, Cod. 3093* und Hannover, LB, Ms. I,20b
- Murbacher Hymnar. Edition nach der Handschrift Oxford, Bodleian Library, Junius 25
- Notker der Deutsche von St. Gallen: Werke (ATB); *s. auch unter 'Erschienen'*
- Notkers Wiener Psalmen, nach der Wiener Handschrift (Diplomatische Ausgabe)
- Otfrid von Weißenburg: Evangelienbuch, krit. Ausgabe; *s. auch unter 'Erschienen'*
- Rezepte (lateinisch und ahd.) in Paris, BN, Ms. n. a. l. 229 (Litterae)

12. bis 13. Jahrhundert

- Geistliche Gesänge des deutschen Mittelalters. Melodien (und zugehörige Texte) handschriftlicher Überlieferung bis um 1530; *s. auch unter 'Erschienen'*
- Spruchsang. Die Melodien der Sangspruchdichter des 12. bis 15. Jh.s (Monumenta Monodica Medii Aevi)
- Kleinere natur- und heilkundliche Schriften des deutschsprachigen Mittelalters von den Anfängen bis um 1350
- Text- und Handschriftenfragmente der deutschen Literatur im 11. und 12. Jh.

Abb. 1: Screenshot Übersichtsseite des Editionsberichts

zurück zum Editionsbericht

Editionsvorhaben zu mittelalterlichen deutschen Texten

Projekt: Otfrid von Weißenburg 'Evangelienbuch' Neuedition

Die hier zurVerfügung gestellten Informationen gehen auf Angaben der Herausgeber zurück. Eine Gewähr kann die DTM-Arbeitsstelle nicht übernehmen.

Name (ggf. Adresse)	Prof. Dr. Wolfgang Kleiber Bebelstr. 24 55128 Mainz
Institut	Institut für geschichtliche Landeskunde an der Universität Mainz Abt. II Sprach- und Volksforschung Sprachgeschichte des Oberrheins Johann-Friedrich-von-Pfeiffer-Weg 3 55099 Mainz Tel.: 06131/ 39 20 933
Email/Kontakt	kleiber@mail.uni-mainz.de
Homepage	www.igl.uni-mainz.de
gemeldet seit	1973 im 11. Bericht (Germanistik 14) teilweise erschienen 2004: Otfrid von Weissenburg: Hrsg. von Wolfgang Kleiber et al.. Bd. I,1: Edition nach dem Wiener Codex 2687. - Bd. I, 2: Einleitung und Apparat. Tübingen: Niemeyer 2004.
Abschluß	Die Bände II, 1 und 2 (Edition nach der Heidelberger Handschrift und den Fragmenten des Codex discissus; Text-, Einleitungs- und Apparatband) sind noch nicht abgeschlossen: Bd. II,1 (die Texte der Handschrift P [Heidelberg UB und des Codex Discissus]) befindet sich im Druck. Bd. II,2 (Einleitung und Apparate) ist noch im Stadium der Vorbereitung.
Allg. Informationen (Mitarbeiter etc.)	In Zusammenarbeit mit München, Prof. Dr. E. Hellgardt Arbeitsgruppe Mainz: Projektleiter: Prof. Dr. Wolfgang Kleiber; wiss. Mitarbeiter: Rita Heuser M.A. Hilfskräfte: Kerstin Küter M.A.; Rudolf Garski In den II. Band werden die bis 2006 als eigenständiges Projekt geführten Arbeiten von Prof. Dr. Wolfgang Milde zu den Otfrid-Fragmenten eingearbeitet. Die ursprünglich von ihm geplante separate Faksimileausgabe sämtlicher Fragmente soll dem 2. Band in ausgewählten Abbildungen beigefügt werden (Hinweis Prof. Milde 07/2006). Prof. Dr. Wolfgang Milde Zur Altenau 17 38300 Wolfenbüttel
Projektbeschreibung	Das Evangelienbuch Otfrids von Weißenburg (ca. 863-871) ist zweifellos die bedeutendste althochdeutsche Versdichtung. Diese erste Evangelienharmonie liegt, vom Autor handschriftlich durchkorrigiert, in teilautographischer Überlieferung vor (Hs. V: Wien 2687) - ein höchst seltener Glücksfall abendländischer Textüberlieferung. Neue paläographische, textgeschichtliche und historisch-exegetische Forschungsergebnisse fordern eine 'nova recensoi'. Die Großausgaben (J. Kelle, P. Piper und O. Erdmann, erschienen zwischen 1856-1882) erweisen sich als revisions- und ergänzungsbedürftig. Keine davon enthält den heute bekannten Otfrid-Text. Die Edition beruht auf der Neuautopsie der Überlieferung (VPFD) und stützt sich auf EDV. Ziel ist die diplpomatisch getreue Wiedergabe des vom Autor (Otfrid) approbierten Haupttextes V (Wien) sowie der beiden Handschriften P (Heidelberg) und D (Bonn, Berlin/Krakau, Wolfenbüttel). Vorgesehen sind je eigene Text- und Apparatbände. Neu ist vor allem die eingehende Berücksichtigung zahlreicher bisher übersehener paläographischer (z. T. autographer) Textmerkmale. Dem Exegeten und Kommentator Otfrid, auf dem Hintergund der Tradition, gilt ein eigener Quellenband.

Abb. 2: Projektkarte

zurück zur Startseite

EHZ - Elektronisches Handschriften-Zentrum der Arbeitsstelle 'Deutsche Texte des Mittelalters' (DTM) in der Berlin-Brandenburgischen Akademie der Wissenschaften

Transkriptionen mittelalterlicher Handschriften

Nutzungshinweise: Um zu den Transkriptionen (pdf-files) zu gelangen, haben Sie zwei Zugriffsmöglichkeiten. Sie können über die Handschriftenliste die transkripierten Kodizes direkt ansteuern oder im Werkregister einzelne Texte aufrufen. Für die Navigation und die Suche in den pdf-files stehen zunächst die Standardfunktionen des Adobe Acrobat-Reader zur Verfügung. Der Acrobat-Reader kann als Shareware kostenfrei aus dem Internet heruntergeladen werden. Für den qualifizierten Umgang bietet Adobe kostenlose online-Einführungskurse an.
Achtung: Sonderzeichen (Superskripte) und speziell kodierte Abbreviaturen sind in den pdf-files derzeit noch nicht suchbar! An einer entsprechenden externen Suchfunktion wird gearbeitet.

Adobe Reader herunterladen	Was ist Adobe pdf?	kostenlose online-Einführungskurse von Adobe

Korrekturen, Ergänzungen und Anmerkungen werden erbeten an PD Dr. Martin J. Schubert

Werkregister	Handschriftenliste (Transkriptionsrichtlinien)
• Christherre-Chronik (G) • Johannes Rothe: Elisabethleben (S)	Erfurt/Gotha, UFB - FB Gotha, Chart. B 180: Bl. 72v-135v (Johannes Rothe: 'Elisabethleben' S)
	Göttingen, SUB, Cod. 2° philol. 188/10 Cim. (olim: Gotha, Membr. I. 88): 'Christherre-Chronik' • Titelblatt und Einleitung zur Teiledition • Teiledition (Preprint V. 7161-12450) • vgl. dazu auch die vollständig digitalisierte Linzer Handschrift einer Weltchronik-Kompilation mit großen Anteilen der 'Christherre-Chronik' (sog. 'erweiterte Christherre-Chronik') mit Einleitung (pdf) von Ralf Plate

Abb. 3: Screenshot EHZ (Transkriptionsmuster)

Johannes Rothe: 'Elisabethleben'

Transkription Hs. S

Text: Johannes Rothe: 'Elisabethleben'
Alter des Texts: ca. 1415
Handschrift: Erfurt/Gotha UFB – FB Gotha, Chart. B 180
Alter der Handschrift: 1487
Sprachstand: Thüringisch
Transkriptionsweise: Zeichengenau ohne Ausgleich. Rubrizierte Überschriften erscheinen im Fettdruck. Die Versinitialen sind in der Hs. rubriziert; sie werden hier als Majuskeln transkribiert, auch wenn gelegentlich Minuskel erwägenswert wäre. Verse abgesetzt (Hs.: fortlaufend), Zählung nach DTM-Edition (in Vorb.). Bemerkungen wie "Vers fehlt" oder "Überschrift fehlt" beziehen sich auf die Parallelüberlieferung.
Anmerkungen der Transkribenten in eckigen Klammern (kursiv). Markiert sind: Unsichere Lesungen durch Apparatnotiz "vgl. Hs."; ungewöhnliche Worttrennung durch "=", ungewöhnliche Zusammenschreibung durch "–«; ungewöhnliche Lesarten mit [*!*]. Eigennamen sind durch marginales ⟨Name⟩ markiert.

Transkribiert von: GW
Überprüft von: AH
File EliHsS.pdf gesetzt mit makro.tra aus hsstext.sgl; Grundlage: elisabeths.trmz; MS 2. 11. 2004

Abb. 4: Header einer Transkription

2 *Johannes Rothe: Elisabethleben, Hs. S*

[*72*^{v}] Hyrnach volget Sent Elizabethē Leben *⟨Name⟩*

IN doringen was eyn konnigkrich *⟨Name⟩*
Heſſē wettherawe gehorte da czu *⟨Name⟩*
Czu einē herczogthumb macht es nue ſich
Eyn̄ landtgraffeſchafft iſt es wordē
Ottho der erſte keißer ſo genant *⟨Name⟩*
Der gab es zu mentze an den ſtyfft
Alzo wart deme biſſchoffe doringer landt *⟨Name⟩*
Da es erbeloß ſtarb ſaget vns die ſchrifft
Hugk vnde syn bruder loddewig *⟨Namen⟩*
Czwene frome grauē von franckrich *⟨Name⟩*
Die hildenn deme ſtiffte ſynen krÿegk
Czu mentcze vnde zu doringen glich *⟨Namen⟩*
An dem ryne mochte man hugis warte *⟨Namen⟩*
Des biſſchoffs Rath In allen dingē
Da was graue loddewig mit dem barte *⟨Name⟩*
Eyn vitcztumb des ſtifftes In doringē *⟨Name⟩*
Nu ſtarb des biſſchoffs hofemeiſter hugk *⟨Name⟩*
Vnde liß gelt vnde auch korn
Das wart ſinē brudere der was clugk
Der buwitthe ſchawenborgk bye reynhartsborn *⟨Namen⟩*
Nach deme quam loddewig ſyn ſon *⟨Name⟩*
Eyn graue von doringen gnant *⟨Name⟩*
Der buwitthe Reynharsborn dar von *⟨Name⟩*
Vnde wart eyn mōch darynne zuhant
Eyn loddewigen gebar aber diſſer nue *⟨Name⟩*
Der buwitthe wartpu^{s}gk Vnde yßenach *⟨Namen⟩*
Vnde nuwenborgk an der ſale dar zcu *⟨Namen⟩*
Den begunde der keyßer [*73*^{r}] zcu einē furſten zu machen̄
Syne tochter^{s} heddewigen he nam *⟨Name⟩*
Der gab her Sangerhußen methe *⟨Name⟩*
Von der aber eyn loddewig quam *⟨Name⟩*
Der liß ſich In der rule ſchmeden
Syn Son hyß loddewig der dritte *⟨Name⟩*
Eyn furſte aber der furſte [*!*] mit nomē
Obir mer was her des keißers geferte
Da ſtarb er auch ane ſchemē
Czu doringen ſyn bruder herman *⟨Namen⟩*
Wart do landtg(ra)ue an ſine ſtadt
Von deme hebe ich ditz buch an
Da Sante Elizabethē lebē ynne stadt *⟨Name⟩*
O due heilige frawe Elizabet *⟨Name⟩*
Du barmherczige demutige vil gute
Vor die doringe vnde heſſen nue bethe
Vnde halt ſie ſtethe In diner huthe

Abb. 5: Transkription

Hans Zotter

Von der ‚Bibliothèque imaginaire' zur neuen Welt der ‚virtuellen Handschriften'

Kostbare Faksimiles und Imagefiles im Netz

Der französische Schriftsteller André Malraux, der unter De Gaulle Informationsminister war, prägte in den 60er-Jahren des vorigen Jahrhunderts für Faksimileausgaben mittelalterlicher Handschriften das seitdem häufig zitierte Etikett der „Bibliothèque imaginaire"[1]. Die Idee, einzigartige Kulturdokumente in allen Bibliotheken durch perfekte Kopien zugänglich zu machen, war damals eine faszinierende Vorstellung. Die Preise gestalteten sich noch vergleichsweise moderat, so dass diese Idee durchaus realistisch erschien. Die 70er-Jahre des vorigen Jahrhunderts waren dann tatsächlich eine Blütezeit der Faksimilierung, wenn auch damals schon verschiedentlich Ausgaben erschienen, die das Budget einer durchschnittlichen Bibliothek deutlich überschritten. In der Folge haben zahlreiche Faksimilierungen tatsächlich die kodikologische Forschungslandschaft nachhaltig verändert. Nicht nur, dass viele einmalige Dokumente zum ersten Male einem breiten Publikum vor Augen gestellt wurden, auch die wissenschaftliche Erschließung durch umfangreiche Kommentarbände beflügelte die Forschung. Der zentrale Effekt einer Faksimilierung ist die Erhöhung der Reichweite, das heißt, das unikale Original besitzt die Reichweite 1, ein Faksimile je nach Auflage eine Reichweite von einigen hundert bis zu einigen tausend Exemplaren. Das gefährdete Unikat verliert dadurch in gewissem Sinne seine Einzigartigkeit, seine Unzugänglichkeit, sein Mysterium.

Als Autoren für ihre Faksimileausgaben suchten sich die Verleger in vielen Fällen Teams der besten Fachleute, die dann auch epochemachende Monographien verfassten. Man könnte sagen, dass damit auch eine neue Art der wissenschaftlichen Betrachtung der Handschriften gefördert wurde: Durch die Zusammenführung kodikologischer und paläographischer Untersuchungen, Beschreibungen der Provenienzgeschichte und des aktuellen Forschungsstandes, textkritischer Analysen und kunsthistorischer Einordnungen entstanden ganzheitliche, facettierte Darstellungen. Heute sind Faksimilierungen ohne entsprechenden umfangreichen Kommentarband, der alle Aspekte der Handschriftenforschung abdeckt, nicht mehr denkbar.

Eigentlich gab es schon immer ‚Faksimileausgaben', zumindest seitdem der Lichtdruck Eingang in die Buchproduktion gehalten hatte, also seit den 1880er-Jahren.

---

[1] Sophie Doudet: La Bibliothèque imaginaire d'André Malraux. Généalogie du discours esthétique. Direction: Mme Paule Plouvier. Membres du jury: M. Didier Alexandre (Toulouse – Le Mirail), Mme Christiane Moatti (Paris-III9 et de Mme Paule Plouvier (Montpellier II). Thèse soutenue le 9 décembre 1999 à l'université de Montpellier III.

Natürlich waren diese Faksimiles nur schwarz-weiß, aber die ersten großen wissenschaftlichen Faksimileserien, wie die ‚Codices graeci et latini', die ‚Paléographie musicale', die ‚Publications of the Roxburghe Club' oder die Serie der ‚Codices e Vaticanis selecti phototypice expressi' starteten mit ihrem Erscheinen schon vor oder um 1900. Die älteste Ausgabe der Manessischen Liederhandschrift erschien im Lichtdruck 1887.[2]

Aber schon davor gab es Vorstufen des modernen Faksimiles, zum Beispiel Kopien von Handschriften in Lithographietechnik – lange Zeit das einzige Verfahren, das eine Wiedergabe in Farbe ermöglichte. Das *Stundenbuch der Anne de Bretagne*[3] oder die Ausgabe des *Breviarium Grimani* nutzten die Technik der Farblithographie.

Wenn wir noch weiter zurückgehen, finden wir Handschriftenwiedergaben in Kupferstichtechnik, wie etwa die Ausgabe der *Goldenen Bulle* durch Heinrich Günther Thülemeier 1697 oder Wiedergaben vom Handschriftenteilen in den *Acta sanctorum*. Die frühesten Versuche, die Bilderwelt der mittelalterlichen Handschriften drucktechnisch wiederzugeben, lassen sich bis in die Inkunabelzeit und zu den Renaissancedrucken zurückverfolgen; als Beispiel sei hier die erste gedruckte Ausgabe des Falkenbuches Friedrichs II. (Augsburg 1596) mit Holzschnittwiedergaben der Miniaturen genannt.

Heute definiert man eine Faksimileausgabe als eine hochwertige, originalgetreue, möglichst farb- und formatgetreue, komplette Wiedergabe einer Handschrift (Wiedergaben von historischen Drucken nennt man Reprint); allerdings halten sich nur wenige an diese Definition. ‚Faksimile' klingt einfach edler – so werden mitunter sogar Xerokopien zu Faksimiles geadelt, oft steht auch das kommerzielle Kalkül hinter der terminologischen Falschmünzerei.[4]

Die Intention der Faksimileverlage in dieser Glanzzeit war vorrangig, die Wissenschaft und die wissenschaftlichen Bibliotheken zu bedienen. Graz spielte dabei eine ganz wichtige Rolle, denn die ‚Grazer Akademische Druck- und Verlagsanstalt (ADEVA)'[5], die anfänglich mit Reprints von Akademieschriften ihr Geld verdiente – der Krieg hatte große Lücken in die Bestände vieler Bibliotheken gerissen, die auf diese Weise wohlfeil wieder geschlossen werden konnten –, brachte schon in den Fünfzigerjahren schwarz-weiße Nachdrucke der Vorauer Handschrift heraus und startete 1960 die berühmte Faksimileserie der ‚Codices selecti', welche mit derzeit 114 Bänden die umfangreichste Faksimilereihe werden sollte. Zum ersten Male wurde der Farb-Offset-Druck für Faksimilierungen eingesetzt; bis dahin war der aufwendige und teure Farblichtdruck das technische Nonplusultra gewesen. Es gab zu den ‚Codices selecti' thematische Unterserien, z. B. für reine Texthandschriften, was heute vom

---

2 Die Miniaturen der Manesseschen Liederhandschrift. Nach dem Original der Pariser Nationalbibliothek in unverändertem Lichtdr. hrsg. von Franz Xaver Kraus. Straßburg: Trübner 1887.

3 Heures d'Anne de Bretagne. Reprod. réduite des 63 peintures du manuscrit latin 9474 de la Bibliothèque Nationale. Paris: Berthaud [1909] ([Facsimiles in 8° et in 4°] Bibliothèque Nationale, Departement des Manuscrits. 5).

4 Vgl. Hans Zotter: Was ist ein Faksimile? Graz 1978. Der Text ist weitgehend identisch auch online verfügbar unter http://www-classic.uni-graz.at/ubwww/sosa/faksbib/index.php.

5 http://www.adeva.com. Siehe Auch den Beitrag von Christopher Schaffer in diesem Band.

wirtschaftlichen Standpunkt ganz unvorstellbar ist. Ein Ruhmesblatt der Grazer ADEVA war dann auch die Faksimilierung ziemlich aller präkolumbischen Handschriften, was die Entzifferung der Maya-Hieroglyphenschrift ermöglichte.

Die ,Codices selecti' waren aber keineswegs die einzige wissenschaftlich orientierte Faksimileserie, die nach dem zweiten Weltkrieg gestartet wurde: In umfangreichen Serien wurden praktisch alle nordischen Sprachdenkmäler herausgegeben. Die Verlage Munksgaard und Rosenkilde & Bagger in Kopenhagen und der Verlag Selskapet til Utgivelse av Gamle Norske Handskrifter in Oslo sind hier hervorzuheben. Die Kopenhagener Verlage produzierten aber auch Serien mit altenglischen und hebräischen Schriftdokumenten. Eine größere Zahl hebräischer Textzeugen wurde vom Jerusalemer Verlag Makor publiziert, allerdings in der Regel ohne Kommentarbände: So fanden diese Faksimiles meist nicht ihren Weg in die europäischen Bibliotheken.

Wichtige lateinische Handschriften wurden in der niederländischen Reihe ,Umbrae codicum occidentalium' publiziert, die es aber nur auf neun Bände brachte. Etwas später, 1971, begann die einzige umfangreichere Serie von Faksimilierungen deutscher Handschriften zu erscheinen, allerdings nur in preiswertem Schwarz-Weiß: Es waren die in Göppingen herausgegebenen ,Litterae' (bisher 121 Bände, der letzte schon als CDROM). In der Schweiz wurden die berühmten Bilderchroniken mehrfach herausgegeben, wenn auch nicht als geschlossene Serie. Eine umfangreiche geschlossene Gruppe bilden dagegen die Faksimiles der Notizbücher Leonardo da Vincis (je nach Zählung mehr als 20, insgesamt 6000 Blatt), ebenfalls schon mehrfach ediert.

Meine eigene Verbindung mit den Faksimiles begann etwa 1971, als mich die Grazer ADEVA aufforderte, eine Bibliographie aller Faksimileausgaben anzufertigen. Ich erfasste in der Folge die Faksimilebestände der Biblioteca Apostolica Vaticana, der Pariser Bibliothèque Nationale, der Bayerischen Staatsbibliothek und der Österreichischen Nationalbibliothek.

Die erste Auflage erschien 1976 in einer gedruckten Version.[6] Zusammen mit meiner Frau führte ich zu Beginn der 90er-Jahre die Bibliographie nach und arbeitete auch die Bestände der Herzog August Bibliothek in Wolfenbüttel, die Bestände der Library of Congress in Washington und natürlich die Bestände der Grazer Universitätsbibliothek ein. 1994 erschien die zweite Auflage als elektronische Ressource auf einer Diskette, damals ein noch ungewohntes Datenformat.[7] Die meisten Bibliotheks-Kollegen zeigten bei der Installierung und Nutzung des elektronischen Datenträgers noch starke Ressentiments. So beschlossen wir im Jahr 2000, die Bibliographie auf der Homepage der Universitätsbibliothek Graz als frei zugängliche Online-Ressource anzubieten,[8] die seitdem ständig erweitert wird.

Inzwischen hat sich die Situation bei den Faksimileausgaben dramatisch verändert. Nachdem der Bibliotheksmarkt in den Neunzigerjahren eingebrochen war, konzen-

---

6 Hans Zotter: Bibliographie faksimilierter Handschriften. Graz: ADEVA 1976.

7 Hans Zotter / Heidi Zotter: Bibliographie faksimilierter Handschriften. Von den Anfängen bis 1992. [Diskette.] 2. Aufl. Graz: ADEVA 1996.

8 Vgl. Anm. 4.

trierten sich die Verlage auf die privaten Sammler und stimmten ihr Verlagsprogramm immer stärker auf diesen Kundenkreis ab. Die großen thematischen Serien verschwanden nach und nach von der Bühne, nur wenige erscheinen noch immer, etwa die Grazer ‚Codices selecti'. Auch die Zahl der Faksimileverlage ist seither stark geschrumpft.

Es gibt praktisch nur mehr reich bebilderte Handschriften in den Programmen der überlebenden Verlage, reine Textzeugen lassen sich auf dem privaten Sammlermarkt nicht verkaufen. Eine gegenläufige Entwicklung bot allerdings Spanien, wo sich im letzten Jahrzehnt fünf oder sechs florierende Faksimileverlage etablierten (Moleiro, Testimonio, Millennium, Patrimonio, A. y N. u. a.), die offensichtlich mit großem Erfolg den spanisch-sprechenden Markt – auch in Übersee – beliefern. Konzentrierten sich diese Verlage zunächst auf typisch spanische Handschriften, wie die lange Serie der illuminierten Apokalypsenkommentare des Beatus von Liebana belegt, faksimilieren sie jetzt Handschriften aus unterschiedlichen kulturellen Provinzen und aus Bibliotheken aus ganz Europa.[9] Für den deutschsprachigen Bereich sind außer der Grazer ADEVA noch der Faksimileverlag Luzern[10] zu nennen, der in den vergangenen 25 Jahren eine Fülle großartiger Ausgaben herausbrachte, nun aber in den Besitz der Bertelsmann-Verlagsgruppe übergegangen ist. Auch der renommierte Verlag Müller & Schindler wechselte den Besitzer, produziert aber weiterhin prächtige Ausgaben, z. B. 2005 die imposante Augsburger Pamplona-Bibel[11] und 2007 den Albani-Psalter.[12]

Angesichts der veränderten Lage des Buchmarktes und des veränderten Nutzungsverhaltens der Wissenschaft ist die Frage berechtigt, ob es in Zukunft noch weitere Faksimileausgaben geben wird bzw. inwieweit sie für Bibliotheken noch Bedeutung haben werden. Die Faksimileausgaben haben zweifellos bereits an Bedeutung verloren, und zwar durch die Preisgestaltung und durch die derzeitige Marktorientierung. Dies führte dazu, dass nur mehr wenige Bibliotheken systematisch sammeln. Selbst die Bayerische Staatsbibliothek München, die wohl weltweit den größten Faksimilebestand ihr Eigen nennt, kann nicht mehr alles kaufen, was auf dem Markt erscheint. Die Konzentration auf den Sammlermarkt und die damit verbundene Politik der kleinen, limitierten, hochpreisigen Ausgaben ist also einer breiten Streuung und der Zugänglichkeit in öffentlichen Bibliotheken nicht gerade förderlich. Viele interessante Handschriften werden nicht faksimiliert, weil sie bei den privaten Sammlern, die nicht wissenschaftlich motiviert sind, keine Gegenliebe finden würden.

---

9 Zum Beispiel: Grandes horas de Rohan [cuyo original se conserva en la Biblioteca Nacional de Francia; Ms. Lat. 9471]. Dir. ed. Fernando Prieto. Madrid: A. y N. 2005.

10 Faksimile Verlag Luzern: Meisterwerke der Buchmalerei als Meisterwerke der Faksimilierkunst in limitierten Auflagen [Katalog]. Luzern: Faksimile Verl. Luzern 1999. Online unter http://www.faksimile.ch/index2.html.

11 Die Pamplona-Bibel. Die Bilderbibel des Königs Sancho el Fuerte (1153-1234) von Navarra. Universitätsbibliothek Augsburg, Sammlung Oettingen-Wallerstein, cod. I. 2. 4°15. Simbach am Inn: Müller & Schindler 2005.

12 Der Albani-Psalter: Bilder wie Gesänge. Simbach am Inn: Müller & Schindler 2007.

Andererseits ist die Funktion des Faksimiles als Hilfsmittel in der Lehre ungebrochen. Faksimiles ermöglichen uns, den Studierenden nicht nur die berühmtesten Handschriften vorzuführen, sondern auch weniger prominente Buchgruppen vorzustellen, von denen sich in unserem Originalbestand keine Vertreter befinden. Die Faksimiles zählen neben den gedruckten Handschriftenkatalogen zu den am stärksten benutzten Beständen der Handbibliothek. Diese Bedeutung wird sicher weiterhin bestehen bleiben und es werden gewiss auch künftig Faksimiles produziert werden – das haptisch erlebbare Faksimile ist einfach viel näher am Original als das virtuelle Surrogat, der elektronische Bildfile.

Die Universitätsbibliothek Graz besitzt eine umfangreiche Faksimilesammlung. Ihr Einzugsgebiet erstreckt sich weit in die angrenzenden Nachbarländer, weil dieser Standort die nächste und oft einzige Adresse für seltene Faksimileausgaben ist. Auch mit der Welt der digitalen Bilder und Bücher ist die Grazer Universitätsbibliothek eng verbunden, da wir schon seit den frühen 90er-Jahren an unserer Internetpräsenz arbeiten, zuerst mit einem Online-Handschriftenkatalog[13], einem der ersten weltweit, dann mit Imagefiles unserer Handschriften im Netz. Hinzugekommen ist inzwischen noch der Online-Inkunabelkatalog.[14] Als neueste Entwicklung soll auf die Darstellung des Seckauischen Skriptoriums hingewiesen werden, bei dem neue Wege der paläographischen Darstellung der Schreiberhände beschritten wurden.[15]

Die Idee der hybriden Handschriftenbibliothek, die sowohl Originale als auch elektronische Surrogate anbietet, ist seitdem eines unserer Leitbilder, das mit der Zeit immer komplexer wurde. So umfasst dieser Begriff für uns heute folgende Aspekte:

- Digitale Metadaten / Katalogdaten
- Imagefiles
- Forschungsdokumentation
- Darlegung der Arbeitsmethodik
- Vernetzung mit anderen Plattformen und Suchmaschinen

Dadurch verändert sich der wissenschaftliche Diskurs in entscheidender Weise: Handschriftenkataloge und deskriptive Arbeiten bezogen sich bisher auf ‚abwesende' Objekte, die dem Rezipienten während der Lektüre nicht unmittelbar vorlagen (mit Ausnahme der Faksimileausgaben). Jeder Verfasser einer überlieferungsbezogenen wissenschaftlichen Arbeit kommt bald an den Punkt, an dem er sich fragt, ob der Rechercheaufwand und das zu erwartende Ergebnis in einer vernünftigen ökonomischen Relation stehen. Wenn nun in absehbarer Zeit die Mehrzahl der Handschriftenbestände als Imagefiles zugänglich sein wird, könnten Untersuchungen in einen wesentlich größeren Rahmen gestellt werden. Wissenschaftliche Abhandlungen wer-

---

13 Vgl. Anm. 4.
14 http://www.uni-graz.at/ubwww/ub-sosa/ub-sosa-inkunabeln.htm
15 http://www.uni-graz.at/ubwww/sosa/katalog/index.php

den dann auch in einem ganz anderen Maße überprüfbar und nachvollziehbar sein als bisher. Bildsurrogate aller verwendeten Quellen, strukturelle Daten und die komplette Sekundärliteratur im Volltext werden gleichermaßen abrufbar und verfügbar sein.

Die Zahl der Handschriften, die über Katalogisate und/oder als Imagefiles im Internet zugänglich sind, steigt mit jedem Tag. Die deutsche Katalog-Plattform ‚Manuscripta mediaevalia'[16] verzeichnet derzeit über 60.000 Handschriften-Katalogisate, die Incipit-Datenbank ‚In principio' verzeichnet in der CDROM-Ausgabe (14. Release 2007[17], auch als Online-Datenbank verfügbar[18]) schon mehr als eine Million Textanfänge. Bei diesem Projekt arbeiten das Institut de recherche et d'histoire des textes (CNRS), die Hill Monastic Manuscript Library und die Bibliothèque Nationale de France, Département des manuscrits zusammen: Eine gigantische Menge von mittelalterlichen Texten kann nun mit den Fundstellen in europäischen Sammlungen nachgewiesen werden.

Gerade entstehen nationale und internationale Plattformen, die Imagefiles nachweisen, etwa die der University of California[19] sowie ‚e-codices', die virtuelle Handschriftenbibliothek der Schweiz[20].

Für den österreichischen Rahmen empfiehlt sich die Plattform der österreichischen Sondersammlungen ‚Orbis librorum'[21]. Die ‚Marburger Repertorien der deutschsprachigen Handschriften des 13. und 14. Jahrhunderts', die in vielen Fällen zu einem Imagefile führen, muss ich hier nicht ausführlich vorstellen.[22]

Die Bibliotheken und die bibliothekarische Arbeit haben sich in den letzten 10 Jahren besonders im Bereich der Grazer Sondersammlungen einschneidend verändert. Wir digitalisieren nicht nur unsere eigenen Bestände, sondern auch jene anderer Sammlungen, treiben aber auch die Entwicklung des Digitalisierungs-Equipments ständig weiter (speziell im Bereich der Kameratische). Es werden neue digitale Präsentationsformen konzipiert. Um alle Funktionen einer hybriden Handschriftenbibliothek, die auch als ‚Teaching library'[23] das erarbeitete Fachwissen regelmäßig weitergibt, optimal erfüllen zu können, wurden die Grazer Sondersammlungen Ende 2008 zu einem universitären ‚Zentrum der Erforschung des Buch- und Schrifterbes' erweitert.[24] Das ZEBS ist zugleich eine bibliothekarische Dienstleistungseinrichtung *und* eine universitäre Einrichtung für Forschung und Lehre auf dem Gebiete der klassischen Buch- und Medienkunde.

---

16 http://www.manuscripta-mediaevalia.de

17 In pricipio. Incipit index of latin texts. Incipitaire des textes latins. Index lateinischer Textanfänge. 14. Release. Brepols 2007.

18 http://www.columbia.edu/cu/lweb/eresources/databases/4346474.html

19 http://manuscripts.cmrs.ucla.edu/

20 http://www.e-codices.unifr.ch/de/collections

21 http://orbislibrorum.at/

22 http://www.mr1314.de; siehe den Beitrag von Klaus Klein in diesem Band.

23 http://www.bibliotheksportal.de/hauptmenue/themen/bibliothek-und-bildung/teaching-library/

24 https://online.uni-graz.at/kfu_online/wbMitteilungsblaetter.displayHTML?pNr=105301&pQuery=

Überblickt man all die Aktivitäten und Innovationen im Bereich des historischen Buchwesens weltweit, so kommt man zu dem Schluss, dass „Sondersammlungen des 21. Jahrhunderts" (so lautete der Titel einer Tagung in Weimar 2005[25]) tatsächlich nicht länger ein geruhsames ‚terrain de retraite' sind, sondern multimediale Schaltstellen des Forschens und Lehrens, soziale Orte des wissenschaftlichen Austausches und der ganzheitlichen Betrachtung historischer und moderner Medien.

[25] Sondersammlungen im 21. Jahrhundert / Special Collections in the 21st Century. Organisation, Dienstleistungen, Ressourcen / Organisation, Services, Resources. [Internationale Tagung „Zwischen Kulturmanagement und Forschung: Sondersammlungen im 21. Jahrhundert."] Im Auftrag der Klassik-Stiftung Weimar / Herzogin Anna Amalia Bibliothek hrsg. von Graham Jefcoate und Jürgen Weber. Wiesbaden 2008 (Beiträge zum Buch- und Bibliothekswesen. 54).

FSC
www.fsc.org
MIX
Papier | Fördert
gute Waldnutzung
FSC® C083411

Kolibri 360 GmbH
Ferdinand-Jühlke-Straße 7
99095 Erfurt, Deutschland
produktsicherheit@kolibri360.de